国家级教学成果奖

中国人民大学会计系列教材·简明版

中级财务会计

林　钢　编著

第5版·立体化数字教材版

中国人民大学出版社
·北京·

总　序

中国人民大学会计系列教材（简称“系列教材”）自 1993 年推出至今，已 30 余年。这期间我国经济高速发展，会计制度与会计准则发生了巨大变化，大学会计教育无论规模还是质量都有了长足进步。回顾 30 余年的发展历程，系列教材中每一本的每一版，都在努力适应会计环境和教育环境的变化，尽可能满足高校会计教学的需要。

系列教材第 1 版是由我国当时的重大会计改革催生的。编写时关注两个重点：一是适应我国会计制度的变化，遵循 1992 年颁布的“两则两制”的要求；二是教材之间尽可能避免内容重复。系列教材包括：《初级会计学》《财务会计学》《成本会计学》《经营决策会计学》《责任会计学》《高级会计学》《财务管理学》《审计学》《计算机会计学》。

自 1997 年 10 月起，系列教材陆续推出第 2 版。为适应各院校的课程开设需要，将《经营决策会计学》与《责任会计学》合并为《管理会计学》。

自 2001 年 11 月起，系列教材陆续推出第 3 版。根据修订的《中华人民共和国会计法》、国务院颁布的《企业财务会计报告条例》、财政部颁布和修订的企业具体会计准则以及财政部颁布的《企业会计制度》等对教材内容进行修订。

自 2006 年 7 月起，系列教材陆续推出第 4 版。进一步修订了教材与 2007 年 1 月 1 日起施行的企业会计准则和中国注册会计师审计准则之间的不协调之处，并将《计算机会计学》更名为《会计信息系统》。

自 2009 年 6 月起，系列教材陆续推出第 5 版。对《高级会计学》《财务管理学》《财务会计学》等的框架结构做了较大调整，新增《会计学（非专业用）》一书。

自 2012 年 6 月起，系列教材陆续推出第 6 版。针对教育部强化本科教育实务性、应用性的要求，新增“简明版”和“模拟实训”两个子系列，并为《初级会计学》和《成本会计学》配备实训手册。

自 2014 年 4 月起，系列教材陆续推出第 7 版。深入阐释了财政部自 2014 年 1 月起发布或修订的多个会计准则，并新增《财务报表分析》一书。

自 2017 年 8 月起，系列教材陆续推出第 8 版。体现了营改增、会计准则、增值税税率变化等最新动态，并新增《政府与非营利组织会计》，在“简明版”中新增《会计学》《中级财务会计》。为适应数字化对教学的影响，《财务会计学》率先推出“立体化数字教材版”。

自 2020 年 11 月起，系列教材陆续推出第 9 版。根据《高等学校课程思政建设指导纲要》对教材的要求，以及数字时代线上线下教学相结合的特点，着力打造立体化数字教材，并重点体现课程思政等内容。

2023年是“中国人民大学会计系列教材”出版30周年，系列教材陆续推出第10版。我们将党的二十大精神融入教材内容，并开始第二轮立体化数字教材的升级工作，为主要教材配套双题库（主教材和学习指导书），以方便教学。

至此，围绕会计专业课程，系列教材形成了如下体系：

主教材（11本）	学习指导书（7本）	模拟实训（5本）	简明版（7本）
《会计学》	√		《会计学》
《基础会计（原初级会计学）》	√	√	
《财务会计学》	√	√	《中级财务会计》
《财务管理学》	√	√	《财务管理》
《成本会计学》	√	√	《成本与管理会计》
《管理会计学》	√	√	
《审计学》			
《会计信息系统》			《会计电算化》
《高级会计学》	√		
《财务报表分析》			
《政府与非营利组织会计》			《政府会计》
			《会计专业英语》

系列教材在30余年的出版历程中，以高品质荣获众多奖项，并多次入选国家级规划教材。2001年，系列教材入选由教育部评选的“经济类、管理类专业和法学专业部分主干课程推荐教材”；2003年，系列教材入选“普通高等教育‘十五’国家级规划教材”；2005年，系列教材以“精心组织，持续探索，打造跨世纪会计精品教材（教材）”荣获“第五届高等教育国家级教学成果奖二等奖”；2008年，系列教材入选“普通高等教育‘十一五’国家级规划教材”，其中《会计信息系统》被教育部评为2008年度普通高等教育精品教材，《审计学》被评为2009年度普通高等教育精品教材，《财务管理》被评为2011年度普通高等教育精品教材；2012年，系列教材入选“‘十二五’普通高等教育本科国家级规划教材”；2014年，系列教材以“以立体化教材建设支撑会计学专业教学改革（教材）”荣获“2014年国家级教学成果奖（高教类）二等奖”。

《高等学校课程思政建设指导纲要》指出，培养什么人、怎样培养人、为谁培养人是教育的根本问题，立德树人成效是检验高校一切工作的根本标准。具体到会计学专业，在会计准则国际趋同的大背景下，要着力培养既能立足祖国大地又有国际视野的时代新人。基于此，系列教材积极融入习近平新时代中国特色社会主义思想，深刻把握会计学专业学生培养目标，积极应对数字化对教学的冲击和挑战，更加重视学生的长远发展，注重培养学生的基本素质和能力，尤其是培养学生发现问题、分析问题和解决问题的能力。

系列教材是在我国著名会计学家阎达五教授等老一辈会计学者的精心呵护下诞生，在广大兄弟院校的大力支持下逐渐成长的。我们衷心希望系列教材能够继续得到大家的认可，也诚恳地希望大家多提改进建议，以便我们在今后的修订中不断完善。

中国人民大学会计系

前言

2022年4月25日，习近平总书记来到中国人民大学考察调研，发表了重要讲话。2022年4月26日，中国人民大学党委召开全校干部师生大会，会议的主题是学习领会习近平总书记在中国人民大学考察时重要讲话精神，高举“独树一帜”的旗帜，努力建设“让党放心、人民满意、世界一流”的中国特色社会主义大学。

中国人民大学的经管类专业具有很强的优势，会计学专业在经管类专业中占有重要地位，而“中级财务会计”课程又是会计学专业中的主要课程。经济越发展，会计越重要。为了落实习近平总书记的重要讲话精神，结合“中级财务会计”课程的教学需求，本教材继续保持条理清晰、文字简练、案例丰富的特点，主要做了如下修订：

1. 将党的二十大报告重要指示融入教材内容

本教材在本次修订中，以党的二十大精神为指引，在会计目标、会计信息质量要求、科学研发、职工薪酬、税收法规等方面，与党的二十大报告紧密结合，旨在提高教材视角的高度，以便培养出适合我国经济发展的高素质管理人才。

2. 按照企业会计准则的最新要求修改相关内容

例如，调整了其他债权投资减值的会计处理方法，将预期现金流量现值与公允价值比较改为与摊余成本比较。

3. 配备丰富的新形态立体化教学/学习资源

(1) 新增题库。主教材以章为单位新增题库“即测即评”，主要包括判断题、单选题和多选题。每道题除题干和答案外，还配有详细的解析、知识点和难易程度。

题库一方面便于学生在课后随时随地扫码做题，提交后可查看分数和详细的解析；另一方面便于教师在线布置作业，或按照教学进度生成试卷进行单元测、期中测或期末测等，教师无须打印试卷、无须判卷，系统自动打分，教师可随时查看班级作业完成情况，做好过程考核。

（2）名师音频答疑。为了与国际会计准则持续趋同，财政部持续修订、新增了多项具体会计准则，对会计的职业判断能力提出了更高的要求，一些基本概念的理解也变得模糊不清，对财务会计的教学提出了更大的挑战。如何透过复杂的会计准则语言，为读者构建清晰的思路，做好新旧会计准则的衔接，理解会计改革和会计准则修订背后的经济实质，更好地培养学生的思辨能力，而不是死记硬背准则的规定，也成了教学中更迫切的需要。

为此，作者分金融资产、现金折扣、视同销售、应收票据、合同资产与合同负债、长期股权投资、固定资产、无形资产、投资性房地产、所得税等专题录制了 40 多个音频文件，在相应的知识点旁边以二维码的方式链接。

凡购买正版图书的读者，均可通过微信扫描前折口上的二维码卡片，注册后即可免费使用上述资源，使用方法见“新形态立体化数字资源使用说明”。

4. 单独出版配套的《财务会计学模拟实验教程》

为了让学生在掌握企业会计确认、计量、报告方法的同时，了解企业会计实务操作的程序，做到理论联系实际，以便在未来的工作中尽快达到岗位要求，本次修订将会计实务模拟实验部分从教材中单拆出来，按照会计准则和税法的变动进行了全面修订，同时补充与经济业务相匹配的原始凭证、空白记账凭证、账簿和报表后，单独出版。

读者可随学习进度，同步模拟手工记账的全过程，一方面加深对理论知识的理解，另一方面可快速适应企业的实际工作。

由于作者水平有限，修订后的教材可能仍存在一些疏漏，希望广大读者继续批评指正。

在本次修订过程中，中国人民大学出版社陈永凤等编辑付出了辛勤的劳动，为保证本教材的质量做出了贡献，谨向她们表示衷心的感谢！

林　钢

新形态立体化数字资源使用说明

本书是纸介质教材和数字化资源一体化设计的新形态教材，配备了丰富的立体化数字资源，主要包括与纸质教材同步的**电子教材、题库、课件、名师音频答疑等**。针对不同用户、不同教学应用场景提供不同的使用入口。

1. 书中二维码资源获取和使用方式

为满足读者随时随地的个性化学习需求，微信扫码前折口上的二维码卡片，注册后可自动激活权限，点击**“学习中心”**模块，免费获取教材配套资源。

2. 人大芸窗平台资源获取方式

为充分提高新形态教材在课堂教学改革和创新方面的应用，本书同时配备了人大芸窗数字教材平台。

读者只需点击页面**“数字教材”**模块，自动激活人大芸窗数字教材平台，即可获取上述学习资源。教师还可获得课件、教学大纲等教学资源。激活后也可在电脑端使用注册手机号登录人大芸窗官网（www.rdyc.cn）。

教师可在人大芸窗数字教材平台上，激活课程创建班级，并利用双题库和组卷系统布置作业，进行测试和考试，平台可实现自动打分和学生成绩下载，教师可随时查看班级作业完成、知识点掌握情况和成绩排名，进行过程考核和期末考试。

同时可以关注“人大芸窗”微信公众号，其中的“使用帮助”有教师端和学生端使用教程，方便读者快速了解平台资源及功能！

人大芸窗数字教材平台咨询（工作日 9:00—17:00)：
电话：010－62515969　　010－62511532
QQ：3382421809　　2292205778

目　录

二维码目录

第 1 章 Chapter 1 总论

学习目标

1. 掌握：会计的基本前提；会计要素的确认与计量属性；会计信息质量要求。
2. 理解：会计的性质和目标；
3. 了解：会计的职能。

1.1 会计概述

党的二十大报告指出，中国共产党人深刻认识到，只有把马克思主义基本原理同中国具体实际相结合、同中华优秀传统文化相结合，坚持运用辩证唯物主义和历史唯物主义，才能正确回答时代和实践提出的重大问题，才能始终保持马克思主义的蓬勃生机和旺盛活力。[①] 会计的发展与经济的发展密切相关。经济工作离不开会计，中国式现代化更离不开会计，经济越发展，会计越重要。在经济发展的大潮下，会计要与时俱进，为经济发展提供可靠的会计信息。

会计是指通过一系列专门方法对组织发生的经济活动进行确认、计量、报告，从而满足相关会计信息需求者要求的管理系统。现代企业会计分为财务会计和管理会计两大分支。管理会计主要是通过一系列方法为企业管理者进行相关经营决策提供会计信息，具体内容可以参见本系列教材中的《管理会计学》。本教材主要讲述财务会计确认、计量和报告的方法。

---

① 习近平. 高举中国特色社会主义伟大旗帜 为全面建设社会主义现代化国家而团结奋斗：在中国共产党第二十次全国代表大会上的报告. 北京：人民出版社，2022：17.

财务会计的目标是既为企业管理者提供相关会计信息，也为企业外部利益相关者提供会计信息。

1.1.1 会计信息的需求者

会计信息的需求者主要包括以下三类：

1. 政府部门

国家进行宏观经济管理，需要了解企业的相关会计信息。国家了解企业会计信息，主要是指相关政府部门通过企业财务报表获取管理所需信息。例如，税务部门代表国家征收税费，需要了解企业的收入、费用、利润等会计信息，据以征收税金；工商部门代表国家进行企业登记、注销管理，需要了解企业的运营等会计信息。

2. 所有者和债权人

企业所有者和债权人均为企业经营的资金提供者，需要从不同角度了解企业会计信息。

（1）企业所有者的会计信息需求。企业所有者将资金投入企业，要求企业提供投资回报，需要了解企业的财务状况以及经营成果等会计信息，以便进行相关决策。企业所有者通过了解企业净利润的实现情况、净资产的增值情况、股利分配情况以及资产构成情况，可以评价其投资效益，以决定是否对企业追加投资或转让投资。对于潜在的投资者来说，也可以通过企业提供的会计信息，分析企业的增值潜力，以便决定是否购买企业的股票。

（2）债权人的会计信息需求。债权人将资金借给企业，要求企业还本付息，需要了解企业的财务状况等会计信息。债权人通过企业提供的负债与所有者权益构成信息，可以判断企业的长期偿债能力；通过企业提供的流动资产与流动负债比率信息，可以判断企业的短期偿债能力；通过企业提供的净利润实现及分配信息，可以了解企业付息的保障程度；等等。债权人通过对企业会计信息的了解，可以决定是否扩大对企业的信贷规模或尽快收回发放给企业的贷款。

3. 企业管理者

企业管理者要对企业的生产经营活动进行管理，并进行相关决策，需要了解企业经营成果、财务状况、资源耗费等会计信息。企业管理者通过管理会计提供的信息与财务会计提供的信息进行综合分析判断，可以决定企业的未来发展战略以及近期的经营决策。

以上三类会计信息需求者中，政府部门、所有者和债权人属于企业外部的会计信息需求者；企业管理者属于企业内部的会计信息需求者。

除此之外，企业的供应商、客户和职工、工会等利益相关者，从自身利益出发，也需要了解企业的会计信息。供应商通过了解企业支付能力信息，可以决定对企业销货是采取现销方式还是赊销方式；客户通过了解企业资源配置及盈利水平，可以决定是扩大订货规模还是寻找其他供货企业；职工通过了解企业的盈利水平，可以判断享受的薪酬是否合理，以决定是否继续在企业工作；工会代表通过了解企业的财务状况和盈利能力，可以更好地维护职工利益。但是，这些利益相关者对企业会计信息的需求，其深度和广度均不如前述三类信息需求者。

1.1.2 会计的目标

财务会计的目标就是为上述会计信息需求者提供相关的、可靠的会计信息。财务会计对会计信息需求者提供会计信息的方式，主要是提供财务报表，便于其进行相关决策。财务报表主要包括资产负债表、利润表、现金流量表、所有者权益变动表和附注。

1.1.3 会计的职能

会计目标是通过履行会计职能来实现的。会计职能主要包括会计核算职能和会计监督职能。通过会计核算和会计监督，能够为会计信息需求者提供高质量的会计信息。

1. 会计核算职能

会计核算职能是以企业会计准则为依据，采用一系列专门方法，对企业发生的经济活动进行确认、计量、报告，为会计信息需求者提供客观的会计信息。因此，会计核算主要通过价值量对企业经济活动的全过程进行反映，具有完整性、连续性和系统性。

到目前为止，我国已经发布了1项企业会计基本准则和42项企业会计具体准则以及配套的企业会计准则应用指南、讲解和解释公告等，企业提供的会计信息应遵循上述相关规定，以使会计信息具有可比性，便于会计信息使用者正确理解企业提供的会计信息。

2. 会计监督职能

会计监督职能是以相关的政策法规为依据，通过预测、决策、控制、分析、考评等具体方法，促使企业的经济活动按照预定的目标运行，并为会计信息需求者提供可靠的会计信息。因此，会计监督一方面要通过价值量指标来进行监督；另一方面要对单位经济活动的全过程进行监督，包括事前监督、事中监督和事后监督。

会计核算职能与会计监督职能是相辅相成的，只有在对经济活动进行正确核算的基础上，才可能提供可靠资料作为监督依据；同时，也只有做好会计监督，才能保证企业的经济活动按预定的目标进行，保证会计信息的质量，满足会计信息需求者的需要。

1.2 会计基本前提

财务会计提供会计信息，需要采用不同的方法进行会计确认、计量和报告，需要具备一定的前提。设定会计的基本前提，就是要限定会计确认、计量、报告方法应用的空间和时间范围，换言之，本书所讲述的各项会计确认、计量和报告的方法，只有在符合下列基本前提的条件下才能加以应用，超出下列条件则一般不适宜应用。会计基本前提一般包括以下几个方面的内容：

1.2.1 会计主体

会计主体是指会计人员为之服务的特定单位，是会计人员进行会计确认、计量、报告时采取的立场，是会计核算空间范围的界定。不明确会计主体，将无法判断一项交易或事项的发生，是确认资产还是负债，是确认收入还是费用，导致对事项判断的混乱。例如，甲公司向乙公司销售一批商品，乙公司尚未支付货款。对于上述未结算的款项，是确认债权还是债务？如果不明确会计人员为谁记账，不明确会计主体，则无法判断。如果明确会计人员为甲公司服务，将甲公司作为会计主体，则应确认为应收账款；如果会计人员为乙公司服务，将乙公司作为会计主体，则应确认为应付账款。

会计主体与法律主体（法人）是不同的概念。企业作为法律主体，在经济上必然是独立的，必然是会计主体；但会计主体并不一定都是法律主体。会计主体可以是企业内部的分支机构，也可以是若干法人企业组成的集团企业。只要是独立核算的单位，不论其是否为法律主体，均属于会计主体。

1.2.2 持续经营

持续经营这一前提进一步明确了会计主体的状态，即会计主体是在持续经营状态下的会计主体，而非处于破产清算状态的会计主体，这是对会计核算时间范围的界定。如果企业处于破产清算状态，则本书讲述的方法一般不再适用。例如，在期末资产计价采用的计量属性，在持续经营前提下，某项应收账款目前暂时无法收回，未来是否可以收回，可以预测未来期间客户的财务状况，如果未来一年内客户财务状况有转好趋势，且很可能偿还货款，则该应收账款不属于坏账；企业如果已进入破产清算程序，则无法考虑未来的因素，只能按照当前的公允价值计量，该应收账款如果不能转让，即公允价值为零，则应将其确认为坏账。

1.2.3 会计分期

会计分期这一前提是从持续经营的基本前提引申出来的，也可以说是持续经营的客观要求。在企业的持续经营期间，应该划分为若干会计期间，分期结算账目和编制财务报表，以便及时为企业会计信息需求者提供相关的会计信息。会计期间分为会计年度和会计中期。我国的会计年度采用日历年度制，从1月1日0时起，至12月31日24时止；会计中期是指短于一个完整的会计年度的会计期间，包括半年度、季度和月度等。

需要说明的是，“会计年度”与“日历年度”是两个不同的概念，两者可以一致，也可以不一致。我国采用日历年度制，因此两者一致；其他国家的会计年度有些是4月1日至次年3月31日，有些是7月1日至次年6月30日，有些是10月1日至次年9月30日，因此两者不一致。此外，“一个会计年度”与“一年”也是两个不同的概念，两者虽然从长度上看，都是12个月，但是“一个会计年度”规定了起止日期，而“一年”并未规定起止日期。

1.2.4 货币计量

由于货币能够作为反映经济活动基本价值的共同尺度，企业会计核算主要以货币量度对会计要素进行计量，因此货币计量也是会计核算的基本前提。货币计量有两层含义：

（1）假定币值稳定，不存在严重的通货膨胀。在这种情况下，已确认的会计要素的名义价值与实际价值相差不大，本书讲述的各种会计核算方法均适用。如果存在严重的通货膨胀，已确认的会计要素的实际价值大大偏离其名义价值，则需要采用通货膨胀会计的专门方法对其进行调整。

（2）确定记账本位币。在多币种货币同时存在的情况下，需要确定一种货币作为统一计量尺度，该币种称为记账本位币，其他币种按照汇率折算为记账本位币进行计量。我国企业会计准则规定，一般应以人民币作为记账本位币，如果企业的经营大量使用其他国家或地区的货币进行结算，也可以将其他国家或地区的货币作为记账本位币，除此之外的其他货币应按照汇率折算为记账本位币进行计量。但是，企业在编制财务报表时，必须将以其他国家或地区货币为计量基础编制的财务报表折算为以人民币为计量基础的财务报表。

需要说明的是，“外币”作为会计术语，不是指其他国家或地区的货币，而是指记账本位币以外的货币。例如，企业以美元作为记账本位币，则美元以外的货币，包括人民币，均属于外币。

1.2.5 权责发生制

会计核算应当以权责发生制作为会计确认的基础。权责发生制是指在确认收入或者费用时，不是以是否在该期间内收到或付出货币资金为标志，而是依据经济利益的流入或流出是否归属于该期间来确定。权责发生制与会计分期相联系。确定了会计期间以后，凡属于该期间的收入，不论是否收到货币资金，均应确认为该期间的收入；凡属于该期间的费用，不论是否支付货币资金，均应确认为该期间的费用。反之，凡不属于该期间的收入，即使收到货币资金，也不应确认为该期间的收入；凡不属于该期间的费用，即使支付货币资金，也不应确认为该期间的费用。将权责发生制作为会计记账基础，能够客观地反映企业的财务状况及经营成果。

1.3 会计信息质量要求

会计信息质量要求是指会计对外提供的信息应当达到的质量标准。会计信息质量要求主要包括以下内容：

1.3.1 可靠性要求

可靠性要求是指企业提供的会计信息应当以实际发生的交易或者事项为依据进行会计确认、计量和报告，如实反映符合确认和计量要求的各项会计要素及其他相关信息，保证会计信息真实可靠、内容完整。企业如果提供了虚假会计信息，将会对会计信息使用者的决策产生误导，造成损失，企业将为此承担法律责任。

需要说明的是，按照可靠性会计信息质量要求，企业提供的会计信息必须以实际发生的业务为基础，采用适当的方法进行确认、计量、报告，如实披露相关会计信息。企业披露的信息应当是客观的，即不得隐瞒经营过程中发生的不利因素，也不得夸大经营过程中可能发生的有利因素。

1.3.2 相关性要求

相关性要求是指企业提供的会计信息要与会计信息使用者的需求相关。若企业提供的会计信息与会计信息使用者的需求无关，则提供的会计信息为无用信息；换言之，若企业没有提供会计信息使用者所需要的信息，则没有实现会计目标。根据相关性要求，企业应当按照企业会计准则的规定，提供财务状况、经营成果、现金流量及所有者权益变动的会计信息，以满足政府部门、所有者和债权人、企业管理者进行相关决策的会计信息需求。

1.3.3 可理解性要求

可理解性要求是指会计信息应当清晰明了，便于会计信息使用者理解和利用。可理解性要求对于会计信息使用者来说是至关重要的，所以会计核算要尽量使会计信息通俗易懂、简单明了。根据可理解性要求，企业在制定会计制度时，应遵循企业会计准则等相关法规的要求，设置合理的会计科目，确定明确的会计核算程序，对较为复杂的会计处理进行充分披露和说明，便于会计信息使用者理解。

1.3.4 可比性要求

可比性要求是指企业提供的会计信息的口径相同，便于会计信息使用者进行比较分析。可比性要求包括两层含义：

（1）纵向可比。纵向可比是指同一企业对于不同时期发生的相同或者相似的交易或事项，应当采用一致的会计政策，不得随意变更，便于信息使用者对企业前期和后期的信息进行比较分析。如果确实需要变更，应当在附注中说明。例如，企业年初采用加权平均法对发出存货进行计量，在外部环境没有发生重大变化的情况下，当年发出存货的计价方法应当保持不变，以保证当年发出存货成本的可比性；如果年中将发出存货的计价方法改为先进先出法，则当年前后月份发出存货的成本不具有可比性，不便于进行分析。

（2）横向可比。横向可比是指不同的企业发生的相同或者相似的交易或事项，应当采用规定的会计政策，确保会计信息口径一致，相互可比。例如，企业会计准则规定了利润总额的构成内容，各个企业均按照规定对利润总额进行计量，则通过对利润总额的比较分析，可以判断各个企业的盈利能力；如果企业各自确定利润总额的构成内容，则利润总额的高低无法真实反映其创利能力，不便于会计信息使用者进行相关决策。

1.3.5 实质重于形式要求

实质重于形式要求是指企业应当按照交易或者事项的经济实质进行会计确认、计量和报告，不应仅以交易或者事项的法律形式为依据。这里的实质是指交易或事项的经济实质，形式是指会计核算依据的法律形式。会计核算时应按照交易或事项的经济实质进行核算，而不能仅仅按照其法律形式进行核算，因为有时经济业务的形式并不能真实地反映其实质内容。例如，企业采用租赁方式租入机器设备，从法律形式上看，该机器设备的所有权归属于租出企业，但从经济实质上看，企业如果拥有该机器设备的实质控制权，与该机器设备所有权相关的风险报酬由企业承担，则企业应将租入的机器设备确认为使用权资产。

1.3.6 及时性要求

及时性要求是指企业对于已经发生的交易或者事项，应当及时进行会计确认、计量和报告，不得提前或者延后。会计核算应当及时进行，保证会计信息与所反映的对象在时间上保持一致，以免会计信息失去时效性。

1.3.7 重要性要求

重要性要求是指企业提供的会计信息应当根据其重要程度分别采用详略不同

的方法进行会计处理。企业提供会计信息是需要进行加工、整理的，提供的会计信息越详尽，付出的加工、整理代价就越大。因此，对于重要的交易或事项，不论加工、整理的代价有多大，均应采用较为精确、细致的会计处理方法，提供较为详尽的会计信息，供相关会计信息使用者参考；对于不太重要的交易或事项，由于其对会计信息使用者没有重大影响，根据成本效益原则，可以采用简化的会计处理方法。例如，企业在 12 月预付了下一年的房租 600 万元，其受益期限为未来一年，由于数额较大，按照权责发生制的要求，支付的房租不应确认为当月的费用，而应确认为预付款项，在下一年度 12 个月内分期确认为费用。这种会计处理方式虽然稍嫌复杂，但能够客观反映企业的经营成果。又如，企业在 12 月预付了下一年度报纸杂志订阅费 300 元，虽然其受益期限为未来一年，按照权责发生制的要求，也应确认为预付款项，但是由于其数额很小，按照重要性会计信息质量要求，可以确认为当月费用，不会对企业会计信息产生重大影响。这种会计处理方式虽然不符合权责发生制要求，会计信息的可靠性略受影响，但是由于数额较小，属于不重要的会计事项，且能够简化未来分期摊销的会计处理，不会影响会计信息使用者据此做出的决策。

需要说明的是，重要性要求是对权责发生制记账基础、可靠性要求等做出的修正。企业对不重要的事项进行简化处理，尽管有悖于权责发生制记账基础、可靠性要求，但不会影响会计信息使用者做出的决策，符合成本效益原则。企业对不重要事项的判断，应考虑企业自身规模大小、事项本身的重要性以及是否影响会计信息使用者进行决策等因素，不能仅仅考虑事项的绝对金额。

1.3.8 谨慎性要求

谨慎性要求（也称稳健性要求）是指企业对交易或者事项进行会计确认、计量和报告时，应当保持应有的谨慎，避免高估资产和收益，避免低估负债和费用，避免提供会使得信息使用者盲目乐观的会计信息。

企业高估资产，是指在资产期末计价时，高估资产的价值，从而低估费用、高估收益。在某些资产总成本一定的情况下，期末资产价值的高估，将会导致发出资产成本的减少，即费用减少；在收入一定的情况下，将增加本期收益（或减少本期亏损）；而未来结转发出资产成本时，费用将会增加，导致未来期间利润减少（或亏损增加）。也就是说，高估资产将导致利润实现的时间前移（或亏损发生的时间后移）。例如，企业某种库存商品 20 件，总成本 100 万元；由于市场环境的变化，该商品的售价下跌，预计未来销售收入为 90 万元，跌价 10 万元。如果企业期末将该商品按照成本 100 万元计价，本期不确认跌价损失，则在下期出售商品时，营业收入 90 万元，营业成本 100 万元，产生亏损 10 万元，将该项跌价损失向后递延，不符合稳健性要求。如果企业期末将该商品按照未来可以收回的金额 90 万元计价，本期确认跌价损失 10 万元，则在下期出售商品时，营业收入 90 万元，营业成本也为 90 万元，不再确认亏损，符合稳健性要求。

企业低估负债，是指在对负债进行期末计价时，低估负债的价值，从而低估费用、高估收益。在某些义务很可能导致经济利益流出企业的情况下，企业期末低估负债，意味着低估费用，在收入一定的情况下，将减少本期费用；而未来期间经济利益真正流出企业时，费用将会增加，导致未来期间利润减少（或亏损增加）。也就是说，低估负债将导致利润实现的时间前移（或亏损发生的时间后移）。例如，企业销售商品承诺保修期为1年，预计发生保修费用10万元，假定不考虑该项保修费用的利润总额为100万元。如果企业不确认该项负债10万元，即不确认该项所需费用10万元，利润总额仍为100万元；而下年度实际发生保修费用10万元时，确认为销售费用，则下年度的利润总额为90万元，减少10万元，将该项费用向后递延，不符合谨慎性要求。如果企业期末将该预计发生的保修费用10万元确认为负债，同时确认销售费用10万元，则本期利润总额为90万元；在下期实际发生保修费用10万元时，只需要冲减负债，不再确认销售费用，下期利润总额为100万元，将实现的利润后移，符合稳健性要求。

谨慎性要求在会计处理中的主要表现形式，是确认资产减值损失以及确认预计负债等。

1.4 会计要素

会计要素一般是指财务报表的构成要素，也是会计核算和会计监督的对象。

1.4.1 会计要素的内容

会计要素分为资产、负债、所有者权益、收入、费用和利润六种，其中，资产、负债、所有者权益属于资产负债表要素；收入、费用、利润属于利润表要素。

1. 资产

资产是指过去的交易或者事项形成的、由企业拥有或者控制的、预期会给企业带来经济利益的资源。资产的定义主要包括以下几方面的内容：

（1）资产是企业的经济资源。经济资源构成资产的内涵，也就是说，只有经济资源才能确认为企业资产，这种经济资源能够为企业带来经济利益，且这些经济利益很可能流入企业。例如，企业的机器设备，在未来生产中能够加工产品，创造价值，且通过产品销售能够收回其价值，则该机器设备属于能够为企业带来经济利益的资源；反之，如果该机器设备不能加工合格的产品，不再具有有用性，无法给企业带来经济利益，则不能确认为资产。

（2）资产是企业拥有或控制的经济资源。经济资源是确认资产的必要条件，但并非所有经济资源都是企业的资产。一般来说，企业拥有产权的经济资源才能确认为资产。例如，企业购买的机器设备，产权归企业所有，且该机器设备能够为企业带来经济利益，可以确认为资产；反之，如果该机器设备是临时租用的，租用期间支付租金，租用期满交还出租方，该机器设备的产权归出租方所有，则企业不能将该机器设备确认为资产。但是，企业采用租赁方式租入机器设备，与该机器设备所有权相关的风险、报酬已经转移给企业，即该机器设备未来产生的收益归企业所有，发生的损失由企业承担，虽然企业未拥有该机器设备的产权，但对该机器设备具有实质的控制权，也可以将其确认为资产。

（3）资产是过去的交易或事项形成的经济资源。企业通过已经完成的交易或已经发生的事项拥有的经济资源，可以确认为资产。例如，企业已经支付货款并收到机器设备，是已经拥有的经济资源，可以确认为资产；反之，如果企业已经签订合同，未来将购入机器设备，则该项交易尚未实际发生，不能确认为企业资产。

资产按其流动性可以分为流动资产与非流动资产。流动资产是指在一年或者超过一年的一个营业周期内变现或耗用的资产，主要包括货币资金、交易性金融资产、应收及预付款项、存货等。非流动资产是指在一年或超过一年的一个营业周期以上变现或耗用的资产，主要包括债权投资、长期股权投资、其他债权投资、其他权益工具投资、固定资产、在建工程、工程物资、无形资产、商誉和投资性房地产等。

2. 负债

负债是指企业过去的交易或者事项形成的、预期会导致经济利益流出企业的现时义务。负债的定义主要包括以下几方面内容：

（1）负债是企业承担的现时义务。企业确认为负债的义务，应是已经实际发生的义务。现时义务包括法定义务和推定义务。法定义务是指相关法规或合同规定的义务，例如企业从银行取得价款，明确规定了还款期限，则按时还款形成企业现时的法定义务。推定义务是指企业按照以往的惯例或承诺等形成的义务，例如，企业销售商品，承诺保修3年，则在商品保修期内为客户无偿进行商品维修形成了企业现时的推定义务。企业潜在的义务不能确认为负债，例如，企业与供应商签订了一项购货合同，尚未收到货物且未支付款项，则这项付款义务属于潜在义务，若未来供应商交付货物，则企业应按照合同支付货款；如果供应商由于各种原因未能交付货物，则企业不需要支付货款。企业在收到货物之前，不应确认负债。

（2）负债是很可能导致经济利益流出企业的现时义务。企业承担的现时义务，有些很可能导致经济利益流出企业，有些不一定会导致经济利益流出企业。例如，企业为关联方提供贷款担保，形成了现时义务，如果关联方出现重大财务困难，无法按期偿还贷款，则企业需要按照担保协议代为偿还贷款，很可能导致经济利益流出企业，这种情况下，应将该项担保形成的现时义务确认为负债；如果关联方财务状况良好，不存在无法按期偿还贷款的问题，则企业不应将该项担保形成的现时义务确认为负债。

（3）负债是过去的交易或事项形成的。企业通过已经完成的交易或已经发生的事项形成的现时义务，可以确认为负债。例如，企业已经收到机器设备，但尚未支付货款，是已经承担的债务，可以确认为负债；反之，如果企业已经签订合同，未来在购入机器设备时支付货款，则该项交易尚未实际发生，不能确认为负债。

负债按其流动性可以分为流动负债和非流动负债。流动负债是指在一年或者超过一年的一个营业周期内偿还的债务，主要包括短期借款、应付及预收款项、应付职工薪酬、应交税费等。非流动负债是指在一年或者超过一年的一个营业周期以上偿还的债务，主要包括长期借款、应付债券、长期应付款等。

3. 所有者权益

所有者权益是指所有者在企业资产扣除负债后享有的剩余权益，也称为净资产。所有者权益包括所有者投入的资本、直接计入所有者权益的利得和损失以及留存收益。

所有者投入的资本包括所有者投入的在工商部门登记注册的资本，称为实收资本（或股本）；也包括所有者投入的超过注册资本的溢价金额，称为资本公积（资本或股本溢价）；还包括所有者投入的优先股、永续债等，称为其他权益工具。

直接计入所有者权益的利得或损失，是指企业非日常经营活动发生的不计入当期损益的利得或损失，称为其他综合收益。

留存收益是指企业实现的净利润中留存在企业的部分，包括盈余公积和未分配利润。

4. 收入

收入分为狭义收入和广义收入。我国企业会计准则所指的收入是狭义收入。

狭义收入是指企业在销售商品、提供劳务和让渡资产使用权等日常活动中形成的、会引起所有者权益增加的、与所有者出资及直接计入所有者权益的其他综合收益增加等无关的经济利益的总流入。狭义收入主要是指营业收入。

广义收入是指会计期间内经济利益的总流入，其表现形式为资产增加或负债减少而引起的所有者权益增加，但不包括与所有者出资、直接计入所有者权益的其他综合收益增加等有关的资产增加或负债减少而引起的所有者权益增加。广义收入除了包括狭义收入之外，还包括公允价值变动收益、投资收益、资产处置收益和营业外收入等。公允价值变动收益是指交易性金融资产等公允价值变动形成的收益；投资收益是指企业在从事各项对外投资活动中取得的净收入（各项投资业务取得的收入大于其成本的差额）；资产处置收益主要是指处置固定资产、在建工程、无形资产等产生的净收益等；营业外收入是指企业在营业利润以外取得的收入。

5. 费用

费用也分为狭义费用和广义费用。我国企业会计准则所指的费用是狭义费用。

狭义费用是指企业在日常活动中为了取得狭义收入而发生的耗费。狭义费用主要是指税金及附加、营业成本、销售费用、管理费用和财务费用。

广义费用是指会计期间内经济利益的总流出，其表现形式为资产减少或负债增加而引起的所有者权益减少，但不包括与向所有者分配等事项有关的资产减少或负债增加以及直接计入所有者权益的其他综合收益减少导致的所有者权益减少。

广义费用除了包括狭义费用之外，还包括公允价值变动损失、投资损失、资产减值损失、信用减值损失、资产处置损失、营业外支出和所得税费用等。公允价值变动损失是指交易性金融资产等公允价值变动形成的损失；投资损失是指企业在从事各项对外投资活动中发生的净损失（各项投资业务取得的收入小于其成本的差额）；资产减值损失是指非金融资产以及长期股权投资发生减值形成的损失；信用减值损失是指金融资产中应收款项、债权投资和其他债权投资发生减值形成的损失；资产处置损失主要是指处置固定资产、在建工程、工程物资、无形资产等产生的净损失；营业外支出是指企业在营业利润以外发生的支出；所得税费用是指应在税前利润中扣除的所得税费用。

6. 利润

利润也称净利润或净收益，是企业的经营成果。

从狭义的收入、费用来讲，利润包括收入与费用的差额，以及其他直接计入损益的利得和损失，包括公允价值变动损益、投资损益、资产减值损失、信用减值损失、资产处置损益以及营业外收入、营业外支出等。

从广义的收入、费用来讲，利润是指收入与费用的差额。

利润按其形成过程，分为税前利润和税后利润。税前利润也称利润总额。税前利润减去所得税费用，即为税后利润，也称净利润。

1.4.2 会计恒等式

上述资产、负债、所有者权益三个要素中，资产属于企业的经济资源，具体反映为企业资金存在的形态，如货币形态的资金、实物形态的资金、无实物形态的资金等；负债和所有者权益则反映企业资金的来源渠道，如借入的资金、所有者投入的资金等。企业从不同渠道取得的资金和以不同形态存在的资金，是企业资金的两个侧面，从不同渠道取得的资金必然反映为不同的存在形态，在数量上必然保持一致。因此，资产、负债、所有者权益三个会计要素之间的关系，可以用下列等式表示：

资产＝负债＋所有者权益

企业发生的经济活动中，只有以下四种情况会对上述公式产生影响：

（1）经济业务的发生，引起资产和负债或所有者权益同时增加，等式左方的资产总额以及等式右方的负债和所有者权益总额会同时增加，会计等式保持平衡。

（2）经济业务的发生，引起资产和负债或所有者权益同时减少，等式左方的资产总额以及等式右方的负债和所有者权益总额会同时减少，会计等式保持平衡。

（3）经济业务的发生，引起资产内各项目之间发生增减变化，等式左方的资产总额以及等式右方的负债和所有者权益总额保持不变，会计等式保持平衡。

（4）经济业务的发生，引起负债和所有者权益内各项目之间发生增减变化，等式左方的资产总额以及等式右方的负债和所有者权益总额保持不变，会计等式保持平衡。

需要说明的是，利润属于所有者享有的权益，因此，收入视为所有者权益的增加，费用则视为所有者权益的减少。

综上所述，资产、负债、所有者权益三个会计要素，在企业经济活动的全过程中，任何时候都会保持平衡关系。因此，上述公式也称为会计恒等式。

1.4.3 会计计量属性

如何理解会计恒等式以及会计恒等式的扩展式？

会计计量属性是指对会计要素进行计量时采用的计量标准的基础。会计计量属性主要包括以下内容：

1. 历史成本

历史成本是指企业取得资产、负债时发生的代价。以历史成本作为计量属性，资产按照取得时支付的价款进行计量，负债按照收到款项的金额进行计量。历史成本主要反映取得资产、负债时确认的价值。例如，企业购入原材料 100 件，入账价值为 50 000 元，期末发出 60 件，结存 40 件，期末该原材料的成本为 20 000 元，即历史成本。

需要说明的是，历史成本是企业资产、负债计量的基本属性。不同的资产、负债，根据不同的要求，期末计价可以采用其他计量属性，并对历史成本进行调整。

2. 重置成本

重置成本是指在目前条件下，重新购建该资产需要付出的代价。以重置成本作为计量属性，资产按照现在购买相同或者相似资产所需支付的金额进行计量。重置成本主要用于盘盈和接受捐赠资产的计量。例如，企业接受捐赠一台机器设备，该设备当前的市场价值为 20 万元，则该机器设备的重置成本为 20 万元，并作为该机器设备的入账价值。

需要说明的是，企业的资产按照重置成本入账以后，视为其历史成本。

3. 可变现净值

可变现净值是指资产未来的收入扣减该资产至完工时估计将要发生的成本、估计的销售费用以及相关税费后的净额。可变现净值主要用于期末存货的计量，当期末存货的可变现净值低于其历史成本时，计量属性由历史成本转为可变现净值。例如，企业的某种库存商品的历史成本为 300 万元，预计未来出售取得的收入为 280 万元，估计的销售费用和相关税费为 5 万元，则该种库存商品的可变现净值为 275 万元。按照企业会计准则的规定，当存货的可变现净值低于其历史成本时，应按照可变现净值计价，即该种库存商品期末按照 275 万元计价，低于历史成本的差额 25 万元，确认为存货跌价损失。

4. 现值

现值是指未来现金流入、流出价值按照一定折现率计算的折现值。现值主要用于非流动资产可收回金额的计量，以及具有融资性质的资产购入计量、商品销售收入计量。

需要说明的是，现值的计算原理与可变现净值相似，只是可变现净值用于存货的计量，由于存货属于流动资产，不需要对可变现净值进行折现。但是，固定资产等属于非流动资产，变现的周期较长，因此需要对未来的现金流量进行折现，以合理反映其当前的价值。

5. 公允价值

公允价值是指市场参与者在计量日发生的有序交易中，出售一项资产所能收到或者转移一项负债所需支付的价格。

市场参与者应当相互独立，不存在关联方关系；应当熟悉情况，能够根据可取得的信息对相关资产或负债以及交易具备合理认知；应当有能力并自愿进行相关资产或负债的交易。

有序交易，是指在计量日前一段时期内相关资产或负债具有惯常市场活动的交易。清算等被迫交易不属于有序交易。

公允价值的确定一般分为三个层次：

第一层次公允价值是指在计量日能够取得的相同资产或负债在活跃市场上未经调整的报价。活跃市场，是指相关资产或负债的交易量和交易频率足以持续提供定价信息的市场。例如，企业在证券市场购入的股票、债券、基金等，计量日证券市场该股票、债券、基金的收盘价，即为第一层次公允价值。

第二层次公允价值是指在无法确定第一层次公允价值的情况下，根据相关资产或负债在活跃市场上直接或间接取得可参考数据确定的价值。例如，企业的房产，在交易市场上不存在相同房产的交易，但存在与其地域、户型、面积等类似房产的交易，企业可以根据与其地域、户型、面积等类似房产的报价，经过调整确定该房产的公允价值，即第二层次公允价值。

第三层次公允价值是指在无法确定第一、二层次公允价值的情况下，根据相关资产或负债的其他信息加以估计判断确定的价值。例如，企业的股权投资，不存在活跃市场，无法从市场中获取相关信息，则根据其初始投资成本以及其他相关因素确定的价值，即第三层次公允价值。

由于第一层次公允价值提供了最可靠的证据，因此在所有情况下，企业只要能够获得相同资产或负债在活跃市场上的报价，就应当将该报价不加调整地应用于该资产或负债的公允价值计量。

公允价值主要用于交易性金融资产、以公允价值计量且其变动计入其他综合收益的金融资产以及投资性房地产等资产的期末计量。

思考题

1. 会计的目标是什么？明确会计的目标有何意义？
2. 会计的基本前提有哪些？权责发生制为什么也是会计的一项基本前提？
3. 会计要素有哪些？包括哪些具体内容？这些要素之间有何联系？
4. 会计计量属性有哪些？

5. 会计信息质量要求有哪些？在具体的会计确认、计量和报告中，这些质量要求是如何体现的？

练习题

第1章判断题
即测即评

第1章单选题
即测即评

第1章多选题
即测即评

第 2 章

Chapter 2 货币资金

学习目标

1. 掌握：库存现金的核算；库存现金的清查；银行存款的核算；其他货币资金的核算。
2. 理解：库存现金的管理；银行转账结算方式。
3. 了解：货币资金的内部控制；银行开户的有关规定。

2.1 货币资金概述

2.1.1 货币资金的性质

货币资金是指直接作为支付手段的一般等价物，代表企业的现实购买能力。企业为了保证生产经营活动的正常进行，必须拥有一定数额的货币资金，用以购买金融资产、实物资产、无形资产，缴纳税金，发放工资，偿还债务，分配现金股利，等等。企业货币资金拥有量的多少，在一定程度上反映了企业偿债能力与支付能力的大小，是债权人、所有者和管理者分析企业财务状况的重要指标之一。

2.1.2 货币资金的范围

货币资金一般包括库存现金、银行存款和其他货币资金。库存现金是指存放于企业会计部门、由出纳人员保管并用于日常零星开支所需的现钞，包括纸币、硬币等。在货币资金中，库存现金流动性最强，最易被挪用或侵占，因此，企业必须加强对库存现金的管理，保护其完整和安全。银行存款是企业存入银行和其他金融机构的货币资金。企业在日常生产经营活动中，经常与外部其他单位发生结算业务。这些结算业务，除少量按现金管理办法规定可以用现金支付外，大部分必须通过银行办理转账结算。其他货币资金是指企业除库存现金、银行存款以外的采用某些特定结算方式存入银行的具有专门用途的货币资金。

2.1.3　货币资金的内部控制

由于货币资金属于一般等价物，本身具有高度的流动性，货币资金的内部控制显得十分重要。为了缩小企业内部人员舞弊的空间，企业应执行不相容职务分离控制。不相容职务是指如果由一个人担任，既可能发生错误和舞弊行为，又可能掩盖其错误和舞弊行为的职务。在货币资金内部控制环节，不得一个人既负责出纳工作，又负责记账工作，即管钱和管账的工作必须由不同的会计人员负责，相互之间进行内部牵制。

此外，企业必须严格执行授权审批制度。授权审批是指企业在办理各项经济业务时，必须经过规定程序的授权审批。在货币资金内部控制环节，不同业务种类和不同数额支出，应明确授权审批人。出纳人员支付货币资金，必须取得合法的原始凭证，并有授权审批人的签章，避免由于货币资金支出的随意性给企业带来不必要的损失。

2.2　库存现金

2.2.1　库存现金的管理

企业库存现金的管理主要包括以下内容：

1. 使用范围

《现金管理暂行条例》对库存现金的使用范围做了具体的规定。按照规定，现金主要用于：

(1) 向个人支付的工资、津贴、奖金等；

(2) 向个人支付的劳务报酬；

(3) 根据国家规定向个人颁发的科学技术、文化艺术、体育等各种奖金；

(4) 向个人支付的各种劳动保护费、福利费以及国家规定的其他支出；

(5) 向个人收购农副产品和其他物资支付的价款；

(6) 向出差人员支付的必须随身携带的差旅费；

(7) 结算起点（1 000 元）以下的零星开支；

(8) 中国人民银行确定需用现金支付的其他支出。

凡不属国家规定的库存现金使用范围内的款项支出，一律不准使用现金，必须通过银行办理转账结算。这样做的目的是保证企业货币资金的安全，加强银行对企业的监督和控制。

2. 核定库存现金限额

为了既满足企业日常零星开支的需要，又减少闲置的库存现金，通常要由企业的开户银行根据企业的实际需要，为企业核定库存现金的最高限额。根据我国的现行规定，库存现金的限额一般按企业 3～5 天的零星开支需要量确定。边远地区和交通不便地区的企业，库存现金的限额可以多于 5 天，但不能超过 15 天的日常零星开支需要量。该限额一经确定，企业就必须按规定限额控制库存现金的数量，超过部分必须及时送存银行。未经许可，企业不得擅自从自己的现金收入中坐支现金。库存现金如果低于限额，企业可以签发现金支票从银行提款，以补足限额。

3. 现金的日常收支控制

企业收入的现金应于当日送存开户银行，当日送存确有困难的，由开户银行确定送存时间。企业支付现金，可以用企业库存现金支付或者从银行提取，但不得从本企业收入的现金中直接支付。用收入的现金直接支付的，叫作“坐支”。企业如因特殊情况需要坐支现金，应当事先报经银行审核批准，由银行核定坐支范围和限额。企业应定期向银行报送坐支金额和使用情况。未经银行批准，企业不得擅自坐支现金。

企业从开户银行提取现金时，应如实写明提取现金的用途，此外，不准用不符合国家统一的会计制度规定的凭证顶替库存现金，即不得“白条顶库”；不准谎报用途套取现金；不准用银行账户代其他单位和个人存入或支取现金；不准将企业收入的现金以个人的名义存入储蓄，即“公款私存”；不准保留账外公款，即不得私设“小金库”。

2.2.2 库存现金的核算

为了反映企业现金收支和结存情况，应设置“库存现金”科目。该科目的借方登记库存现金的增加额，贷方登记库存现金的减少额，期末借方余额表示库存现金的结余额。

企业收入现金时，应根据审核无误的记账凭证，借记“库存现金”科目，贷记有关科目；企业支出现金时，应根据审核无误的记账凭证，借记有关科目，贷记“库存现金”科目。

2.2.3 库存现金的清查

为了及时准确地反映库存现金的余额，加强对出纳工作的监督，确保库存现金的安全，防止各种非法行为的发生，应于每日终了时对库存现金进行清查，保证账实相符。如果发现有挪用现金、白条顶库的情况，应及时予以纠正；对于超限额留存的现金应及时送存银行。在发现账面余额与库存实有数不符的情况下，应查明原因，及时报告主管领导，进行相应处理。

如果发生现金短缺，应将短缺的现金核减，保证库存现金的账实相符，借记“待处理财产损溢——待处理流动资产损溢”科目，贷记“库存现金”科目；待查明原因后进行相应处理，无法查明原因的现金短缺，应由出纳人员赔偿，借记“库存现金”科目，贷记“待处理财产损溢——待处理流动资产损溢”科目。

如果发生现金溢余，应将溢余的现金入账，保证库存现金的账实相符，借记“库存现金”科目，贷记“待处理财产损溢——待处理流动资产损溢”科目；待查明原因后进行相应处理，无法查明原因的现金溢余，应作为企业的营业外收入处理，借记“待处理财产损溢——待处理流动资产损溢”科目，贷记“营业外收入”科目。

2.3 银行存款

2.3.1 银行开户的有关规定

按照中国人民银行《人民币银行结算账户管理办法》的规定，企业应在银行开立账户，办理存款、取款和转账等结算业务。银行存款账户分为基本存款账户、一般存款账户、临时存款账户和专项存款账户。

基本存款账户是企业办理日常结算和现金收付的账户，可以支取现金，一个企业只能开立一个基本存款账户。

一般存款账户是企业在基本存款账户以外开设的账户，可以办理转账结算和现金缴存业务，但不能支取现金。例如，企业的分支机构与总部分设在不同地区，分支机构开展业务要收取相关款项，为了便于分支机构收到的款项及时送存银行，企业可以在分支机构附近的银行开设一般存款账户，根据业务需要缴存现金、办理转账结算，但不得支取现金。

临时存款账户是企业因临时经营活动需要开立的账户，可以办理转账结算和根据国家现金管理的规定办理现金收付。临时经营活动完成后应及时注销。例如，企业为开展某项特定业务，需要临时组建机构，为期一年。企业为了便于业务的顺利进行，可以开设临时存款账户，规定其收支范围，如缴存取得的业务收入，支付职工薪酬、日常零星支出等。在该项特定业务完成后，企业应及时注销该临时存款账户。

专项存款账户是企业出于特定用途需要开立的账户。例如，上市公司取得的募投资金，应在专项存款账户中存储，需要严格对其进行监管，确保按照规定的用途开支。

2.3.2 银行转账结算方式

按照现行规定，银行转账结算方式主要有支票结算方式、银行汇票结算方式、商业汇票结算方式、汇兑结算方式、托收承付结算方式和委托收款结算方式等。

1. 支票结算方式

支票是出票人委托银行或者其他金融机构见票时无条件支付一定金额给收款人或者持票人的票据。支票由银行统一印制，一般分为现金支票、转账支票和普通支票。印有“现金”字样的支票为现金支票，现金支票只能用于支取现金；印有“转账”字样的支票为转账支票，转账支票只能用于转账结算；未印有“现金”或“转账”字样的支票为普通支票，普通支票既可以用于支取现金，也可以用于转账结算。

企业签发支票的金额，应小于或等于银行存款余额，不得签发“空头支票”（即签发支票的金额大于银行存款余额）；收款单位收到支票时，应将支票连同进账单一并送交开户银行。支票的提示付款期限为自出票之日起 10 日内。

用于转账的支票可以背书转让。背书转让是指收到支票的企业直接将支票转让给其他企业，视为向其他企业支付款项。背书转让过程中，转让方称为背书人，受让方称为被背书人。支票背书转让时，由背书人在票据背面签章、记载被背书人名称和背书日期。

支票结算方式适用于同城各种款项的结算。

2. 银行汇票结算方式

银行汇票是出票银行签发的，由其在见票时按照实际结算金额无条件支付给收款人或者持票人的票据。

采用银行汇票结算方式，付款单位向银行申请办理银行汇票时，应先将款项交存银行，并向出票银行提交银行汇票申请书，填明收款人名称、支付金额、申请人、申请日期等事项并签章。出票银行受理申请书并收妥款项后，签发银行汇票给申请人。收款单位在收到银行汇票时，应在票面金额内，根据实际需要的款项办理结算，并将多余的金额退给汇票申请人。银行汇票的付款期限为自出票之日起 1 个月内。

银行汇票也可以背书转让，背书转让方式与支票相同。

银行汇票结算方式适用于同城或异地各种款项的结算。

3. 商业汇票结算方式

商业汇票是指收款人或付款人签发，由承兑人承兑，并于到期日向收款人或持票人支付款项的延期付款票据。商业汇票的付款期限由交易双方商定，但最长不得超过 6 个月。商业汇票按承兑人不同，分为商业承兑汇票和银行承兑汇票。承兑是指承诺兑付款项。商业承兑汇票的承兑人一般为付款单位，银行承兑汇票的承兑人则为承兑银行。

商业汇票是延期付款的票据，付款期限可以以月或日表示。

如果付款期限以月表示，则应以到期月份中与出票日相同的那一天为到期日，例如出票日为1月5日，付款期限为6个月，则到期日为7月5日；如果出票日是大月月末的31日，到期日为小月，没有31日，则到期日为月末日，例如出票日为1月31日，付款期限为3个月，则到期日为4月30日（4月没有31日）。

如果付款期限以日表示，则应从出票日次日起按实际日历天数计算。例如，出票日20×1年4月1日，付款期限为120天，到期日计算如下：29天（4月）+31天（5月）+30天（6月）+30天（7月）=120天。到期日为7月30日。

商业汇票也可以背书转让，背书转让方式与支票相同。

商业汇票结算方式适用于同城或异地商品交易或债权债务的结算。

4. 汇兑结算方式

汇兑是汇款人委托银行将款项支付给收款人的结算方式。汇兑分为信汇、电汇两种，由汇款人选择使用。

采用汇兑结算方式，付款单位汇出款项时，应填写银行印发的汇款凭证，列明收款单位名称、汇款金额及汇款的用途等，将其送交开户银行，并委托银行将款项汇往收款单位的开户银行。

汇兑结算方式适用于同城或异地各种款项的结算。

5. 托收承付结算方式

托收承付是企业根据购销合同发货后委托银行收取款项，由付款人根据收到的发票或货物验收后承认付款的结算方式。使用托收承付结算方式的收款单位和付款单位，必须是国有企业、供销合作社以及经营管理较好并经开户银行审查同意的城乡集体所有制工业企业。办理托收承付结算的款项，必须是商品交易以及因商品交易而产生的劳务供应的款项。代销、寄销、赊销商品的款项，不得办理托收承付结算。托收承付结算每笔的金额起点为10 000元。新华书店系统每笔的金额起点为1 000元。托收承付结算款项的划回方法分邮寄和电报两种，由收款人选用。

承付货款分为验单付款和验货付款两种。

(1) 验单付款。验单付款的承付期为3日，从付款人开户银行发出承付通知的次日算起（承付期内遇法定休假日顺延）。

付款人在承付期内，未向银行表示拒绝付款，银行即视作承付，并在承付期满的次日（法定休假日顺延）上午银行开始营业时，将款项主动从付款人的账户内付出，按照收款人指定的划款方式，划给收款人。

(2) 验货付款。验货付款的承付期为10日，从运输部门向付款人发出提货通知的次日算起。对收付双方在合同中明确约定，并在托收凭证上注明验货付款期限的，银行从其约定。

付款人收到提货通知后，应立即向银行交验提货通知。付款人在银行发出承付通知的次日起10日内，未收到提货通知的，应在第10日将货物尚未到达的情况通知银行。在第10日付款人没有通知银行的，银行即视作已经验货，于10日期满的次日上午银行开始营业时，将款项划给收款人；在第10日付款人通知银行货物未到，而以后收到提货通知没有及时送交银行，银行仍按 10 天期满的次日作为划款日期，并按超过的天数，计扣逾期付款赔偿金。

不论是验单付款还是验货付款，如果购货单位在承付期内发现单据或货物与合同不符，可向银行提出全部或部分拒绝付款。

托收承付结算方式适用于异地结算。

6. 委托收款结算方式

委托收款是收款人委托银行向付款人收取款项的结算方式。委托收款结算款项的划回方式分邮寄和电报两种，由收款人选用。

采用委托收款结算方式，收款人办理委托收款应向银行提交委托收款凭证和有关的债务证明。银行接到寄来的委托收款凭证及债务证明，应及时通知付款人，按照有关办法规定需要将有关债务证明交给付款人的，应交给付款人，并由付款人签收。付款人应于接到通知的当日书面通知银行付款。按照有关办法规定，付款人未在接到通知日的次日起 3 日内通知银行付款的，视同付款人同意付款，银行应于付款人接到通知日的次日起第 4 日上午开始营业时，将款项划给收款人。

银行在办理划款时，付款人存款账户不足支付的，应通过被委托银行向收款人发出未付款项通知书。按照有关办法规定，债务证明留存付款人开户银行的，应将其债务证明连同未付款项通知书邮寄被委托银行转交收款人。付款人审查有关债务证明后，对收款人委托收取的款项需要拒绝付款的，可以办理拒绝付款。付款人应在接到通知日的次日起 3 日内出具拒绝证明，持有债务证明的，应将其送交开户银行。银行将拒绝证明、债务证明和有关凭证一并寄给被委托银行，转交收款人。

委托收款结算方式适用于同城或异地具有债务证明的各种款项结算。

7. 信用卡（公务卡）结算方式

信用卡（公务卡）是指商业银行发行的，可以凭其向特约单位购物、消费和向银行存取现金，且具有消费信用的特制载体卡片。信用卡（公务卡）透支额，金卡最高不得超过 10 000 元，普通卡最高不得超过 5 000 元。信用卡透支期限最长为 60 天。

采用信用卡（公务卡）结算方式，企业持卡人在购物或消费以后，应及时到财务部门办理报账手续。财务部门应在透支期限内及时还款，逾期将支付利息。一般来说，企业为职工开立信用卡（公务卡），与其基本存款账户关联，不需要单独存入保证金。

信用卡（公务卡）结算方式适用于同城或异地与特约单位的各种款项结算。

2.3.3 银行存款的核算

为了反映企业银行存款收支和结存情况，应设置“银行存款”科目，并根据企业在银行开设的各种账户设置明细科目。

企业收入银行存款时，应根据审核无误的记账凭证，借记“银行存款”科目，贷记有关科目；企业支出银行存款时，应根据审核无误的记账凭证，借记有关科目，贷记“银行存款”科目。

例2-1

甲公司为本单位职工定制了公务卡，账单日为月末日，最迟还款日为账单日次月月末日。2023年3月，甲公司采购部职工赵某去外地出差洽谈采购事项，使用信用卡结算交通费600元、住宿费2 000元。2023年4月8日，赵某到财务部门办理差旅费报销手续；2023年4月10日，财务部门还款2 600元。甲公司还款时编制的会计分录如下：

借：管理费用　　2 600

　贷：银行存款　　2 600

2.3.4 银行存款的核对

企业应将银行存款日记账的收入、支出、结余的记录，定期与银行提供的对账单进行核对。企业银行存款日记账上的月末余额往往与银行对账单上的月末余额不符，其原因有二：一是记账错漏；二是未达账项。未达账项是指对于同一经济业务，由于企业与银行的记账时间不同，一方已经登记入账，而另一方尚未登记入账的会计事项。具体来说有四种情况：

（1）企业已经收款入账，而银行尚未入账的事项；

（2）企业已经付款入账，而银行尚未入账的事项；

（3）银行已经收款入账，而企业尚未入账的事项；

（4）银行已经付款入账，而企业尚未入账的事项。

以上任何一种情况的发生，都会导致企业和银行双方的账面余额不符。因此，企业在接到银行转来的对账单时，应尽快与日记账记录进行核对。如有不符，应立即查明原因，及时予以补记或更正。在实际工作中，为了便于核对，企业在接到对账单后，一般应编制银行存款余额调节表。

编制银行存款余额调节表所用的计算公式如下：

$$\text{企业银行存款账面余额}+\text{银行已收企业未收金额}-\text{银行已付企业未付金额}=\text{银行对账单余额}+\text{企业已收银行未收金额}-\text{企业已付银行未付金额}$$

经过上述调整的银行存款余额，是企业银行存款的实有数。对于银行已经入账而企业尚未入账的未达账项，要等到结算凭证到达后才能进行账务处理。对于记账中的错漏，应采用适当的方法更正。

2.4 其他货币资金

2.4.1 其他货币资金的种类

其他货币资金是指企业除库存现金、银行存款以外的其他各种具有专门用途的货币资金。其他货币资金的种类主要有外埠存款、银行汇票存款、存出投资款等。外埠存款是指企业为在异地从事物资采购业务，以汇兑结算方式将款项汇往异地并开设采购专户的存款。银行汇票存款是指企业申请开具银行汇票而存入银行的款项。存出投资款是指企业为在证券市场进行证券交易在证券公司开设账户的存款。

2.4.2 其他货币资金的核算

为了反映其他货币资金收支和结存情况，应设置“其他货币资金”账户。该账户的借方登记其他货币资金的增加额，贷方登记其他货币资金的减少额，期末借方余额表示其他货币资金的结余额。“其他货币资金”科目应根据其他货币资金的种类设置明细科目。

企业存出其他货币资金时，应根据审核无误的记账凭证，借记“其他货币资金”科目，贷记“银行存款”等科目；企业支付其他货币资金时，应根据审核无误的记账凭证，借记有关科目，贷记“其他货币资金”科目；剩余的其他货币资金转回时，应根据审核无误的记账凭证，借记“银行存款”等科目，贷记“其他货币资金”科目。

例2-2

甲公司为增值税一般纳税人，位于北京，因经营活动需要，在上海建立采购专户。根据有关业务，编制会计分录如下：

（1）委托银行向上海某银行汇出600 000元，建立采购专户。

借：其他货币资金——外埠存款　　600 000
　贷：银行存款　　600 000

（2）采购人员在上海采购商品，以采购专户的存款支付不含增值税的价款500 000元，增值税税额65 000元，该批商品已经验收入库。

借：库存商品　　500 000
　　应交税费——应交增值税（进项税额）　　65 000
　贷：其他货币资金——外埠存款　　565 000

（3）完成采购任务，将多余的外埠存款转回。

借：银行存款　　35 000
　贷：其他货币资金——外埠存款　　35 000

例2-3

乙公司为增值税一般纳税人，到外地采购生产用仪器设备，向银行申请开具银行汇票。根据有关业务，编制会计分录如下：

（1）将银行存款240 000元交由银行存入银行汇票存款专户，取得银行开具的银行汇票。

借：其他货币资金——银行汇票存款　　240 000
　贷：银行存款　　240 000

(2) 企业以银行汇票采购仪器设备，支付不含增值税的价款 200 000 元，增值税税额 26 000 元。该仪器设备不需要安装。

借：固定资产　　200 000

　　应交税费——应交增值税（进项税额）　　26 000

　贷：其他货币资金——银行汇票存款　　226 000

(3) 将多余的银行汇票存款转回。

借：银行存款　　14 000

　贷：其他货币资金——银行汇票存款　　14 000

例 2-4

丙公司为进行证券交易在某证券公司开立账户。丙公司根据发生的经济业务，编制会计分录如下：

(1) 存入投资款 800 000 元。

借：其他货币资金——存出投资款　　800 000

　贷：银行存款　　800 000

(2) 购入 W 公司股票，支付价款 600 000 元，划分为交易性金融资产。

借：交易性金融资产　　600 000

　贷：其他货币资金——存出投资款　　600 000

思考题

1. 银行转账结算方式包括哪些内容？
2. 其他货币资金包括哪些主要内容？

练习题

第 2 章判断题 即测即评

第 2 章单选题 即测即评

第 2 章多选题 即测即评

第 3 章
Chapter 3 存　货

学习目标

1. 掌握：原材料的取得与发出；存货的期末计价。
2. 理解：存货的分类；
3. 了解：存货的性质；存货的清查。

3.1 存货概述

3.1.1 存货的性质

存货是指企业为生产经营而持有的将在一年以内耗用或出售的材料、在产品、库存商品以及周转材料等。企业确认存货，必须同时满足以下条件：

（1）企业拥有的资源。存货是企业的资产，确认存货，必须满足资产的定义。一般来说，企业确认存货，应拥有该存货的所有权，即与该存货所有权相关的风险、报酬没有转移。也就是说，企业的存货不论存放在何处，只要所有权归属于企业，就应确认为企业的存货。例如，企业已经取得购货凭证但尚在运输途中的原材料，由于所有权已经归属于企业，应确认为存货；又如，企业委托其他单位加工的原材料以及委托外单位代销的库存商品，存放在受托加工单位以及受托代销单位，但所有权并未转移，仍属于企业的存货。反之，尽管存货存放在企业的仓库，但所有权不归属于本企业，则不能确认为存货。例如，企业已经销售但购货方尚未提货的商品，尽管仍然存放在企业仓库，但该商品的所有权已经转移，不再属于企业的存货，只是企业代为保管的商品；又如，企业受托加工或受托代销的商品，尽管存放在企业仓库，但所有权属于委托方，企业不应确认为存货。

（2）为了生产经营而持有，且将在一年以内使用的资源。企业取得的原材料、商品等，如果是为了生产经营过程中的耗用或用于出售，应确认为存货。一般来说，存货会在一年以内耗用或出售，属于流动资产。例如，制造业购入原材料，用于加工产品，应确认为存货；又如，商品流通企业购入商品，用于对外销售，应确认为存货。反之，如果企业购入用于构建固定资产的原材料，则不能确认为存货，而应确认为工程物资。

（3）与该存货有关的经济利益很可能流入企业。经济利益很可能流入企业，是指存货的有用性，即该存货的价值能够得到补偿。例如，原材料经过加工，其价值转移到产成品成本中，通过产成品的销售得到补偿。反之，如果库存商品毁损，无法对外销售，价值无法得到补偿，则应进行报废处理，不应继续作为存货确认。

（4）成本能够可靠地计量。企业取得的存货成本如果不能可靠地计量，则无法入账，不能确认为存货。

3.1.2　存货的分类

企业的存货品种繁多，在生产经营中的用途有所不同，存放地点也有所不同。为了便于管理，可以将存货按以下几种方式分类。

1. 存货按照经济用途分类

企业的存货按照经济用途，可以分为原材料、在产品、库存商品和周转材料。

（1）原材料。原材料是生产过程中的劳动对象，在生产过程中经过一个生产周期，就被消耗掉或改变其原有的实物形态，其价值一次性转移到产品成本中，构成产品成本的重要组成部分。原材料主要包括原料及主要材料、辅助材料、燃料、修理用备件（备品备件）、包装材料和外购半成品（外购件）等。原材料的基本特征是企业取得后未进行过再次加工。

原料是指仅经历过开采流程或只进行过初级加工的材料，例如，炼钢用的铁矿石，经过初级熔炼的钢锭、铜锭等。主要材料是指将原料进行粗加工制成的材料，例如，以钢锭为原料加工成的钢板、钢棒、钢管等，以铜锭为原料加工成的铜板、铜棒、铜管等。原料及主要材料的用途是生产产品，一般来说，构成产品的主要实体。原料及主要材料是企业重要的劳动对象。

辅助材料是指有助于产品形成或便于生产进行的材料。例如，家具厂为生产家具储存的油漆，虽不构成产品的主要实体，但家具必须经过刷漆才能成为产成品对外销售，因此，油漆属于有助于产品形成的辅助材料；又如，企业为开动机床储存的润滑油，虽与产品的形成没有直接关系，但机床没有润滑油无法开动加工产品，因此，润滑油属于便于生产进行的辅助材料。

修理用备件（备品备件）是指修理固定资产使用的备件，例如，修理机床的齿轮、传动皮带等。需要说明的是，修理用备件不属于劳动对象，但是，由于企业在修理固定资产时将修理用备件的价值一次转移到产品成本或费用中，因此将修理用备件视为原材料进行核算。

包装材料是指包装产品用的各种材料，例如，产品内包装使用的包装纸，捆绑产品用的铁丝、塑料绳等。需要说明的是，包装容器属于周转材料，需要单独进行核算。

外购半成品（外购件）是指委托专业单位按照本企业要求制作的材料。例如，手表厂委托专业单位制作的表盘，手表厂提供表盘的图纸，专业单位负责原材料的采购并按照要求进行加工，手表厂按照合同约定的价格支付货款。由于表盘上载明手表厂的名称及商标等信息，仅本企业可以使用，从手表厂的角度来看，属于半成品。但是，该表盘未经过手表厂加工，性质与原料及主要材料相同，属于手表厂的重要劳动对象，因此归为原材料，与原料及主要材料的核算方法相同。

（2）在产品。在产品是指企业正在加工但尚未最终完工的产品，包括在制品和自制半成品。在制品是指正在各个生产工序加工的在产品，例如，月末某生产车间加工完成60%的产品，下月需要继续加工。自制半成品是指前一工序加工完成入库，等待下一工序继续加工的在产品。

（3）库存商品。库存商品是指企业存放在仓库准备出售的商品。制造业的库存商品是指已经完成全部生产过程并已验收入库，可以对外销售的产成品；商品流通企业的库存商品是指外购的准备对外销售的外购商品。

（4）周转材料。周转材料是指企业周转使用的材料，包括包装物和低值易耗品。包装物是指为了包装本企业产品而储备的各种包装容器，如桶、箱、瓶、坛、袋等。包装物又可以分为生产领用的包装物，随同产品出售的包装物，以及出租、出借的包装物。低值易耗品是指不能确认为固定资产的各种劳动资料，如工具、管理用具、玻璃器皿、劳动保护用品，以及在生产过程中周转使用的包装容器等。由于低值易耗品的价值低或使用年限短或两者兼有，按照重要性会计信息质量要求，将其视为周转材料进行核算。

2. 存货按照存放地点分类

存货按照存放地点分类，可以分为库存存货、在途物资、发出商品和委托加工物资等。

（1）库存存货。库存存货是指存放在企业仓库的各项存货。

（2）在途物资。在途物资是指已经取得购货凭证但正在运输途中，尚未验收入库的外购材料、外购商品等。

（3）发出商品。发出商品是指已经发出但尚未确认销售收入以及委托其他单位代销的商品等。

（4）委托加工物资。委托加工物资是指委托其他单位加工的材料、商品等。

3.2 存货的取得与发出

企业取得的存货，主要包括外购原材料、外购商品、委托加工收回的原材料以及投资转入存货等。周转材料与原材料的核算方法基本相同，本教材不再讲述；投资转入原材料的核算在本教材第11章“所有者权益”中讲述。本节主要讲述外购原材料和委托加工收回原材料的核算。外购商品的核算方法与外购原材料的核算方法相同。

需要说明的是，目前已全面实行营业税改征增值税，涉及增值税核算的内容，本章仅讲述基本核算方法，具体核算方法详见第9章9.5节“应交税费”。

3.2.1 原材料核算的科目设置

为了反映原材料的增减变动和结存情况，应设置“原材料”“在途物资”等科目。

“原材料”科目用于核算企业库存的各种原材料的实际成本。该科目的借方登记增加原材料的实际成本，贷方登记减少原材料的实际成本，期末借方余额表示库存原材料的实际成本。

“在途物资”科目用于核算企业结算凭证已到但尚未到达或尚未验收入库存货的实际成本。该科目的借方登记结算凭证已到存货的实际成本，贷方登记已验收入库存货的实际成本，期末借方余额表示结算凭证已到但尚未验收入库存货的实际成本。“在途物资”科目应按供货单位设置明细科目。

3.2.2 外购原材料的入账价值

企业外购的原材料，应以实际发生的采购成本作为初始入账价值。外购原材料的采购成本一般包括以下几个方面的内容：

（1）买价。买价是指购入原材料发票上所列的货款金额，但不包括按规定可以抵扣的增值税税额。

（2）运杂费。运杂费是指购入存货所发生的运输费、装卸费、保险费等。

（3）运输途中的合理损耗。运输途中的合理损耗是指在原材料运输过程中发生的一定程度的合理损耗。

（4）入库前的加工、整理、挑选费用。入库前的加工、整理、挑选费用是指原材料在验收入库前发生的加工、整理、挑选费用，包括检验人员薪酬、检验药剂费、检验设备折旧费等。

例3-1

2023年8月5日，甲食品加工企业自水果产地购进一批水果，发货数量为

1 010 千克，不含增值税的买价为 10 100 元（价格为每千克 10 元）；不含增值税的运杂费为 202 元（相当于每千克 0.2 元）；验收入库过程中发生挑选整理费用 30 元（相当于每千克 0.03 元），采购成本合计为 10 332 元。该批水果实际验收入库数量为 1 000 千克（假定由于水分蒸发，在发货数量 1%以内的损耗为合理损耗）；单位成本为 10.332 元。

分析：在该批水果的采购成本中，由于发生运输途中合理损耗 10 千克，买价和运杂费中均含有合理损耗的因素，其中，买价中的 100 元、运杂费中的 2 元为合理损耗，这部分合理损耗应由入库商品 1 000 千克负担，计入入库商品成本，相当于每千克的合理损耗为 0.102 元。从单位成本来看，每千克水果买价为 10 元，运杂费为 0.2 元，运输途中合理损耗为 0.102 元，挑选整理费用为 0.03 元，单位成本合计为 10.332 元。

3.2.3 原材料采购入库的核算

企业购入的原材料，由于结算方式和采购地点的不同，原材料入库和货款支付在时间上可能不一致，应分别进行会计处理。

1. 结算凭证已到，原材料已验收入库

在这种情况下，应根据原材料的入账价值，借记“原材料”科目；根据增值税税额，借记“应交税费——应交增值税（进项税额）”科目；根据全部价款，贷记“银行存款”“应付票据”等科目。

例 3-2

甲公司购入一批原材料，结算凭证已收到，购买价格为 100 000 元，增值税税额为 13 000 元；另支付运费 1 000 元，增值税 90 元；运输保险费 200 元，增值税 12 元；全部款项为 114 302 元，已通过银行支付；原材料已验收入库。甲公司编制的会计分录如下：

原材料入账价值＝100 000＋1 000＋200＝101 200(元)

增值税进项税额＝13 000＋90＋12＝13 102(元)

借：原材料	101 200	
应交税费——应交增值税（进项税额）	13 102	
贷：银行存款		114 302

2. 结算凭证已到，原材料尚未入库

在这种情况下，原材料的所有权已经转移给企业，应根据原材料的入账价值，借记“在途物资”科目；根据增值税税额，借记“应交税费——应交增值税（进项税额）”科目；根据全部价款，贷记“银行存款”“应付票据”等科目。待原材料到达并验收入库后，再根据原材料的入账价值，借记“原材料”科目，贷记“在途物资”科目。

例3-3

2023年6月3日，甲公司从外地采购一批原材料，结算凭证已到，该批原材料的购买价格为20 000元，增值税税额为2 600元，全部款项22 600元，已通过银行支付，但材料尚未到达。6月12日，原材料到达并验收入库。甲公司编制的会计分录如下：

（1）2023年6月3日，采购原材料。

借：在途物资	20 000	
应交税费——应交增值税（进项税额）	2 600	
贷：银行存款		22 600

（2）2023年6月12日，原材料验收入库。

借：原材料	20 000	
贷：在途物资		20 000

3. 原材料入库，结算凭证尚未到达

在这种情况下，一般来说，短时间内结算凭证就可能到达，为了简化核算手续，在当月发生时，可以暂不进行会计处理，待收到结算凭证时，再按照前述第一种情况进行会计处理。但是，在月末时，应对结算凭证尚未到达但已验收入库的原材料按暂估价格入账，以保证原材料的账实相符。估价入账时，应借记“原材料”科目，贷记“应付账款”科目；下月1日，编制红字会计分录，借记“原材料”科目，贷记“应付账款”科目，予以冲回；在结算凭证到达时，按正常程序进行会计处理。

例3-4

2023年6月30日，甲公司从外地购入一批原材料，已验收入库，但结算凭证尚未到达，按暂估价款20 000元入账。7月5日，结算凭证到达，购买价格为21 000元，增值税税额为2 730元，全部款项为23 730元，已通过银行支付。甲公司编制的会计分录如下：

（1）2023年6月30日，采购原材料并验收入库。

借：原材料	20 000	
贷：应付账款——暂估应付账款		20 000

（2）2023年7月1日，编制红字会计分录。

借：原材料	[20 000]	
贷：应付账款——暂估应付账款		[20 000]

（3）2023年7月5日，支付货款。

借：原材料	21 000	
应交税费——应交增值税（进项税额）	2 730	
贷：银行存款		23 730

3.2.4 原材料发出的核算

1. 原材料发出的计价方法

企业日常发出的原材料，一般按照实际成本计价。发出原材料按照实际成本计价的方法包括：个别计价法、先进先出法、全月一次加权平均法和移动加权平均法等。

（1）个别计价法。个别计价法，也称个别认定法、具体辨认法，采用这种方法要求原材料的成本流转与实物流转完全一致，逐一辨认发出原材料和期末结存原材料所属的购进批别或生产批别，分别按其购入或生产时所确认的单位成本计算各批发出原材料和期末结存原材料成本的方法。

采用个别计价法，成本计算准确，符合实际情况，但采用这种方法，要求对每一批存货进行详细记录，不得以假定的批次代替实际的批次，不得随意调节发出存货的成本。

例3-5

甲公司的原材料采用个别认定法计价。1月，A材料的收、发、存资料见表3-1。其中，1月17日发出A材料60件，含有月初结存的A材料30件，1月10日购入的A材料20件，1月12日购入的A材料10件；1月27日发出A材料50件，含有月初结存的A材料10件，1月20日购入的A材料40件。

表3-1　A材料明细账（个别认定法）

日期	摘要	收入			发出			结存		
		数量	单价	金额	数量	单价	金额	数量	单价	金额
1月1日	期初结存							40	10	400
1月10日	购入	40	12	480				40 40	10 12	400 480
1月12日	购入	20	14	280				40 40 20	10 12 14	400 480 280
1月17日	发出				30 20 10	10 12 14	300 240 140	10 20 10	10 12 14	100 240 140
1月20日	购入	100	16.36	1 636				10 20 10 100	10 12 14 16.36	100 240 140 1 636
1月27日	发出				10 40	10 16.36	100 654.4	0 20 10 60	0 12 14 16.36	0 240 140 981.6
合计		160		2 396	110		1 434.4	90		1 361.6

（2）先进先出法。先进先出法是以先购进的原材料先发出为假定前提，对日常发出原材料和结存原材料进行计价的一种方法。采用这种方法，每次发出原材料的成本都要按原材料中最先购入的那批原材料的实际成本计价；如果发出原材料的数量大于最先购入的那批原材料的数量，则超出部分按第二批购入原材料的实际成本计价，以此类推。

这种方法的优点是把计价工作分散在月内进行，且月末结存原材料的成本为较晚购进原材料的成本，接近其近期市场价格；缺点是在物价持续上涨的情况下，较早购进原材料的成本较低，导致原材料发出成本偏低，会高估企业的当期利润。

例3-6

甲公司的原材料采用先进先出法计价。1月，A材料的收、发、存资料见表3-2。

表3-2 A材料明细账（先进先出法）

日期	摘要	收入			发出			结存		
		数量	单价	金额	数量	单价	金额	数量	单价	金额
1月1日	期初结存							40	10	400
1月10日	购入	40	12	480				40 40	10 12	400 480
1月12日	购入	20	14	280				40 40 20	10 12 14	400 480 280
1月17日	发出				40 20	10 12	400 240	0 20 20	0 12 14	0 240 280
1月20日	购入	100	16.36	1 636				20 20 100	12 14 16.36	240 280 1 636
1月27日	发出				20 20 10	12 14 16.36	240 280 163.6	0 0 90	0 0 16.36	0 0 1 472.4
合计		160		2 396	110		1 323.6	90		1 472.4

（3）全月一次加权平均法。全月一次加权平均法是只在月末计算一次平均单位成本，并根据全月发出存货的合计数和平均单位成本计算发出存货总成本的方法。其计算公式为：

$$\text{原材料平均单位成本}=\frac{\text{月初结存原材料实际成本}+\text{本月收入原材料实际成本}}{\text{月初结存原材料数量}+\text{本月收入原材料数量}}$$

$$\text{本月发出原材料成本}=\text{本月发出原材料数量}\times\text{原材料平均单位成本}$$

$$\text{本月月末库存原材料成本}=\text{月初结存原材料成本}+\text{本月收入原材料成本}-\text{本月发出原材料成本}$$

或

$$=\text{月末结存原材料数量}\times\text{原材料平均单位成本}$$

采用这种方法，平时不需要对发出原材料计价，能简化会计核算工作。但是，大量的计算工作都集中在月末进行，会影响成本计算工作的及时性，而且平时存货明细账无法反映结存存货成本，不利于日常管理工作。全月一次加权平均法仅适用于手工记账，在电算化系统环境中由于平日发出原材料时均需要计价，无法采用这种方法。

例 3-7

甲公司的原材料采用全月一次加权平均法计价。1月，A材料的收、发、存资料见表3-3。

表3-3　A材料明细账（全月一次加权平均法）

日期	摘要	收入			发出			结存		
		数量	单价	金额	数量	单价	金额	数量	单价	金额
1月1日	期初结存							40	10	400
1月10日	购入	40	12	480				80		
1月12日	购入	20	14	280				100		
1月17日	发出				60			40		
1月20日	购入	100	16.36	1 636				140		
1月27日	发出				50			90		
合计		160		2 396	110	13.98	1 537.8	90	13.98	1 258.2

其中：

$$\begin{aligned}\text{A材料平均单位成本}&=(400+480+280+1\,636)\div(40+40+20+100)\\&=13.98(\text{元})\end{aligned}$$

$$\text{本月发出A材料成本}=110\times13.98=1\,537.8(\text{元})$$

$$\text{本月月末库存A材料成本}=400+2\,396-1\,537.8=1\,258.2(\text{元})$$

或

$$=90\times13.98=1\,258.2(\text{元})$$

（4）移动加权平均法。移动加权平均法是每购进一次原材料就计算一次平均单位成本的方法，并以此作为计算发出原材料总成本的方法。其计算公式为：

$$\text{原材料平均单位成本}=\frac{\text{原有原材料成本}+\text{本次收入原材料成本}}{\text{原有原材料数量}+\text{本次收入原材料数量}}$$

$$\text{本次发出原材料成本}=\text{本次发出原材料数量}\times\text{本次发出原材料前平均单位成本}$$

采用这种方法，每购进一次原材料，就要重新计算一次原材料平均单位成本，每发出一次原材料，就要计算一次发出原材料总成本，因而原材料的计价工作量较大。这种方法的优点是原材料计价工作可以分散在月内随时进行，原材料明细账能够及时反映结存原材料成本，便于日常管理工作。

例 3-8

甲公司的原材料采用移动加权平均法计价。1月，A材料的收、发、存资料见表 3-4。

表 3-4 A材料明细账（移动加权平均法）

日期	摘要	收入			发出			结存		
		数量	单价	金额	数量	单价	金额	数量	单价	金额
1月1日	期初结存							40	10	400
1月10日	购入	40	12	480				80	11	880
1月12日	购入	20	14	280				100	11.6	1 160
1月17日	发出				60	11.6	696	40	11.6	464
1月20日	购入	100	16.36	1 636				140	15	2 100
1月27日	发出				50	15	750	90	15	1 350
合计		160		2 396	110		1 446	90	15	1 350

其中：

1月10日结存A材料平均单位成本＝(400＋480)÷(40＋40)＝11(元)

1月12日结存A材料平均单位成本＝(880＋280)÷(80＋20)＝11.6(元)

1月20日结存A材料平均单位成本＝(464＋1 636)÷(40＋100)＝15(元)

2. 原材料发出的会计处理

企业发出原材料，应根据前述的计价方法计算发出原材料的总成本，并按照用途进行分配。其中，用于产品生产的原材料，应计入产品成本，借记“生产成本”科目；用于生产车间的消耗性原材料，应先通过制造费用进行归集，再分配计入产品成本，借记“制造费用”科目；行政管理部门耗用的原材料，应计入当期损益，借记“管理费用”科目；销售部门耗用的原材料，也应计入当期损益，借记“销售费用”科目；根据发出原材料的总成本，贷记“原材料”科目。

例 3-9

6月末，甲公司发出原材料的总成本为300 000元，其中，产品生产耗用200 000元，生产车间一般耗用30 000元，行政管理部门耗用20 000元，销售部门耗用50 000元。甲公司编制的会计分录如下：

借：生产成本 200 000
　　制造费用 30 000
　　管理费用 20 000
　　销售费用 50 000
　贷：原材料 300 000

3.2.5 委托加工物资的核算

委托加工物资是指企业因生产经营的需要，将存货发给其他单位，委托其代为加工成另一种材料或另一种商品而存放在其他单位的原材料和外购商品等，例如，委托其他单位将木材制成包装用木箱，将铜锭加工成铜管等。发往其他单位加工的物资，虽然已离开本企业，但仍属于本企业所有。经过加工，存货的原有实物形态和用途都发生了变化，其价值也会相应增加。

为了反映委托加工物资的发出、收回和结存情况，应设置“委托加工物资”科目。该科目应按加工合同和委托加工单位设置明细科目。

企业发出原材料委托其他单位加工时，应按照原材料发出的计价方法，计算发出原材料的总成本，借记“委托加工物资”科目，贷记“原材料”科目。

企业支付的委托加工物资加工费，应计入委托加工物资的成本。企业支付加工费时，应根据不含增值税的加工费，借记“委托加工物资”科目；根据支付的增值税税额，借记“应交税费——应交增值税（进项税额）”科目；根据支付的全部加工费，贷记“银行存款”等科目。

企业收回的委托加工物资验收入库时，应根据耗用的原材料和支付的加工费，计算收回委托加工物资成本，借记“原材料”“周转材料——包装物”等科目，贷记“委托加工物资”科目。

例 3-10

甲公司委托乙公司将一批铜锭加工成铜管。5月3日，发出铜锭的成本为100 000元。5月20日，该批铜管加工完成，以银行存款支付加工费5 000元、增值税税额650元，铜管验收入库。甲公司编制的会计分录如下：

（1）5月3日，发出铜锭。

借：委托加工物资	100 000	
贷：原材料——铜锭		100 000

（2）5月20日，铜管加工完成，支付加工费。

借：委托加工物资	5 000	
应交税费——应交增值税（进项税额）	650	
贷：银行存款		5 650

（3）5月20日，铜管验收入库。

借：原材料——铜管	105 000	
贷：委托加工物资		105 000

3.3 存货的清查

3.3.1 存货清查概述

企业存货的种类、品种、规格、数量繁多，收发频繁，由于存货日常收发、计量和计算上的误差，管理不善造成丢失、贪污、被盗等原因，往往会造成存货盘盈、盘亏和毁损，形成存货账实不符的现象。为了如实反映企业存货的实有数额，维护企业资产的安全和完整，做到账实相符，企业必须对存货进行定期或不定期的清查。

企业存货盘盈、盘亏和毁损的原因较多，主要有以下几种：

（1）计量问题。有些存货按照重量计量，例如，煤炭、铜锭等原材料，入库时按照地秤等大秤计量，发出时按照小秤计量，大秤和小秤的计量会产生误差，可能导致存货盘盈或盘亏。

（2）记账问题。会计在记账时，难免发生差错，例如，发出A材料，记账时误记为发出B材料，则导致A材料盘亏，而B材料盘盈。

（3）工作失误问题。仓库管理人员在发货时，可能出现差错，例如，应发C材料100件，实际发出C材料90件或110件，导致C材料发生盘盈或盘亏。

（4）管理问题。企业因仓库管理不善，可能导致存货被盗，产生存货盘亏；也可能因仓库管理人员未妥善保管存货，导致存货霉烂变质，发生存货毁损。

（5）自然灾害问题。由于水灾、火灾、台风、地震等自然灾害，可能导致企业存货发生盘亏或毁损。

存货清查，就是确定各种存货的实际库存量，并与账面记录的结存数量进行核对，查明存货盘盈、盘亏和毁损的数量以及造成盘盈、盘亏和毁损的原因，按规定程序报有关部门审批后进行处理。

为了反映存货盘盈、盘亏、毁损的情况，应设置"待处理财产损溢"科目。该科目的借方登记盘亏、毁损存货的成本以及转销盘盈存货的成本，贷方登记盘盈存货的成本以及转销盘亏、毁损存货的成本，期末借方余额表示尚未转销盘亏、毁损存货的成本，贷方余额表示尚未转销盘盈存货的成本。"待处理财产损溢"科目应根据"待处理流动资产损溢"和"待处理固定资产损溢"设置二级科目，并根据盘盈、盘亏、毁损存货的品种设置明细科目。

3.3.2 存货盘盈

企业盘盈的存货，在有关部门批准处理之前，应先调整存货的账面价值，采用重置成本计量，借记"原材料"等科目，贷记"待处理财产损溢——待处理流动资产损溢"科目，以保证账实相符。

企业发现存货盘盈，应及时分析原因，根据不同原因，分别进行处理。

企业盘盈存货的价值，经有关部门批准以后进行处理。

（1）由于计量问题产生的存货盘盈。如果是计量问题导致的存货盘盈，属于企业存货管理中不可避免的问题，应将盘盈存货的价值冲减管理费用，借记"待处理财产损溢——待处理流动资产损溢"科目，贷记"管理费用"科目。

（2）由于记账问题产生的存货盘盈。由于账簿登记错误产生存货盘盈，应调整账簿记录，将待处理盘盈和盘亏存货价值予以抵销，借记"待处理财产损溢——待处理流动资产损溢（盘盈存货）"科目，贷记"待处理财产损溢——待处理流动资产损溢（盘亏存货）"科目。

（3）由于工作失误产生的存货盘盈。由于仓库管理人员少发存货导致存货盘盈，应将少发的存货补发给领用部门或购货单位，不视为盘盈，借记"待处理财产损溢——待处理流动资产损溢"科目，贷记"原材料"等科目。

（4）无法查明原因的存货盘盈。对于无法查明原因的存货盘盈，应冲减管理费用，借记“待处理财产损溢——待处理流动资产损溢”科目，贷记“管理费用”科目。

例3-11

甲公司通过财产清查，发现盘盈铜管10千克，重置单位成本为50元，经查明是由计量不准所致；报经有关部门批准，可以进行处理。甲公司编制的会计分录如下：

（1）批准前。

借：原材料	500	
贷：待处理财产损溢——待处理流动资产损溢		500

（2）批准后。

借：待处理财产损溢——待处理流动资产损溢	500	
贷：管理费用		500

3.3.3 存货盘亏和毁损

企业盘亏、毁损的存货，在有关部门批准处理之前，也应先调整存货的账面价值，按照规定的发出存货计价方法进行计量，借记“待处理财产损溢——待处理流动资产损溢”科目，贷记“原材料”等科目，以保证账实相符。

企业发现存货盘亏和毁损，应及时分析原因，根据不同原因，分别进行处理。

企业盘亏和毁损存货的价值，经有关部门批准处理以后进行处理。

（1）由于计量问题产生的存货盘亏。如果是计量问题导致的存货盘盈，属于企业存货管理中不可避免的问题，应将盘亏存货的价值计入管理费用，借记“管理费用”科目，贷记“待处理财产损溢——待处理流动资产损溢”科目。

（2）由于记账问题产生的存货盘亏。由于账簿登记错误产生存货盘亏，应调整账簿记录，将待处理盘盈和盘亏存货价值予以抵销，借记“待处理财产损溢——待处理流动资产损溢（盘盈存货）”科目，贷记“待处理财产损溢——待处理流动资产损溢（盘亏存货）”科目。

（3）由于工作失误产生的存货盘亏。由于仓库管理人员多发存货导致存货盘亏，应将多发的存货收回，或由领用部门补开领料单，或向购货单位补收货款，不视为盘亏。企业应根据收回的存货价值，借记“原材料”等科目，贷记“待处理财产损溢——待处理流动资产损溢”科目；根据领用部门补领的存货价值，借记“生产成本”“制造费用”“管理费用”等科目，贷记“待处理财产损溢——待处理流动资产损溢”科目；根据向购货单位补收货款的存货价值，借记“主营业务成本”科目，贷记“待处理财产损溢——待处理流动资产损溢”科目。

（4）由于管理不善产生的存货盘亏或毁损。管理不善产生的存货盘亏或毁损，属于非正常损失，应计入营业外支出。按照增值税暂行条例的规定，管理不善产生的存货盘亏或毁损，其增值税进项税额不得抵扣，应予以转出，一并计入营业外支出。如果盘亏或毁损的存货能够取得保险公司或有关责任者的赔偿，赔偿的价值应冲减盘亏或毁损存货的价值；如果毁损的存货存在残料，应计价入库，冲减毁损存货的价值。企业应根据毁损存货的残料价值，借记“原材料”科目；根据应收的赔偿款，借记“其他应收款”科目；根据盘亏或毁损存货的价值与转出的增值税进项税额之和，扣除残料价值和应收赔偿款，借记“营业外支出”科目；根据盘亏或毁损存货的价值，贷记“待处理财产损溢——待处理流动资产损溢”科目；根据转出的增值税进项税额，贷记“应交税费——应交增值税（进项税额转出）”科目。

（5）由于自然灾害产生的存货盘亏或毁损。自然灾害产生的存货盘亏或毁损，也属于非正常损失，会计处理与管理不善产生的存货盘亏或毁损基本相同，但是按照增值税暂行条例规定，其增值税进项税额不需要转出。

（6）无法查明原因的存货盘亏。无法查明原因的存货盘亏，应计入管理费用，借记“管理费用”，贷记“待处理财产损溢——待处理流动资产损溢”科目。

例 3-12

甲公司通过财产清查，发现盘亏钢板 20 千克，实际单位成本为 20 元，经查明是由计量不准所致；盘亏铝棒 300 千克，实际单位成本为 30 元，经查明是由管理不善被盗所致；盘亏存货的总成本为 9 400 元（20×20＋30×300）。报经有关部门批准，可以进行处理，其中盘亏钢板成本计入管理费用；被盗铝棒应由仓库管理人员赔偿 1 000 元，购入铝棒的进项税额为 1 170 元，净损失 9 170 元（30×300＋1 170－1 000）计入营业外支出。甲公司编制的会计分录如下：

（1）批准前。

借：待处理财产损溢——待处理流动资产损溢　　9 400
　贷：原材料　　9 400

（2）批准后。

借：管理费用　　400
　　其他应收款　　1 000
　　营业外支出　　9 170
　贷：待处理财产损溢——待处理流动资产损溢　　9 400
　　　应交税费——应交增值税（进项税额转出）　　1 170

3.4 存货的期末计价

按照谨慎性会计信息质量要求，资产负债表日，存货的价值应当按照成本与可变现净值孰低法进行计量。成本与可变现净值孰低法，是指当存货成本低于可变现净值时，存货按照成本计价，不需要进行调整；当存货可变现净值低于成本时，存货按照可变现净值计价，根据可变现净值低于成本的差额，计提存货跌价准备，确认为当期损益。

3.4.1 可变现净值的确定

可变现净值是指在日常活动中，存货的估计售价减去至完工时估计将要发生的成本、估计的销售费用以及相关税费后的金额，即预计的存货未来净现金流入。

1. 存货的估计售价

存货的估计售价是指各种存货折算为库存商品在未来期间估计的售价。不同形态的存货，估计售价的计算方法有所不同。

（1）库存商品的估计售价。企业的库存商品如果已经签订销货合同，且合同是不可撤销的，库存商品的估计售价应按照合同价格确定；如果企业的库存商品未签订销货合同，则估计售价应按照估计的未来市场价格确定。

需要说明的是，如果某一项库存商品中既有已经签订销货合同的，也有尚未签订销货合同的，则应将其视为两种商品，分别确定可变现净值。例如，甲公司A商品期末库存100件，单位成本为80元，总成本为8 000元。甲公司已经签订销售A商品80件的销货合同，合同规定不含增值税的单位售价为95元；其余20件A商品尚未签订销货合同，由于近期A商品市场低迷，甲公司估计其未来不含增值税的单位售价为75元。假定不考虑估计的销售费用和其他税费。从以上资料可以看出，A商品100件的估计总售价为9 100元（95×80+75×20），高于A商品总成本8 000元，从总体上看没有发生跌价。但是，从是否签订销货合同角度分别来看，80件已经签订销货合同的A商品售价高于成本，未发生跌价，而其余20件尚未签订销货合同的A商品每件估计售价低于成本5元（80−75），未来销售时将发生亏损100元（5×20）。按照企业会计准则规定，在分项认定存货跌价损失的情况下，应将有合同的商品与无合同的商品视为两种商品，因此甲公司应确认无合同的A商品跌价损失100元。

（2）原材料的估计售价。原材料的估计售价不是出售原材料的市价，而是将原材料折算成产成品后的估计售价。例如，B商品由X，Y，Z三种原材料加工而成，每种原材料各耗用1件；期末企业库存X，Y，Z原材料各100件，则原材料X，Y，Z各100件折合为B商品100件，然后按照B商品100件有合同、无合同分别估计其售价。

需要说明的是，在实际工作中，企业库存的各种原材料库存量不一定能够配套折算成产成品数量，在这种情况下，企业可以按照各种原材料成本占产成品耗用原材料总成本的比例进行折算。例如，B商品由X，Y，Z三种原材料加工而成，每种原材料各耗用1件。期末企业库存X原材料200件，单位成本为300元，总成本为60 000元；Y原材料100件，单位成本为50元，总成本为5 000元；Z原材料300件，单位成本为150元，总成本为45 000元；三种原材料的总成本为110 000元。B产品每件耗用原材料总成本为500元（300+50+150），则X，Y，Z三种原材料折合为产成品的数量为220件（110 000÷500）。

2. 存货估计将要发生的成本

存货估计将要发生的成本，是指将原材料加工成产成品过程中将要发生的除原材料以外的各种耗费，包括职工薪酬、固定资产折旧费、无形资产摊销费以及生产产品发生的其他各项耗费，这些耗费需要在估计售价中补偿，应进行合理估计。

3. 存货估计的销售费用及相关税费

存货估计的销售费用及相关税费，需要在估计售价中补偿，应进行合理估计。

3.4.2 存货成本与可变现净值的比较

采用成本与可变现净值孰低法，期末应将存货成本与可变现净值进行比较，一般可以采用三种比较方法。

1. 单项比较法

单项比较法是指对每一种存货均进行成本与可变现净值的比较，将每一种存货可变现净值低于成本的差额确认为存货跌价，计提存货跌价准备，确认存货跌价损失。这种方法能够充分反映谨慎性会计信息质量要求，企业应首选单项比较法计提存货跌价准备。

2. 分类比较法

分类比较法是指按照存货类别进行成本与可变现净值的比较，将某类存货的可变现净值低于成本的差额确认为存货跌价，计提存货跌价准备。这种方法的谨慎程度低于单项比较法，因为类内存货可变现净值高于成本和低于成本的差额将会相互抵销，降低存货跌价损失的数额。

3. 综合比较法

综合比较法是指对全部存货进行成本与可变现净值的比较，将全部存货的可变现净值低于成本的差额确认为存货跌价损失，计提存货跌价准备。这种方法的谨慎程度最差，因为各类存货可变现净值高于成本和低于成本的差额将会相互抵销，降低存货跌价损失的数额。

例3-13

甲公司2023年12月31日存货的成本与可变现净值比较见表3-5。

表3-5 存货成本与可变现净值比较 单位：元

项目	成本	可变现净值	存货跌价损失		
			单项比较法	分类比较法	综合比较法
X类商品					
其中：A商品	100 000	130 000	0	—	—
B商品	200 000	140 000	60 000	—	—

续表

项目	成本	可变现净值	存货跌价损失		
			单项比较法	分类比较法	综合比较法
小计	300 000	270 000	60 000	30 000	—
Y 类商品					
其中：C 商品	150 000	180 000	0	—	—
D 商品	50 000	40 000	10 000	—	—
小计	200 000	220 000	10 000	—	—
全部商品合计	500 000	490 000	70 000	30 000	10 000

3.4.3 存货跌价准备的核算

为了反映存货跌价准备的计提、核销、转回和结存的情况，应设置“存货跌价准备”科目。由于企业采用的存货成本与可变现净值的比较方法不同，该科目可能按照单项存货或存货类别设置明细科目。

1. 首次计提存货跌价准备的核算

企业首次采用存货成本与可变现净值孰低法，由于“存货跌价准备”科目没有期初余额，当存货可变现净值低于成本时，企业应直接根据其差额，确认资产减值损失，借记“资产减值损失”科目，贷记“存货跌价准备”科目。

例 3-14

承例 3-13。假定甲公司 2023 年 12 月 31 日首次计提存货跌价准备，根据不同的比较方法分别编制会计分录如下：

（1）采用单项比较法。

借：资产减值损失　　70 000

　贷：存货跌价准备——B 商品　　60 000

　　　　　　　　——D 商品　　10 000

（2）采用分类比较法。

借：资产减值损失　　30 000

　贷：存货跌价准备——X 类商品　　30 000

（3）采用综合比较法。

借：资产减值损失　　10 000

　贷：存货跌价准备　　10 000

2. 发出已计提跌价准备存货的核算

企业发出已经计提存货跌价准备的存货时，计提的存货跌价准备应同时核销。企业如果采用单项比较法计提存货跌价准备，应按照单项存货计提的跌价准备予以核销，将存货成本扣除跌价准备后的成本净额计入相关成本、费用；如果采用分类比较法或综合比较法计提存货跌价准备，则首先应计算各类存货的跌价准备率，再根据各类发出存货的成本和跌价准备率计算应核销的跌价准备，将存货成本扣除跌价准备后的成本净额计入相关成本、费用。核销存货跌价准备的计算公式如下：

$$\text{某类(或全部)存货跌价准备率}=\frac{\text{该类(或全部)存货跌价准备}}{\text{该类(或全部)存货发出前总成本}}\times 100\%$$

$$\text{某类(或全部)发出存货应核销的跌价准备}=\text{该类(或全部)发出存货成本}\times\text{存货跌价准备率}$$

企业发出以及计提跌价准备的存货时，应根据发出存货负担的跌价准备，借记“存货跌价准备”科目；根据发出存货的成本，贷记“原材料”“库存商品”等科目；根据两者的差额，借记“生产成本”“制造费用”“管理费用”“销售费用”“主营业务成本”等科目。

例 3－15

承例 3－14。假定甲公司 2024 年销售 2023 年年末库存的部分商品，其中，A 商品销售成本为 80 000 元，B 商品销售成本为 160 000 元，C 商品销售成本为 140 000 元，D 商品销售成本为 30 000 元，合计 410 000 元，根据不同的比较方法分别编制会计分录如下：

（1）单项比较法。甲公司销售的 A 商品和 C 商品未计提存货跌价准备，不需要核销存货跌价准备；B 商品销售 80%（160 000/200 000），应核销存货跌价准备 48 000 元（60 000×80%）；D 商品销售 60%（30 000/50 000），应核销存货跌价准备 6 000 元（10 000×60%）。

借：存货跌价准备——B 商品	48 000	
——D 商品	6 000	
主营业务成本	356 000	
贷：库存商品		410 000

（2）分类比较法。甲公司销售的 Y 类商品未计提存货跌价准备，不需要核销存货跌价准备；X 类商品跌价准备率及核销的存货跌价准备计算如下：

$$\text{X 类商品跌价准备率}=\frac{30\ 000}{300\ 000}\times 100\%=10\%$$

$$\text{X 类商品应核销的跌价准备}=(80\ 000+160\ 000)\times 10\%=24\ 000(\text{元})$$

借：存货跌价准备——X 类商品	24 000	
主营业务成本	386 000	
贷：库存商品		410 000

（3）综合比较法。甲公司销售的全部商品跌价准备率及核销的存货跌价准备计算如下：

$$\text{全部商品跌价准备率}=\frac{10\ 000}{500\ 000}\times 100\%=2\%$$

全部商品应核销的跌价准备＝410 000×2%＝8 200（元）

借：存货跌价准备　　8 200
　　主营业务成本　　401 800
　贷：库存商品　　410 000

3. 以后期间计提存货跌价准备的核算

以后期间的资产负债表日，应将存货可变现净值低于成本的差额与计提存货跌价准备前“存货跌价准备”科目的贷方余额进行比较。如果存货可变现净值低于成本的差额大于计提存货跌价准备前“存货跌价准备”科目的贷方余额，说明存货跌价的金额增加，应根据其差额，确认当期资产减值损失，借记“资产减值损失”科目，贷记“存货跌价准备”科目；如果存货可变现净值低于成本的差额小于计提存货跌价准备前“存货跌价准备”科目的贷方余额，说明存货的价值有所恢复，应根据其差额，借记“存货跌价准备”科目，贷记“资产减值损失”科目。

例 3－16

承例 3－14、例 3－15。假定甲公司 2024 年购入 A 商品的成本为 70 000 元，购入 C 商品的成本为 70 000 元，未购入 B 商品和 D 商品。2024 年 12 月 31 日存货成本与可变现净值比较见表 3－6，根据不同的比较方法分别编制会计分录如下：

表 3－6　存货成本与可变现净值比较　　单位：元

项目	成本	可变现净值	存货跌价损失		
			单项比较法	分类比较法	综合比较法
X 类商品					
其中：A 商品	90 000	100 000	0	—	—
B 商品	40 000	25 000	15 000	—	—
小计	130 000	125 000	15 000	5 000	—
Y 类商品					
其中：C 商品	80 000	100 000	0	—	—
D 商品	20 000	17 000	3 000	—	—
小计	100 000	117 000	3 000	—	—
全部商品合计	230 000	242 000	18 000	5 000	0

（1）采用单项比较法计提存货跌价准备。

B 商品计提存货跌价准备前“存货跌价准备”科目贷方余额＝60 000－48 000＝12 000（元）

期末计提 B 商品存货跌价准备＝15 000－12 000＝3 000（元）

D 商品计提存货跌价准备前“存货跌价准备”科目贷方余额＝10 000－6 000＝4 000（元）

期末计提B商品存货跌价准备＝3 000－4 000＝－1 000(元)

借：资产减值损失 2 000

　　存货跌价准备——D商品 1 000

　贷：存货跌价准备——B商品 3 000

(2) 采用分类比较法计提存货跌价准备。

X类商品计提存货跌价准备前“存货跌价准备”科目贷方余额＝30 000－24 000＝6 000(元)

期末计提X类商品存货跌价准备＝5 000－6 000＝－1 000(元)

借：存货跌价准备——X类商品 1 000

　贷：资产减值损失 1 000

(3) 采用综合比较法计提存货跌价准备。

全部商品计提存货跌价准备前“存货跌价准备”科目贷方余额＝10 000－8 200＝1 800(元)

期末计提全部商品存货跌价准备＝0－1 800＝－1 800(元)

借：存货跌价准备 1 800

　贷：资产减值损失 1 800

例3-17

乙公司为增值税一般纳税人，于2023年年末首次对存货采用成本与可变现净值孰低法计价，根据2023年和2024年发生的有关存货跌价准备的资料，编制的会计分录如下：

(1) 2023年年末，库存A材料1 000件，总成本为50 000元，单位成本为50元。每件A材料生产1件甲产品。甲产品均未签订销售合同，估计的不含增值税的售价为每件100元，每件A材料加工成甲产品尚需发生成本60元、销售费用和相关税费5元。

A材料可变现净值＝(100－60－5)×1 000＝35 000(元)

A材料跌价损失＝50 000－35 000＝15 000(元)

借：资产减值损失 15 000

　贷：存货跌价准备 15 000

(2) 2024年，生产领用A材料900件。

生产领用A材料总成本＝50×900＝45 000(元)

核销生产领用A材料计提的存货跌价准备＝15 000÷1 000×900＝13 500(元)

借：生产成本 31 500

　　存货跌价准备 13 500

　贷：原材料 45 000

(3) 2024年，购入A材料500件，不含增值税的价款为20 200元，增值税税额为 2 626 元，以银行存款支付，A 材料验收入库。

借：原材料　　20 200

　　应交税费——应交增值税（进项税额）　　2 626

　　贷：银行存款　　22 826

（4）2024 年年末，库存 A 材料 600 件（1 000－900＋500），总成本为 25 200 元（50 000－45 000＋20 200），单位成本为 42 元。每件 A 材料生产 1 件甲产品。甲产品全部签订销售合同，不含增值税的售价为每件 105 元，每件 A 材料加工成甲产品尚需发生成本 60 元、销售费用和相关税费 5 元。

A 材料可变现净值＝(105－60－5)×600＝24 000(元)

A 材料跌价损失＝25 200－24 000＝1 200(元)

计提存货跌价准备前“存货跌价准备”科目贷方余额＝15 000－13 500＝1 500(元)

本期冲减存货跌价准备＝1 500－1 200＝300(元)

借：存货跌价准备　　300

　　贷：资产减值损失　　300

思考题

1. 存货按照经济用途分类包括哪些内容？
2. 如何确定外购存货的入账价值？
3. 发出存货的计价方法有哪些？
4. 存货的可变现净值如何确定？
5. 如何计提存货减值准备？

练习题

1.（2017 年会计资格考试《中级会计实务》试题）甲公司系生产销售机床的上市公司，期末存货按成本与可变现净值孰低计量，并按单个存货项目计提存货跌价准备。相关资料如下：

资料一：2016 年 9 月 10 日，甲公司与乙公司签订了一份不可撤销的 S 型机床销售合同。合同约定，甲公司应于 2017 年 1 月 10 日向乙公司提供 10 台 S 型机床，单位销售价格为 45 万元/台。

2016 年 12 月 31 日，甲公司 S 型机床的库存数量为 14 台，单位成本为 44.25 万元/台，该机床的市场销售价格为 42 万元/台。估计甲公司向乙公司销售该机床的销售费用为 0.18 万元/台，向其他客户销售该机床的销售费用为 0.15 万元/台。

2016 年 12 月 31 日，甲公司对存货进行减值测试前，未曾对 S 型机床计提存货跌价准备。

资料二：2016 年 12 月 31 日，甲公司库存一批用于生产 W 型机床的 M 材料。该批材料的成本为 80 万元，可用于生产 10 台 W 型机床，甲公司将该批材料加工成 10 台 W 型机床尚需投入 50 万元。该批 M 材料的市场销售价格总额为 68 万元，估计销售费用总额为 0.6 万元。甲公司尚无 W 型机床订单。W 型机床的市场销售价格为 12 万元/台，估计销售费用为 0.1 万元/台。

2016 年 12 月 31 日，甲公司对存货进行减值测试前，“存货跌价准备——M 材料”账户的贷方余额为 5 万元。

假定不考虑增值税等相关税费及其他因素。

要求：

(1) 计算甲公司 2016 年 12 月 31 日 S 型机床的可变现净值。

(2) 判断甲公司 2016 年 12 月 31 日 S 型机床是否发生减值，并简要说明理由。如果发生减值，计算应计提存货跌价准备的金额，并编制相关会计分录。

(3) 判断甲公司 2016 年 12 月 31 日是否应对 M 材料计提或转回存货跌价准备，并简要说明理由。如果应计提或转回存货跌价准备，计算应计提或转回存货跌价准备的金额，并编制相关会计分录。

2. 甲公司为商品流通企业，属于增值税一般纳税人。20×1 年 11 月 30 日，库存 A 商品 200 件，实际总成本为 40 000 元，单位成本为 200 元，未计提存货跌价准备。该公司库存商品发出的计价方法为先进先出法。发生下列有关经济业务：

(1) 20×1 年 12 月 5 日，购进 A 商品 500 件，收到的增值税专用发票上注明的价款为 105 000 元，增值税税额为 13 650 元；另支付运费 500 元，运费增值税 45 元；全部款项为 119 195 元，以银行存款支付，A 商品验收入库。

(2) 20×1 年 12 月 10 日，销售 A 商品 300 件，开具的增值税专用发票上注明的价款为 90 000 元，增值税税额为 11 700 元，款项合计为 101 700 元，收到支票，存入银行。

(3) 20×1 年 12 月 13 日，购进 A 商品 300 件，收到的增值税专用发票上注明的价款为 67 500 元，增值税税额为 8 775 元，全部款项为 76 275 元，以银行存款支付，A 商品验收入库。

(4) 20×1 年 12 月 20 日，销售 A 商品 550 件，开具的增值税专用发票上注明的价款为 132 000 元，增值税税额为 17 160 元，款项合计为 149 160 元，收到支票，存入银行。

(5) 20×1 年 12 月 31 日，A 商品的市场售价下跌，预计未来不含增值税的单位售价为 215 元，单位销售费用为 2 元，不考虑其他因素，计提存货跌价准备。假定 A 商品全部未签订销售合同。

(6) 20×2 年 1 月 15 日，销售 A 商品 100 件，开具的增值税专用发票上注明的价款为 21 600 元，增值税税额为 2 808 元，款项合计为 24 408 元，收到支票，存入银行。

要求： 根据以上资料编制会计分录，列出进货单价、销售成本、资产减值损失的计算过程。

第 3 章判断题
即测即评

第 3 章单选题
即测即评

第 3 章多选题
即测即评

第 4 章 Chapter 4 金融资产

学习目标

1. 掌握：应收票据的核算；债权投资的核算；交易性金融资产的核算；其他债权投资及其他权益工具投资的核算；应收款项坏账准备的核算。

2. 理解：应收账款的核算；预付款项的核算；债券溢折价的原因及其差额的含义。

3. 了解：金融资产的内容及分类；其他应收款的核算；债权投资减值准备的核算。

4.1 金融资产概述

4.1.1 金融资产的内容

金融资产是指企业持有的现金、其他方的权益工具以及符合下列条件之一的资产：

(1) 从其他方收取货币资金或其他金融资产的合同权利。

(2) 在潜在有利条件下，与其他方交换金融资产或金融负债的合同权利。

(3) 将来须用或可用企业自身权益工具进行结算的非衍生工具合同，且企业根据该合同将收到可变数量的自身权益工具。

(4) 将来须用或可用企业自身权益工具进行结算的衍生工具合同，但以固定数量的自身权益工具交换固定金额的现金或其他金融资产的衍生工具合同除外。

在企业经营活动中，金融资产是重要的结算工具，是企业资产的重要组成部分。一般来说，金融资产包括货币资金、日常经营活动中形成的各种短期或长期债权、暂时闲置资金购买债券或理财产品形成的短期或长期债权、借出给其他单位或个人的资金形成的短期或长期贷款、其他经营活动形成的短期或长期债权、购买股票等形成的股权、期货市场交易形成的衍生金融资产等。

货币资金在本教材第2章讲述；长期股权投资在本教材第5章讲述；衍生金融资产在本系列教材的《高级会计学》讲述；贷款属于金融企业的业务，本教材不予讲述。因此，本章所讲的金融资产不包括货币资金、长期股权投资、衍生金融资产以及贷款等。

与金融工具相关的会计准则所规范的金融资产有哪些？

需要说明的是，全面实行营业税改征增值税以后，企业取得金融资产发生的交易费用、金融资产取得的利息收入、转让金融资产取得的收益，可能涉及增值税。为了便于读者掌握金融资产的主要方法，本章除应收及预付款项外，暂不涉及增值税内容。涉及增值税的核算方法详见本教材第9章9.5节“应交税费”。

4.1.2 金融资产的分类

1. 金融资产分类的原则

企业应当根据其管理金融资产的业务模式和金融资产的合同现金流量特征，将金融资产划分为以下三类：

（1）以摊余成本计量的金融资产。

（2）以公允价值计量且其变动计入其他综合收益的金融资产。

（3）以公允价值计量且其变动计入当期损益的金融资产。

企业管理金融资产的业务模式，是指企业如何管理其金融资产以产生现金流量。业务模式决定企业所管理金融资产现金流量的来源是收取合同现金流量、出售金融资产还是两者兼有。企业管理金融资产的业务模式，应当以企业关键管理人员决定的对金融资产进行管理的特定业务目标为基础确定。企业确定管理金融资产的业务模式，应当以客观事实为依据，不得以按照合理预期不会发生的情形为基础确定。

金融资产的合同现金流量特征，是指金融工具合同约定的、反映相关金融资产经济特征的现金流量属性。企业分类为以摊余成本计量的金融资产和以公允价值计量且其变动计入其他综合收益的金融资产，其合同现金流量特征是在特定日期产生的合同现金流量仅为对本金和以未偿付本金金额为基础的利息的支付。

2. 以摊余成本计量的金融资产

金融资产同时符合下列条件的，应当分类为以摊余成本计量的金融资产：

（1）企业管理该金融资产的业务模式是以收取合同现金流量为目标。

（2）该金融资产的合同条款规定，在特定日期产生的现金流量，仅为对本金和以未偿付本金金额为基础的利息的支付。

以摊余成本计量的金融资产主要包括应收款项和债权投资。

应收款项的业务管理模式是在特定日期收取合同现金流量，主要是指企业在日常经营活动中形成的收回期限不超过一年的债权，包括应收票据、应收账款、应收股利、应收利息、其他应收款项等。

债权投资的业务管理模式也是在特定日期收取合同现金流量，是指企业购入的到期日固定、回收金额固定或可确定，且企业有明确意图和能力持有至到期的各种债券投资，如国债和企业债券等。

3. 以公允价值计量且其变动计入其他综合收益的金融资产

金融资产同时符合下列条件的，应当分类为以公允价值计量且其变动计入其他综合收益的金融资产：

（1）企业管理该金融资产的业务模式既以收取合同现金流量为目标又以出售该金融资产为目标。

（2）该金融资产的合同条款规定，在特定日期产生的现金流量，仅为对本金和以未偿付本金金额为基础的利息的支付。

在初始确认时，企业可以将非交易性权益工具投资指定为以公允价值计量且其变动计入其他综合收益的金融资产，并确认股利收入。该指定一经做出，不得撤销。

以公允价值计量且其变动计入其他综合收益的金融资产主要包括其他债权投资和其他权益工具投资。

4. 以公允价值计量且其变动计入当期损益的金融资产

以公允价值计量且其变动计入当期损益的金融资产是指分类为以摊余成本计量的金融资产和以公允价值计量且其变动计入其他综合收益的金融资产之外的金融资产。

金融资产满足下列条件之一的，表明企业持有该金融资产的目的是交易性的：

（1）取得相关金融资产的目的，主要是为了近期出售或回购。

（2）相关金融资产在初始确认时属于集中管理的可辨认金融工具组合的一部分，且有客观证据表明近期实际存在短期获利模式。

（3）相关金融资产属于衍生工具。但符合财务担保合同定义的衍生工具以及被指定为有效套期工具的衍生工具除外。

以公允价值计量且其变动计入当期损益的金融资产主要包括交易性金融资产，以及其他指定为以公允价值计量且其变动计入当期损益的金融资产。

新准则下金融资产的分类有哪些主要变化？

如何理解新金融工具准则中管理金融资产的业务模式？

如何从金融资产的合同现金流量特征来理解金融资产的三分类？

股权投资在新金融工具准则中是怎么划分的？

4.1.3 金融资产的确认和终止确认

1. 金融资产的确认

对于以常规方式购买或出售金融资产的，企业应当在交易日确认将收到的资产和为此将承担的负债，或者在交易日终止确认已出售的资产，同时确认处置利得或损失以及应向买方收取的应收款项。

以常规方式购买或出售金融资产，是指企业按照合同规定购买或出售金融资产，并且该合同条款规定，企业应当根据通常由法规或市场惯例所确定的时间安排来交付金融资产。

2. 金融资产的终止确认

金融资产满足下列条件之一的，应当终止确认：

（1）收取该金融资产现金流量的合同权利终止。

（2）该金融资产已转移。

4.1.4 金融资产的计量

1. 金融资产的初始计量

企业初始确认金融资产，应当按照公允价值计量。对于交易性金融资产，相关交易费用应当直接计入当期损益；对于其他类别的金融资产，相关交易费用应当计入初始确认金额。但是，企业初始确认的应收账款未包含重大融资成分或不考虑不超过一年的合同中的融资成分的，应当按照交易价格进行初始计量。

交易费用是指可直接归属于购买或处置金融资产的增量费用，包括支付给代理机构、咨询公司、券商、证券交易所、政府有关部门等的手续费、佣金、相关税费以及其他必要支出。

公允价值通常为相关金融资产的交易价格。金融资产公允价值与交易价格存在差异的，企业应当区别下列情况进行处理：

（1）在初始确认时，金融资产的公允价值依据相同资产在活跃市场上的报价或者以仅使用可观察市场数据的估值技术确定的，企业应当将该公允价值与交易价格之间的差额确认为一项利得或损失。

（2）在初始确认时，金融资产的公允价值以其他方式确定的，企业应当将该公允价值与交易价格之间的差额递延。初始确认后，企业应当根据某一因素在相应会计期间的变动程度将该递延差额确认为相应会计期间的利得或损失。

2. 金融资产的后续计量

初始确认后，企业应当对不同类别的金融资产，分别以摊余成本、以公允价值计量且其变动计入其他综合收益或以公允价值计量且其变动计入当期损益进行后续计量。

金融资产的摊余成本，应当以该金融资产的初始确认金额经下列调整后的结果确定：

（1）扣除已偿还的本金。

（2）加上或减去采用实际利率法将该初始确认金额与到期日金额之间的差额进行摊销形成的累计摊销额。

（3）扣除累计计提的损失准备。

企业不再合理预期金融资产合同现金流量能够全部或部分收回的，应当直接减记该金融资产的账面余额。这种减记构成相关金融资产的终止确认。

企业对权益工具的投资和与此类投资相联系的合同应当以公允价值计量。但在有限情况下，如果用以确定公允价值的近期信息不足，或者公允价值的可能估计金额分布范围很广，而成本代表了该范围内对公允价值的最佳估计的，该成本可代表其在该分布范围内对公允价值的恰当估计。

4.2　以摊余成本计量的金融资产：应收及预付款项

4.2.1　应收票据

应收票据是指企业在采用商业汇票结算方式下，因销售商品、提供劳务等而应收的商业汇票款，包括应收银行承兑汇票款和应收商业承兑汇票款。

应收票据从企业管理金融资产的业务模式看，主要是收取合同现金流量。应收票据的合同现金流量特征，是在到期日收取的合同现金流量仅为本金和以未偿付本金金额为基础的利息。根据应收票据的业务模式和合同现金流量特征判断，应划分为以摊余成本计量的金融资产。

为了反映商业汇票的取得、兑现和贴现的情况，企业应设置“应收票据”科目。该科目的借方登记因销售产品等而应收的商业汇票的票面金额，贷方登记到期收回的或未到期向银行贴现的商业汇票的票面金额，期末借方余额表示尚未收回的商业汇票的票面金额。“应收票据”科目应根据商业汇票的种类设置明细科目，并在备查簿上进行登记。

需要说明的是，目前已全面实行营业税改征增值税，本章仅讲述不需要缴纳增值税的核算方法，涉及缴纳增值税的具体核算方法详见第 9 章 9.5 节“应交税费”。

1. 商业汇票的取得

企业由于赊销商品等而收到商业汇票，应按商业汇票的票面金额，借记“应收票据”科目；根据确认的收入，贷记“主营业务收入”等科目；根据收取的增值税税额，贷记“应交税费——应交增值税（销项税额）”等科目。

需要说明的是，商业汇票按照是否带息，可以分为带息票据和不带息票据。基于企业日常经营活动中极少使用带息票据，因此，本教材不再讲述带息票据的核算。本教材所讲述的商业汇票均为不带息商业汇票。

例4-1

2023年4月1日，甲公司销售库存商品一批（符合收入确认条件），收到购货方交来的不带息商业汇票一张，到期日为8月1日，票面金额为22 600元（其中含增值税税额2 600元）。甲公司编制的会计分录如下：

借：应收票据　　22 600

　贷：主营业务收入　　20 000

　　　应交税费——应交增值税（销项税额）　　2 600

2. 商业汇票的到期

商业汇票到期时，可能出现两种情况：一是付款单位有足够的货币资金或虽然货币资金不足但票据承兑人为银行，企业能够按时将商业汇票兑现；二是付款单位货币资金不足且承兑人为其本单位，企业无法将商业汇票按时兑现。上述两种情况下，收款企业应分别进行会计处理。

（1）商业汇票的到期兑现。商业汇票到期日，如果付款单位的货币资金充足，不论采用银行承兑汇票还是商业承兑汇票进行结算，企业都将能够按期足额收到商业汇票款；如果付款单位货币资金不足，采用银行承兑汇票进行结算，则承兑银行将代为支付商业汇票款，企业也将能够按期足额收到商业汇票款。企业收到商业汇票款时，应终止确认应收票据，根据商业汇票的到期价值，借记"银行存款"科目，贷记"应收票据"科目。

例4-2

承例4-1。2023年8月1日，甲公司在到期日收到商业汇票款22 600元，编制的会计分录如下：

借：银行存款　　22 600

　贷：应收票据　　22 600

（2）商业汇票到期无法兑现。商业汇票到期日，如果付款单位货币资金不足，采用商业承兑汇票进行结算，企业将无法收到商业汇票款。在这种情况下，该商业汇票由银行退回，票据作废，款项由收付款双方协商解决。在这种情况下，企业不能终止确认该项金融资产，而应将该项应收票据转为应收账款，仅改变该项金融资产的具体形态。企业收到退回的商业承兑汇票时，应根据其票面金额，借记"应收账款"科目，贷记"应收票据"科目。

例4-3

承例4-1。假定该商业汇票为商业承兑汇票。由于付款单位存款不足，甲公司在到期日未收到商业汇票款，编制的会计分录如下：

借：应收账款　　22 600

　贷：应收票据　　22 600

3. 商业汇票的贴现

商业汇票贴现是指企业在商业汇票到期前需要资金时，持未到期的商业汇票向银行申请提前兑付款项，银行将根据提前兑付时间的长短和贴现利率，扣除相应的贴现利息。根据贴现商业汇票到期价值和贴现利息，贴现银行给予企业商业汇票贴现款。其计算公式如下：

贴现利息＝商业汇票到期价值×贴现率×贴现天数/360

商业汇票贴现金额＝商业汇票到期价值－贴现利息

贴现天数是指贴现日至票据到期前一日的实际天数。

商业汇票贴现的会计处理应注意两个问题：一是是否终止确认该项应收票据；二是贴现利息在什么时间确认为财务费用。

（1）银行承兑汇票贴现。在我国，采用银行承兑汇票进行结算，收款企业一般不存在财务风险，在到期日能够足额收到商业汇票款。银行承兑汇票贴现后，可以视为该汇票的风险和报酬全部转移，不存在追索权，因此，应终止确认该项应收票据。

贴现利息是企业提前获得货币资金从贴现日至到期前一日承担的利息费用，一般可以采用三种会计处理方法：

①根据权责发生制的要求，贴现利息应按照各月贴现天数占全部贴现天数的比例进行分配，分别确认各月应负担的财务费用。例如，某企业于2023年11月20日将到期日为2024年2月28日、到期价值为6 000万元的银行承兑汇票贴现，贴现天数为100天，贴现银行扣除贴现利息100万元，则2023年11月的贴现天数为11天，应负担的贴现利息为11万元（100×11/100）；2023年12月应负担的贴现利息为31万元（100×31/100）；2024年1月应负担的贴现利息为31万元（100×31/100）；2024年2月的贴现天数为27天（贴现天数至到期前一日），应负担的贴现利息为27万元（100×27/100）。上述处理结果，可以将贴现利息按照受益期间进行合理摊配，符合权责发生制要求，能够提高会计信息的可靠性。

②按照重要性要求，在贴现日全部确认为财务费用。如果贴现利息数额较小，或贴现期间大部分为贴现日所属会计年度，为了简化会计核算工作，可以在贴现日将贴现利息全部确认为财务费用。例如，某企业于2023年9月27日将到期日为2024年1月5日、到期价值为6 000万元的银行承兑汇票贴现，贴现天数为100天，贴现银行扣除贴现利息100万元，如果按照权责发生制的要求分月确认利息费用，则2023年9月至2024年1月各月应负担的贴现利息分别为4万元、31万元、30万元、31万元和4万元。如果在贴现日确认全部财务费用100万元，从2023年度和2024年度分别来看，2023年度多计财务费用4万元，2024年度少计财务费用4万元，但并不影响会计信息的可靠性。

③按照重要性要求，在到期日全部确认为财务费用。如果贴现利息数额较小，或贴现期间大部分为到期日所属会计年度，为了简化会计核算工作，可以在到期日将贴现利息全部确认为财务费用。例如，某企业于2023年12月27日将到期日为2024年（闰年）4月5日、到期价值为6 000万元的银行承兑汇票贴现，贴现天数为100天，贴现银行扣除贴现利息100万元，如果按照权责发生制的要求分月确认利息费用，则2023年12月至2024年4月各月应负担的贴现利

息分别为5万元、31万元、29万元、31万元和4万元。如果在到期日确认全部财务费用100万元，从2023年度和2024年度分别来看，2023年度少计财务费用5万元，2024年度多计财务费用5万元，也并不影响会计信息的可靠性。

应收票据贴现利息应该如何处理？具有追索权的商业票据贴现时，短期借款应该按票面金额计量，还是按照贴现金额计量？

需要说明的是，我国会计准则应用指南中规定，银行承兑汇票贴现采用第②种方式进行会计处理，后续期间不需要再进行任何会计处理，能够最大限度地简化会计核算工作。但是，在第①种和第③种情况下，上述会计处理会对会计信息的可靠性产生较大影响。

企业持有的银行承兑汇票贴现时，如果按照我国会计准则应用指南的规定（即第②种方式），应根据贴现所得金额，借记“银行存款”等科目；根据贴现的银行承兑汇票的面值，贷记“应收票据”科目；根据银行扣除的贴现息，借记“财务费用”科目。

如果采用第①种和第③种方式进行会计处理，贴现时应将贴现利息计入预付款项，在以后期间分月摊销计入财务费用或到期日一次计入财务费用。

例4-4

乙公司于7月2日将到期日为7月31日，票面金额为23 200元的银行承兑汇票贴现，贴现率为6%，贴现金额的计算及编制的会计分录如下：

到期价值＝23 200(元)

贴现天数＝30(天)(7月2日至7月31日的实际日历天数)

贴现利息＝23 200×6%×30/360＝116(元)

贴现金额＝23 200－116＝23 084(元)

借：银行存款	23 084	
财务费用	116	
贷：应收票据		23 200

（2）商业承兑汇票贴现。企业持有的商业承兑汇票贴现后，由于在到期日因付款人无力支付票据款而可能承担连带偿还责任，该票据存在追索权，风险和报酬并未实质转移，因此不应终止确认该项应收票据，而应将贴现金额确认为一项负债。

商业承兑汇票贴现后的贴现利息，也可以采用前述三种方式进行会计处理，即按照权责发生制要求分月确认为财务费用，按照重要性要求在贴现日或到期日确认为财务费用。由于财务费用的确认方式不同，负债的计量有所不同。

需要说明的是，我国会计准则应用指南中规定，商业承兑汇票贴现也采用第②种方式进行会计处理。

企业持有的商业承兑汇票贴现时，如果按照我国会计准则应用指南的规定(即第②种方式)，应根据贴现所得金额，借记“银行存款”等科目；根据贴现的商业承兑汇票面值，贷记“短期借款”科目；根据银行扣除的贴现息，借记“财务费用”科目。在这种情况下，“短期借款”科目的账面价值为到期价值，而不是贴现日的现值。

如果采用第①种和第③种方式进行会计处理，贴现时不需要确认财务费用，只需要根据贴现金额借记“银行存款”等科目，贷记“短期借款”科目，“短期借款”科目的账面价值为贴现日现值。在以后期间分期或到期一次确认财务费用时，应借记“财务费用”科目，贷记“短期借款”科目，在到期日将“短期借款”科目的账面价值调整为到期价值。

企业已贴现的商业承兑汇票到期时，如果付款人支付了票据款，企业解除了连带偿还责任，应终止确认应收票据和短期借款。由于上述三种情况下短期借款的账面价值均为到期价值，因此企业应根据商业承兑汇票的到期价值借记“短期借款”科目，贷记“应收票据”科目。如果付款人无力偿还票据款，企业应代为偿还票据款，借记“短期借款”科目，贷记“银行存款”科目；同时将应收票据转为应收账款，借记“应收账款”科目，贷记“应收票据”科目。

例4-5

承例4-4。假定该商业汇票为商业承兑汇票。乙公司于7月2日贴现，贴现率为6%。乙公司根据相关业务编制的会计分录如下：

(1) 7月2日，商业承兑汇票贴现。

到期价值＝23 200(元)
贴现天数＝30(天)(7月2日至7月31日的实际日历天数)
贴现利息＝23 200×6%×30/360＝116(元)
贴现金额＝23 200－116＝23 084(元)

借：银行存款　　23 084
　　财务费用　　116
　贷：短期借款　　23 200

(2) 8月1日，假定付款单位支付了票据款。

借：短期借款　　23 200
　贷：应收票据　　23 200

(3) 8月1日，假定付款单位因存款不足，无法支付票据款，甲公司代为偿还票据款。

借：短期借款　　23 200
　贷：银行存款　　23 200
借：应收账款　　23 200
　贷：应收票据　　23 200

4.2.2　应收账款

应收账款从企业管理金融资产的业务模式看，主要是收取合同现金流量。应收账款的合同现金流量特征，是在到期日收取的合同现金流量主要为应收账款本金。根据应收账款的业务模式和合同现金流量特征判断，应划分为以摊余成本计量的金融资产。

1. 应收账款的入账价值

应收账款是指企业因销售产品、提供劳务等经营活动而应向购货单位或接受劳务单位收取的款项。一般来说，应收账款能够在一年以内收回，属于流动资产。如果企业销售商品的收款期超过一年，则具有融资性质，应确认为长期应收款。企业发生的长期应收款业务较少，本教材将在第12章“收入、费用与利润”中结合业务内容讲述。

我国现行会计准则规定，应收账款如果存在可变对价，应当按照能够收到的最佳估计金额计价入账。实际工作中，主要考虑的因素有商业折扣和现金折扣等。

（1）商业折扣。商业折扣是指企业根据市场供需情况，或针对不同的顾客，对商品价目单中所列的价格给予的扣除。商业折扣可以用百分比表示优惠比率，即根据商品价目单中所列的价格和优惠比率确定扣减金额，进而确定商品的实际销售价格；也可以用“n折”的方式表示，即根据商品价目单中所列的价格和“n折”直接确定商品的实际销售价格。例如，A公司出售某型号的空调，商品价目单中所列的价格为每台4 000元，注明优惠10%，则商业折扣为400元，实际销售价格为每台3 600元。又如，B公司出售某品牌的服装，商品价目单中所列的价格为每件1 000元，现8折出售，则实际销售价格为每件800元，商业折扣为200元。商业折扣的作用仅仅是确定实际销售价格，不需要在会计账面上反映，应收账款的入账金额应按扣除商业折扣以后的实际售价加以确认和计量。

（2）现金折扣。现金折扣是指销货企业采用赊销方式销售商品，为了鼓励客户在规定的期限内早日付款，而向其提供的付款优惠。现金折扣一般用符号“折扣/付款期限”表示，写成“2/10，1/20，n/30”，其含义为：10天内付款给予2%的折扣，第11～20天付款给予1%的折扣，第21～30天付款，则不给予折扣，付款期限为30天。例如，一笔500万元的赊销账款，规定的现金折扣条件为“2/10，1/20，n/30”；假如客户于第10天付款，减2%的折扣后，实际支付的款项为490万元（500－500×2%），意味着客户提前20天付款获得10万元的利息收入，年化利率为36.73%（即10÷490×360/20）；假如客户于第20天付款，实际支付的款项为495万元（500－500×1%），意味着客户提前10天付款获得5万元的利息收入，年化利率为36.36%（即5÷495×360/10）。在正常商品经济条件下，年化利率高达36%以上，客户都会尽量提前付款获取此优惠。我国企业会计准则规定，在现金折扣条件下，应收账款应按照扣除客户最可能取得的现金折扣后的金额入账。

2. 应收账款的核算

为了反映应收账款的增减变动和结余情况，应设置“应收账款”科目。该科目的借方登记应收账款的增加数，贷方登记应收账款的减少数，期末借方余额为尚未收回的应收账款。“应收账款”科目应根据债务人设置明细科目。

旧准则下现金折扣是怎么处理的？是总价法还是净价法？

新准则下现金折扣的会计处理发生了什么变化？现金折扣的计算是按照含税价格计算，还是按照不含税价格计算？

存在现金折扣的退货，到底按什么金额来退？

买方取得的现金折扣应如何处理？

企业采用赊销方式销售商品、提供劳务，应根据应收取的全部价款，借记“应收账款”科目；根据确认的收入，贷记“主营业务收入”等科目；根据应收的增值税税额，贷记“应交税费——应交增值税（销项税额）”科目。企业收到款项时，应根据实际收到的款项，借记“银行存款”等科目，贷记“应收账款”科目。

企业为购货单位代垫的运杂费，也应通过“应收账款”科目核算。企业垫付运杂费时，应借记“应收账款”科目，贷记“银行存款”等科目；收回代垫费用时，借记“银行存款”等科目，贷记“应收账款”科目。

例 4-6

甲公司为增值税一般纳税人，适用的增值税税率为 13%。7 月 1 日，采用赊销方式向 A 公司销售一批货物，商品价目单中所列的不含增值税的价格为 100 000 元，商业折扣为优惠 20%。甲公司根据相关业务编制的会计分录如下：

（1）7 月 1 日，销售货物。

不含增值税税额的实际销售价格＝100 000×(1－20%)＝80 000(元)

增值税税额＝80 000×13%＝10 400(元)

应收账款合计＝80 000＋10 400＝90 400(元)

借：应收账款　　90 400

　贷：主营业务收入　　80 000

　　　应交税费——应交增值税（销项税额）　　10 400

（2）7 月 20 日，收到 A 公司偿还的货款 90 400 元。

借：银行存款　　90 400

　贷：应收账款　　90 400

4.2.3　预付款项①

预付款项是指企业为了购买货物或其他业务而预先向销货单位或其他单位支

① 预付款项虽不属于金融资产的范畴，但按照以往的教学惯例，将其与应收款项一同讲解。

付的款项。例如，企业为了购货预付的定金等；又如，企业为了租用房屋预付的房租等。企业的预付款项形成了债权，在未来购入货物或使用房屋享受相关权益时将其转为存货成本或相关费用。

为了反映预付账款的增减变动及结算情况，应设置“预付款项”科目。该科目的借方登记预付的款项，贷方登记收回货物或使用房屋享受相关权益时转为存货成本或相关费用的款项以及退回的剩余款项，期末借方余额表示尚未享受相关权益的预付款项。

需要说明的是，如果租用房屋等预付的款项数额较大，也可以将“预付款项”科目分设为“预付账款”和“待摊费用”两个科目。“预付账款”科目核算预付的购货款，应根据不同的债务人设置明细科目。“待摊费用”科目反映除预付的购货款以外其他需要在以后期间分期摊销计入相关费用的款项。在这种情况下，“待摊费用”应在资产负债表中单独列示。

例4-7

甲公司为增值税一般纳税人，适用的增值税税率为13%。6月3日，甲公司为了购买原材料向乙公司预付货款250 000元；7月10日，甲公司收到乙公司发来的原材料并验收入库，不含增值税的价款为200 000元，增值税税额为26 000元；7月15日，乙公司将剩余的货款24 000元退回甲公司。甲公司编制的会计分录如下：

（1）6月3日，购买原材料并预付货款。

借：预付账款	250 000	
贷：银行存款		250 000

（2）7月10日，收到原材料并验收入库。

借：原材料	200 000	
应交税费——应交增值税（进项税额）	26 000	
贷：预付账款		226 000

（3）7月15日，收到退回的剩余货款。

借：银行存款	24 000	
贷：预付账款		24 000

预付账款是否属于金融资产？

4.2.4 其他应收款

其他应收款是指除应收票据、应收账款和预付款项等以外的企业其他各种应收、暂付款项，主要包括应收的各种赔款、包装物押金、备用金以及应向职工收取的各种垫付款项等。

其他应收款从企业管理金融资产的业务模式看，主要是收取合同现金流量。其他应收款的合同现金流量特征是在到期日收取的合同现金流量主要为其他应收款本金。根据其他应收款的业务模式和合同现金流量特征判断，应划分为以摊余成本计量的金融资产。

为了反映其他应收款的增减变动及结算情况，应设置“其他应收款”科目。

该科目的借方登记发生的各项其他应收款；贷方登记收回和结算的其他应收款；期末借方余额表示尚未收回的其他应收款。“其他应收款”科目应根据不同的债务人设置明细科目。

例4-8

采购员何谷12月11日出差预借现金5 000元；12月25日出差回来报销差旅费5 600元，补付现金600元。甲公司编制的会计分录如下：

（1）12月11日，采购员预借差旅费。

借：其他应收款	5 000	
贷：库存现金		5 000

（2）12月25日，报销差旅费。

借：管理费用	5 600	
贷：其他应收款		5 000
库存现金		600

4.3　以摊余成本计量的金融资产：债权投资

4.3.1　债权投资的性质

债权投资是指业务管理模式为在特定日期收取合同现金流量的以摊余成本计量的金融资产，具体来说是指企业购入的到期日固定、回收金额固定或可确定，且企业有明确意图和能力持有至到期的国债和企业债券等各种债券的投资。需要说明的是，债权投资既包括发行期在一年以上的债权投资，也包括发行期在一年以内的债权投资。企业购入的债券，一般都有固定的到期日，且到期的金额能够确定，符合债权投资的基本条件；而确认为债权投资的重要条件，是企业有明显的意图和能力持有至到期，也就是说企业在购入的债券到期之前一般不存在因资金周转困难而需要将该债券兑现的问题。企业购入的股票，由于不存在到期日，不能确认为债权投资。

债权投资从企业管理金融资产的业务模式看，由于管理者的意图是持有至到期，不准备随时出售，因而主要是收取合同现金流量。债权投资的合同现金流量特征是在到期日收取的合同现金流量仅为本金和以未偿付本金金额为基础的利息。根据债权投资的业务模式和合同现金流量特征判断，应划分为以摊余成本计量的金融资产。

本金是指金融资产在初始确认时的公允价值，本金金额可能由于提前还款等原因在金融资产的存续期内发生变动；利息包括对货币时间价值、与特定时期未偿付本金金额相关的信用风险，以及其他基本借贷风险、成本和利润的对价。但货币时间价值要素有时可能存在修正。在货币时间价值要素存在修正的情况下，企业应当对相关修正进行评估，以确定其是否满足上述合同现金流量特征的要求。

企业确认为债权投资购入的债券，按照付息情况可以分为分期付息债券与到期一次付息债券。付息期限不同的债券，其入账价值、投资收益、摊余成本的计量及会计处理方法有所不同。

为了反映债权投资的取得、投资收益、处置等情况，企业应当设置“债权投资”科目。该科目应设置“债券面值”“利息调整”“应计利息”明细科目。“债券面值”明细科目的借方登记取得债权投资的面值，贷方登记处置债权投资的面值，期末借方余额表示尚未到期的债权投资面值；“利息调整”反映对未来票面利息收入的调整，其明细科目借方登记取得债权投资的溢价差额、支付的直接交易费用以及利息调整贷差的摊销额，贷方登记取得债权投资的折价差额以及利息调整借差的摊销额，期末借方余额表示尚未摊销的利息调整借差，期末贷方余额表示尚未摊销的利息调整贷差；“应计利息”明细科目借方登记应收的一次付息债权投资的票面利息，贷方登记收回的一次付息债权投资的票面利息，期末借方余额表示尚未收回的一次付息债权投资的票面利息。

4.3.2 债权投资的取得

1. 债券溢折价的原因及其差额的含义

企业购入的准备持有至到期的债券，有些是按债券面值的价格购入的；有些是按高于债券面值的价格购入的，即溢价购入；有些是按低于债券面值的价格购入的，即折价购入。债券的溢价、折价主要是由金融市场利率与债券票面利率不一致造成的。当债券票面利率高于金融市场利率时，债券发行者按债券票面利率会多付利息，在这种情况下，可能会导致债券溢价。这部分溢价差额属于债券购买者由于日后多获利息而给予债券发行者的利息返还。反之，当债券票面利率低于金融市场利率时，债券发行者按债券票面利率会少付利息，在这种情况下，可能会导致债券折价。这部分折价差额属于债券发行者由于日后少付利息而给予债券购买者的利息补偿。

2. 债权投资入账价值的确定

债权投资的初始计量就是要确定债权投资的入账价值。我国现行会计准则规定，债权投资应按购入时实际支付的价款作为初始入账价值，实际支付的价款包括支付的债券实际买价以及手续费、佣金等初始直接费用。但是，实际支付的价款中如果含有发行日或付息日至购买日之间分期付息的利息①，按照重要性原则，应作为一项短期债权处理，不计入债券的初始入账价值。

---

① 按照企业会计准则的规定，企业取得债权投资时，支付价款中包含的已到期尚未领取的利息，不计入投资成本，确认为“应收利息”；包含的尚未到期的利息，计入债券投资成本，确认为“债权投资——应计利息”。企业会计准则同时规定，在资产负债表日确认投资收益时，应收分期付息债券的票面利息，确认为“应收利息”；应收到期一次付息债券的票面利息，确认为“债权投资——应计利息”。然而，应收分期付息债券的票面利息也为未到期的利息，前后会计处理的口径不一致，不符合可比性会计信息质量要求。本教材按照可比性会计信息质量要求，将取得债权投资时支付价款中包含的利息，不论是否当期均确认为“应收利息”，与资产负债表日确认投资收益时的会计处理口径一致。

3. 债权投资取得的会计处理

取得债权投资的入账价值扣除一次付息债券应计利息后的金额大于债券面值的差额称为利息调整借差，为债券溢价金额（不含一次付息债券应计利息）与初始直接费用之和；取得债权投资的入账价值扣除一次付息债券应计利息后的金额小于债券面值的差额称为利息调整贷差，为债券折价金额（不含一次付息债券应计利息）减去初始直接费用的差额。如果债券折价金额（不含一次付息债券应计利息）小于初始直接费用，则其差额也为利息调整借差。利息调整借差、贷差从投资成本的角度看，属于债权投资成本的组成部分，借差是债券面值的增项，贷差则是债券面值的减项；从未来实际利息收入的角度看，利息调整属于对未来票面利息的调整，借差是未来票面利息的减项，贷差是未来票面利息的增项。例如，企业在发行日购入面值为 1 000 万元、年利率为 5%、3 年期、到期一次付息的企业债券，实际支付债券买价 1 015 万元，另支付交易费用 3 万元，合计支付价款 1 018 万元，确认为债权投资。从债券投资成本角度看，债券面值为1 000 万元，利息调整借差为 18 万元（1 018－1 000），借差 18 万元属于投资成本1 018 万元的组成部分；从未来实际利息收入的角度看，未来 3 年的票面利息为 150 万元（1 000×5%×3），到期面值与票面利息之和为 1 150 万元（1 000＋150），企业 3 年的实际利息收入为 132 万元（1 150－1 018 或 150－18），借差 18 万元为未来票面利息的减项。又如，企业在发行日购入面值为1 000 万元、年利率为 5%、3 年期、到期一次付息的企业债券，实际支付债券买价 990 万元，另支付交易费用 3 万元，合计支付价款 993 万元，确认为债权投资。从债券投资成本角度看，债券面值为 1 000 万元，利息调整贷差为 7 万元（993－1 000），贷差 7 万元属于投资成本 993 万元的组成部分；从未来实际利息收入的角度看，未来 3 年的票面利息为 150 万元（1 000×5%×3），到期面值与票面利息之和为 1 150 万元（1 000＋150），企业 3 年的实际利息收入为 157 万元（1 150－993 或 150＋7），贷差 7 万元为未来票面利息的增项。

企业在发行日或付息日购入债券时，实际支付的价款中不含有利息。应按照购入债券的面值，借记“债权投资——债券面值”科目；按照实际支付的全部价款扣除面值以后的差额，借记或贷记“债权投资——利息调整”科目；按实际支付的全部价款，贷记“银行存款”等科目。

企业在发行日后或两个付息日之间购入债券时，实际支付的价款中含有自发行日或付息日至购入日之间的利息。这部分利息应分别不同情况进行处理。其中，到期一次付息债券的利息由于不能在一年以内收回，应计入投资成本，借记“债权投资——应计利息”科目；分期付息债券的利息一般在一年以内能够收回，从性质上看属于企业获得的一项短期债权，应借记“应收利息”科目，不计入投资成本。

例 4－9

甲公司于 2024 年 1 月 1 日以 754 302 元的价格购买了乙公司于当日发行的总面值为 800 000 元、票面利率为 5%、5 年期、分期付息的债券，债券利息在每年 12 月 31 日支付，确认为债权投资。甲公司还以银行存款支付了购买该债券发生的交易费用12 000元。甲公司编制的会计分录如下：

债权投资的入账价值＝754 302＋12 000＝766 302(元)

应确认的利息调整贷差＝800 000－766 302＝33 698(元)

借：债权投资——债券面值	800 000
贷：债权投资——利息调整	33 698
银行存款	766 302

例4-10

甲公司于2024年1月1日以822 617元的价格购买了乙公司于当日发行的面值为800 000元、票面利率为5%、5年期、分期付息的债券，债券利息在每年12月31日支付，确认为债权投资。甲公司还以银行存款支付了购买该债券发生的交易费用13 000元。

债权投资的入账价值＝822 617＋13 000＝835 617(元)

应确认的利息调整借差＝835 617－800 000＝35 617(元)

借：债权投资——债券面值	800 000
——利息调整	35 617
贷：银行存款	835 617

例4-11

甲公司于2024年7月1日以839 393.80元的价格购买了乙公司于2024年1月1日发行的面值为800 000元、票面利率为5%、5年期、分期付息的债券，债券利息在每年12月31日支付，确认为债权投资。甲公司还以银行存款支付了购买该债券发生的交易费用13 000元。

支付价款中包含的发行日至购买日的半年利息＝800 000×5%/2＝20 000(元)

债权投资的入账价值＝839 393.80＋13 000－20 000＝832 393.80(元)

应确认的利息调整借差＝832 393.80－800 000＝32 393.80(元)

借：债权投资——债券面值	800 000.00
——利息调整	32 393.80
应收利息	20 000.00
贷：银行存款	852 393.80

例4-12

P公司于2024年1月1日以银行存款737 260元购买了S公司于当日发行的总面值为800 000元、票面利率为5%、5年期的到期一次付息债券，确认为债权投资。P公司还以银行存款支付了购买该债券发生的交易费用10 000元。

债权投资的入账价值＝737 260＋10 000＝747 260(元)

应确认的利息调整贷差＝800 000－747 260＝52 740(元)

借：债权投资——债券面值　　800 000
　贷：债权投资——利息调整　　52 740
　　　银行存款　　747 260

例 4－13

P公司于2024年1月1日以银行存款808 927元购买了S公司于当日发行的总面值为800 000元、票面利率为5%、5年期的到期一次付息债券，确认为债权投资。P公司还以银行存款支付了购买该债券发生的交易费用13 000元。

债权投资的入账价值＝808 927＋13 000＝821 927(元)
应确认的利息调整借差＝821 927－800 000＝21 927(元)

借：债权投资——债券面值　　800 000
　　　　　　——利息调整　　21 927
　贷：银行存款　　821 927

例 4－14

P公司于2024年1月1日以银行存款841 804.08元购买了S公司于2023年1月1日发行的总面值为800 000元、票面利率为5%、5年期的到期一次付息债券，确认为债权投资。P公司还以银行存款支付了购买该债券发生的交易费用13 000元。

支付价款中包含的发行日至购买日的一年利息＝800 000×5%＝40 000(元)
债权投资的入账价值＝841 804.08＋13 000＝854 804.08(元)
应确认的利息调整借差＝854 804.08－800 000－40 000＝14 804.08(元)

借：债权投资——债券面值　　800 000.00
　　　　　　——利息调整　　14 804.08
　　　　　　——应计利息　　40 000.00
　贷：银行存款　　854 804.08

取得债权投资支付价款中所包含的利息应当如何处理?

4.3.3 债权投资的摊余成本与投资收益的确定

债权投资期末应按摊余成本计价。债权投资的摊余成本，是指其初始成本扣除已偿还的本金、加上或减去利息调整的累计摊销额、扣除已发生的减值损失以后的余额，即债权投资的账面价值。从资产负债表日看，摊余成本表现为债权投资的账面余额扣除减值准备以后的成本。债权投资的账面余额是指经过利息调整摊销和确认一次付息应计利息后的“债权投资”科目余额，如果债权投资未发生减值，则账面余额即为摊余成本。由于债权投资的利息调整摊销同时涉及投资收益的确定，因此投资收益的确定与摊余成本的确定密不可分。

我国企业会计准则规定，债权投资摊余成本的确定采用实际利率法。实际利率是指将债权投资在预计存续期的估计未来现金流量折现为该债权投资账面余额所使用的利率。

实际利率法的特点是各期的投资收益率保持不变，能够使一项投资业务中各期的投资收益率相同，客观反映各期的投资效益。但由于债券投资额因利息调整的摊销以及应计利息的确认在不断变化，各期的投资收益也在不断变化。实际利率法下，债券利息调整借差或贷差摊销额为票面利息与投资收益（即实际利息）的差额，在票面利息不变而投资收益变化的情况下，摊销额也不断变化。

实际利率法下，期末债权投资的摊余成本为未来现金流量的现值，计算现值所用的折现率一般是债券初始投资时确定的实际利率，即能够使所购买债券的未来现金流量的现值等于该债券的入账金额的折现率，通常需要采用插值法来确定债券的实际利率（插值法详见本系列教材中《财务管理学》的相关内容）。

实际利率法下，当期投资收益应根据期初摊余成本和实际利率确定。当期投资收益与票面利息的差额，作为当期利息调整的摊销金额。

在债券到期一次还本付息的情况下，不论是面值购入还是溢价或折价购入，不论是否含有初始直接费用，其实际利率也可采用下列公式计算：

由于

$$\text{债券初始入账价值}\times(1+\text{实际利率 } i)^n=\text{债券到期价值}$$

因此

$$\text{实际利率 } i=\sqrt[n]{\frac{\text{债券到期价值}}{\text{债券初始入账价值}}}-1$$

式中，n 为债券到期价值折现的期数。例如，企业取得5年期债券，如按年确认投资收益，则折现期为5期，利率 i 为年利率；如按半年确认投资收益，则折现期为10期，实际利率 i 为半年利率；如按季度确认投资收益，则折现期为20期，实际利率 i 为季度利率。

例4-15

承例4-12。假定P公司于每年年末确认债权投资的投资收益。设实际利率为 i，则有

$$\text{实际利率 } i=\sqrt[5]{\frac{800\,000\times(1+5\%\times5)}{747\,260}}-1=6\%$$

计算求得债券的实际利率 i 为6%。

例4-16

承例4-13。假定P公司于每年年末确认债权投资的投资收益。设实际利率为 i，则有

$$\text{实际利率 } i=\sqrt[5]{\frac{800\,000\times(1+5\%\times5)}{821\,927}}-1=4\%$$

计算求得债券的实际利率 i 为4%。

例 4－17

承例 4－14。假定P公司于每年年末确认债权投资的投资收益。由于是在S公司债券发行1年后购买，债券的存续期还有4年。设实际利率为 i，则有

$$实际利率\ i=\sqrt[4]{\frac{800\ 000\times(1+5\%\times5)}{854\ 804.08}}-1=4\%$$

计算求得债券的实际利率 i 为 4%。

例 4－18

承例 4－9。假定甲公司购买债券后采用实际利率法确定债权投资的摊余成本。根据插值法计算确定的实际利率为6%。

为了简化举例，编制投资收益及利息调整贷差摊销表进行各期的会计处理，详见表 4－1。

表 4－1　投资收益及利息调整贷差摊销表（分期付息）　单位：元

日期	实收票面利息	投资收益	利息调整贷差摊销	利息调整贷差余额	摊余成本
	(1)＝面值×5%	(2)＝期初(5)×6%	(3)＝(2)－(1)	(4)＝期初(4)－(3)	(5)＝期初(5)＋(3)
2024/01/01				33 698.00	766 302.00
2025/12/31	40 000.00	45 978.12	5 978.12	27 719.88	772 280.12
2026/12/31	40 000.00	46 336.81	6 336.81	21 383.07	778 616.93
2027/12/31	40 000.00	46 717.02	6 717.02	14 666.05	785 333.95
2028/12/31	40 000.00	47 120.04	7 120.04	7 546.01	792 453.99
2029/12/31	40 000.00	47 546.01*	7 546.01	0	800 000.00

* 含尾数调整。

2024 年 12 月 31 日编制的会计分录如下：

(1) 收到利息。

借：银行存款　40 000

　贷：投资收益　40 000

(2) 摊销利息调整贷差。

借：债权投资——利息调整　5 978.12

　贷：投资收益　5 978.12

或合并编制会计分录：

借：银行存款　40 000.00

　　债权投资——利息调整　5 978.12

　贷：投资收益　45 978.12

其他年份以此类推。

例 4－19

承例 4－10。假定甲公司购买债券后采用实际利率法确定债权投资的摊余成本。根据插值法计算确定的实际利率为4%。

为了简化举例，编制投资收益及利息调整借差摊销表进行各期的会计处理，详见表4-2。

表4-2　投资收益及利息调整借差摊销表（分期付息）　　单位：元

日期	实收票面利息	投资收益	利息调整借差摊销	利息调整借差余额	摊余成本
	(1)=面值×5%	(2)=期初(5)×4%	(3)=(1)-(2)	(4)=期初(4)-(3)	(5)=期初(5)-(3)
2024/01/01				35 617.00	835 617.00
2025/12/31	40 000.00	33 424.68	6 575.32	29 041.68	829 041.68
2026/12/31	40 000.00	33 161.67	6 838.33	22 203.35	822 203.35
2027/12/31	40 000.00	32 888.13	7 111.87	15 091.48	815 091.48
2028/12/31	40 000.00	32 603.66	7 396.34	7 695.14	807 695.14
2029/12/31	40 000.00	32 304.86*	7 695.14	0	800 000.00

*含尾数调整。

2024年12月31日编制的会计分录如下：

(1) 收到利息。

借：银行存款　　40 000

　贷：投资收益　　40 000

(2) 摊销利息调整借差。

借：投资收益　　6 575.32

　贷：债权投资——利息调整　　6 575.32

或合并编制会计分录：

借：银行存款　　40 000.00

　贷：债权投资——利息调整　　6 575.32

　　投资收益　　33 424.68

其他年份以此类推。

例4-20

承例4-11。假定甲公司购买债券后采用实际利率法确定债权投资的摊余成本。根据插值法计算确定的实际利率为4%。

为了简化举例，编制投资收益及利息调整借差摊销表进行各期的会计处理，详见表4-3。

表4-3　投资收益及利息调整借差摊销表（分期付息）　　单位：元

日期	实收票面利息	投资收益	利息调整借差摊销	利息调整借差余额	摊余成本
	(1)=面值×5%	(2)=期初(5)×4%	(3)=(1)-(2)	(4)=期初(4)-(3)	(5)=期初(5)-(3)
2024/07/01				32 393.80	832 393.80
2025/12/31	20 000.00 (半年)	16 647.88 (半年)	3 352.12	29 041.68	829 041.68

续表

日期	实收票面利息	投资收益	利息调整借差摊销	利息调整借差余额	摊余成本
	(1)＝面值×5%	(2)＝期初(5)×4%	(3)＝(1)－(2)	(4)＝期初(4)－(3)	(5)＝期初(5)－(3)
2026/12/31	40 000.00	33 161.67	6 838.33	22 203.35	822 203.35
2027/12/31	40 000.00	32 888.13	7 111.87	15 091.48	815 091.48
2028/12/31	40 000.00	32 603.66	7 396.34	7 695.14	807 695.14
2029/12/31	40 000.00	32 304.86*	7 695.14	0	800 000.00

*含尾数调整。

2024 年 12 月 31 日编制的会计分录如下：

（1）收到利息。

借：银行存款	40 000	
贷：投资收益		20 000
应收利息		20 000

（2）摊销利息调整借差。

借：投资收益	3 352.12	
贷：债权投资——利息调整		3 352.12

或合并编制会计分录：

借：银行存款	40 000.00	
贷：债权投资——利息调整		3 352.12
投资收益		16 647.88
应收利息		20 000.00

2025 年 12 月 31 日编制的会计分录如下：

（1）收到利息。

借：银行存款	40 000	
贷：投资收益		40 000

（2）摊销利息调整借差。

借：投资收益	6 838.33	
贷：债权投资——利息调整		6 838.33

或合并编制会计分录：

借：银行存款	40 000.00	
贷：债权投资——利息调整		6 838.33
投资收益		33 161.67

其他年份以此类推。

例 4－21

承例 4－12、例 4－15。假定 P 公司购买债券后采用实际利率法确定债权投资的摊余成本，实际利率为 6%。

为了简化举例，编制投资收益及利息调整贷差摊销表进行各期的会计处理，详见表 4－4。

表4-4 投资收益及利息调整贷差摊销表（到期一次付息） 单位：元

日期	应计利息	投资收益	利息调整贷差摊销	利息调整贷差余额	摊余成本
	(1)=面值×5%	(2)=期初(5)×6%	(3)=(2)-(1)	(4)=期初(4)-(3)	(5)=期初(5)+(2)
2024/01/01				52 740.00	747 260.00
2025/12/31	40 000.00	44 835.60	4 835.60	47 904.40	792 095.60
2026/12/31	40 000.00	47 525.74	7 525.74	40 378.66	839 621.34
2027/12/31	40 000.00	50 377.28	10 377.28	30 001.38	889 998.62
2028/12/31	40 000.00	53 399.92	13 399.92	16 601.46	943 398.54
2029/12/31	40 000.00	56 601.46*	16 601.46	0	1 000 000.00

*含尾数调整。

P公司2024年12月31日编制的会计分录如下：

(1) 确认应计利息。

借：债权投资——应计利息 40 000

　贷：投资收益 40 000

(2) 摊销利息调整贷差。

借：债权投资——利息调整 4 835.60

　贷：投资收益 4 835.60

或合并编制会计分录：

借：债权投资——应计利息 40 000.00

　　　　　——利息调整 4 835.60

　贷：投资收益 44 835.60

其他年份以此类推。

例4-22

承例4-13、例4-16。假定P公司购买债券后采用实际利率法确定债权投资的摊余成本，实际利率为4%。

为了简化举例，编制投资收益及利息调整借差摊销表进行各期的会计处理，详见表4-5。

表4-5 投资收益及利息调整借差摊销表（到期一次付息） 单位：元

日期	应计利息	投资收益	利息调整借差摊销	利息调整借差余额	摊余成本
	(1)=面值×5%	(2)=期初(5)×4%	(3)=(1)-(2)	(4)=期初(4)-(3)	(5)=期初(5)+(2)
2024/01/01				21 927.00	821 927.00
2025/12/31	40 000.00	32 877.08	7 122.92	14 804.08	854 804.08
2026/12/31	40 000.00	34 192.16	5 807.84	8 996.24	888 996.24
2027/12/31	40 000.00	35 559.85	4 440.15	4 556.09	924 556.09
2028/12/31	40 000.00	36 982.24	3 017.86	1 538.33	961 538.33
2029/12/31	40 000.00	38 461.67*	1 538.33	0	1 000 000.00

*含尾数调整。

P 公司 2024 年 12 月 31 日编制的会计分录如下：

(1) 确认应计利息。

借：债权投资——应计利息　　40 000

　贷：投资收益　　40 000

(2) 摊销利息调整借差。

借：投资收益　　7 122.92

　贷：债权投资——利息调整　　7 122.92

或合并编制会计分录：

借：债权投资——应计利息　　40 000.00

　贷：债权投资——利息调整　　7 122.92

　　投资收益　　32 877.08

其他年份以此类推。

例 4 - 23

承例 4 - 14、例 4 - 17。假定 P 公司购买债券后采用实际利率法确定债权投资的摊余成本，实际利率为 4%。

为了简化举例，编制投资收益及利息调整借差摊销表进行各期的会计处理，详见表 4 - 6。

表 4 - 6　投资收益及利息调整借差摊销表（到期一次付息）　　单位：元

日期	应计利息	投资收益	利息调整借差摊销	利息调整借差余额	摊余成本
	(1)=面值×5%	(2)=期初(5)×4%	(3)=(1)−(2)	(4)=期初(4)−(3)	(5)=期初(5)+(2)
2024/01/01				14 804.08	854 804.08
2025/12/31	40 000.00	34 192.16	5 807.84	8 996.24	888 996.24
2026/12/31	40 000.00	35 559.85	4 440.15	4 556.09	924 556.09
2027/12/31	40 000.00	36 982.24	3 017.76	1 538.33	961 538.33
2028/12/31	40 000.00	38 461.67*	1 538.33	0	1 000 000.00

* 含尾数调整。

P 公司 2024 年 12 月 31 日编制的会计分录如下：

(1) 确认应计利息。

借：债权投资——应计利息　　40 000

　贷：投资收益　　40 000

(2) 摊销利息调整借差。

借：投资收益　　5 807.84

　贷：债权投资——利息调整　　5 807.84

或合并编制会计分录：

借：债权投资——应计利息　　40 000.00

　贷：债权投资——利息调整　　5 807.84

　　投资收益　　34 192.16

其他年份以此类推。

4.3.4 债权投资的到期兑现

债权投资的到期兑现，是指在债权投资期限届满时，按面值收回投资及应收未收的利息。如果是一次付息的债券，到期时企业可以收回债券面值和利息；如果是分期付息的债券，到期时企业可以收回债券面值。一般来说，在债券投资到期时，溢价、折价金额已经摊销完毕，不论是按面值购入，还是溢价或折价购入，“债权投资”科目的余额均为债券面值和应计利息。收回债券面值及利息时，应借记“银行存款”科目，贷记“债权投资”科目。

例4-24

承例4-15。2029年1月1日按面值收回投资时，编制的会计分录如下：

借：银行存款　　800 000

　贷：债权投资——债券面值　　800 000

4.3.5 实际利率的修正

在债权投资存续期间，本金金额可能由于提前还款等原因发生变动，利息也可能随之或其他因素而发生变动，因此，企业应当对实际利率进行修正，以满足合同现金流量特征的要求。

例4-25

承例4-14、例4-17、例4-23。假定S公司于2024年12月31日通知，该批债券将于2026年6月30日提前赎回，票面利率不变，仍为5%，赎回价格为940 000元；当日，该债权投资的账面价值为888 996.24元。

该债权投资的存续期还有1.5年，修正实际利率：

$$实际利率=\sqrt[1.5]{\frac{940\ 000}{888\ 996.24}}-1=3.79\%$$

表4-7　投资收益及利息调整借差摊销表（到期一次付息）　　单位：元

日期	应计利息	投资收益	利息调整借差摊销	利息调整借差余额	摊余成本
	(1)=面值×5%	(2)=期初(5)×3.79%	(3)=(1)-(2)	(4)=期初(4)-(3)	(5)=期初(5)+(2)
2024/12/31				8 996.24	888 996.24
2025/12/31	40 000.00	33 692.96	6 307.04	2 689.20	922 689.20
2026/06/30	20 000.00	17 310.80*	2 689.20	0	940 000.00

*含尾数调整。

P公司2025年12月31日编制的会计分录如下：

（1）确认应计利息。

借：债权投资——应计利息　40 000

　贷：投资收益　40 000

（2）摊销利息调整借差。

借：投资收益　6 307.04

　贷：债权投资——利息调整　6 307.04

或合并编制会计分录：

借：债权投资——应计利息　40 000.00

　贷：债权投资——利息调整　6 307.04

　　投资收益　33 692.96

P公司2026年6月30日编制的会计分录如下：

（1）确认应计利息。

借：债权投资——应计利息　20 000

　贷：投资收益　20 000

（2）摊销利息调整借差。

借：投资收益　2 689.20

　贷：债权投资——利息调整　2 689.20

或合并编制会计分录：

借：债权投资——应计利息　20 000.00

　贷：债权投资——利息调整　2 689.20

　　投资收益　17 310.80

（3）P公司收回到期债券本息940 000元。

借：银行存款　940 000

　贷：债权投资——债券面值　800 000

　　　　——应计利息　140 000

4.4　以公允价值计量且其变动计入其他综合收益的金融资产

以公允价值计量且其变动计入其他综合收益的金融资产包括其他债权投资和其他权益工具投资。

4.4.1　其他债权投资

1. 其他债权投资的确认和科目设置

企业购入债券，如果企业管理该金融资产的业务模式既可能为持有至到期收取合同现金流量，也可能为在到期之前出售，则应将其划分为以公允价值计量且其变动计入其他综合收益的金融资产。采用实际利率法计算的利息应当计入当期损益，计入各期损益的金额应当与债权投资按摊余成本计量而计入各期损益的金额相等；该金融资产由于公允价值变动产生的所有利得或损失，应当计入其他综合收益；该金融资产发生的减值损失或利得，应计入当期损益，但不应调整该金融资产的账面价值；该金融资产终止确认时，之前计入其他综合收益的累计利得或损失，应当从其他综合收益中转出，计入当期损益。

为了反映其他债权投资的取得、处置、公允价值变动等情况，企业应当设置“其他债权投资”科目。该科目借方登记其他债权投资的取得成本和公允价值变动增加额，贷方登记其他债权投资的处置成本和公允价值变动减少额，期末借方余额表示其他债权投资的公允价值。“其他债权投资”科目应根据其他债权投资的品种设置二级科目，按照“债券面值”“利息调整”“应计利息”“公允价值变动”设置明细科目。

2. 其他债权投资的取得

企业取得的其他债权投资，应按该债券的公允价值和相关交易费用之和作为该金融资产的入账价值，分别借记“其他债权投资——债券面值”“其他债权投资——应计利息”“应收利息”科目，借记或贷记“其他债权投资——利息调整”科目；根据实际支付的价款，贷记“银行存款”等科目。

例 4-26

2023年1月1日，甲公司购入乙公司当天发行的3年期分期付息债券、面值为80 000元，票面利率为5%，每年12月31日付息，实际支付价款77 861.69元；甲公司既可能将其持有至到期，也可能提前出售，将其确认为以公允价值计量且其变动计入其他综合收益的金融资产。实际利率为6%。编制会计分录如下：

借：其他债权投资——债券面值　　80 000.00
　贷：其他债权投资——利息调整　　2 138.31
　　　银行存款　　77 861.69

3. 其他债权投资的收益

企业取得的其他债权投资，应按照其摊余成本和实际利率确定投资收益，根据应收的票面利息，借记“其他债权投资——应计利息”或“应收利息”等科目；根据按照实际利率计算的实际利息收入，贷记“投资收益”科目；根据两者的差额，借记或贷记“其他债权投资——利息调整”科目。

例 4-27

承例4-26。甲公司各年末确认该金融资产的投资收益，实际利率为6%。为了简化举例，编制投资收益及利息调整贷差摊销表进行各期的会计处理，详见表4-8。

表 4-8　投资收益及利息调整贷差摊销表（分期付息）　单位：元

日期	实收票面利息	投资收益	利息调整贷差摊销	利息调整贷差余额	摊余成本
	(1)＝面值×5%	(2)＝期初(5)×6%	(3)＝(2)－(1)	(4)＝期初(4)－(3)	(5)＝期初(5)＋(3)
2023/01/01				2 138.31	77 861.69
2023/12/31	4 000.00	4 671.70	671.70	1 466.61	78 533.39
2024/12/31	4 000.00	4 712.00	712.00	754.61	79 245.39
2025/12/31	4 000.00	4 754.61*	754.61	0	800 000.00

* 含尾数调整。

2023 年 12 月 31 日编制的会计分录如下：

借：银行存款　4 000.00

　　其他债权投资——利息调整　671.70

　贷：投资收益　4 671.70

其他年份以此类推。

4. 其他债权投资的期末计价

资产负债表日，其他债权投资应当按照公允价值计量。按照我国企业会计准则的规定，其他债权投资公允价值与账面价值的差额，即公允价值的变动，不得计入当期损益，而应作为所有者权益变动，计入其他综合收益，借记或贷记“其他债权投资——公允价值变动”科目，贷记或借记“其他综合收益”科目。

例 4-28

承例 4-27。甲公司各年年末持有的其他债权投资的公允价值见表 4-9。

表 4-9　公允价值变动计算表　单位：元

日期	摊余成本	公允价值	累计公允价值变动	本期公允价值变动
	(1)	(2)	(3)＝(2)－(1)	(4)＝(3)－期初(3)
2023/12/31	78 533.39	78 604.00	70.61	70.61
2024/12/31	79 245.39	79 271.00	25.61	－45.00
2025/12/31	80 000.00	80 000.00	0	－25.61

2023 年 12 月 31 日编制的会计分录如下：

借：其他债权投资——公允价值变动　70.61

　贷：其他综合收益　70.61

其他年份以此类推。

5. 其他债权投资的出售

企业出售其他债权投资，应终止确认该金融资产，将实际收到的金额与其账面价值的差额确认为投资收益，同时，将原累计计入其他综合收益的公允价值变动转为投资收益。企业应根据实际收到的出售价款，借记“银行存款”等科目；

根据该金融资产的账面价值，贷记“其他债权投资”科目；根据其差额，贷记或借记“投资收益”科目。同时，根据累计公允价值变动原计入其他综合收益的金额，借记或贷记“其他综合收益”科目，贷记或借记“投资收益”科目。

例4-29

承例4-27、例4-28。2025年1月3日，甲公司出售该债券，实际收到的价款为79 280元；该债券的账面价值为79 271元，其中，面值为80 000元，利息调整贷差为754.61元，公允价值变动为25.61元。编制会计分录如下：

借：银行存款	79 280.00	
其他债权投资——利息调整	754.61	
贷：其他债权投资——债券面值		80 000.00
——公允价值变动		25.61
投资收益		9.00
借：其他综合收益	25.61	
贷：投资收益		25.61

4.4.2 其他权益工具投资

1. 其他权益工具投资的确认和科目设置

企业取得非交易性权益工具投资，一般应指定为以公允价值计量且其变动计入其他综合收益的金融资产。例如，企业持有的上市公司限售股，尽管在活跃市场上有报价，但由于出售受到限制，不能随时出售，应确认为以公允价值计量且其变动计入其他综合收益的金融资产。该金融资产的公允价值变动，应计入其他综合收益；当该金融资产终止确认时，之前计入其他综合收益的累计利得或损失应当从其他综合收益中转出，计入留存收益。

企业对权益工具的投资一般应当以公允价值计量。但在用以确定公允价值的近期信息不足或者公允价值的可能估计金额分布范围很广的情况下，如果成本能够在该分布范围内反映对公允价值的最佳估计，则该成本可代表其在该分布范围内对公允价值的恰当估计。例如，持有的在活跃市场没有报价且对被投资单位不存在控制、共同控制和重大影响的股权投资，无法随时出售，也应确认为其他权益工具投资。

为了反映其他权益工具投资的取得、处置、公允价值变动等情况，企业应当设置“其他权益工具投资”科目。该科目借方登记其他权益工具投资的取得成本和公允价值变动增加额，贷方登记其他权益工具投资的处置成本和公允价值变动减少额，期末借方余额表示其他权益工具投资的公允价值。“其他权益工具投资”科目应根据其他权益工具投资的品种设置二级科目，按照“成本”和“公允价值变动”设置明细科目。

2. 其他权益工具投资的取得

企业取得的其他权益工具投资，应按其公允价值和相关交易费用之和作为初始投资成本，借记“其他权益工具投资——成本”科目，贷记“银行存款”等科目。如果支付的价款中包含已宣告但尚未发放的现金股利，应确认为应收项目，借记“应收股利”科目。

例 4－30

2023 年 4 月 1 日，甲公司购入 A 公司股票 10 000 股，每股市价为 20 元，实际支付价款 200 000 元，另支付交易费用 1 000 元，该股票在 3 年内不得出售，甲公司将其确认为其他权益工具投资。编制会计分录如下：

借：其他权益工具投资——成本	201 000	
贷：银行存款		201 000

3. 其他权益工具投资的收益

企业取得的其他权益工具投资，对于收到的属于取得该金融资产支付价款中包含的已宣告发放的现金股利，应视为债权的收回，借记“银行存款”等科目，贷记“应收股利”科目；在该金融资产持有期间收到被投资单位宣告发放的现金股利，应将其确认为投资收益，宣告日，应借记“应收股利”科目，贷记“投资收益”科目；收到现金股利时，应借记“银行存款”等科目，贷记“应收股利”科目。

例 4－31

承例 4－30。2023 年 5 月 10 日，A 公司宣告分派现金股利 0.20 元/股，5 月 30 日 A 公司实际发放现金股利。甲公司编制会计分录如下：

(1) 5 月 10 日，A 公司宣告发放现金股利。

甲公司应收现金股利＝0.20×10 000＝2 000(元)

借：应收股利	2 000	
贷：投资收益		2 000

(2) 5 月 30 日，甲公司收到现金股利。

借：银行存款	2 000	
贷：应收股利		2 000

4. 其他权益工具投资的期末计价

资产负债表日，其他权益工具投资应当按照公允价值计量。按照我国企业会计准则的规定，其公允价值与账面价值的差额，即公允价值的变动，不得计入当期损益，而应作为所有者权益变动，计入其他综合收益，借记或贷记“其他权益工具投资——公允价值变动”科目，贷记或借记“其他综合收益”科目。

其他权益工具投资都具有公允价值吗?

例 4－32

承例 4－30。2023 年 12 月 31 日，甲公司持有的 A 公司股票的账面价值为 201 000 元，公允价值为 190 000 元，公允价值下跌 11 000 元。编制会计分录如下：

借：其他综合收益　　11 000
　　贷：其他权益工具投资——公允价值变动　　11 000

其他权益工具投资的公允价值变动转为留存收益应该怎样进行会计处理？

5. 其他权益工具投资的出售

企业出售其他权益工具投资，应终止确认该金融资产。

企业出售其他权益工具投资，应将实际收到的价款与其账面价值的差额，计入其他综合收益；同时将累计确认的其他综合收益转为留存收益，不计入当期损益。企业应根据实际收到的出售价款，借记“银行存款”等科目；根据该金融资产的账面价值，贷记“其他权益工具投资”科目；根据其差额，贷记或借记“其他综合收益”科目。同时，根据累计公允价值变动原计入其他综合收益的金额，借记或贷记“其他综合收益”科目，贷记或借记“利润分配——未分配利润”科目。

例 4-33

承例 4-32。2024 年 3 月 5 日，甲公司将持有的 A 公司股票全部出售，收取价款 188 000 元；A 公司股票的账面价值为 190 000 元，其中，初始投资成本为 201 000 元，公允价值变动为−11 000 元。编制会计分录如下：

（1）出售 A 公司股票。

借：银行存款　　188 000
　　其他综合收益　　2 000
　　其他权益工具投资——公允价值变动　　11 000
　　贷：其他权益工具投资——成本　　201 000

（2）结转累计计入其他综合收益的公允价值变动。

累计其他综合收益变动＝−11 000−2 000＝−13 000(元)

借：利润分配——未分配利润　　13 000
　　贷：其他综合收益　　13 000

4.5 以公允价值计量且其变动计入当期损益的金融资产

以公允价值计量且其变动计入当期损益的金融资产主要是指交易性金融资产。为了反映交易性金融资产的取得、处置、公允价值变动等情况，企业应当设置“交易性金融资产”科目。该科目的借方登记交易性金融资产的取得成本和公允价值变动增加额，贷方登记交易性金融资产的处置成本和公允价值变动减少额，期末借方余额表示交易性金融资产的公允价值。“交易性金融资产”科目应根据该金融资产的类别和品种（如股票、债券、基金等）设置二级科目，并设置“成本”和“公允价值变动”明细科目。

4.5.1　交易性金融资产的取得

企业取得交易性金融资产时，应当将该金融资产的购买价格（包含已经宣告但尚未发放的现金股利或已到付息期但尚未领取的债券利息）作为其初始成本，借记“交易性金融资产——成本”科目；按照取得该金融资产所发生的相关交易费用，借记“投资收益”科目；按照所支付的全部款项，贷记“银行存款”等科目。企业在收到股利或利息时，应借记“银行存款”等科目，贷记“投资收益”科目。

一般认为，投资收益项目反映企业已经实现的损益，公允价值变动损益则反映企业尚未实现的损益。企业取得的交易性金融资产，交易费用属于实际发生的现金流出，如果将其计入投资成本，将减少投资费用并减少公允价值变动收益，影响投资收益和公允价值变动损益的计量，无法合理区分未实现的损益和已实现的损益，为此，企业会计准则规定将实际支付的交易费用作为投资费用处理。例如，企业购入股票的价格为 100 000 元，实际支付的交易费用为 600 元，期末该股票的公允价值为 110 000 元。按照企业会计准则的规定，确认投资成本 100 000 元，当期已实现的投资收益为－600 元（实际发生现金流出），未实现的公允价值变动收益为 10 000 元（未发生现金流动），损益合计为 9 400 元；如果将交易费用计入投资成本，则投资成本为100 600 元，当期投资收益为 0，公允价值变动收益为 9 400 元，损益合计仍为 9 400 元。尽管两种处理方法的损益合计相同，但反映的已实现损益和未实现损益的构成不同。

同样道理，企业取得的交易性金融资产，购买价格中包含的已经宣告但尚未发放的现金股利或已到付息期但尚未领取的债券利息，在收到现金股利或债券利息时，属于实际发生的现金流入，如果将其确认为应收利息，将减少投资收益并虚增公允价值变动收益，影响投资收益和公允价值变动损益的计量，无法合理区分未实现的损益和已实现的损益，为此，企业会计准则规定将购买价格中包含的已经宣告但尚未发放的现金股利或已到付息期但尚未领取的债券利息计入投资成本。例如，企业购入股票的价格为 100 000 元，其中包含已经宣告但尚未发放的现金股利 600 元，10 天后收到现金股利 600 元，期末该股票的公允价值为 110 000 元。按照企业会计准则的规定，确认投资成本 100 000 元，当期已实现的投资收益为 600 元（实际发生现金流入），未实现的公允价值变动收益为 10 000 元（未发生现金流动），损益合计为 10 600 元；如果将这部分现金股利确认为应收股利，则投资成本为 99 400 元，当期投资收益为 0，公允价值变动收益为 10 600 元，损益合计仍为 10 600 元。尽管两种处理方法的损益合计相同，但反映的已实现损益和未实现损益的构成不同。

例 4－34

2023 年 3 月 10 日，甲公司购入 A 公司股票 20 000 股，以银行存款支付股票购买价款 300 000 元。另支付相关交易费用金额为 1 800 元，并将其划分为交易性金融资产。甲公司编制的会计分录如下：

借：交易性金融资产——成本 300 000

投资收益 1 800

贷：银行存款 301 800

例 4-35

承例 4-34。假定 A 公司在 3 月 7 日宣告发放现金股利 0.20 元/股，于 3 月 30 日发放。则甲公司在 3 月 10 日购入 A 公司股票实际支付价款中包含已宣告但尚未发放的现金股利 4 000 元（20 000×0.20），甲公司编制的会计分录如下：

取得交易性金融资产支付的交易费用以及购买价款中包含的现金股利或已到期的利息，应当如何处理？

（1）3 月 10 日，购入股票。

借：交易性金融资产——成本 300 000

投资收益 1 800

贷：银行存款 301 800

（2）3 月 30 日，收到现金股利。

借：银行存款 4 000

贷：投资收益 4 000

4.5.2 交易性金融资产持有期间收到的现金股利和利息

企业交易性金融资产持有期间，被投资单位宣告发放现金股利或支付债券利息，属于已实现的收益，应在宣告发放日确认为投资收益，借记“应收股利”或“应收利息”科目，贷记“投资收益”科目；实际收到现金股利或债券利息时，借记“银行存款”等科目，贷记“应收股利”或“应收利息”科目。

例 4-36

承例 4-34。2023 年 5 月 15 日，A 公司宣告发放现金股利 0.10 元/股；5 月 31 日，甲公司实际收到现金股利 2 000 元。甲公司编制的会计分录如下：

（1）5 月 15 日，宣告发放现金股利。

借：应收股利 2 000

贷：投资收益 2 000

（2）5 月 31 日，实际收到现金股利。

借：银行存款 2 000

贷：应收股利 2 000

4.5.3 交易性金融资产的期末计量

资产负债表日，应按当日该金融资产的公允价值对其账面价值进行调整，将公允价值与账面价值之间的差额计入当期损益。企业应根据该金融资产公允价值高于其账面价值的差额，借记“交易性金融资产——公允价值变动”科目，贷记“公允价值变动损益”科目；根据该金融资产公允价值低于其账面余额的差额，做相反的会计处理。

例 4-37

承例 4-34。2023 年 12 月 31 日，持有 A 公司股票的市价为每股 20 元，公允价值共计 400 000 元（20×20 000），账面价值为 300 000 元，公允价值高于其账面价值的差额为 100 000 元。甲公司编制的会计分录如下：

借：交易性金融资产——公允价值变动 100 000

　贷：公允价值变动损益 100 000

通过上述会计处理，在甲公司 2023 年利润表中，“公允价值变动收益”项目为 100 000 元，反映该金融资产价值的增值额；“投资收益”项目为 −1 800 元（假定不考虑取得的现金股利），反映取得该金融资产付出现金的代价；损益合计 98 200 元（100 000−1 800），即期末 A 公司股票公允价值 400 000 元与全部购入价款 301 800 元的差额。

例 4-38

承例 4-34。假定 2023 年 12 月 31 日持有 A 公司股票的市价为每股 13 元，公允价值共计 260 000 元（13×20 000），账面价值为 300 000 元，公允价值低于其账面价值的差额为 40 000 元。甲公司编制的会计分录如下：

借：公允价值变动损益 40 000

　贷：交易性金融资产——公允价值变动 40 000

4.5.4 交易性金融资产的出售

交易性金融资产出售时，与该金融资产所有权相关的风险报酬已经转移，应当终止确认该金融资产，将出售该金融资产收取的全部价款与其账面价值的差额确认为投资收益。

企业应根据收取的全部价款，借记“银行存款”等科目；根据出售该金融资产的初始成本，贷记“交易性金融资产——成本”科目；根据出售该金融资产的公允价值变动额，借记（原确认的公允价值变动减少额）或贷记（原确认的公允价值变动增加额）“交易性金融资产——公允价值变动”科目；根据上述确认金额的差额，贷记或借记“投资收益”科目。

基于公允价值变动损益属于未实现的损益，投资收益属于已实现的损益，因此，应将出售该金融资产原确认的公允价值变动损益转为投资收益，借记（原确认的公允价值变动收益）或贷记（原确认的公允价值变动损失）“公允价值变动损益”科目，贷记或借记“投资收益”科目。

交易性金融资产处置后原确认的公允价值变动损益是否应当结转为投资收益？

公允价值变动损益结转或不结转为投资收益分别存在哪些问题？

例 4-39

承例 4-37。2024 年 1 月 15 日，甲公司将持有的 A 公司股票全部出售，收取价款 420 000 元，存入银行。甲公司编制的会计分录如下：

借：银行存款　420 000
　　贷：交易性金融资产——成本　300 000
　　　　　　　　　　——公允价值变动　100 000
　　　　投资收益　20 000

同时，

借：公允价值变动损益　100 000
　　贷：投资收益　100 000

需要说明的是，通过上述会计处理，在甲公司2024年利润表中，“公允价值变动收益”项目为－100 000元，“投资收益”项目为120 000元（20 000＋100 000）。甲公司从2023年5月15日购入A公司股票至2024年1月15日出售A公司股票（假定不考虑取得的现金股利），累计投资收益为118 200元（420 000－301 800），其中公允价值变动损益为0元（100 000－100 000），投资收益为118 200元（－1 800＋120 000）。上述会计处理尽管能够反映累计的已实现损益和未实现损益，但是20×2年利润表中“公允价值变动收益”项目的－100 000元并不表示该金融资产公允价值下跌，其反映的内容仅为上年未实现的公允价值变动收益在本年实现后的调整。因此，在进行财务报表分析时，不能简单地根据“公允价值变动收益”项目金额的正负号判断公允价值是上涨还是下跌，而要具体分析其构成内容，是否存在上年公允价值变动损益在本年实现后的调整金额。

例4-40

承例4-38。假定2024年1月15日，甲公司将持有的A公司股票全部出售，收取价款258 000元，存入银行。甲公司编制的会计分录如下：

借：银行存款　258 000
　　交易性金融资产——公允价值变动　40 000
　　投资收益　2 000
　　贷：交易性金融资产——成本　300 000

同时，

借：投资收益　40 000
　　贷：公允价值变动损益　40 000

需要说明的是，甲公司2024年利润表中“公允价值变动收益”项目为40 000元，同样不意味着甲公司持有的该金融资产公允价值上升，而是体现了上年未实际发生的公允价值变动损失在本年实际发生后的调整。

4.6 金融资产的减值

4.6.1 金融资产减值概述

金融资产减值主要是应收款项、债权投资和其他债权投资以预期信用损失为基础确认的价值减损。交易性金融资产、其他权益工具投资的价值减损已经作为公允价值变动计入了当期损益或其他综合收益，因此不需要单独确认减值。

预期信用损失是指以发生违约的风险为权重的金融工具信用损失的加权平均值。

信用损失是指企业按照实际利率折现的、根据合同应收的所有合同现金流量与预期收取的所有现金流量之间的差额，即全部现金短缺的现值。其中，对于企业购买的已发生信用减值的金融资产，应按照该金融资产经信用调整的实际利率折现。由于预期信用损失考虑付款的金额和时间分布，因此即使企业预计可以全额收款但收款时间晚于合同规定的到期期限，也会产生信用损失。

企业应当在资产负债表日对应收款项、债权投资和其他债权投资的账面价值进行检查，有客观证据表明该金融资产发生减值的，应当计提减值准备。当对金融资产预期未来现金流量具有不利影响的一项或多项事件发生时，该金融资产成为已发生信用减值的金融资产。金融资产已发生信用减值的证据包括下列可观察信息：

（1）发行方或债务人发生重大财务困难；

（2）债务人违反合同，如偿付利息或本金违约或逾期等；

（3）债权人出于与债务人财务困难有关的经济或合同考虑，给予债务人在任何其他情况下都不会做出的让步；

（4）债务人很可能破产或进行其他财务重组；

（5）发行方或债务人财务困难导致该金融资产的活跃市场消失；

（6）以大幅折扣购买一项金融资产，该折扣反映了发生信用损失的事实。

金融资产发生信用减值，有可能是多个事件的共同作用所致，未必是可单独识别的事件所致。

企业通常能够可靠估计金融资产的现金流量和预计存续期。在极少数情况下，金融资产的估计未来现金流量或预计存续期无法可靠估计的，企业在计算确定其实际利率时，应当基于该金融资产在整个合同期内的合同现金流量。

如果该金融资产的信用风险自初始确认后已显著增加，企业应当按照相当于该金融资产整个存续期内预期信用损失的金额计量其损失准备。无论企业评估信用损失的基础是单项金融资产还是金融资产组合，由此形成的损失准备的增加或转回金额，都应当作为减值损失或利得计入当期损益。

如果该金融资产的信用风险自初始确认后并未显著增加，企业应当按照相当于该金融资产未来12个月内预期信用损失的金额计量其损失准备，无论企业评估信用损失的基础是单项金融资产还是金融资产组合，由此形成的损失准备的增加或转回金额，都应当作为减值损失或利得计入当期损益。未来12个月内预期信用损失，是指因资产负债表日后12个月内（若金融资产的预计存续期少于12个月，则为预计存续期）可能发生的金融资产违约事件所导致的预期信用损失，是整个存续期预期信用损失的一部分。

企业在前一会计期间已经按照相当于金融资产整个存续期内预期信用损失的金额计量了损失准备，但在当期资产负债表日，该金融资产已不再属于自初始确认后信用风险显著增加的情形的，企业应当在当期资产负债表日按照相当于未来12个月内预期信用损失的金额计量该金融资产的损失准备，由此形成的损失准备的转回金额应当作为减值利得计入当期损益。

对于购买的已发生信用减值的金融资产，企业应当在资产负债表日仅将自初始确认后整个存续期内预期信用损失的累计变动确认为减值准备。在每个资产负债表日，企业应当将整个存续期内预期信用损失的变动金额作为减值损失或利得计入当期损益。

4.6.2 应收及预付款项减值

1. 坏账的确认

应收及预付款项是企业在日常经营活动中形成的债权，坏账是指企业无法收回或收回可能性极小的应收及预付款项。按规定，凡符合下列条件之一者，便可确认为坏账：

（1）因债务人破产，依照民事诉讼法清偿后，确实无法收回的应收账款；

（2）因债务人死亡，既无遗产可供清偿，又无义务承担人，确实无法收回的应收账款；

（3）因债务人较长时间未履行偿债义务并有足够的证据表明无法收回或收回的可能性极小（一般为超过3年，确实不能收回）的应收账款。

2. 坏账损失的确认

坏账损失是指应收及预付款项信用风险自初始确认后已显著增加而产生的减值损失。一般来说，坏账的确认时间与应收款项形成时间不属于同一会计期间。应收及预付款项形成的会计期间一般会产生相应的收益，例如，企业赊销商品形成应收账款，会产生销售利润，而以后期间确认该应收账款全部或部分无法收回形成坏账，按照权责发生制的要求，其损失应作为商品销售所属会计期间销售利润的抵减，而不应作为确认坏账会计期间的损失。因此，我国企业会计准则规定，坏账损失的确认应采用备抵法，即按期估计可能发生的坏账损失，计提坏账准备，作为信用减值损失计入当期损益；待实际确认坏账时，核销应收账款，冲减已经提取的坏账准备。采用备抵法核算坏账损失，能够将收入和坏账损失在同一会计期间确认，客观反映企业的收益及应收账款的实际价值。

采用备抵法核算坏账损失，必须使用一定的方法合理估计各会计期间的坏账损失。按期估计坏账损失的方法有应收款项余额百分比法、账龄分析法和个别认定法等。

（1）应收款项余额百分比法。应收款项余额百分比法是根据应收账款期末余额（不分账龄长短）和综合坏账比率估计坏账损失的方法，即综合估计期末应收款项中可能发生坏账的金额。采用应收款项余额百分比法估计坏账损失，计算简便，但是由于没有考虑账龄长短等因素，估计坏账损失的可靠性略差。

例 4－41

以应收账款为例。2023 年 12 月 31 日，甲公司全部应收账款的余额为 800 000 元，根据以往的经验估计，全部应收账款的综合坏账比率为 3%，则应收账款估计坏账为：

800 000×3%＝24 000(元)

(2) 账龄分析法。账龄分析法是将应收账款期末余额按照账龄长短进行分类，不同账龄的应收账款按照不同的坏账比率估计坏账损失的方法。一般来说，应收账款的账龄越长，产生坏账的可能性就越大，因此，应收账款的账龄越长，确定的坏账比率就越高。采用账龄分析法估计坏账损失，计算工作量要大于应收款项余额百分比法，但由于考虑了应收款项账龄长短的因素，估计坏账损失的可靠性高于应收款项余额百分比法。

例 4－42

承例 4－41。2023 年 12 月 31 日，甲公司全部应收账款的余额为 800 000 元，根据账龄分析数据和以往经验估计的不同账龄坏账比率，编制的估计坏账损失计算表见表 4－9。

表 4－10 估计坏账损失计算表

2023 年 12 月 31 日 单位：元

账龄	应收账款余额	估计坏账比率（%）	估计坏账损失
3 个月（含）	500 000	0.1	500
3 个月以上至 6 个月（含）	150 000	1	1 500
6 个月以上至 1 年（含）	40 000	3	1 200
1 年以上至 2 年（含）	50 000	10	5 000
2 年以上至 3 年（含）	60 000	50	30 000
合计	800 000		38 200

(3) 个别认定法。个别认定法是指对个别应收款项进行具体分析，判断其可收回的金额，进而估计可能发生的坏账损失的方法。个别认定法一般与应收款项余额百分比法或账龄分析法结合应用。一般来说，企业应收款项的笔数较多，如果不分数额大小、账龄长短，均逐笔进行个别认定，则工作量较大，不符合成本效益原则。因此，采用个别认定法估计坏账损失，是对个别数额较大且有确凿证据表明大部分无法收回的应收账款逐笔估计坏账损失，其余应收款项采用应收款项余额百分比法或账龄分析法估计坏账损失。

例 4－43

承例 4－42。假定甲公司应收账款中，应收 W 公司的货款为 20 000 元，账龄为 2 年零 6 个月。2023 年 10 月，W 公司发生严重财务困难，甲公司通过调查分析，认为 W 公司最可能偿还的金额为 4 000 元，将会产生坏账损失 16 000 元。甲公司决定采用个别认定法估计应收 W 公司货款的坏账损失为 16 000 元，其余应收账款仍采用账龄分析法估计坏账损失。编制的估计坏账损失计算表见表4－11。

表4－11　估计坏账损失计算表

2023年12月31日　　　　单位：元

账龄	应收账款余额	估计坏账比率（%）	估计坏账损失
3个月（含）	500 000	0.1	500
3个月以上至6个月（含）	150 000	1	1 500
6个月以上至1年（含）	40 000	3	1 200
1年以上至2年（含）	50 000	10	5 000
2年以上至3年（含）	40 000	50	20 000
W公司	20 000		16 000
合计	800 000		44 200

3. 坏账损失的核算

不论采用前述何种方法估计坏账损失，计提坏账准备的核算方法均完全相同。

为了反映坏账准备的提取和核销情况，应设置“坏账准备”科目。该科目的贷方登记提取的坏账准备，借方登记核销的坏账准备，期末贷方余额表示已经提取但尚未核销的坏账准备。“坏账准备”科目属于应收款项的抵减科目，应按照应收款项的类别设置明细科目。资产负债表日，各类应收款项余额扣除“坏账准备”相应明细科目贷方余额后的差额，反映各类应收款项的账面价值。

坏账准备的核算主要包括以下内容：

（1）首次计提坏账准备。企业首次计提坏账准备时，应根据前述方法估计的坏账损失，借记“信用减值损失”科目，贷记“坏账准备”科目。

（2）核销坏账。企业确认发生坏账时，应终止确认应收款项，核销已经计提的坏账准备，借记“坏账准备”科目，贷记“应收账款”等科目。

（3）已经核销的坏账收回。在债务人较长时间未履行偿债义务而核销坏账的情况下，并不意味着企业要放弃应收款项的追索权。一旦债务人的财务状况好转，企业就有可能收回欠款。由于该项应收款项已经核销，因此收回该欠款时，一方面，应对原核销的坏账进行调整，恢复应收款项和坏账准备，借记“应收账款”等科目，贷记“坏账准备”科目；另一方面，根据收回的款项，终止确认应收款项，借记“银行存款”等科目，贷记“应收账款”等科目。上述会计处理，“应收账款”等科目借贷方金额相同，不影响其余额，但是在应收款项账簿中既反映核销的坏账金额，又反映已经核销坏账以后期间收回的金额，能够全面反映该客户实际发生的坏账金额，便于分析该客户的商业信用。

为了简化核算，也可以不通过“应收账款”等科目核算，直接借记“银行存款”等科目，贷记“坏账准备”科目。采用这种方法，相关应收款项的账簿中仅反映核销的坏账金额，不反映以后期间收回的坏账金额，不便于客观反映客户的商业信用。

（4）以后期间计提坏账准备。一般来说，企业估计的坏账损失（计提的坏账准备）和实际发生的坏账损失（核销的坏账准备）不尽相同，因此，在以后期间计提坏账准备之前，“坏账准备”科目会有余额。根据“坏账准备”科目的余额方向以及估计坏账损失金额的大小，以后期间计提坏账准备时，可能会出现以下三种情况：

第一种情况，计提坏账准备之前，“坏账准备”科目为贷方余额，且贷方余额小于资产负债表日估计的坏账损失数额。在这种情况下，“坏账准备”科目的贷方余额反映以前期间计提的坏账准备大于核销的坏账准备，由于这部分数额已经确认信用减值损失，因此，可以抵减资产负债表日估计的坏账损失。本次计提坏账准备时，应根据资产负债表日估计的坏账损失与“坏账准备”科目贷方余额的差额，补提坏账准备，借记“信用减值损失”科目，贷记“坏账准备”科目。

第二种情况，计提坏账准备之前，“坏账准备”科目为贷方余额，且贷方余额大于资产负债表日估计的坏账损失数额。在这种情况下，“坏账准备”科目的贷方余额反映以前期间计提的坏账准备大于核销的坏账准备，且这部分数额已经超过资产负债表日估计的坏账损失，因此，本次计提坏账准备时，应冲减“坏账准备”科目贷方余额大于资产负债表日估计的坏账损失的差额，借记“坏账准备”科目，贷记“信用减值损失”科目。

第三种情况，计提坏账准备之前，“坏账准备”科目为借方余额。在这种情况下，“坏账准备”科目借方余额反映以前期间核销的坏账大于估计的坏账损失，表示已经确认坏账但尚未确认信用减值损失。因此，本次计提坏账准备时，应补提这部分坏账损失，即根据资产负债表日估计的坏账损失与“坏账准备”科目借方余额之和，借记“信用减值损失”科目，贷记“坏账准备”科目。

需要说明的是，不论上述何种情况，计提坏账准备以后，“坏账准备”科目的贷方余额均为资产负债表日估计的坏账损失数额。

例 4－44

以应收账款为例。甲公司采用应收款项余额百分比法计提坏账准备，根据以往经验，取得计提坏账准备的比例为 10%。甲公司根据 2021 年 12 月 31 日至 2024 年 12 月 31 日发生的经济业务，编制会计分录如下：

（1）2021 年 12 月 31 日，甲公司首次计提坏账准备，应收账款余额为 300 000 元，计提坏账准备的金额为 30 000 元（300 000×10%）。

借：信用减值损失　　30 000
　贷：坏账准备　　30 000

2021 年 12 月 31 日应收账款账面价值 ＝300 000－30 000＝270 000（元）

（2）2022 年实际核销坏账 20 000 元。

借：坏账准备　　20 000
　贷：应收账款　　20 000

（3）2022 年 12 月 31 日计提坏账准备，应收账款余额为 500 000 元。

2022年12月31日计提坏账准备之前“坏账准备”科目贷方余额＝30 000－20 000
＝10 000(元)

2022年12月31日估计的坏账损失＝500 000×10%＝50 000(元)

2022年年末应补提坏账准备＝50 000－10 000＝40 000(元)

借：信用减值损失　40 000
　贷：坏账准备　40 000

2022年12月31日“坏账准备”科目贷方余额＝10 000＋40 000＝50 000(元)

2022年12月31日应收账款账面价值＝500 000－50 000＝450 000(元)

(4) 2023年收回上年核销的坏账15 000元。

借：应收账款　15 000
　贷：坏账准备　15 000
借：银行存款　15 000
　贷：应收账款　15 000

(5) 2023年12月31日计提坏账准备，应收账款余额为400 000元。

2023年12月31日计提坏账准备之前“坏账准备”科目贷方余额＝50 000＋15 000＝65 000(元)

2023年12月31日估计的坏账损失＝400 000×10%＝40 000(元)

2023年12月31日应冲减坏账准备＝65 000－40 000＝25 000(元)

借：坏账准备　25 000
　贷：信用减值损失　25 000

2023年12月31日“坏账准备”科目贷方余额＝65 000－25 000＝40 000(元)

2023年12月31日应收账款账面价值＝400 000－40 000＝360 000(元)

(6) 2024年核销坏账43 000元。

借：坏账准备　43 000
　贷：应收账款　43 000

(7) 2024年12月31日计提坏账准备，应收账款余额为200 000元。

2024年12月31日计提坏账准备之前“坏账准备”科目借方余额＝43 000－40 000
＝3 000(元)

2024 年 12 月 31 日估计的坏账损失 ＝200 000×10％＝20 000（元）

2024 年 12 月 31 日应计提坏账准备 ＝3 000＋20 000＝23 000（元）

借：信用减值损失　　23 000

　贷：坏账准备　　23 000

2024 年 12 月 31 日“坏账准备”科目贷方余额 ＝23 000－3 000＝20 000（元）

2024 年 12 月 31 日应收账款账面价值 ＝200 000－20 000＝180 000（元）

4. 计提坏账准备的应收及预付款项范围

一般来说，各类应收及预付款项只要存在前述减值的客观证据，均可以计提坏账准备。

具体来说，可以根据各类应收款项的性质和产生坏账的可能性，分别确定是否需要计提坏账准备。

应收账款是企业实行赊销政策形成的债权，产生坏账的风险较大，因此应计提坏账准备；其他应收款的内容较为繁杂，产生坏账的风险也较大，因此也应计提坏账准备。

应收股利和应收利息的账龄一般很短，产生坏账的可能性较小，可以不计提坏账准备；应收票据的账龄也较短，且我国目前应用较广的是银行承兑汇票，一般不会产生坏账，不需要计提坏账准备；商业承兑汇票虽然存在产生坏账的风险，但客户一般属于优质客户，也可以不计提坏账准备；预付款项一般是卖方市场条件下预付的购货款，且未来收回的是存货，而不是货币资金，因此，产生坏账的风险也较小，也可以不计提坏账准备。但是，如果上述应收款项存在减值的客观证据，应采用与应收账款、其他应收款相同的方法计提坏账准备。

4.6.3　债权投资减值

1. 债权投资减值准备的计提

企业应当在资产负债表日对债权投资的账面价值进行检查，有客观证据表明该金融资产信用风险已经显著增加，应当计提减值准备。

为了反映债权投资减值准备的提取和核销情况，应设置“债权投资减值准备”科目。该科目的贷方登记提取的债权投资减值准备，借方登记核销的债权投资减值准备，期末贷方余额表示已经提取但尚未核销的债权投资减值准备。“债权投资减值准备”科目属于债权投资的抵减科目，资产负债表日，“债权投资”科目借方余额扣除“债权投资减值准备”科目贷方余额后的差额，反映债权投资的账面价值。

债权投资发生减值时，应当将该债权投资的账面价值减记至预计未来现金流量的现值，减记的金额确认为信用减值损失，计入当期损益，借记“信用减值损失”科目，贷记“债权投资减值准备”科目。

预计未来现金流量现值，一般按照该债权投资合理确定的实际利率折现计算。

债权投资减值以后，应按照确认的实际利率和摊余成本确定实际利息收入及利息调整摊销额。

例4-45

承例4-21。假定S公司于2023年发生严重亏损，至2023年12月31日，预计到期时仅能够收回债券面值800 000元，而无法收回债券利息。2023年12月31日，P公司债权投资（S公司）的账面价值为889 998.62元，实际利率为6%。假定估计的实际利率与初始利率相同.

（1）2023年12月31日，确认信用减值损失。

未来现金流量现值＝800 000÷(1＋6%)^2＝711 997.15(元)

信用减值损失＝889 998.62－711 997.15＝178 001.47(元)

借：信用减值损失　　178 001.47

　贷：债权投资减值准备　　178 001.47

2023年12月31日，该项债权投资计提减值准备前的账面价值为889 998.62元，未来现金流量现值按照初始确定的实际利率6%计算的现值为711 997.15元，确认信用减值损失178 001.47元。2023年12月31日，该项债权投资账面价值的构成如下：

面值＝800 000(元)

应计利息＝120 000(元)

利息调整贷差＝30 001.38(元)

减值准备＝178 001.47(元)

账面价值(摊余成本)＝800 000＋120 000－30 001.38－178 001.47

＝711 997.15(元)

（2）2024年12月31日，确认当年投资收益。

票面利息＝800 000×5%＝40 000(元)

投资收益＝711 997.15×6%＝42 719.83(元)

利息调整贷差摊销＝42 719.83－40 000＝2 719.83(元)

借：债权投资——应计利息　　40 000

　贷：投资收益　　40 000

借：债权投资——利息调整　　2 719.83

　贷：投资收益　　2 719.83

或合并编制会计分录：

借：债权投资——应计利息　　40 000.00

　　　　　——利息调整　　2 719.83

　贷：投资收益　　42 719.83

2. 债权投资减值的恢复

债权投资确认减值损失后，如有客观证据表明该资产的价值得以恢复，且客观上与确认该损失后发生的事项有关，原确认的减值损失应当予以转回，计入当期损益，借记“债权投资减值准备”科目，贷记“信用减值损失”科目。但是，该转回后的账面价值不应超过假定不计提减值准备情况下该债权投资在转回日的摊余成本。

例 4－46

承例 4－45。假定 2024 年 S 公司的经营状况有所好转，上年发生的亏损得到一定程度的弥补，至 2024 年 12 月 31 日，预计到期时除了能够收回债券面值 800 000 元外，还能够收回部分债券利息 80 000 元。2026 年 1 月 1 日，收回债券面值和利息共计 880 000 元。根据以上资料，编制会计分录如下：

（1）2024 年 12 月 31 日，该项债权投资减值损失恢复前账面价值的构成如下：

面值＝800 000(元)
应计利息＝120 000＋40 000＝160 000(元)
利息调整贷差＝30 001.38－2 719.83＝27 281.55(元)
减值准备＝178 001.47(元)
账面价值(摊余成本)＝800 000＋160 000－27 281.55－178 001.47
＝754 716.98(元)

（2）2024 年 12 月 31 日，确认信用减值损失转回。

未来现金流量现值＝880 000÷(1＋6%)＝830 188.68(元)
信用减值损失恢复＝830 188.68－754 716.98＝75 471.70(元)

借：债权投资减值准备　　75 471.70
　贷：信用减值损失　　75 471.70

2024 年 12 月 31 日，该项债权投资计提减值准备前的账面价值为 754 716.98 元，未来收回金额按照初始确定的实际利率 6%计算的现值为 830 188.68 元，确认信用减值损失转回 75 471.70 元。2024 年 12 月 31 日，该项债权投资账面价值的构成如下：

面值＝800 000(元)
应计利息＝160 000(元)
利息调整贷差＝27 281.55(元)
减值准备＝178 001.47－75 471.70＝102 529.77(元)
账面价值(摊余成本)＝800 000＋160 000－27 281.55－102 529.77
＝830 188.68(元)

减值损失恢复后的摊余成本 830 188.68 元，未超过假定不计提减值准备情况下该债权投资在转回日的摊余成本 943 398.54 元（见表 4－4）。

(3) 2025年12月31日，确认当年投资收益。

票面利息＝800 000×5%＝40 000(元)
投资收益＝830 188.68×6%＝49 811.32(元)
利息调整贷差摊销＝49 811.32－40 000＝9 811.32(元)

借：债权投资——应计利息　　40 000
　贷：投资收益　　40 000
借：债权投资——利息调整　　9 811.32
　贷：投资收益　　9 811.32

或合并编制会计分录：

借：债权投资——应计利息　　40 000.00
　　　　　　——利息调整　　9 811.32
　贷：投资收益　　49 811.32

2025年12月31日，该项债权投资账面价值的构成如下：

面值＝800 000(元)
应计利息＝160 000＋40 000＝200 000(元)
利息调整贷差＝27 281.55－9 811.32＝17 470.23(元)
减值准备＝102 529.77(元)
账面价值(摊余成本)＝800 000＋200 000－17 470.23－102 529.77
＝880 000(元)

(4) 2026年1月1日，收回债权投资的面值和利息。

借：银行存款　　880 000.00
　　债权投资——利息调整　　17 470.23
　　债权投资减值准备　　102 529.77
　贷：债权投资——债券面值　　800 000.00
　　　　　　　——应计利息　　200 000.00

4.6.4 其他债权投资减值

如果其他债权投资预期可收回金额持续下跌，则预期到期日现金流量现值低于其摊余成本，应当确认为信用减值损失，计提减值准备。其他权益工具投资不需要计提减值准备。

对于其他债权投资，企业应当在其他综合收益中确认其减值准备，并将减值损失或利得计入当期损益，而不应减少该金融资产在资产负债表中列示的公允价值。

为了反映该金融资产减值准备的计提和核销等情况，应在“其他综合收益”科目下设置“金融资产减值准备”明细科目，该明细科目贷方登记计提的其他债权投资减值准备，借方登记转回以及处置其他债权投资核销的减值准备，期末贷方余额表示尚未核销的其他债权投资减值准备。

企业确认的该金融资产减值损失，应根据减值的金额，借记“信用减值损失”科目，贷记“其他综合收益——金融资产减值准备”科目；不调整该金融资产的账面价值。如果该金融资产的减值恢复，应编制相反的会计分录。

例 4－47

甲公司 2023—2024 年根据发生的其他债权投资减值相关业务，编制会计分录如下：

（1）2023 年 1 月 1 日，以银行存款 808 927 元购买了乙公司于当日发行的总面值为 800 000 元、票面利率为 5%、5 年期的到期一次付息债券，确认为其他债权投资；以银行存款支付购买该债券发生的交易费用 13 000 元；计算确定的实际利率为 4%。

入账价值＝808 927＋13 000＝821 927(元)
利息调整借差＝821 927－800 000＝21 927(元)

借：其他债权投资——债券面值　　800 000
　　　　　　　　——利息调整　　21 927
　贷：银行存款　　821 927

（2）2023 年 12 月 31 日，采用实际利率法确认投资收益；当日，该债券的公允价值为 850 000 元，甲公司预计到期时该债券的现金流量现值为 830 000 元，且逆转的可能性较小，确认资产减值。

确认投资收益及利息调整摊销：

票面利息＝800 000×5%＝40 000(元)
投资收益＝821 927×4%＝32 877(元)
利息调整借差摊销＝40 000－32 877＝7 123(元)

借：其他债权投资——应计利息　　40 000
　贷：其他债权投资——利息调整　　7 123
　　　投资收益　　32 877

该债券摊余成本＝821 927＋40 000－7 123＝854 804(元)

确认公允价值变动：

公允价值变动＝850 000－854 804＝－4 804(元)

借：其他综合收益——金融资产公允价值变动　　4 804
　贷：其他债权投资——公允价值变动　　4 804

确认减值损失：

减值损失＝854 804－830 000＝24 804(元)

借：信用减值损失　　24 804
　贷：其他综合收益——金融资产减值准备　　24 804

2023 年 12 月 31 日，在资产负债表上，该金融资产以其账面价值（即公允价值）850 000 元列示，资产减值不影响其列示金额。

（3）2024 年 12 月 31 日，采用实际利率法确认投资收益；当日，该债券的公允价值为 885 000 元，甲公司预计到期时该债券的现金流量现值为 865 000 元。

确认投资收益及利息调整摊销：

票面利息＝800 000×5%＝40 000(元)
投资收益＝854 804×4%＝34 192(元)
利息调整借差摊销＝40 000－34 192＝5 808(元)

借：其他债权投资——应计利息　　40 000
　贷：其他债权投资——利息调整　　5 808
　　　投资收益　　34 192

该债券摊余成本＝854 804＋40 000－5 808＝888 996(元)

确认公允价值变动：

公允价值变动＝885 000－888 996－(－4 804)＝808(元)

借：其他债权投资——公允价值变动　　808
　贷：其他综合收益——金融资产公允价值变动　　808

确认减值损失：

减值损失＝888 899－865 000－24 804＝－905(元)

借：其他综合收益——金融资产减值准备　　905
　贷：信用减值损失　　905

累计信用减值损失＝24 804－905＝23 899(元)

2024 年 12 月 31 日，在资产负债表上，该金融资产以其账面价值（即公允价值）885 000 元列示，资产减值不影响其列示金额。

4.7 金融资产的重分类

当企业的外部或内部经营条件发生变动，改变其管理金融资产的业务模式时，应当对所有受影响的相关金融资产进行重分类。金融资产的重分类，主要是指各项债权投资的重分类。企业取得各项债权投资，初始确认为交易性金融资产、债权投资、其他债权投资，均可以根据具体情况，重分类为其他各项金融资产。股权投资不存在重分类问题。

企业对金融资产进行重分类，应当自重分类日起采用未来适用法进行相关会计处理，不得对以前已经确认的利得、损失（包括减值损失或利得）或利息进行追溯调整。

重分类日是指导致企业对金融资产进行重分类的业务模式发生变更后的首个报告期间的第一天。

4.7.1 债权投资重分类为交易性金融资产

企业将一项债权投资重分类为交易性金融资产的，应当按照该资产在重分类日的公允价值进行计量。原账面价值与公允价值之间的差额计入当期损益。

例如，企业筹划进行并购，近期需要货币资金，原确认的债权投资可能随时变现，不再适合划分为债权投资，因此应将其重分类为交易性金融资产。

重分类日，企业应根据该金融资产的摊余成本，借记“交易性金融资产——成本”科目，贷记“债权投资”等科目。同时，应调整公允价值变动，根据该金融资产公允价值与摊余成本的差额，借记或贷记“交易性金融资产——公允价值变动”科目，贷记或借记“公允价值变动损益”科目。

例4-48

甲公司2023年12月31日持有一项债权投资，账面价值为120 000元，其中，债券面值为100 000元，利息调整借差为2 000元，应计利息为18 000元；该债券到期日为2025年12月31日。当日，该债券的公允价值为116 000元。由于业务需要，甲公司将该项债权投资重分类为以交易性金融资产。编制会计分录如下：

(1) 结转该债券账面价值。

借：交易性金融资产——成本	120 000	
贷：债权投资——债券面值		100 000
——利息调整		2 000
——应计利息		18 000

(2) 调整公允价值。

借：公允价值变动损益	4 000	
贷：交易性金融资产——公允价值变动		4 000

2023年12月31日，该交易性金融资产的账面价值为116 000元(120 000—4 000)。

4.7.2 债权投资重分类为其他债权投资

企业将一项债权投资重分类为其他债权投资的，应当按照该金融资产在重分类日的公允价值进行计量。原账面价值与公允价值之间的差额计入其他综合收益。该金融资产重分类不影响其实际利率和预期信用损失的计量。

例如，企业筹划进行并购，该并购如果成功，则需要货币资金；如果不成功，则仍将该债券投资持有至到期。由于该债券投资既可能持有至到期，也可能随时出售，因此应将其重分类为其他债权投资。

重分类日，企业应根据该金融资产的摊余成本，借记“其他债权投资”科目，贷记“债权投资”等科目。同时，应调整公允价值变动，根据该金融资产公允价值与摊余成本的差额，借记或贷记“其他债权投资——公允价值变动”科目，贷记或借记“其他综合收益”科目。

例 4－49

甲公司2023年12月31日持有一项债权投资，账面价值为120 000元，其中，债券面值为100 000元，利息调整借差为2 000元，应计利息为18 000元；该债券到期日为2025年12月31日。当日，该债券的公允价值为116 000元。由于业务需要，甲公司将该项债权投资重分类为其他债权投资。编制会计分录如下：

（1）结转该债券账面价值。

借：其他债权投资——成本　　120 000
　贷：债权投资——债券面值　　100 000
　　　　　　　——利息调整　　2 000
　　　　　　　——应计利息　　18 000

（2）调整公允价值。

借：其他综合收益　　4 000
　贷：其他债权投资——公允价值变动　　4 000

2023年12月31日，该其他债权投资的账面价值为116 000元（120 000－4 000）。

4.7.3 其他债权投资重分类为债权投资

企业将一项其他债权投资重分类为债权投资的，应当将之前计入其他综合收益的累计利得或损失转出，调整该金融资产在重分类日的公允价值，并以调整后的金额作为新的账面价值，即视同该金融资产一直以摊余成本计量。该金融资产重分类不影响其实际利率和预期信用损失的计量。

重分类日，企业应根据该金融资产的摊余成本，借记“债权投资”科目，贷记“其他债权投资”科目；由于其减值准备是以公允价值为基础计算的，因此其公允价值变动属于减值准备的组成部分，应根据其公允价值变动，借记或贷记“其他债权投资——公允价值变动”科目，贷记或借记“债权投资减值准备”科目。同时借记或贷记“其他综合收益——金融资产公允价值变动”科目，贷记或借记“信用减值损失”科目；根据累计确认的减值准备，借记“其他综合收益——金融资产减值准备”科目，贷记“债权投资减值准备”科目。

例 4－50

承例4－47。假定甲公司于2023年1月1日决定，将持有的作为其他债权投资的乙公司债券重分类为债权投资。当日，该债券的账面价值为885 000元，其中，债券面值为800 000元，利息调整借差为8 996元，应计利息为80 000元，公允价值变动为－3 996元；累计计提的金融资产减值准备为15 000元。

（1）结转摊余成本。

借：债权投资——债券面值　800 000

　　　　　　——利息调整　8 996

　　　　　　——应计利息　80 000

　贷：其他债权投资——债券面值　800 000

　　　　　　　　　——利息调整　8 996

　　　　　　　　　——应计利息　80 000

（2）结转公允价值变动。

借：其他债权投资——公允价值变动　3 996

　贷：其他综合收益——金融资产公允价值变动　3 996

（3）结转其他债权投资减值准备。其他债权投资减值准备原计入其他综合收益，重分类为债权投资以后，只需要将其转入债权投资即可，原确认的减值损失不需要进行调整。

借：其他综合收益——金融资产减值准备　23 899

　贷：债权投资——减值准备　23 899

重分类后，该债权投资的账面价值为 865 000 元，即视同该债权投资一直采用摊余成本计量。

4.7.4　其他债权投资重分类为交易性金融资产

企业将一项其他债权投资重分类为交易性金融资产的，应当继续以公允价值计量该金融资产。同时，企业应当将之前计入其他综合收益的累计利得或损失从其他综合收益转入当期损益。

重分类日，企业应根据该金融资产的公允价值，借记“交易性金融资产——成本”科目，贷记“其他债权投资”科目；根据原计入其他综合收益的公允价值变动，借记或贷记“其他综合收益”科目，贷记或借记“公允价值变动损益”科目；根据其减值准备，借记“其他综合收益——金融资产减值准备”科目，贷记“信用减值损失”科目。

例 4－51

承例 4－47。假定甲公司于 2023 年 1 月 1 日决定，将持有的作为其他债权投资的乙公司债券重分类为交易性金融资产。当日，该债券的账面价值（即公允价值）为 885 000 元，其中，债券面值为 800 000 元，利息调整借差为 8 996 元，应计利息为 80 000 元，公允价值变动为－3 996 元；累计计提的金融资产减值准备为 23 899 元。

（1）结转公允价值。

借：交易性金融资产——成本　885 000

　　其他债权投资——公允价值变动　3 996

贷：其他债权投资——债券面值		800 000
——利息调整		8 996
——应计利息		80 000

（2）结转金融资产减值准备。

借：其他综合收益——金融资产减值准备	23 899	
贷：信用减值损失		23 899

（3）结转金融资产公允价值变动。

借：公允价值变动损益	3 996	
贷：其他综合收益——金融资产公允价值变动		3 996

4.7.5 交易性金融资产重分类为债权投资

企业将一项交易性金融资产重分类为债权投资的，应当以其在重分类日的公允价值作为新的账面余额，确定其实际利率。其后，按照债权投资的相关规定进行后续计量。

企业将原准备随时出售的债券改为持有至到期，重分类日，应根据该债券的公允价值，借记“债权投资”科目，贷记“交易性金融资产”科目。

例4-52

2023年12月31日，甲公司决定将原准备随时出售的乙公司债券调整为持有至到期，将该交易性金融资产重分类为债权投资。当日该债券的公允价值为1 105 000元，其中，成本为1 080 000元，公允价值变动为25 000元；该债券系乙公司2021年1月1日发行，面值为1 000 000元，5年期，票面利率为4%，到期一次还本付息。假定甲公司于每年年末确认投资收益。

债券面值＝1 000 000(元)

应计利息＝1 000 000×4%×3＝120 000(元)

利息调整＝1 105 000－1 000 000－120 000＝－15 000(元)

借：债权投资——债券面值	1 000 000	
——应计利息	120 000	
贷：债权投资——利息调整		15 000
交易性金融资产——成本		1 080 000
——公允价值变动		25 000

重新计算实际利率：

$$实际利率\ i=\sqrt[2]{\frac{1\,000\,000\times(1+4\%\times5)}{1\,105\,000}}-1=4.21\%$$

计算求得债券的实际利率 i 为4.21%。

4.7.6　交易性金融资产重分类为其他债权投资

企业将一项交易性金融资产重分类为其他债权投资的，应当继续以公允价值计量该金融资产。并根据该金融资产在重分类日的公允价值确定其实际利率。其后，按照其他债权投资的相关规定进行后续计量，并将重分类日视为初始确认日。

重分类日，企业应根据该金融资产的公允价值，借记“其他债权投资”科目，贷记“交易性金融资产”科目。

例 4－53

承例 4－52。假定甲公司于 2023 年 12 月 31 日决定将交易性金融资产重分类为其他债权投资。

债券面值＝1 000 000(元)
应计利息＝1 000 000×4%×3＝120 000(元)
利息调整＝1 105 000－1 000 000－120 000＝－15 000(元)

借：其他债权投资——债券面值	1 000 000	
——应计利息	120 000	
贷：其他债权投资——利息调整		15 000
交易性金融资产——成本		1 080 000
——公允价值变动		25 000

该债券的实际利率亦为 4.21%。

思考题

1. 商业承兑汇票贴现应如何处理？
2. 债权投资产生的利息调整包括哪些内容？
3. 如何采用实际利率法确认投资收益和利息调整摊销？
4. 估计坏账损失的方法有哪些？
5. 以公允价值计量且其变动计入其他综合收益的金融资产与以公允价值计量且其变动计入当期损益的金融资产的会计处理有哪些异同？

练习题

1.（2017 年会计资格考试《中级会计实务》试题）甲公司债券投资的相关资料如下：

资料一：2015 年 1 月 1 日，甲公司以银行存款 2 030 万元购入乙公司当日发行的面值总额为2 000万元的4年期公司债券，该债券的票面年利率为4.2%，债券合同约定，未来4年，每年的利息在次年1月1日支付，本金于2019年1月1日一次性偿还，乙公司不能提前赎回该债券，甲公司将该债券投资划分为债权投资。

资料二：甲公司在取得乙公司债券时，计算确定该债券投资的实际年利率为3.79%，甲公司在每年年末对债券投资的投资收益进行会计处理。

资料三：2017年1月1日，甲公司在收到乙公司债券上年利息后，将该债券全部出售，所得款项2 025万元收存银行。

假定不考虑增值税等相关税费及其他因素。

（“债权投资”科目应写出必要的明细科目。）

要求：

（1）编制甲公司2015年1月1日购入乙公司债券的相关会计分录。

（2）计算甲公司2015年12月31日应确定的债券投资收益，并编制相关会计分录。

（3）编制甲公司2016年1月1日收到乙公司债券利息的相关会计分录。

（4）计算甲公司2016年12月31日应确认的债券投资收益，并编制相关会计分录。

（5）编制甲公司2017年1月1日出售乙公司债券的相关会计分录。

2.（2014年会计资格考试《中级会计实务》试题）甲公司2011年度至2013年度对乙公司债券投资业务的相关资料如下：

（1）2011年1月1日，甲公司以银行存款900万元购入乙公司当日发行的5年期公司债券，作为债权投资核算，该债券面值总额为1 000万元，票面年利率为5%，每年年末支付利息，到期一次偿还本金，但不得提前赎回。甲公司该债券投资的实际年利率为7.47%。

（2）2011年12月31日，甲公司收到乙公司支付的债券利息50万元。当日，该债券投资不存在减值迹象。

（3）2012年12月31日，甲公司收到乙公司支付的债券利息50万元。当日，甲公司获悉乙公司发生财务困难，对该债券投资进行了减值测试，预期该债券投资未来现金流量的现值为800万元。

（4）2013年1月1日，甲公司以801万元的价格全部售出所持有的乙公司债券，款项已收存银行。

假定甲公司债权投资全部为对乙公司的债券投资。除上述资料外，不考虑其他因素。

要求：

（1）计算甲公司2011年度债权投资的投资收益。

（2）计算甲公司2012年度债权投资的减值损失。

（3）计算甲公司2013年1月1日出售债权投资的损益。

（4）根据资料（1）～（4），逐笔编制甲公司债权投资相关的会计分录。

（“债权投资”科目要求写出必要的明细科目；答案中的金额单位用万元

表示。)

3. 甲公司发生下列经济业务:

(1) 20×1 年 12 月 5 日,购入 A 股票 10 000 股,以银行存款支付全部价款 50 000 元(不考虑交易费用),确认为交易性金融资产。

(2) 20×1 年 12 月 15 日,购入 B 股票 20 000 股,以银行存款支付价款 60 000 元(不考虑交易费用),确认为其他权益工具投资。

(3) 20×1 年 12 月 31 日,A 股票的公允价值为每股 5.30 元;B 股票的公允价值为每股 2.50 元。

(4) 20×2 年 12 月 10 日,出售 A 股票 6 000 股,收取价款 34 000 元。

(5) 20×2 年 12 月 31 日,A 股票的公允价值为每股 5.70 元;B 股票的公允价值为每股 2.60 元。

要求: 根据上述资料,逐笔编制相关会计分录。

第 4 章判断题
即测即评

第 4 章单选题
即测即评

第 4 章多选题
即测即评

第5章 Chapter 5 长期股权投资

学习目标

1. 掌握：长期股权投资取得的核算；长期股权投资核算的权益法。
2. 理解：长期股权投资核算的成本法；长期股权投资的处置。
3. 了解：取得长期股权投资企业与被投资企业的关系；长期股权投资的减值。

5.1 长期股权投资概述

5.1.1 长期股权投资的性质

长期股权投资是指企业能够对被投资企业实施控制、共同控制或施加重大影响的权益性投资。在确定长期股权投资的日常会计处理和报表列报方法时，应重点考虑投资企业与被投资企业的关系。

5.1.2 投资企业与被投资企业的关系

按照投资企业对被投资企业的影响程度，投资企业与被投资企业的关系可以分为以下几种类型：

1. 控制

控制是指企业拥有对被投资企业的权力，通过参与被投资企业的相关活动而享有可变回报，并且有能力运用对被投资企业的权力影响其回报金额。

企业参与被投资企业的相关活动，是指对被投资企业的回报产生重大影响的活动，通常包括商品或劳务的销售和购买、金融资产的管理、资产的购买和处置、研发活动以及融资活动等。企业如果拥有主导被投资企业相关活动的权力，可以通过权力的运用影响被投资企业的盈利水平，则认为能够控制被投资企业。

例如，甲公司持有乙公司 70%有表决权的股份，在任何情况下都能够决定乙公司的经营决策，则甲公司能够控制乙公司；又如，甲公司持有丙公司 40%有表决权的股份，但其余 60%有表决权股份分散在众多其他投资者手中，且其他投资者不存在联合行动阻止甲公司决策的可能性，则甲公司能够控制丙公司；再如，甲公司持有 S 国丁公司 80%有表决权的股份，但 S 国法律及丁公司章程规定，在重大决策中，持有丁公司 20%有表决权股份的股东拥有一票否决权，则甲公司虽然持有丁公司 80%的股权，也无法控制丁公司。

控制的具体内容可以参见《财务会计学（第 14 版・立体化数字教材版）》及本系列教材中《高级会计学》的相关内容。

拥有控制权的投资企业一般称为母公司；被母公司控制的企业一般称为子公司。

2. 共同控制

共同控制是指按照相关约定与其他投资方一起对被投资企业共有的控制，并且该被投资企业的相关活动必须经过分享控制权的各投资方一致同意后才能决策。

共同控制的特点是实施共同控制的任何一个投资方都不能够单独控制被投资企业，对被投资企业具有共同控制的任何一个投资方均能够阻止其他投资方单独控制被投资企业。此外，共同控制不要求所有投资方都对被投资企业实施共同控制。

例如，甲公司、乙公司和丙公司各持有 W 公司 30%有表决权的股份，其余 10%有表决权的股份分散在众多投资者手中，W 公司章程规定，重大决策只有经甲公司、乙公司和丙公司一致同意才能通过，则甲公司、乙公司和丙公司共同控制 W 公司。

被各投资方共同控制的企业一般称为投资企业的合营企业。

3. 重大影响

重大影响是指企业对被投资企业的财务和经营政策有参与决策的权力，但并不能够控制或者与其他投资方一起共同控制这些政策的制定。

一般来说，如果投资企业在被投资企业的董事会中派有董事，或能够参与被投资企业的财务和经营决策的制定，但不构成控制或共同控制，则可以认为对被投资企业形成重大影响。

投资企业能够对被投资企业施加重大影响，则被投资企业为投资企业的联营企业。

5.2 长期股权投资的取得

企业的长期股权投资可以分为两大类：一类是形成控股合并的长期股权投资，另一类是未形成控股合并的长期股权投资。控股合并是指一家公司通过股权投资取得对另一家公司控制权的行为。形成控股合并的长期股权投资，又分为同一控制下控股合并和非同一控制下控股合并的长期股权投资。未形成控股合并的长期股权投资，包括对合营企业和联营企业的长期股权投资。不同方式取得的长期股权投资，会计处理方法有所不同。

需要说明的是，全面实行营业税改征增值税以后，企业取得长期股权投资发生的交易费用、转让长期股权投资取得的收益，可能涉及增值税。为了便于读者掌握长期股权投资的主要方法，本章暂不涉及增值税内容；涉及增值税的核算方法详见本教材第9章9.5节“应交税费”。

5.2.1 形成同一控制下控股合并的长期股权投资

同一控制下的控股合并，是指参与合并的企业在合并前后均受同一方或相同的多方最终控制，且该控制并非暂时性的。例如，A公司为B公司和C公司的母公司，A公司将其持有的C公司60%的股权转让给B公司。转让股权后，B公司持有C公司60%的股权，但B公司和C公司仍由A公司所控制。

同一控制下的控股合并，在合并日取得对其他参与合并企业控制权的一方为合并方，参与合并的其他企业为被合并方。合并日是指合并方实际取得对被合并方控制权的日期。

同一控制下的控股合并，合并双方的合并行为不完全是自愿进行和完成的，这种控股合并不属于交易行为，而是参与合并各方资产和负债的重新组合，因此，合并方应以被合并方所有者权益的账面价值为基础，对长期股权投资进行初始计量。

合并方以支付货币资金、转让非现金资产或承担债务等方式取得被合并方的股权，应在合并日按照享有被合并方所有者权益账面价值的份额作为长期股权投资的初始投资成本，借记“长期股权投资——投资成本”科目；按照支付的货币资金或转让非现金资产、承担债务的账面价值，贷记“银行存款”以及相应的资产或负债科目。长期股权投资初始投资成本大于支付的现金、转让的非现金资产以及所承担债务账面价值的差额，调增资本公积，即贷记“资本公积——资本溢价或股本溢价”科目；长期股权投资初始投资成本小于支付的现金、转让的非现金资产以及所承担债务账面价值的差额，调减资本公积，资本公积不足冲减的，冲减留存收益，即依次借记“资本公积——资本溢价或股本溢价”“盈余公积”“利润分配——未分配利润”科目。投资企业支付的价款中如果含有已宣告发放但尚未支取的现金股利，应作为债权处理，不计入长期股权投资成本。

合并方以发行股票等方式取得被合并方的股权，应在合并日按照取得被合并方所有者权益账面价值的份额作为长期股权投资的初始投资成本，借记“长期股权投资——投资成本”科目；按照发行股份的面值总额作为股本，贷记“股本”科目；长期股权投资初始投资成本大于所发行股份面值总额的差额，贷记“资本公积——资本溢价或股本溢价”科目。

合并方为进行企业合并发生的各项直接相关费用，包括支付的审计费用、评估费用、法律服务费用等，应当于发生时计入当期损益，借记“管理费用”科目，贷记“银行存款”等科目。

企业合并中，合并方发行债券或承担其他债务支付的手续费、佣金等，应当计入所发行债券及其他债务的初始成本。

企业合并中，合并方发行权益性证券发生的手续费、佣金等费用，应当抵减权益性证券溢价收入，溢价收入不足冲减的，冲减留存收益。

例 5－1

A 公司为 B 公司和 C 公司的母公司。2023 年 1 月 1 日，A 公司将其持有的 C 公司 60%的股权转让给 B 公司，双方协商确定的价格为 8 000 000 元，以货币资金支付。此外，B 公司还以货币资金支付审计、评估费 10 000 元。合并日，C 公司所有者权益的账面价值为 12 000 000 元；B 公司资本公积余额为 2 000 000 元。根据以上资料，编制 B 公司取得长期股权投资的会计分录如下：

B 公司初始投资成本＝12 000 000×60%＝7 200 000(元)

借：长期股权投资——投资成本	7 200 000	
资本公积——股本溢价	800 000	
贷：银行存款		8 000 000
借：管理费用	10 000	
贷：银行存款		10 000

例 5－2

A 公司为 B 公司和 C 公司的母公司，持有 B 公司 70%的股权，持有 C 公司 60%的股权。2023 年 1 月 1 日，B 公司以发行每股面值为 1 元的股票 2 000 000 股，换取 A 公司持有的 C 公司 60%的股权，并以银行存款支付发行股票手续费 200 000 元，支付审计、评估费 10 000 元。合并日，C 公司所有者权益的账面价值为 12 000 000 元。根据以上资料，编制 B 公司取得长期股权投资的会计分录如下：

B 公司初始投资成本＝12 000 000×60%＝7 200 000(元)

借：长期股权投资——投资成本	7 200 000	
贷：股本		2 000 000
资本公积——股本溢价		5 000 000
银行存款		200 000
借：管理费用	10 000	
贷：银行存款		10 000

同一控制下控股合并，初始投资成本与享有份额的差额如何处理？

5.2.2 形成非同一控制下控股合并取得的长期股权投资

非同一控制下的控股合并，是指参与合并的各方在合并前后不受同一方或相同的多方最终控制。相对于同一控制下的控股合并而言，非同一控制下的控股合并是合并各方自愿进行的交易行为，作为一种公平的交易，应当以公允价值为基础进行计量。

非同一控制下的控股合并，在购买日取得对其他参与合并企业控制权的一方为购买方，参与合并的其他企业为被购买方。购买日，是指购买方实际取得对被购买方控制权的日期。

购买方在购买日以支付货币资金的方式取得被购买方的股权，应以支付的货币资金作为初始投资成本，借记“长期股权投资——投资成本”科目，贷记“银行存款”科目。购买方支付的价款中如果含有已宣告发放但尚未支取的现金股利，应作为债权处理，不计入长期股权投资成本。

购买方在购买日以付出货币资金以外其他资产的方式取得被购买方的股权，付出的资产应按资产处置的方式进行处理，应将投出资产的公允价值作为长期股权投资的初始投资成本，借记“长期股权投资——投资成本”科目；按照投出资产的公允价值，贷记“主营业务收入”“其他业务收入”“固定资产清理”“应交税费——应交增值税（销项税额）”等科目；同时结转付出资产的成本，将其公允价值与账面价值的差额计入当期损益。

购买方以承担债务的方式取得被购买方的股权，应将债务的公允价值作为初始投资成本，借记“长期股权投资——投资成本”科目，贷记有关负债科目。

购买方以发行股票等方式取得被购买方的股权，应在购买日将发行股票等的公允价值作为长期股权投资的初始投资成本，借记“长期股权投资——投资成本”科目；将发行股份的面值总额作为股本，贷记“股本”科目；按照长期股权投资初始投资成本与所发行股份面值总额之间的差额，贷记“资本公积——资本溢价或股本溢价”科目。

购买方为进行长期股权投资发生的审计、法律服务、评估咨询等中介费用以及其他相关费用，应于发生时计入当期损益，借记“管理费用”科目，贷记“银行存款”等科目。

例5-3

W公司于2023年1月1日，以货币资金11 430 000元以及一批库存商品购入X公司股票3 500 000股，占X公司有表决权股份的70%，能够控制X公司，投资之前W公司与X公司不存在关联方关系。W公司投出库存商品的账面价值为900 000元，未计提存货跌价准备，不含增值税的公允价值为1 000 000元，增值税销项税额为130 000元。此外，W公司还以货币资金支付审计、评估费200 000元，增值税12 000元。购买日，X公司可辨认净资产公允价值为15 000 000元。根据以上资料，编制W公司取得长期股权投资的会计分录如下：

W 公司初始投资成本＝11 430 000＋1 000 000＋130 000＝12 560 000(元)

借：长期股权投资——投资成本	12 560 000	
贷：银行存款		11 430 000
主营业务收入		1 000 000
应交税费——应交增值税（销项税额）		130 000
借：管理费用	200 000	
应交税费——应交增值税（进项税额）	12 000	
贷：银行存款		212 000
借：主营业务成本	900 000	
贷：库存商品		900 000

5.2.3　未形成控股合并的长期股权投资

未形成控股合并的长期股权投资，其初始投资成本的确定方法与形成非同一控制下控股合并的长期股权投资成本的确定方法基本相同，但发生的审计、法律服务、评估咨询等中介费用以及其他相关费用应计入长期股权投资成本。

例 5－4

A 公司于 2023 年 1 月 1 日以银行存款购入 B 公司 40％的股权，对 B 公司有重大影响，确认为长期股权投资，实际支付购买价款 4 000 000 元，并支付相关审计费 20 000 元；购买日，B 公司所有者权益账面价值为 9 000 000 元，公允价值为 10 500 000 元。根据以上资料，编制 A 公司取得长期股权投资的会计分录如下：

初始投资成本＝4 000 000＋20 000＝4 020 000(元)

借：长期股权投资——投资成本	4 020 000	
贷：银行存款		4 020 000

5.3　长期股权投资核算的成本法

长期股权投资的后续计量，有成本法和权益法两种处理方法。其中，成本法适用于对子公司的长期股权投资，权益法适用于对合营企业和联营企业的长期股权投资。

采用成本法核算的长期股权投资，应按照初始投资成本计价，一般不予变更，只有在追加或收回投资以及长期股权投资减值时，才调整长期股权投资的账面价值。

投资企业在被投资企业宣告发放现金股利时，应作为投资收益处理，借记“应收股利”等科目，贷记“投资收益”科目；收到现金股利时，应借记“银行存款”等科目，贷记“应收股利”科目。如果收到的股利为股票股利，不影响持股比例，只需要调整持股数量，降低每股成本，不需要进行会计处理。

例 5-5

承例 5-3。W 公司根据发生的有关长期股权投资业务，编制会计分录如下：

（1）2023 年 5 月 15 日，X 公司宣告发放现金股利 0.04 元/股；发放股票股利，每 10 股送 2 股。

W 公司应收现金股利＝3 500 000×0.04＝140 000（元）

借：应收股利　　140 000
　贷：投资收益　　140 000

宣告发放股票股利不需要进行会计处理。

（2）收到股票股利。W 公司收到股票股利不需要进行会计处理，但应调整股票数量和每股投资成本：

原持股数量＝3 500 000（股）
原每股投资成本＝12 600 000÷3 500 000＝3.60（元）
现持股数量＝3 500 000×（1＋20%）＝4 200 000（股）
现每股投资成本＝12 600 000÷4 200 000＝3（元）

（3）2023 年 5 月 25 日，收到 X 公司发放的现金股利 140 000 元，存入银行。

借：银行存款　　140 000
　贷：应收股利　　140 000

5.4 长期股权投资核算的权益法

5.4.1 权益法的适用范围

长期股权投资核算的权益法，是指长期股权投资的账面价值要随着被投资企业的所有者权益变动而相应变动，大体上反映在被投资企业所有者权益中占有的份额。

长期股权投资核算的权益法适用于对合营企业和联营企业长期股权投资的后续计量。

需要说明的是，投资企业对联营企业的权益性投资，其中一部分通过风险投资机构、共同基金、信托公司或包括投连险基金在内的类似主体间接持有的，无论以上主体是否对这部分投资具有重大影响，投资企业都可以对间接持有的该部分投资确认为交易性金融资产，并对其余部分确认为长期股权投资，采用权益法核算。例如，甲公司持有乙公司 30%有表决权的股份，对乙公司有重大影响，采用权益法对乙公司的长期股权投资进行后续计量；同时，持有丙基金公司的基金，确认为交易性金融资产。丙基金公司的该项基金持有乙公司 2%的股权，即甲公司持有丙基金公司的基金价值中包含对乙公司的投资价值，但甲公司仍可以将持有的丙基金公司的基金确认为交易性金融资产，不需要将其确认为长期股权投资。

5.4.2　权益法核算的科目设置

采用权益法进行长期股权投资的后续计量，可以在“长期股权投资”科目下设置“投资成本”“损益调整”“所有者权益其他变动”等明细科目。权益法下，“长期股权投资”科目的余额反映全部投资成本。其中，“投资成本”明细科目反映购入股权时在被投资企业按公允价值确定的所有者权益中占有的份额以及初始投资成本大于占有份额形成的商誉；“损益调整”明细科目反映购入股权以后随着被投资企业留存收益的增减变动而享有份额的调整数；“所有者权益其他变动”明细科目反映购入股权以后随着被投资企业所有者权益其他变动而享有份额的调整数。

5.4.3　权益法下初始投资成本的调整

采用权益法进行长期股权投资的核算，投资企业为了更客观地反映在被投资企业所有者权益中享有的份额，应将初始投资成本按照被投资企业可辨认净资产公允价值和持股比例进行调整。可辨认净资产的公允价值，是指被投资企业可辨认资产的公允价值减去负债及或有负债公允价值后的余额。

长期股权投资的初始投资成本大于投资时应享有被投资企业可辨认净资产公允价值份额的差额，性质与商誉相同，不调整长期股权投资的初始投资成本，在投资期间也不摊销；长期股权投资的初始投资成本小于投资时应享有被投资企业可辨认净资产公允价值份额的差额，应计入当期损益，同时调整长期股权投资的成本，借记“长期股权投资——投资成本”科目，贷记“营业外收入”科目。

可辨认净资产公允价值如何计量?

例 5-6

承例 5-4。A 公司调整初始投资成本与享有 B 公司可辨认净资产公允价值份额的差额，编制会计分录如下：

A 公司享有 B 公司可辨认净资产公允价值的份额＝10 500 000×40%＝4 200 000(元)

A 公司应调整投资成本＝4 200 000－4 020 000＝180 000(元)

借：长期股权投资——投资成本　　180 000

　　贷：营业外收入　　180 000

如果 A 公司的初始投资成本超过 4 200 000 元，则不需要调整长期股权投资的初始投资成本。

5.4.4 权益法下投资损益的确认

1. 投资收益的确认

企业持有的对合营企业或联营企业的投资，一方面应按照享有被投资企业净利润的份额确认为投资收益；另一方面作为追加投资，借记“长期股权投资——损益调整”科目，贷记“投资收益”科目。

权益法下，由于长期股权投资的初始投资成本已经按照股权取得日被投资企业可辨认净资产的公允价值进行了调整，因此，被投资企业的净利润应以其购买日各项可辨认资产等的公允价值为基础进行调整后加以确定，不应仅按照被投资企业的账面净利润与持股比例计算的结果简单确定。基于重要性原则，通常应考虑的调整因素为：以取得投资时被投资企业固定资产、无形资产的公允价值为基础计提的折旧额或摊销额，投资企业与被投资企业之间购买商品等形成的内部利润，以及减值准备的金额对被投资企业净利润的影响。其他项目如为重要的，也应进行调整。

如果无法合理确定取得投资时被投资企业各项可辨认资产等的公允价值，或者投资时被投资企业可辨认资产等的公允价值与其账面价值相比，两者之间的差额不具有重要性，也可以按照被投资企业的账面净利润与持股比例计算的结果确认投资收益，但应在附注中说明这一事实，以及无法合理确定被投资企业各项可辨认资产公允价值的原因。

权益法下，如果投资企业与合营企业或联营企业之间发生内部交易，不论是投资企业向合营企业或联营企业销货（即顺流交易）还是联营企业或合营企业向投资企业销货（即逆流交易），其未实现的内部损益中属于投资企业享有份额的数额，投资企业在确认投资收益时均应予以扣除。

在顺流交易的情况下，投资企业已经在个别财务报表中确认了销售损益，而联营企业或合营企业未实现销售，即损益未能最终实现。但是，联营企业或合营企业未实现的损益中，属于其他股东享有的份额，从投资企业的角度看其损益已经实现，不需要进行抵销处理，因此只将其中属于投资企业享有的份额在确认投资收益时予以抵销。

在逆流交易的情况下，合营企业或联营企业在个别财务报表中确认了销售损益，而投资企业未实现销售，即损益也未能最终实现。但是，投资企业未实现的损益中，属于其他股东享有的份额，从投资企业的角度看相当于向其他股东购买货物的价值，合营企业或联营企业的销售损益已经实现，不需要进行抵销处理，因此也只将其中属于投资企业享有的份额在确认投资收益时予以抵销。

不论顺流交易还是逆流交易，如果购买方将购入的存货确认为固定资产，则未实现内部利润对当年计提固定资产折旧的影响金额，也应视为未发生的费用，调整未实现内部利润。

例5-7

承例5-4和例5-6。A公司2023年1月1日取得投资时，B公司的固定资产账面价值为3 000 000元，公允价值为4 500 000元，采用年限平均法计提折旧，不考虑净残值，剩余使用年限为15年，其他可辨认资产的公允价值与账面价值一致。B公司2023年度实现的账面净利润为1 500 000元，假定不考虑所得税影响，A公司确认投资收益并编制会计分录如下：

B公司账面净利润＝1 500 000(元)

B公司按照固定资产账面价值实际计提的折旧额＝3 000 000÷15＝200 000(元)

B公司按照固定资产公允价值应计提的折旧额＝4 500 000÷15＝300 000(元)

调整B公司固定资产公允价值与账面价值差额对折旧的影响额＝300 000－200 000＝100 000(元)

以投资时B公司可辨认资产等的公允价值为基础持续计量的净利润＝1 500 000－100 000＝1 400 000(元)

A公司按照持股比例计算确认的当期投资收益＝1 400 000×40%＝560 000(元)

借：长期股权投资——损益调整　　560 000

　贷：投资收益　　560 000

2023年12月31日，A公司长期股权投资账面余额为：

投资成本＝4 200 000(元)

损益调整＝560 000(元)

合计＝4 760 000(元)

例5-8

承例5-7。B公司2024年度实现的账面净利润为1 500 000元；2024年B公司向A公司销售一批商品，不含增值税的销售价格为3 000 000元，商品销售成本为2 400 000元；A公司将购入的商品确认为存货，至2024年12月31日该批存货尚未出售。

(1) 2024年度以投资时B公司可辨认资产等的公允价值为基础持续计量的净利润。

B公司账面净利润＝1 500 000(元)

调整B公司固定资产公允价值与账面价值差额对折旧的影响额＝100 000(元)

B公司销售商品未实现内部利润＝3 000 000－2 400 000＝600 000(元)

调整后的净利润＝1 500 000－100 000－600 000＝800 000(元)

(2) A公司按照持股比例计算确认的当期投资收益。

800 000×40%＝320 000(元)

借：长期股权投资——损益调整　　320 000
　贷：投资收益　　320 000

例5-9

承例5-8。B公司2025年度实现的账面净利润为1 500 000元；2025年A公司将上年从B公司购入的商品全部对外销售。

（1）2025年度以投资时B公司可辨认资产等的公允价值为基础持续计量的净利润。

B公司账面净利润＝1 500 000(元)

调整B公司固定资产公允价值与账面价值差额对折旧的影响额＝100 000(元)

A公司销售全部商品实现内部利润＝600 000(元)

调整后的净利润＝1 500 000－100 000＋600 000＝2 000 000(元)

（2）A公司按照持股比例计算确认的当期投资收益。

2 000 000×40%＝800 000(元)

借：长期股权投资——损益调整　　800 000
　贷：投资收益　　800 000

例5-10

承例5-9。B公司2026年度实现的账面净利润为1 500 000元；2026年6月26日，B公司向A公司销售一件商品，不含增值税的销售价格为3 000 000元，商品销售成本为2 400 000元；A公司将购入的商品确认为管理用固定资产，折旧年限为5年，采用年限平均法计提折旧，不考虑净残值。

（1）2026年度以投资时B公司可辨认资产等的公允价值为基础持续计量的净利润。

B公司账面净利润＝1 500 000(元)

调整B公司固定资产公允价值与账面价值差额对折旧的影响额＝100 000(元)

B公司销售商品未实现内部利润＝3 000 000－2 400 000＝600 000(元)

A公司按照未实现内部利润多计算的当年折旧额＝600 000÷5×1/2＝60 000(元)

调整后的净利润＝1 500 000－100 000－600 000＋60 000＝860 000(元)

（2）A公司按照持股比例计算确认的当期投资收益。

860 000×40%＝344 000(元)

借：长期股权投资——损益调整　　344 000
　贷：投资收益　　344 000

例5-11

承例5-10。B公司2027年度实现的账面净利润为1 500 000元；2027年度未发生内部交易。

(1) 2027年度以投资时B公司可辨认资产等的公允价值为基础持续计量的净利润。

B公司账面净利润＝1 500 000(元)

调整B公司固定资产公允价值与账面价值差额对折旧的影响额＝100 000(元)

A公司按照未实现内部利润多计算的当年折旧额＝600 000÷5＝120 000(元)

调整后的净利润＝1 500 000－100 000＋120 000＝1 520 000(元)

(2) A公司按照持股比例计算确认的当期投资收益。

1 520 000×40%＝608 000(元)

借：长期股权投资——损益调整	608 000	
贷：投资收益		608 000

2. 投资损失的确认

如果被投资企业发生亏损，投资企业也应按持股比例确认应分担的损失，借记"投资收益"科目，贷记"长期股权投资——损益调整"科目。被投资企业的净亏损也应以其购买日各项可辨认资产等的公允价值为基础进行调整后加以确定；如发生内部交易，其未实现内部损益也应一并调整。

由于投资企业承担有限责任，因此投资企业在确认投资损失时，应以长期股权投资的账面价值以及其他实质上构成对被投资企业净投资的长期权益减记至零为限，投资企业负有承担额外损失义务的除外。其他实质上构成对被投资企业净投资的长期权益，通常是指长期性的应收项目，如企业对被投资企业的长期应收款，该款项的清偿没有明确计划且在可预见的未来期间难以收回的，实质上构成长期权益。企业存在其他实质上构成对被投资企业净投资的长期权益项目以及负有承担额外损失义务的情况下，在确认应分担被投资企业发生的亏损时，应当按照以下顺序进行处理：

(1) 减记长期股权投资的账面价值，同时确认投资损失。

(2) 长期股权投资的账面价值减记至零时，如果存在实质上构成对被投资企业净投资的长期权益，应以该长期权益的账面价值为限减记长期权益的账面价值，同时确认投资损失。

(3) 长期权益的价值减记至零时，如果按照投资合同或协议约定需要企业承担额外义务的，应按预计承担的金额确认为预计负债，同时确认投资损失。

按照以上顺序处理后，如果仍有尚未确认的投资损失，投资企业应在备查簿上登记，在被投资企业以后期间实现盈利时，在其收益分享额弥补未确认的亏损分担额后，恢复确认收益分享额。恢复确认投资收益的顺序与确认投资损失的顺序相反，即首先冲减预计负债，其次恢复实质上构成对被投资企业净投资的长期权益，最后恢复长期股权投资。

例5-12

甲公司持有乙公司30%的股权，采用权益法进行长期股权投资的核算。2023年12月31日，甲公司长期股权投资的账面价值为1 200 000元，其中，“投资成本”为1 000 000元，“损益调整”为200 000元；长期应收款账面价值为300 000元，属于实质上构成对乙公司净投资的长期权益。2023年度乙公司发生巨额亏损，以可辨认资产等的公允价值为基础调整后的净亏损为5 300 000元。2024年度乙公司以可辨认资产等的公允价值为基础调整后实现的净利润为700 000元。甲公司不存在需要承担的额外义务。根据以上资料，编制甲公司确认投资损益的会计分录如下：

（1）2023年年末相关会计处理。

应分担的投资损失＝5 300 000×30%＝1 590 000(元)

以长期股权投资和长期权益账面价值为限实际确认的投资损失＝1 200 000＋300 000＝1 500 000(元)

未确认的投资损失＝1 590 000－1 500 000＝90 000(元)

借：投资收益	1 500 000	
贷：长期股权投资——损益调整		1 200 000
长期应收款减值准备		300 000

2023年年末：

长期股权投资账面价值＝0

长期应收款账面价值＝0

（2）2024年度相关会计处理。

应享有的投资收益＝700 000×30%＝210 000(元)

弥补未确认投资损失后实际确认的投资收益＝210 000－90 000＝120 000(元)

未确认的投资损失＝90 000－90 000＝0

借：长期应收款减值准备	120 000	
贷：投资收益		120 000

2024年年末：

长期股权投资账面价值＝0

长期应收款账面价值＝0＋120 000＝120 000(元)

5.4.5 权益法下被投资企业分派股利的调整

采用权益法进行长期股权投资的核算，被投资企业分派的现金股利应视为投资的收回。投资企业应按照被投资企业宣告分派的现金股利和持股比例计算的应分得现金股利，相应减少长期股权投资的账面价值，借记“应收股利”科目，贷记“长期股权投资——损益调整”科目；实际收到分派的现金股利时，借记“银行存款”等科目，贷记“应收股利”科目。

例 5-13

承例 5-7。B 公司 2024 年 5 月 10 日宣告分派现金股利 1 000 000 元；5 月 25 日，A 公司收到实际发放的现金股利，存入银行。根据以上资料，编制 A 公司确认投资收益的会计分录如下：

（1）5 月 10 日，应收现金股利。

A 公司应收股利＝1 000 000×40％＝400 000(元)

借：应收股利　　400 000
　贷：长期股权投资——损益调整　　400 000

（2）5 月 25 日，实际收到现金股利。

借：银行存款　　400 000
　贷：应收股利　　400 000

5.4.6　权益法下被投资企业所有者权益其他变动的调整

采用权益法进行长期股权投资的核算，被投资企业其他综合收益的增加，投资企业应调整长期股权投资的账面价值，并计入其他综合收益，借记“长期股权投资——所有者权益其他变动”科目，贷记“其他综合收益”科目。如果被投资企业其他综合收益减少，投资企业做相反的处理。

例 5-14

承例 5-7、例 5-8 和例 5-13。B 公司 2024 年其他综合收益增加 800 000 元。根据以上资料，编制 A 公司确认所有者权益其他变动的会计分录如下：

A 公司所有者权益其他变动＝800 000×40％＝320 000(元)

借：长期股权投资——所有者权益其他变动　　320 000
　贷：其他综合收益　　320 000

2024 年 12 月 31 日，A 公司长期股权投资账面价值如下：

投资成本＝4 200 000(元)
损益调整＝560 000＋320 000－400 000＝480 000(元)
所有者权益其他变动＝320 000(元)
账面价值＝4 200 000＋480 000＋320 000＝5 000 000(元)

5.5　长期股权投资的处置

长期股权投资处置时，其账面价值与实际取得价款的差额，应当计入当期损益。投资企业应根据实际收到的价款，借记“银行存款”等科目；根据处置长期股权投资的账面价值，贷记

长期股权投资权益法确认的其他综合收益在处置时，是否需要转为留存收益？

“长期股权投资”等科目；根据两者的差额，借记或贷记“投资收益”科目。采用权益法核算的长期股权投资，因被投资企业除净损益以外所有者权益的其他变动而计入其他综合收益的数额，也应转入当期损益。[①]

例5-15

承例5-14。2025年1月10日，A公司将持有的B公司股权全部出售，收取价款5 500 000元。根据以上资料，编制A公司处置长期股权投资的会计分录如下：

（1）处置长期股权投资。

	借方	贷方
借：银行存款	5 500 000	
贷：长期股权投资——投资成本		4 200 000
——损益调整		480 000
——所有者权益其他变动		320 000
投资收益		500 000

（2）结转其他综合收益（所有者权益其他变动）。

	借方	贷方
借：其他综合收益	320 000	
贷：投资收益		320 000

5.6 长期股权投资的减值

5.6.1 长期股权投资的可收回金额

每年年末，企业应对长期股权投资的账面价值进行检查。如果出现减值迹象，应对其可收回金额进行估计。可收回金额应当根据长期股权投资的公允价值减去处置费用后的净额与长期股权投资预计未来现金流量的现值两者之间较高者确定。

5.6.2 长期股权投资减值损失

如果长期股权投资可收回金额的计量结果表明其可收回金额低于账面价值，说明长期股权投资已经发生减值损失，应当将其账面价值减记至可收回金额，借记“资产减值损失”科目，贷记“长期股权投资减值准备”科目。

长期股权投资减值损失一经确认，在以后会计期间不得转回。

① 按照企业会计准则的规定，权益法下按照享有被投资企业不得重分类进损益的其他综合收益份额确认的其他综合收益，在投资转让时也不得转为投资收益。但是，权益法确认的其他综合收益只是对投资账面价值的调整，在不考虑现金股利的情况下，其累计投资收益应为卖出价与买入价的差额，这部分其他综合收益应属于投资收益。此外，如果采用成本法进行长期股权投资核算，或将股权投资确认为其他权益工具投资，未确认其他综合收益，转让投资时增加价值均计入投资收益。企业会计准则的规定导致不同会计方法下确认的投资收益不同，不符合可比性会计信息质量要求。本教材将权益法确认的全部其他综合收益在投资转让时转为投资收益。

例5-16

承例5-3。2027年12月31日，W公司对X公司的长期股权投资账面价值为12 600 000元；经过减值测试确认其可收回金额为10 600 000元；确认长期股权投资减值损失2 000 000元。2028年1月10日，W公司将持有的X公司股权全部出售，收取价款10 610 000元。根据以上资料，编制A公司确认投资收益的会计分录如下：

（1）确认长期股权投资减值损失。

借：资产减值损失　　2 000 000

　贷：长期股权投资减值准备　　2 000 000

（2）处置长期股权投资。

借：银行存款　　10 610 000

　　长期股权投资减值准备　　2 000 000

　贷：长期股权投资　　12 600 000

　　投资收益　　10 000

思考题

1. 在不同情况下如何确认长期股权投资的初始投资成本？
2. 长期股权投资核算的成本法包括哪些内容？
3. 长期股权投资核算的权益法包括哪些内容？

练习题

1. 甲公司20×1年1月1日取得乙公司20%有表决权股份，能够对乙公司施加重大影响。假定甲公司取得该项投资时，乙公司各项可辨认资产、负债的公允价值与其账面价值相同。20×1年11月30日，乙公司将其成本为600万元的某商品以900万元的价格（不含增值税）出售给甲公司，甲公司将取得的商品作为固定资产，预计其使用寿命为10年，采用直线法计提折旧，净残值为0。乙公司20×1年实现净利润1 600万元。假定不考虑所得税因素影响。

要求：根据以上资料，计算权益法下甲公司应享有的投资收益，并编制甲公司确认投资收益的会计分录。

2. A公司持有B公司35%的股权，采用权益法进行长期股权投资的核算。20×1年12月31日，A公司长期股权投资的账面价值为1 200 000元，其中“投资成本”为1 000 000元，“损益调整”为200 000元；长期应收款账面价值为300 000元，属于实质上构成B公司净投资的长期权益。20×1年度，B公司发生巨额亏损，以可辨认资产等的公允价值为基础调整后的净亏损为5 300 000元。20×2年度，B公司以可辨认资产等的公允价值为基础调整后实现的净利润为

700 000 元。20×3 年度，B 公司以可辨认资产等的公允价值为基础调整后实现的净利润为 800 000 元。B 公司各年均未分配现金股利。

要求：根据以上资料，编制 B 公司调整投资损益的会计分录。

第 5 章判断题
即测即评

第 5 章单选题
即测即评

第 5 章多选题
即测即评

第 6 章

Chapter 6 固定资产

学习目标

1. 掌握：固定资产购置、自行建造的核算；固定资产折旧的核算；固定资产改扩建的核算；固定资产清理的核算。
2. 理解：固定资产修理的核算；固定资产的减值。
3. 了解：固定资产的性质、分类、计价。

6.1 固定资产概述

6.1.1 固定资产的性质

固定资产是企业生产经营过程中的重要劳动资料。它能够在若干个生产经营周期中发挥作用，并保持其原有的实物形态，但其价值由于损耗而逐渐减少。这部分减少的价值以折旧的形式，分期转移到产品成本或费用中去，并在销售收入中得到补偿。

企业在生产经营过程中，并不是将所有的劳动资料全部列为固定资产。一般来说，生产经营用的劳动资料，使用年限在一年以上，单位价值较高，应列为固定资产；否则，应列为低值易耗品。

固定资产的各组成部分如果具有不同使用寿命或者以不同方式为企业提供经济利益，并以不同的折旧率或折旧方法计提折旧，则应当分别将各组成部分确认为单项固定资产。例如，某企业建造一栋房屋，房屋主体、电梯设备、空调设备、房屋装修等具有不同的使用年限，如果将其合并作为一项固定资产，则无法合理计算折旧额，为此，应将房屋主体、电梯设备、空调设备、房屋装修分别确认为单项固定资产，根据各自的使用年限分别计提折旧；房屋主体、电梯设备、空调设备、房屋装修等单项固定资产的总和，称为单位固定资产。

什么是单位固定资产和单项固定资产？

6.1.2 固定资产的分类

企业固定资产的种类繁多，为了加强固定资产管理，应按不同标准对固定资产进行分类。

1. 按经济用途分类

固定资产按经济用途进行分类，可以分为房屋及构筑物、机器设备、运输设备、动力传导设备、工具器具和管理用具等。

固定资产按经济用途进行分类，可以提供不同用途固定资产的价值信息。企业管理者可以根据这些信息分析企业生产能力与市场需求的信息，决定增加或处置某类固定资产，以满足生产经营的需要。

新旧准则下“未使用固定资产”的范围有什么变化？

2. 按使用情况分类

固定资产按使用情况进行分类，可以分为在用固定资产和暂时闲置固定资产。在用固定资产是指正在使用的各种固定资产；暂时闲置固定资产是指尚未投入使用或暂停使用的各种固定资产。

固定资产按使用情况进行分类，可以提供固定资产使用状况的信息。企业管理者可以根据这些信息了解固定资产的使用效率，加强暂时闲置固定资产的管理，提高固定资产的使用效率。

3. 按所有权分类

固定资产按所有权进行分类，可以分为自有固定资产和租入固定资产。自有固定资产是指企业拥有所有权的各种固定资产。租入固定资产是指企业在租赁期间不拥有所有权但拥有实质控制权的各种固定资产。

固定资产按所有权分类，可以提供固定资产所有权的归属信息。企业管理者可以根据这些信息了解固定资产的筹资状况，加强固定资产筹资管理。

需要说明的是，如果企业租入的固定资产较多，按照企业会计准则的规定，也可以将其作为使用权资产单独核算，单独设置会计科目，在资产负债表中单独列示。

6.1.3 固定资产的计价

为了正确反映固定资产价值的增减变动，应按一定的标准对固定资产进行计价。固定资产的计价标准一般有以下四种：

1. 原始价值

原始价值也称为原价或原值，是指购建的固定资产在达到可使用状态之前所发生的全部耗费的货币表现。企业采用不同方式购建的固定资产，其原值的构成有所不同。一般来说，企业从外部取得的固定资产，其原值中包括固定资产的买价、运输途中发生的各种包装运杂费以及在使用前发生的各种安装调试费；企业自行建造的固定资产，其原值中包括建造过程中发生的全部耗费。固定资产原值的具体构成，本书将在后面结合取得固定资产的具体方式讲述。

2. 重置价值

重置价值是指企业在当前的条件下，重新购置同样的固定资产所需的全部耗费的货币表现。重置价值的构成内容与原值的构成内容相同。重置价值主要用于盘盈或接受捐赠固定资产的计价。

3. 折余价值

折余价值也称为净值，是指固定资产原值减去已提折旧后的余额。

4. 现值

现值是指固定资产在使用期间以及处置时产生的未来净现金流量的折现值。现值主要用于进行固定资产减值测试时可收回金额的确定。

6.1.4 固定资产核算的科目设置

为了反映固定资产的增减变动，应设置“固定资产”“累计折旧”“工程物资”“在建工程”等科目。

（1）“固定资产”科目。“固定资产”总账科目反映固定资产原值的增减变动情况，借方余额反映结存固定资产的原始价值。该科目应按照固定资产的用途、使用情况、使用权归属以及使用部门设置二级账，并按照单项固定资产设置明细账。

（2）“累计折旧”科目。“累计折旧”科目属于“固定资产”科目的抵减科目，反映计提的固定资产折旧以及处置固定资产注销的折旧，贷方余额反映结存固定资产的累计折旧。该科目应与“固定资产”科目相匹配，设置相应的二级账和明细账。

（3）“工程物资”科目。“工程物资”科目反映各项工程物资实际成本的增减变动情况，借方余额反映结存工程物资的实际成本。该科目应按工程物资的品种设置明细账。

（4）“在建工程”科目。“在建工程”科目反映各项工程的实际成本，借方余额反映未完工程的实际成本。该科目应按工程项目设置明细账。

6.2 固定资产的取得

企业取得的固定资产，主要包括外购的固定资产和自行建造的固定资产等。

需要说明的是，目前已全面实行营业税改征增值税，涉及增值税核算的内容，本章仅讲述基本核算方法，具体核算方法详见第 9 章 9.5 节“应交税费”。

6.2.1 固定资产的购置

企业购入的固定资产，有些不需要安装即可投入使用，有些则需要安装后才能使用；可能采用现购结算方式，也可能采用赊购结算方式。企业应根据不同情况，分别采用不同的核算方法。

1. 购入不需安装的固定资产

企业购入不需安装的固定资产，原始价值应根据实际支付的买价和包装运杂费计算。企业购入固定资产时，应根据其原始价值，借记“固定资产”科目；根据可以抵扣的增值税进项税额，借记“应交税费——应交增值税（进项税额）”科目；根据实际支付的价款，贷记“银行存款”等科目。

企业采用赊购方式购入的固定资产，一般来说，其价格要高于现购价格，这部分差额属于购买日至付款日之间企业应付的利息。这部分利息原则上不应计入固定资产成本，而应作为购买日至付款日之间的利息费用处理。但是，由于赊购的时间一般不长，利息费用不多，因此按照重要性会计信息质量要求，短期赊购固定资产的价格一般按照其发票价格计算。企业采用赊购方式购入的不需安装的固定资产，应按其发票价格和支付（或应付）的包装运杂费，借记“固定资产”“应交税费——应交增值税（进项税额）”等科目，贷记“应付账款”“银行存款”等科目。

企业采用赊购方式购入的固定资产如果含有现金折扣，则在实际取得现金折扣时，将其视为提前付款而收取的利息，冲减财务费用。

企业如果一揽子买进若干项可独立使用的固定资产，支付的全部价款应按合理的分配标准，在各项固定资产之间进行分配。

如果企业赊购固定资产的期限较长（一般超过3年），具有融资性质，则固定资产的入账价值应按照现购价格与未来现金流量现值两者的较低者确认。这部分内容详见本教材第10章10.4节“租赁负债与长期应付款”。

例6-1

甲公司购入不需安装的机器设备一台，用银行存款支付买价20 000元，增值税2 600元，运输费200元，运输费增值税18元，合计22 818元。机器设备投入使用。根据以上资料，编制会计分录如下：

固定资产原始价值＝20 000＋200＝20 200（元）

增值税进项税额＝2 600＋18＝2 618（元）

借：固定资产	20 200	
应交税费——应交增值税（进项税额）	2 618	
贷：银行存款		22 818

2. 购入需要安装的固定资产

企业购入需要安装的固定资产，在安装过程中发生的实际安装费，应计入固定资产原值。固定资产安装工程可以采用自营安装方式，也可以采用出包安装方式。采用自营安装方式，安装费包括安装工程耗用的材料、职工薪酬以及其他支出；采用出包安装方式，安装费为向承租单位支付的安装价款。不论采用何种安装方式，固定资产的全部安装工程成本（包括固定资产买价以及包装运杂费和安装费）均应通过“在建工程”科目进行核算。

企业购入需要安装的固定资产，应根据实际支付的买价、包装运杂费，借记“在建工程”科目；根据可以抵扣的增值税进项税额，借记“应交税费——应交增值税（进项税额）”科目；根据实际支付的价款，贷记“银行存款”等科目。

企业发生的安装费，应计入安装工程成本，借记“在建工程”“应交税费——应交增值税（进项税额）”等科目，贷记“工程物资”“原材料”“应付职工薪酬”“银行存款”等科目。

安装工程完工固定资产交付使用后，根据其全部安装工程成本，借记“固定资产”科目，贷记“在建工程”科目。

例6-2

乙公司购入需要安装的机器设备一台，用银行存款支付买价10 000元，增值税1 300元，运输费200元，运输费增值税18元，合计11 518元；机器设备出包安装，用银行存款支付安装费500元，增值税65元。该机器设备安装完工后交付使用。根据以上资料，编制会计分录如下：

（1）购入固定资产。

固定资产原始价值＝10 000＋200＝10 200(元)

增值税进项税额＝1 300＋18＝1 318(元)

借：在建工程	10 200	
应交税费——应交增值税（进项税额）	1 318	
贷：银行存款		11 518

（2）支付安装费。

借：在建工程	500	
应交税费——应交增值税（进项税额）	65	
贷：银行存款		565

（3）安装工程完工，固定资产交付使用。

固定资产入账价值＝10 200＋500＝10 700(元)

借：固定资产	10 700	
贷：在建工程		10 700

6.2.2 固定资产的自行建造

自行建造的固定资产是指企业利用自己的力量自营建造或者出包给他人建造的固定资产。企业自营建造的固定资产原值，原则上应包括建造期间的全部支出，如直接材料、直接人工、其他与自营建造固定资产相关的支出以及在固定资产达到可使用状态前发生的借款费用等。企业出包建造的固定资产，以实际支付的全部工程价款以及应负担的借款费用等作为原值。企业不论采用何种方式自行建造固定资产，均应通过“在建工程”科目进行核算。

1. 采用自营方式建造固定资产

企业自营工程耗用的材料物资，一般应单独进行核算。企业购入自营工程所需材料物资时，应根据实际支付的买价和应计入工程物资成本的包装运杂费等，借记“工程物资”科目；根据可以抵扣的增值税进项税额，借记“应交税费——应交增值税（进项税额）”科目；根据支付的全部价款，贷记“银行存款”等科目。

企业自营工程领用材料物资时，应根据实际成本，借记“在建工程”科目，贷记“工程物资”科目。

企业自营工程领用本企业生产用原材料以及库存商品时，应将领用原材料和库存商品的实际成本计入自营工程成本，借记“在建工程”科目，贷记“原材料”“库存商品”等科目。

企业自营工程应负担的职工薪酬，应借记“在建工程”科目，贷记“应付职工薪酬”科目。

企业的辅助生产经营部门为自营工程提供的水、电、设备安装、运输等产品或劳务，均应根据提供产品或劳务的实际成本，借记“在建工程”科目，贷记“生产成本”科目。

企业自营工程发生的其他支出，应借记“在建工程”科目，贷记“银行存款”等科目。

企业自营建造的固定资产在交付使用前应负担的借款费用，应计入自营工程成本，借记“在建工程”科目，贷记“应付利息”等科目。

企业自营工程中发生的报废损失，应计入工程成本；发生的残料收入，应冲减工程成本，借记“原材料”科目，贷记“在建工程”科目。

工程物资盘点时，如发现盘亏，应将盘亏物资的实际成本计入工程成本，借记“在建工程”科目，贷记“工程物资”科目。盘盈的工程物资，做相反的处理。

企业自营建造的固定资产在交付使用时，应根据自营工程的实际成本，借记“固定资产”科目，贷记“在建工程”科目。如果企业自营建造的固定资产尚未办理竣工结算，则应合理估计该固定资产的成本。

已交付使用的固定资产办理竣工结算时，如该项固定资产的实际原值大于原入账价值，应对原入账价值进行调整，借记“固定资产”科目，贷记“在建工程”科目；实际原值小于原入账价值的差额，做相反的处理。固定资产在竣工结算之前已经计提的折旧，不需要再追溯调整。

例 6-3

丙公司采用自营方式建造生产流水线，根据发生的经济业务，编制会计分录如下：

（1）购入工程用材料一批，价款 200 000 元，增值税 26 000 元，共计 226 000 元，用银行存款支付，材料入库。

借：工程物资	200 000	
应交税费——应交增值税（进项税额）	26 000	
贷：银行存款		226 000

（2）自营工程领用工程用材料 200 000 元。

借：在建工程	200 000	
贷：工程物资		200 000

（3）自营工程应负担的职工薪酬 11 400 元。

借：在建工程	11 400	
贷：应付职工薪酬		11 400

（4）用银行存款支付自营工程应负担的其他支出 30 000 元。

借：在建工程	30 000	
贷：银行存款		30 000

（5）自营工程某一部件报废，残料计价 200 元作为生产废料入库，应收有关责任者赔款 1 000 元。

借：原材料	200	
其他应收款	1 000	
贷：在建工程		1 200

（6）该项工程完工交付使用，结转为固定资产。

实际工程成本＝200 000＋11 400＋30 000－1 200＝240 200（元）

借：固定资产	240 200	
贷：在建工程		240 200

2. 采用出包方式建造固定资产

采用出包方式建造固定资产，应在“在建工程”科目下设置“预付工程款”“工程成本”明细科目。“预付工程款”明细科目反映已经发生但尚未进行结算的工程款；“工程成本”明细科目反映已经结算的工程成本。

企业采用出包方式建造固定资产，一般需要预付工程款。由于预付的工程款在未来结算工程价款时，应计入工程成本，因此，在预付工程款时，应借记“在建工程——预付工程款”科目①，贷记“银行存款”等科目。

① 按照企业会计准则的规定，预付工程款应计入预付账款。但预付账款属于流动资产，未来收回的是存货，而预付工程款不属于流动资产，未来应计入固定资产，所以本书在进行会计处理时将其计入在建工程（预付工程款）。

结算工程进度款时，应根据结算的价款，借记“在建工程——工程成本”“应交税费——应交增值税（进项税额）”科目；根据结算价款中的预付工程款，贷记“在建工程——预付工程款”科目；根据补付的工程进度款，贷记“银行存款”等科目。

工程完工结算全部工程款时，应根据补付的工程价款，借记“在建工程——工程成本”“应交税费——应交增值税（进项税额）”科目，贷记“银行存款”等科目。

出包工程在达到预定使用状态之前应负担的借款费用，也应计入工程成本，借记“在建工程”科目，贷记“应付利息”等科目。

出包工程完工后，应结转为固定资产，根据工程实际成本，借记“固定资产”科目，贷记“在建工程”科目。

例6-4

丁公司采用出包方式建造生产流水线。合同规定：全部工程款（不含增值税）为5 000 000元，合同签订日预付25%工程款；工程完成60%时，结算工程进度款；工程全部完工并验收合格时，支付剩余工程款。丁公司根据发生的经济业务，编制会计分录如下：

（1）合同签订日，用银行存款预付工程款1 250 000元。

借：在建工程——预付工程款	1 250 000	
贷：银行存款		1 250 000

（2）工程完成60%，结算工程进度款3 000 000元，增值税390 000元，合计3 390 000元。扣除预付工程款1 250 000元，用银行存款补付工程款及增值税2 140 000元。

借：在建工程——工程成本	3 000 000	
应交税费——应交增值税（进项税额）	390 000	
贷：在建工程——预付工程款		1 250 000
银行存款		2 140 000

（3）工程全部完工，验收合格，用银行存款支付剩余工程款2 000 000元，增值税260 000元，合计2 260 000元。

借：在建工程——工程成本	2 000 000	
应交税费——应交增值税（进项税额）	260 000	
贷：银行存款		2 260 000

（4）生产流水线交付使用，结转为固定资产。

$$实际工程成本=3\ 000\ 000+2\ 000\ 000=5\ 000\ 000(元)$$

借：固定资产	5 000 000	
贷：在建工程		5 000 000

6.3 固定资产折旧

6.3.1 折旧的性质

固定资产折旧是指固定资产由于损耗而减少的价值。固定资产损耗分为有形损耗和无形损耗两种。有形损耗是指固定资产在使用过程中由于使用和自然力的影响在使用价值和价值上的损耗；无形损耗是指由于技术进步而引起的固定资产价值上的损耗。固定资产与存货不同，它的价值不是一次转移计入产品成本或费用，而是在长期使用过程中，随着损耗程度，以折旧费项目分期计入产品成本或费用，并通过取得相应的收入得到补偿。

6.3.2 计提折旧应考虑的因素

企业分期计算提取折旧时，应考虑的因素有固定资产应计提折旧总额和预计使用年限或预计工作总量。

1. 固定资产应计提折旧总额

固定资产应计提折旧总额是指单项固定资产从开始使用至报废清理的全部使用年限内应计提的折旧总额。从理论上讲，某项固定资产应计提折旧总额并不等于该项固定资产原值。这是因为固定资产在报废清理时会取得残值收入，这部分残值收入不需要通过计提折旧的方式予以补偿，应在计提折旧时预先估计，从原值中扣除。此外，固定资产在报废清理时还会发生清理费用，这部分清理费用应视为使用固定资产的必要支出，在计提折旧时应予以考虑，预计清理费用一般从预计残值收入中扣除。预计残值收入减去预计清理费用后的余额，称为预计净残值。某项固定资产的原值减去预计净残值，即为该项固定资产的应计提折旧总额。

预计净残值一般根据固定资产原值乘以预计净残值率计算。预计净残值率是指预计净残值与固定资产原值的比率。

2. 固定资产预计使用年限

固定资产预计使用年限是指固定资产预计的经济使用年限，应考虑固定资产的有形损耗和无形损耗。

3. 固定资产预计工作总量

固定资产预计工作总量是指固定资产从开始使用至报废清理的全部使用年限内预计完成的工作总量。固定资产预计工作总量由各企业根据本企业各项固定资产的具体情况自行确定。

以上三项因素中，固定资产应计提折旧总额是不论采用何种计提折旧的方法均应考虑的因素，至使用期满时，累计折旧均应为固定资产应计提折旧总额。除此之外，如果企业按时间计提折旧，则应考虑固定资产预计使用年限；如果按完成的工作量计提折旧，则应考虑固定资产预计工作总量。

6.3.3 折旧的计算方法

常用的固定资产折旧计算方法可以分为两类：直线法和加速折旧法。

1. 直线法

直线法是指按照时间或完成的工作量平均计提折旧的方法，主要包括年限平均法和工作量法。

（1）年限平均法。年限平均法是指按照固定资产的预计使用年限平均计提折旧的方法，其累计折旧额为使用时间的线性函数。采用这种方法，假定固定资产的服务潜力随着时间的推移而逐渐递减，其效能与固定资产的新旧程度无关。因此，固定资产的应计提折旧总额可以均匀摊配于预计使用年限内的各个会计期间。其计算公式为：

$$\text{年折旧额}=\frac{\text{固定资产原值}-(\text{预计残值收入}-\text{预计清理费})}{\text{预计使用年限}}$$

$$=\frac{\text{固定资产应计提折旧总额}}{\text{预计使用年限}}$$

$$\text{月折旧额}=\frac{\text{年折旧额}}{12}$$

上述公式为计提固定资产折旧年限平均法的一般原理。在实际工作中，固定资产折旧额一般根据固定资产原值乘以折旧率计算。在年限平均法下，固定资产折旧率是固定资产折旧额与固定资产原值的比率，其计算公式为：

$$\text{年折旧率}=\frac{1-\text{预计净残值率}}{\text{预计使用年限}}$$

$$\text{月折旧率}=\frac{\text{年折旧率}}{12}$$

$$\text{月折旧额}=\text{固定资产原值}\times\text{月折旧率}$$

例6-5

甲公司某项固定资产原值为700 000元，预计净残值率为4%，预计使用年限为10年，采用年限平均法计提折旧。其折旧率和月折旧额计算如下：

$$\text{该项固定资产年折旧率}=\frac{1-4\%}{10}=9.6\%$$

$$\text{该项固定资产月折旧率}=\frac{9.6\%}{12}=0.8\%$$

$$\text{该项固定资产月折旧额}=700\ 000\times0.8\%=5\ 600(\text{元})$$

分类折旧法现在是否还适宜使用？

（2）工作量法。工作量法是指按照固定资产预计完成的工作总量平均计提折旧的方法，其累计折旧额为完成工作量的线性函数。采用这种方法，假定固定资产的服务潜力随着完成工作量的增加而逐渐递减，其效能与固定资产的新旧程度无关。因此，固定资产的应计提折旧总额可以均匀摊配于预计的每一单位工作量。采用工作量法计提折旧，也应首先确定固定资产应计提折旧总额；然后根据固定资产应计提折旧总额和预计完成的工作总量，确定单位工作量折旧额；最后根据单位工作量折旧额和某月实际完成的工作量，就可以计算出该月折旧额。计算公式如下：

$$\text{某项固定资产单位工作量折旧额}=\frac{\text{该项固定资产应计提折旧总额}}{\text{该项固定资产预计完成的工作总量}}$$

$$\begin{matrix}\text{某项固定资产}\\\text{月折旧额}\end{matrix}=\begin{matrix}\text{该项固定资产}\\\text{单位工作量折旧额}\end{matrix}\times\begin{matrix}\text{该项固定资产}\\\text{该月实际完成的工作量}\end{matrix}$$

不同的固定资产，其工作量有不同的表现形式。对于运输设备来说，其工作量表现为运输里程；对于机器设备来说，其工作量表现为机器工时和机器台班。

例 6-6

乙公司的一辆运输汽车，原值为 300 000 元，预计净残值率为 4%，预计行驶总里程为 800 000 公里。该汽车采用工作量法计提折旧。2024 年 3 月，该汽车行驶 6 000 公里；2024 年 4 月，该汽车行驶 1 000 公里。该汽车的单位工作量折旧额和各月折旧额计算如下：

$$\begin{matrix}\text{单位工作量}\\\text{折旧额}\end{matrix}=\frac{300\,000\times(1-4\%)}{800\,000}=0.36(\text{元/公里})$$

$$2024\text{ 年 3 月折旧额}=0.36\times6\,000=2\,160(\text{元})$$

$$2024\text{ 年 4 月折旧额}=0.36\times1\,000=360(\text{元})$$

工作量法一般适用于价值较高且各月工作量不均衡的大型精密机床以及运输设备等固定资产的折旧计算。这些固定资产的价值较高，各月的工作量不均衡，采用年限平均法计提折旧，会使各月成本费用的负担不够合理。

需要说明的是，某项固定资产如果价值较高但各月工作量比较均衡或各月工作量不均衡但价值较低，不需要采用工作量法。这是因为，工作量法需要按月统计固定资产的工作量，需要投入一定的人力，在价值较高而各月工作量比较均衡的情况下，各月折旧额相差不多，按照重要性会计信息质量要求和成本效益原则，可以采用年限平均法计提折旧，不会影响会计信息质量；同样道理，在各月工作量不均衡而价值较低的情况下，即使各月折旧额相差较多，但绝对额相差不多，按照重要性会计信息质量要求和成本效益原则，也可以采用年限平均法计提折旧，不会影响会计信息质量。

2. 加速折旧法

加速折旧法也称为递减费用法，是指在固定资产使用初期计提折旧较多而在后期计提折旧较少，从而相对加速折旧的方法。采用加速折旧法，各年的折旧额呈递减趋势。为了简化折旧计算工作，月折旧额一般按年折旧额除以 12 计算。

如果某项固定资产开始计提折旧的时间不是年初（1月份），则该年度各月的折旧额以及下一年度前几个月的折旧额（即开始计提折旧1年之内各月的折旧额），均按年折旧额的月平均数计算。较常用的加速折旧法有双倍余额递减法和年数总和法两种。

（1）双倍余额递减法。双倍余额递减法是指按固定资产净值和双倍直线折旧率计提折旧的方法。其计算公式如下：

$$\text{双倍直线折旧率}=\frac{2}{\text{预计使用年限}}\times 100\%$$

$$\text{固定资产年折旧额}=\text{固定资产期初净值}\times\text{双倍直线折旧率}$$

$$\text{固定资产月折旧额}=\frac{\text{固定资产年折旧额}}{12}$$

采用双倍余额递减法计提折旧，一般不考虑固定资产预计净残值。但是，必须注意下面两个问题：

1）在预计使用年限结束时，应避免固定资产净值大于预计净残值。如果固定资产净值大于预计净残值，意味着该项固定资产在预计使用年限内少提了折旧。因此，在固定资产使用期间内，如果某一年按双倍余额递减法计提的折旧额小于该年在剩余年限内按年限平均法计提的折旧额，则该年应改按年限平均法计提折旧。上述条件具体表述如下：

$$\begin{matrix}\text{固定资产}\\\text{期初净值}\end{matrix}\times\begin{matrix}\text{双倍直线}\\\text{折旧率}\end{matrix}<\frac{\text{固定资产期初净值}-\text{预计净残值}}{\text{剩余使用年限}}$$

例6-7

丙公司某项固定资产原值为60 000元，预计净残值为2 000元，预计使用年限为5年。该项固定资产采用双倍余额递减法计提折旧。年折旧率及各年折旧额计算见表6-1。

表6-1 折旧计算表（双倍余额递减法） 单位：元

年份	期初净值	年折旧率	年折旧额	累计折旧	期末净值
1	60 000	2/5	24 000	24 000	36 000
2	36 000	2/5	14 400	38 400	21 600
3	21 600	2/5	8 640	47 040	12 960
4	12 960	—	5 480	52 520	7 480
5	7 480	—	5 480	58 000	2 000

从表6-1中可以看出，该项固定资产第4年如果仍按双倍余额递减法计提折旧，年折旧额应为5 184元（12 960×2/5）；如果改按年限平均法计提折旧，年折旧额应为5 480元（(12 960－2 000)÷2）。由于该项固定资产第4年按双倍余额递减法计提的折旧额小于按年限平均法计提的折旧额，因此从第4年开始，该项固定资产改按年限平均法计提折旧。

我国企业会计准则规定，采用双倍余额递减法计提折旧，应在预计使用年限的最后两年改按年限平均法计提折旧。

需要说明的是，前述固定资产折旧的年份，为固定资产的使用年份，而不是日历年份。上例中，假定该项固定资产于 20×1 年 8 月开始计提折旧，则 20×1 年 8 月至 20×2 年 7 月，各月的折旧额为 2 000 元（24 000÷12）；20×2 年 8 月至 20×3 年 7 月，各月的折旧额为 1 200 元（14 400÷12），以此类推；该项固定资产 20×2 年度的折旧额为 20 000 元（2 000×7＋1 200×5）。

2）在预计使用年限内，应避免固定资产期末净值小于预计净残值。如果固定资产期末净值小于预计净残值，意味着该项固定资产多提了折旧。为此，当某期按双倍余额递减法计提的折旧额大于剩余应计提折旧额（即期初净值减去预计净残值）时，从理论上讲，应从该期开始，改按年限平均法计提折旧；但在实务中，由于采用加速折旧法会使折旧额逐年递减，该期的剩余应计提折旧额一定小于上年折旧额，按照重要性会计信息质量要求，可以将该期剩余应计提折旧额全部列作当期的折旧额，以后使用期间不再计提折旧。

例 6－8

承例 6－7。假定该项固定资产预计净残值为 10 000 元，其他条件不变。

该项固定资产第 4 年如按双倍余额递减法计提折旧 5 184 元，则第 4 年年末净值为 7 776 元（12 960－5 184），小于预计净残值 10 000 元，即累计折旧为 52 224 元（47 040＋5 184），超过应计提折旧总额 50 000 元（60 000－10 000），多提了折旧。因此，该项固定资产第 4 年应提折旧 2 960 元（12 960－10 000）；第 5 年不再计提折旧。

（2）年数总和法。年数总和法是指按固定资产应计提折旧总额和某年尚可使用年数占各年尚可使用年数总和的比重（即年折旧率）计提折旧的方法。各年尚可使用年数总和（简称年数总和），是一个以预计使用年限 n 为初项和项数、极差为－1 的等差数列。其年折旧率和年折旧额的计算公式如下：

$$年折旧率=\frac{该年尚可使用年数}{各年尚可使用年数总和}=\frac{预计使用年限-已使用年限}{预计使用年限\times\frac{预计使用年限+1}{2}}$$

$$年折旧额=应计提折旧总额\times年折旧率$$

例 6－9

丁公司某项固定资产原值为 60 000 元，预计净残值为 3 000 元，预计使用年限为 5 年。该项固定资产按年数总和法计提折旧。各年折旧额计算如下：

该项固定资产的年数总和为：

$$年数总和=5+4+3+2+1=15$$

或 $$=5\times(5+1)\div2=15$$

各年折旧率和折旧额计算见表 6－2。

表6-2 折旧计算表（年数总和法） 金额单位：元

年份	应计提折旧总额	年折旧率	年折旧额	累计折旧
1	60 000－3 000＝57 000	5/15	19 000	19 000
2	57 000	4/15	15 200	34 200
3	57 000	3/15	11 400	45 600
4	57 000	2/15	7 600	53 200
5	57 000	1/15	3 800	57 000

3. 直线法与加速折旧法的比较

采用直线法计提折旧，固定资产的转移价值平均摊配于其使用的各个会计期间或完成的工作量，优点是使用方便，易于理解。但是，这种方法没有考虑固定资产使用过程中相关支出摊配于各个会计期间或完成的工作量的均衡性。因为随着固定资产使用时间的推移，其磨损程度也会逐渐增加，使用后期的维修费支出将会高于使用前期的维修费支出，即使各个会计期间或单位工作量负担的折旧费相同，各个会计期间或单位工作量负担的固定资产使用成本（折旧费与维修费之和）也会不同。

采用加速折旧法计提折旧，克服了直线法的不足。因为这种方法前期计提的折旧费较多而维修费较少，后期计提的折旧费较少而维修费较多，从而保持了各个会计期间负担的固定资产使用成本的均衡性。此外，由于这种方法前期计提的折旧费较多，能够使固定资产投资在前期较多地收回，在税法允许将各种方法计提的折旧费作为税前费用扣除的前提下，还能够减少前期的所得税额，符合谨慎原则。但是，在固定资产各期工作量不均衡的情况下，这种方法可能导致单位工作量负担的固定资产使用成本不够均衡。

企业在计提折旧时，可以根据具体情况，选择各种折旧计算方法。但是，需要指出的是，按照可比性原则，某种折旧方法一经选定，不应随意改变，以保证会计核算方法的前后期一致，便于进行比较分析。如果企业根据具体情况的变化决定改变折旧方法，其变更时间一般应为年初，以保持年度内折旧方法的一致，并将变更理由及折旧方法改变后对损益的影响在财务报表附注中予以披露。

为什么要规定固定资产折旧当月增加的当月不提，当月减少的当月照提？这个规定合理吗？

4. 计提折旧的范围

采用工作量法，应于月末根据该月固定资产完成的工作量计提折旧。

采用其他方法，除了已经提足折旧继续使用的固定资产以及过去单独估价入账的土地不提折旧以外，其他固定资产均应计提折旧。此外，提前报废的固定资产不补提折旧，其未提足折旧的净损失应计入营业外支出。

我国企业会计准则规定，当月增加的固定资产，当月不提折旧，从下月开始计提折旧；当月减少的固定资产，当月照提折旧，从下月开始停提折旧。

5. 计提折旧的核算

为了进行计提折旧的核算，企业应按月根据固定资产计提折旧的范围和采用的折旧计算方法，编制固定资产折旧分配表。固定资产折旧分配表应反映各个使用部门固定资产上月计提的折旧额、上月增加固定资产应计提的折旧额、上月减少固定资产应计提的折旧额以及本月应计提的折旧额。

需要说明的是，由于上月增加的固定资产上月未计提折旧，上月实际计提的折旧额中未包括上月增加固定资产应计提的折旧额，因此在计算本月固定资产应计提折旧额时，应在上月实际计提折旧额的基础上予以调增；同样道理，由于上月减少的固定资产上月已提折旧，上月实际计提的折旧额中包括上月减少固定资产应计提的折旧额，因此在计算本月固定资产应计提折旧额时，应在上月实际计提折旧额的基础上予以调减。

企业计提的固定资产折旧，应按用途进行分配，根据直接生产产品的机器设备以及用于车间生产管理的固定资产计提的折旧额，借记“制造费用”科目；根据行政管理部门使用固定资产计提的折旧额，借记“管理费用”科目；根据销售部门使用固定资产计提的折旧额，借记“销售费用”科目；根据出租固定资产计提的折旧额，借记“其他业务成本”科目；根据在建工程使用固定资产计提的折旧额，借记“在建工程”等科目；根据当月计提的折旧总数，贷记“累计折旧”科目。

例 6 - 10

甲公司 2024 年 1 月计提折旧额 50 000 元；当月增加固定资产应计提的折旧额为 3 000 元，当月减少固定资产应计提的折旧额为 800 元，编制 2024 年 2 月固定资产折旧分配表见表 6 - 3。

表 6 - 3　固定资产折旧分配表

2024 年 2 月　　单位：元

使用部门	1 月实际计提固定资产折旧额	加：1 月增加固定资产应计提折旧额	减：1 月减少固定资产应计提折旧额	2 月应计提固定资产折旧额
生产车间	40 000	2 000	100	41 900
行政管理部门	6 000	1 000	400	6 600
销售部门	4 000		300	3 700
合计	50 000	3 000	800	52 200

编制会计分录如下：

借：制造费用　　41 900
　　管理费用　　6 600
　　销售费用　　3 700
　贷：累计折旧　　52 200

6.4　固定资产的后续支出

固定资产的后续支出，是指固定资产投入使用以后发生的修理和改扩建等支出。

6.4.1 固定资产的修理

固定资产在长期使用过程中，由于自然损耗或使用磨损等原因，往往发生部分零部件的损坏。为了保证固定资产的正常运转及使用，企业需要对固定资产进行必要的修理。

1. 固定资产修理的特点

固定资产修理的主要目的是恢复其使用价值。一般来说，固定资产的各个零部件，按其作用和结构的复杂程度，分别标明了复杂系数。固定资产的修理，按每次修理的零部件的复杂系数分类，可以分为日常修理和大修理两类。日常修理也称为中小修理，一般是指每次修理的零部件的复杂系数之和在规定的复杂系数以下的修理；大修理一般是指每次修理的零部件的复杂系数之和在规定的复杂系数以上的修理。不同的固定资产对划分日常修理和大修理的复杂系数的规定有所不同。

日常修理的特点是：修理范围小，成本支出少，修理次数多，间隔时间短。但是，需要指出的是，日常修理的间隔时间短，不一定意味着其受益期限短。这是因为日常修理的范围小，这次修理这一部分，下次修理另一部分，每次修理的零部件不一定是同一零部件，对于某一零部件来说，修理后的受益期也可能较长。

大修理的特点是：修理范围大，成本支出多，修理次数少，间隔时间长。但是也需要指出，大修理的成本支出高，是指某项固定资产的大修理成本支出相对每次日常修理成本支出而言较高，其支出数额在企业全部成本费用中的比重则不一定较大。

修理费是计入管理费用，还是按用途分配更合理?

2. 固定资产修理的核算方法

固定资产日常修理和大修理虽然各有特点，但界限的划分比较困难。因为有些固定资产并未标明各个零部件的复杂系数；有些虽标明了复杂系数，但各个零部件的修理程度又不一致。此外，固定资产修理间隔时间长短与受益期限的关系不很明确，成本支出数额多少又是相对而言，因此在实际工作中，日常修理和大修理往往一并核算，将实际发生的修理成本支出，计入产品成本或当期损益，按用途进行分配，借记“制造费用”“管理费用”“销售费用”“其他业务成本”等科目；按支付的增值税进项税额，借记“应交税费——应交增值税（进项税额）”科目；按发生的全部价款，贷记“银行存款”等科目。如果固定资产修理支出的数额较大，也可以确认为长期待摊费用，在一定期间内分期摊销。

6.4.2 固定资产的改扩建

1. 固定资产改扩建的特点

固定资产的改扩建是指对原有固定资产进行的改良和扩充。固定资产改良（即改建）是指为了提高固定资产的质量而采取的措施，如以自动装置代替非自动装置等。固定资产扩充（即扩建）是指为了提高固定资产的生产能力而采取的措施，如房屋增加楼层等。由于固定资产改扩建后，固定资产的质量有所提高，或在实物量上有所增加，因而其原值也会有所增加。固定资产改扩建后，有些会延长使用年限从而增加生产能力，有些则仅仅会提高产品质量或增加生产能力而不延长使用年限。

2. 固定资产改扩建的核算

固定资产在进行改扩建期间，由于停止使用，工期又比较长，因而应在改扩建之前，将其转作在建工程，不再计提折旧。

企业在进行固定资产改扩建时，应根据固定资产的账面价值，借记“在建工程”科目；根据累计计提的折旧，借记“累计折旧”科目；根据计提的减值准备，借记“固定资产减值准备”科目；根据固定资产原值，贷记“固定资产”科目。

固定资产改扩建工程支出的核算与自建工程支出的核算方法相同，应通过“在建工程”科目核算。固定资产改扩建过程中拆除的原有部件，其残料计价回收时，应冲减改扩建工程支出，借记“原材料”等科目，贷记“在建工程”科目。

固定资产改扩建工程完工后，应将改扩建工程的全部成本转为改扩建后的固定资产原值，借记“固定资产”科目，贷记“在建工程”科目。

固定资产改扩建后，应重新计算固定资产折旧额。

例 6－11

甲公司改建机器设备一台，改建前的原值为 100 000 元，预计使用年限为 10 年，预计净残值为 5 000 元，已使用 8 年，采用年限平均法计提折旧；该项机器设备采用出包方式进行改建，用银行存款支付改建工程款 30 000 元，支付增值税 3 900 元；改建机器设备拆除部件的残料计价 2 000 元入库；工程完工后，延长使用年限 2 年，预计净残值提高到 6 000 元。根据以上资料，编制会计分录如下：

（1）将改建前的固定资产原值及累计折旧注销，将其净值转作在建工程。

原值＝100 000(元)

$$累计折旧=(100\ 000-5\ 000)\times\frac{8}{10}=76\ 000(元)$$

净值＝100 000－76 000＝24 000(元)

借：在建工程	24 000	
累计折旧	76 000	
贷：固定资产		100 000

（2）用银行存款支付改建工程款 30 000 元，支付增值税 3 900 元。

借：在建工程	30 000	
应交税费——应交增值税（进项税额）	3 900	
贷：银行存款		33 900

（3）拆除部件的残料计价 2 000 元入库。

借：原材料　　2 000

　　贷：在建工程　　2 000

（4）改建工程完工，全部工程成本 52 000 元（24 000＋30 000－2 000）计入固定资产原值。

借：固定资产　　52 000

　　贷：在建工程　　52 000

（5）改建后第 9～12 年的各年折旧额计算。

$$\text{改建后的年折旧额}=\frac{52\,000-6\,000}{4}=11\,500(\text{元})$$

6.5 固定资产的清理

固定资产的清理是指在固定资产出售或不能继续使用而报废时对固定资产进行的处置。

为了反映转入清理过程的固定资产账面价值、清理费支出、变价收入和其他收入的取得以及清理净损益的情况，应设置“固定资产清理”科目。该科目借方登记清理过程中发生的各项费用，包括转入清理过程的固定资产账面价值、清理过程中发生的清理费用；贷方登记清理过程中发生的各项收入，包括转让收入、残料收入以及应向保险公司或有关责任者收取的赔款等。该科目贷方发生额大于借方发生额的差额，为清理过程中发生的净收益，应确认为资产处置收益或营业外收入，从该科目借方转出；反之，为清理过程中发生的净损失，应确认为资产处置损失或营业外支出，从该科目的贷方转出。经过上述结转后，该科目应无余额。

6.5.1 固定资产的出售

1. 出售固定资产账面价值的注销

企业出售固定资产后，其原值和累计折旧应予以注销（如果已计提固定资产减值准备，则计提的减值准备也应一并注销），账面价值转入“固定资产清理”科目。企业应根据出售固定资产的账面价值，借记“固定资产清理”科目；根据累计折旧，借记“累计折旧”科目；根据已计提固定资产减值准备，借记“固定资产减值准备”科目；根据固定资产原值，贷记“固定资产”科目。

2. 出售固定资产发生的清理费用

企业出售的固定资产，有些不发生清理费用，有些则需要拆除，会发生清理费用。在固定资产清理过程中，发生的清理费用需要通过取得的出售收入进行补偿，应根据实际发生的清理费用，借记“固定资产清理”科目；根据可以抵扣的增值税税额，借记“应交税费——应交增值税（进项税额）”科目；根据支付的全部价款，贷记“银行存款”等科目。

3. 出售固定资产取得的收入

企业出售固定资产取得的收入，不属于营业收入，应根据实际收到价款和增值税税额，借记“银行存款”等科目；根据收到的不含增值税价款，贷记“固定资产清理”科目；根据收到的增值税税额，贷记“应交税费——应交增值税（销项税额）”科目。

4. 结转出售固定资产的净损益

企业出售固定资产的收入大于固定资产净值、清理费用之和的差额，为清理净收益，借记“固定资产清理”科目，贷记“资产处置损益”科目；出售固定资产的收入小于固定资产账面价值、清理费用之和的差额，为清理净损失，借记“资产处置损益”科目，贷记“固定资产清理”科目。经过上述结转后，“固定资产清理”科目没有余额。

需要说明的是，资产处置损益属于营业利润的组成部分。企业出售固定资产，视为日常经营活动，因此其净损益计入资产处置损益。

例 6-12

甲公司某项机器设备出售，原值为 50 000 元，累计折旧为 30 000 元，未计提固定资产减值准备，清理过程中用现金支付清理费用 150 元；取得出售价款 22 000 元，增值税税额 2 860 元，存入银行。根据以上资料，编制会计分录如下：

（1）注销机器设备原值和累计折旧。

借：固定资产清理	20 000	
累计折旧	30 000	
贷：固定资产		50 000

（2）支付清理费用，未取得增值税专用发票。

借：固定资产清理	150	
贷：库存现金		150

（3）收取价款和增值税。

借：银行存款	24 860	
贷：固定资产清理		22 000
应交税费——应交增值税（销项税额）		2 860

（4）结转机器设备清理净损益。

机器设备清理净收益＝22 000－20 000－150＝1 850(元)

借：固定资产清理	1 850	
贷：资产处置损益		1 850

6.5.2　固定资产的报废

固定资产报废的原因一般有两类：一类是由于使用期限已满不再继续使用而

形成的正常报废；另一类是由于对折旧年限估计不准确或非正常原因造成的提前报废，例如，确定预计使用年限时未考虑无形损耗而在技术进步时必须淘汰的固定资产，以及由于管理不善或自然灾害造成的固定资产毁损等。

正常报废的固定资产已提足折旧，其账面价值应为预计净残值。但由于实际净残值与预计净残值可能有所不同，因而在清理过程中也可能发生净损益。提前报废的固定资产未提足折旧，为了客观反映固定资产净损失，未提足的折旧也不再补提，而是在计算清理净损益时一并考虑。此外，毁损的固定资产根据其毁损原因，有可能收回一部分赔偿款，如自然灾害造成的毁损有可能取得保险公司的赔款，管理不善造成的毁损有可能取得有关责任者的赔款。企业取得的赔款也视为清理过程中的一项收入，借记“其他应收款”等科目，贷记“固定资产清理”科目，在计算清理净损益时一并考虑。

固定资产报废的核算方法与出售的核算方法基本相同，均需要通过“固定资产清理”科目进行核算。不同之处是，固定资产报废不属于日常经营活动，因此其净损益应计入营业外收入或营业外支出。

例6-13

乙公司某项固定资产的原值为80 000元，预计净残值为2 500元，预计使用年限为10年，现已使用11年（超龄使用1年），由于不能继续使用而报废。报废时残料计价2 600元入库，用银行存款支付清理费用300元。根据以上资料，编制会计分录如下：

（1）注销固定资产原值和累计折旧。由于超龄使用不再计提折旧，因而累计折旧为77 500元（80 000－2 500）。

借：固定资产清理	2 500	
累计折旧	77 500	
贷：固定资产		80 000

（2）支付清理费用。

借：固定资产清理	300	
贷：银行存款		300

（3）残料计价入库。

借：原材料	2 600	
贷：固定资产清理		2 600

（4）结转固定资产清理净损益。

固定资产清理净损失＝2 500＋300－2 600＝200(元)

借：营业外支出	200	
贷：固定资产清理		200

例6-14

丙公司某项固定资产的原值为30 000元，累计折旧为13 000元，因自然灾害造成毁损。清理过程中残料出售，收取价款1 500元，增值税195元；用银行存款支付清理费用 500 元；应收保险公司赔偿款 14 000 元。根据以上资料，编制会计分录如下：

（1）注销固定资产原值和累计折旧。

借：固定资产清理	17 000	
累计折旧	13 000	
贷：固定资产		30 000

（2）支付清理费用。

借：固定资产清理	500	
贷：银行存款		500

（3）收取残料价款及增值税。

借：银行存款	1 695	
贷：固定资产清理		1 500
应交税费——应交增值税（销项税额）		195

（4）结转应收保险公司赔偿款。

借：其他应收款	14 000	
贷：固定资产清理		14 000

（5）结转固定资产清理净损益。

固定资产清理净损失＝(17 000＋500)－(1 500＋14 000)＝2 000(元)

借：营业外支出	2 000	
贷：固定资产清理		2 000

6.6 固定资产的减值

6.6.1 固定资产的减值迹象

每年年末，企业应对固定资产的账面价值进行检查。如果出现下列情况之一，表明该固定资产已出现减值迹象，应对固定资产的可收回金额进行估计。

（1）固定资产的市价当期大幅下跌，其跌幅明显高于因时间的推移或者正常使用而预计的下跌。

（2）企业经营所处的经济、技术或者法律等环境以及固定资产所处的市场在当期或者将在近期发生重大变化，从而对企业产生不利影响。

（3）市场利率或者其他市场投资报酬率在当期已经提高，从而影响企业计算固定资产预计未来现金流量现值的折现率，导致固定资产可收回金额大幅降低。

（4）有证据表明固定资产已经陈旧过时。

（5）固定资产已经或者将被闲置、终止使用或者计划提前处置。

（6）企业内部报告的证据表明固定资产的经济绩效已经低于或者将低于预

期，如固定资产所创造的净现金流量或者实现的营业利润（或者亏损）远远低于（或者高于）预计金额等。

（7）其他表明固定资产可能已经发生减值的迹象。

6.6.2 固定资产可收回金额的计量

固定资产可收回金额应当根据固定资产的公允价值减去处置费用后的净额与固定资产预计未来现金流量的现值两者之间较高者确定。

固定资产的公允价值，应当根据公平交易中销售协议价格确定。不存在销售协议但存在资产活跃市场的，应当按照该固定资产的市场价格确定。固定资产的市场价格通常应当根据资产的买方出价确定。在不存在销售协议和固定资产活跃市场的情况下，应当以可获取的最佳信息为基础，估计固定资产的公允价值。

企业按照上述规定仍然无法可靠估计固定资产的公允价值减去处置费用后的净额的，应当以该固定资产预计未来现金流量的现值作为其可收回金额。

6.6.3 固定资产减值损失的确定

固定资产可收回金额的计量结果表明，固定资产可收回金额低于其账面价值的，应当将固定资产的账面价值减记至可收回金额，借记“资产减值损失”科目，贷记“固定资产减值准备”科目。固定资产减值损失确认后，减值固定资产的折旧费用应当在未来期间做相应调整，以使该固定资产在剩余使用寿命内，系统地分摊调整后的固定资产账面价值。固定资产减值损失一经确认，在以后会计期间不得转回。

例 6-15

丁公司 2023 年 12 月 31 日一台机器设备出现减值迹象。该机器设备原值为 200 000 元，累计折旧为 73 600 元，账面价值为 126 400 元。2024 年 12 月 31 日，经过减值测试，该机器设备公允价值减去处置费用后的金额为 100 000 元，未来现金流量的现值为 110 000 元。计提减值准备后，该机器设备的剩余使用年限预计为 2 年，预计净残值为 2 000 元。

（1）确定可收回金额。该机器设备的可收回金额为公允价值减去处置费用后的金额与未来现金流量的现值两者中较高者，即 110 000 元。

（2）计提减值准备。

减值损失＝126 400－110 000＝16 400(元)

借：资产减值损失　　16 400

　　贷：固定资产减值准备　　16 400

（3）重新计算 2024 年 1 月起的月折旧额。

$$月折旧额=\frac{110\,000-2\,000}{12\times 2}=4\,500(元)$$

思考题

1. 如何确定自行建造固定资产的成本?
2. 什么是固定资产的有形损耗?什么是固定资产的无形损耗?
3. 固定资产折旧的直线法和加速折旧法各有哪些特点?
4. 固定资产修理的特点有哪些?
5. 如何进行固定资产改扩建的核算?
6. 如何进行固定资产处置的核算?

练习题

1.(2017年会计资格考试《中级会计实务》试题)甲公司系增值税一般纳税人,适用的增值税税率为17%,所得税税率为25%,预计未来期间能够取得足够的应纳税所得额用以抵减可抵扣暂时性差异。相关资料如下:

资料一:2012年12月10日,甲公司以银行存款购入一台需自行安装的生产设备,取得的增值税专用发票上注明的价款为495万元,增值税税额为84.15万元,甲公司当日进行设备安装,安装过程中发生安装人员薪酬5万元,2012年12月31日,安装完毕并达到预定可使用状态交付使用。

资料二:甲公司预计该设备可使用10年,预计净残值为20万元,采用双倍余额递减法计提折旧;所得税纳税申报时,该设备在其预计使用寿命内每年允许税前扣除的金额为48万元。该设备取得时的成本与计税基础一致。

资料三:2015年12月31日,该设备出现减值迹象,经减值测试,其可收回金额为250万元。甲公司对该设备计提减值准备后,预计该设备尚可使用5年,预计净残值为10万元,仍采用双倍余额递减法计提折旧,所得税纳税申报时,该设备在其预计使用寿命内每年允许税前扣除的金额仍为48万元。

资料四:2016年12月31日,甲公司出售该设备,开具的增值税专用发票上注明的价款为100万元,增值税税额为17万元,款项当日收讫并存入银行,甲公司另以银行存款支付清理费用1万元(不考虑增值税)。

假定不考虑其他因素。

要求:

(1) 计算甲公司2012年12月31日该设备安装完毕并达到预定可使用状态的成本,并编制设备购入、安装及达到预定可使用状态的相关会计分录。

(2) 分别计算甲公司2013年和2014年对该设备应计提的折旧额。

(3) 分别计算甲公司2014年12月31日该设备的账面价值、计税基础、暂时性差异(需指出是应纳税暂时性差异还是可抵扣暂时差异),以及相应的递延所得税负债或递延所得税资产的账面余额。

(4) 计算甲公司2015年12月31日对该设备应计提的减值准备金额，并编制相关会计分录。

(5) 计算甲公司2016年对该设备应计提的折旧额。

(6) 编制甲公司2016年12月31日出售该设备的相关会计分录。

2.（2016年会计资格考试《中级会计实务》试题）甲公司系增值税一般纳税人，2012年至2015年与固定资产业务相关的资料如下：

资料一：2012年12月5日，甲公司以银行存款购入一套不需安装的大型生产设备，取得的增值税专用发票上注明的价款为5 000万元，增值税税额为850万元。

资料二：2012年12月31日，该设备投入使用，预计使用年限为5年，净残值为50万元，采用年数总和法按年计提折旧。

资料三：2014年12月31日，该设备出现减值迹象。预计未来现金流量的现值为1 500万元，公允价值减去处置费用后的净额为1 800万元，甲公司对该设备计提减值准备后，根据新获得的信息预计其剩余使用年限仍为3年，净残值为30万元，仍采用年数总和法按年计提折旧。

资料四：2015年12月31日，甲公司售出该设备，开具的增值税专用发票上注明的价款为900万元，增值税税额为153万元，款项已收存银行，另以银行存款支付清理费用2万元。

假定不考虑其他因素。

要求：

(1) 编制甲公司2012年12月5日购入该设备的会计分录。

(2) 分别计算甲公司2013年度和2014年度对该设备应计提的折旧金额。

(3) 计算甲公司2014年12月31日对该设备计提减值准备的金额，并编制相关会计分录。

(4) 计算甲公司2015年度对该设备应计提的折旧金额，并编制相关会计分录。

(5) 编制甲公司2015年12月31日处置该设备的会计分录。

3. 某企业某项固定资产的原值为1 000 000元，预计使用年限为10年。

要求：采用双倍余额递减法，计算净残值率分别为30%，20%，11%，9%，7%和5%时各年的折旧额（当剩余年限采用年限平均法计提的折旧额大于采用双倍余额递减法计提的折旧额时，改为年限平均法计提折旧），填列下表。

固定资产折旧计算表 单位：元

	净残值率					
	30%	20%	11%	9%	7%	5%
第1年						
第2年						
第3年						
第4年						
第5年						

续表

	净残值率					
	30%	20%	11%	9%	7%	5%
第 6 年						
第 7 年						
第 8 年						
第 9 年						
第 10 年						
合计						

4. 甲公司 20×4 年 5 月 31 日由于自然灾害报废机器设备一台。该设备于 20×1 年8 月 31 日购入，原值为 90 000 元，预计使用年限为 5 年，预计净残值率为 4%，采用年数总和法计提折旧；该设备报废时用银行存款支付清理费 600 元，残料计价 4 000 元入库，应收保险公司赔款 10 000 元，设备清理完毕。

要求：根据以上资料，编制有关设备清理报废的各项会计分录。

第 6 章判断题
即测即评

第 6 章单选题
即测即评

第 6 章多选题
即测即评

第 7 章 Chapter 7 无形资产

学习目标

1. 掌握：购入、自行研究开发无形资产的核算；无形资产摊销的核算；无形资产处置的核算。
2. 理解：无形资产的减值。
3. 了解：无形资产的性质、分类。

7.1 无形资产概述

7.1.1 无形资产的性质

无形资产是指企业拥有或者控制的没有实物形态，且为企业带来多少经济利益具有较大不确定性的可辨认经济资源。一般来说，只有同时具有以下特征的经济资源才能确认为无形资产。

1. 无实体性

无形资产没有实物形态。这一特征主要是相对于固定资产等具有实物形态的资产而言的。但需要指出的是，没有实物形态并不是无形资产独有的特性，还有许多资产也不具有实物形态，如应收账款、对外投资等。

2. 长期性

无形资产应能在较长时期内供企业使用，一般来说，使用年限应在一年以上。这一特征主要是相对于应收账款等没有实物形态的流动资产而言的。但需要指出的是，能在较长时期内供企业使用也不是无形资产的独有特征，还有一些无实物形态的资产也能在较长时期内供企业使用，如债权投资、长期股权投资等。

3. 不确定性

无形资产能为企业带来多少未来的经济利益具有较大的不确定性。当代科学技术的迅猛发展，使得许多无形资产的经济寿命难以准确预计，因而也使得无形资产能为企业带来多少未来的经济利益难以准确预计。这一特征主要是相对于债权投资等既没有实物形态又能在较长时期内供企业使用的资产而言的。

4. 可辨认性

无形资产能够从企业中分离或者划分出来，并且单独或者与相关合同、资产或负债一起，用于出售、转移、授予许可、租赁或者交换。这一特征主要是相对于商誉等不可辨认经济资源而言的。

7.1.2　无形资产的确认

无形资产同时满足下列条件的，才能予以确认：

（1）与该无形资产有关的经济利益很可能流入企业；

（2）该无形资产的成本能够可靠地计量。

企业在判断无形资产产生的经济利益是否很可能流入时，应当对无形资产在预计使用寿命内可能存在的各种经济因素做出合理估计，并且应当有明确证据支持。

7.1.3　无形资产的分类

无形资产按照不同的标准，可以分为不同的类别。

1. 按经济内容分类

无形资产按其反映的经济内容，可以分为专利权、非专利技术、商标权、著作权、土地使用权和特许权等。

（1）专利权。专利权是指经国家专利管理机关审定并授予发明者在一定年限内对其成果的制造、使用和出售的专门权利。专利权一般包括发明专利权、实用新型专利权和外观设计专利权等。专利权受法律保护。在某项专利权的有效期间内，该项专利权的非持有者如需使用与之相同的原理、结构和技术用于生产经营，应向该专利权的持有者支付专利使用费，否则就视为侵犯了专利权。

（2）非专利技术。非专利技术是指发明者未申请专利或不够申请专利的条件而未经公开的先进技术，包括先进的生产经验、技术设计资料与原料配方等。非专利技术不需到有关管理机关注册登记，只靠少数技术持有者采用保密方式维持其独占性。只要非专利技术不泄露于外界，就可以由其持有者长期享用，因而非专利技术没有固定的有效期。

（3）商标权。商标是指企业拥有的在某类指定的商品上使用特定名称或图案的权利。商标经管理机关核准后，成为注册商标，受法律保护。

（4）著作权。著作权也称为版权，是指著作者或文艺作品创作者以及出版商依法享有的在一定年限内发表、制作、出版和发行其作品的专有权利。著作权受法律保护，未经著作权所有者许可或转让，他人不得占有和行使。

（5）土地使用权。土地使用权是指企业经国家土地管理机关批准享有的在一定期间内对国有土地开发、利用和经营的权利。在我国，土地归国家所有，任何单位或个人只能拥有土地使用权，没有土地所有权。

（6）特许权。特许权是指企业经批准在一定区域内，以一定的形式生产经营某种特定商品的权利。特许权可以是政府授予的，也可以是某单位或个人授予的。

2. 按来源途径分类

无形资产按其来源途径，可以分为外来无形资产和自创无形资产。

（1）外来无形资产。外来无形资产是指企业通过从国内外科研单位及其他企业购进、接受投资等方式从企业外部取得的无形资产。

（2）自创无形资产。自创无形资产是指企业自行开发、研制的无形资产。

3. 按经济寿命期限分类

无形资产按是否具备确定的经济寿命期限，可以分为期限确定的无形资产和期限不确定的无形资产。

（1）期限确定的无形资产。期限确定的无形资产是指在有关法律中规定有最长有效期限的无形资产，如专利权、商标权、著作权、土地使用权和特许权等。这些无形资产在法律规定的有效期限内受法律保护；有效期满时，如果企业未继续办理有关手续，将不再受法律保护。

（2）期限不确定的无形资产。期限不确定的无形资产是指没有相应法律规定其有效期限，其经济寿命难以预先准确估计的无形资产，如非专利技术。这些无形资产的经济寿命取决于技术进步的快慢以及技术保密工作的好坏等因素。当新的可替代技术成果出现时，旧的非专利技术自然贬值；当技术不再是秘密时，也就无价值可言。

7.2 无形资产的取得

企业取得的无形资产，只有在其产生的经济利益很可能流入企业且其成本能够可靠地计量的情况下，才能加以确认。企业的无形资产按其取得方式，主要可以分为购入的无形资产和自行研究开发的无形资产。

需要说明的是，目前已全面实行营业税改征增值税，涉及增值税核算的内容，本章仅讲述基本核算方法，具体核算方法详见第9章9.5节“应交税费”。

1. 购入的无形资产

企业购入无形资产的实际成本，包括购买价款，相关税费，以及直接归属于使该项资产达到预定用途所发生的如律师费、咨询费、公证费、鉴定费、注册登记费等其他支出。企业应根据购入无形资产的实际成本，借记“无形资产”科目；根据支付的增值税税额，借记“应交税费——应交增值税（进项税额）”科目；根据支付的全部价款，贷记“银行存款”等科目。

企业购入的土地使用权，应根据不同情况，分别进行确认：

（1）企业购入的用于非房屋及构筑物的土地使用权，应单独确认为无形资产，在使用期限内分期摊销。

（2）企业购入的用于房屋及构筑物的土地使用权，由于土地使用权和房屋建筑物的使用年限不同，应单独确认为无形资产，不计入房屋及构筑物成本；土地使用权和房屋建筑物成本在使用期限内应分别摊销和计提折旧。

（3）企业购入房屋及构筑物实际支付价款中包含的土地使用权价值，应采用合理的方法将其从支付的全部价款中分离出来，单独确认为无形资产；如果无法合理将其进行分离，则应计入房屋及构筑物成本。

（4）房地产开发企业购入用于建造对外出售房屋及构筑物的土地使用权，应计入房屋建筑物等存货成本，不确认为无形资产。

企业取得的土地使用权应当确认为什么资产?

如果企业购买无形资产的价款超过正常信用条件延期支付，实质上具有融资性质，无形资产的成本应以购买价款的现值为基础确定。实际支付的价款与购买价款的现值之间的差额，除按照会计准则规定应予资本化的以外，应当在信用期间内计入当期财务费用。

例7-1

甲公司购入一项直接用于产品生产的专利权，双方协商确认的价值为600 000元，增值税36 000元，以银行存款支付。根据以上资料，编制会计分录如下：

借：无形资产——专利权	600 000
应交税费——应交增值税（进项税额）	36 000
贷：银行存款	636 000

2. 自行研究开发的无形资产

党的二十大报告指出，必须坚持科技是第一生产力、人才是第一资源、创新是第一动力，深入实施科教兴国战略、人才强国战略、创新驱动发展战略，开辟发展新领域新赛道，不断塑造发展新动能新优势。[1] 为了贯彻落实党的二十大精神，企业应该加大科研投入，加快科技创新，实现科教兴国战略。

企业自行研究开发（简称“研发”）项目的支出，应当区分研究阶段支出与开发阶段支出。研究是指为获取并理解新的科学或技术知识而进行的独创性的有计划调查。开发是指在进行商业性生产或使用前，将研究成果或其他知识应用于

[1] 习近平. 高举中国特色社会主义伟大旗帜 为全面建设社会主义现代化国家而团结奋斗：在中国共产党第二十次全国代表大会上的报告. 北京：人民出版社，2022：33.

某项计划或设计，以生产出新的或具有实质性改进的材料、装置、产品等。

研究阶段的特点在于其属于探索性的过程，是为了进一步的开发活动进行资料及相关方面的准备。从已经进行的研究活动看，将来是否能够转入开发、开发后是否会形成无形资产等具有较大的不确定性。为此，企业研究阶段发生的支出，应予以费用化。企业应根据自行研发项目在研究阶段发生的支出，借记“研发支出——费用化支出”“应交税费——应交增值税（进项税额）”科目，贷记有关科目；期末应根据发生的全部研究支出，借记“管理费用——研发费用”科目，贷记“研发支出——费用化支出”科目。

开发阶段相对研究阶段而言，应当是完成了研究阶段的工作，在很大程度上形成一项新产品或新技术的基本条件已经具备。企业自行研发项目在开发阶段发生的支出，同时满足下列条件的，应当予以资本化：

（1）完成该无形资产以使其能够使用或出售在技术上具有可行性；

（2）具有完成该无形资产并使用或出售的意图；

（3）无形资产产生经济利益的方式，包括能够证明运用该无形资产生产的产品存在市场或无形资产自身存在市场，无形资产将在内部使用的，应当证明其有用性；

（4）有足够的技术、财务资源和其他资源支持，以完成该无形资产的开发，并有能力使用或出售该无形资产；

（5）归属于该无形资产开发阶段的支出能够可靠地计量。

企业开发阶段发生的直接用于新产品、新技术、新工艺的原材料，职工薪酬等支出，应予以资本化；发生的用于管理、培训等方面的支出，不应资本化，而应予以费用化。企业开发阶段发生的资本化支出，应借记“研发支出——资本化支出”“应交税费——应交增值税（进项税额）”科目，贷记有关科目；在确认无形资产时，应根据发生的全部开发支出，借记“无形资产”科目，贷记“研发支出——资本化支出”科目。企业开发阶段发生的费用化支出，其核算方法与研究阶段发生支出的核算方法相同。

企业取得的仍处于研究阶段的无形资产，在取得后发生的支出也应当按照上述规定处理。

无法区分研究阶段支出和开发阶段支出的，应当将其所发生的研发支出全部费用化。

例 7-2

乙公司自行开发某项专利技术，研究和开发阶段发生应予以费用化的支出100 000元，开发阶段发生符合资本化条件的支出300 000元，支付增值税24 000元；开发成功后发生注册登记费10 000元，均以银行存款支付。根据以上资料，编制会计分录如下：

（1）发生各项支出。

借：研发支出——费用化支出　　100 000

　　　　　　——资本化支出　　300 000

应交税费——应交增值税（进项税额）　　24 000
　贷：银行存款　　424 000

（2）期末结算费用化支出。

借：管理费用——研发费用　　100 000
　贷：研发支出——费用化支出　　100 000

（3）登记注册后。

借：无形资产——专利权　　310 000
　贷：研发支出——资本化支出　　300 000
　　银行存款　　10 000

7.3 无形资产的摊销

7.3.1 无形资产的摊销期限

企业应当于取得无形资产时分析判断其使用寿命。如果无形资产的使用寿命是有限的，则应估计该使用寿命的年限或者构成使用寿命的产量等类似计量单位数量；无法预见无形资产为企业带来经济利益期限的，应当视为使用寿命不确定的无形资产。

使用寿命有限的无形资产，其应摊销金额应当在使用寿命内系统合理摊销。如果预计使用寿命超过了相关合同规定的受益年限或法律规定的有效年限，无形资产的摊销期限一般按下列原则确定：

（1）合同规定了受益年限，而法律未规定有效年限，摊销年限以合同规定的受益期限为上限；

（2）合同未规定受益年限，而法律规定了有效年限，摊销年限以法定有效年限为上限；

（3）合同规定了受益年限，同时法律也规定了有效年限，摊销年限以受益年限与有效年限中较短者为上限。

使用寿命不确定的无形资产不应摊销。

7.3.2 无形资产的摊销方法

无形资产的摊销方法，应当反映与该项无形资产有关的经济利益的预期实现方式，可以采用年限平均法、产量法、双倍余额递减法和年数总和法等。无法可靠确定预期实现方式的，应当采用年限平均法摊销。上述方法与固定资产折旧的方法相同，这里不再赘述。

无形资产的应摊销金额为其成本扣除预计残值后的金额。已计提减值准备的无形资产，还应扣除已计提的无形资产减值准备累计金额。使用寿命有限的无形资产，如果有第三方承诺在无形资产使用寿命结束时购买该无形资产，或可以根据活跃市场得到预计残值信息，并且该市场在无形资产使用寿命结束时很可能存在，则可以预计其净残值；否则，其残值应当视为零。

需要说明的是，按照我国企业会计准则的规定，企业当月增加的无形资产当月开始摊销，当月减少的无形资产当月不再摊销。

为了分别反映无形资产的原始价值和累计摊销额，应设置“累计摊销”这一备抵科目。摊销无形资产价值时，应按照无形资产的用途进行分配，根据直接用于产品生产的无形资产摊销额，借记“制造费用”科目；根据用于行政管理的无形资产摊销额，借记“管理费用”；根据用于产品销售的无形资产摊销额，借记“销售费用”科目；根据出租无形资产的摊销额，借记“其他业务成本”科目；根据无形资产摊销额总数，贷记“累计摊销”科目。

例7-3

承例7-1。该项专利权法律规定的有效年限为20年，合同规定的受益年限为10年，采用年限平均法摊销，不预计净残值。根据以上资料，编制会计分录如下：

$$年摊销额=\frac{600\ 000}{10}=60\ 000(元)$$

$$月摊销额=\frac{60\ 000}{12}=5\ 000(元)$$

借：制造费用　　5 000

　贷：累计摊销　　5 000

7.4 无形资产的处置

无形资产的处置包括无形资产的出售和报废等。

7.4.1 无形资产的出售

无形资产的出售是指将无形资产的所有权让渡给他人。即在出售以后，企业不再对该项无形资产拥有占有、使用、收益、处置的权利。

按照我国企业会计准则的规定，企业出售无形资产取得的收入不应确认为营业收入，而应将出售所得的不含增值税价款扣除该项无形资产账面价值后的差额，确认为当期损益，计入资产处置损益。企业出售无形资产时，应根据出售无形资产的全部价款，借记“银行存款”等科目；根据应缴纳的增值税，贷记“应交税费——应交增值税（销项税额）”科目；根据无形资产的累计摊销额，借记“累计摊销”科目；根据无形资产的原始价值，贷记“无形资产”科目（如果计提了减值准备，还应借记“无形资产减值准备”科目）；并根据其差额，借记或贷记“资产处置损益”科目。

例 7-4

丙公司出售一项无形资产，收取价款 100 000 元，增值税 6 000 元，用银行存款支付律师费 2 000 元，增值税 120 元；该项无形资产的原始价值为 150 000 元，累计摊销额为 70 000 元，未计提减值准备。根据以上资料，编制会计分录如下：

出售无形资产净损益 =(106 000－6 000)－(150 000－70 000)－(2 120－120)
=18 000(元)

借：银行存款	106 000
累计摊销	70 000
应交税费——应交增值税（进项税额）	120
贷：应交税费——应交增值税（销项税额）	6 000
无形资产	150 000
银行存款	2 120
资产处置损益	18 000

7.4.2　无形资产的报废

无形资产报废是指无形资产由于已被其他新技术代替或不再受法律保护等原因，预期不能为企业带来经济利益而进行的处置。无形资产报废时，应按照累计摊销额，借记“累计摊销”科目；按照计提的减值准备，借记“无形资产减值准备”科目；按照原始价值，贷记“无形资产”科目；按照账面价值，借记“营业外支出”科目。

7.5　无形资产的减值

7.5.1　无形资产的减值迹象

每年年末，企业应对无形资产的账面价值进行检查。如果出现减值迹象，应对无形资产的可收回金额进行估计。无形资产减值迹象的判断与固定资产减值迹象的判断相同，这里不再赘述。

7.5.2　无形资产可收回金额的计量

无形资产可收回金额应当根据无形资产的公允价值减去处置费用后的净额与无形资产预计未来现金流量的现值两者之间较高者确定。

无形资产的公允价值，应当根据公平交易中销售协议价格确定。不存在销售协议但存在资产活跃市场的，应当按照该无形资产的市场价格确定。无形资产的市场价格通常应当根据资产的买方出价确定。在不存在销售协议和无形资产活跃市场的情况下，应当以可获取的最佳信息为基础，估计无形资产的公允价值。

企业按照上述规定仍然无法可靠估计无形资产的公允价值减去处置费用后的净额的，应当以该无形资产预计未来现金流量的现值作为其可收回金额。

7.5.3 无形资产减值损失的确定

无形资产可收回金额的计量结果表明，无形资产可收回金额低于其账面价值的，应当将无形资产的账面价值减记至可收回金额，借记“资产减值损失”科目，贷记“无形资产减值准备”科目。无形资产减值损失确认后，减值无形资产的摊销费用应当在未来期间做相应调整，以使该无形资产在剩余使用寿命内，系统地分摊调整后的无形资产账面价值。无形资产减值损失一经确认，在以后会计期间不得转回。

例7-5

甲公司2021年1月5日购入一项专利权，实际支付价款300 000元，预计使用年限为10年。2024年12月31日，该项专利权发生减值，预计未来现金流量的现值为120 000元，公允价值为110 000元。该项专利权发生减值以后，预计剩余使用年限为5年。2027年1月5日，甲公司将该专利权出售，收取价款60 000元，增值税3 600元（假定不考虑其他税费）。根据以上资料，编制会计分录如下：

（1）计算该项专利权在2024年12月31日计提减值准备前的累计摊销和账面余额。

$$累计摊销=\frac{300\ 000}{10}\times4=120\ 000(元)$$

账面余额＝300 000－120 000＝180 000(元)

（2）计提减值准备。

可收回金额＝120 000(元)

应计提的减值准备＝180 000－120 000＝60 000(元)

借：资产减值损失　　60 000

　　贷：无形资产减值准备　　60 000

（3）计算剩余使用年限内年摊销额。

$$剩余使用年限内年摊销额=\frac{120\ 000}{5}=24\ 000(元)$$

（4）计算该项专利权在2027年1月5日的累计摊销和账面价值。

2025年1月至2026年12月的摊销额＝24 000×2＝48 000(元)

累计摊销＝120 000＋48 000＝168 000(元)

账面价值＝300 000－168 000－60 000＝72 000(元)

(5) 出售专利权。

借：银行存款	63 600	
累计摊销	168 000	
无形资产减值准备	60 000	
营业外支出	12 000	
贷：无形资产		300 000
应交税费——应交增值税（销项税额）		3 600

思考题

1. 无形资产有哪些特征?
2. 如何确定自行研发无形资产的成本?
3. 无形资产报废与出售的核算有哪些区别?

练习题

1. (2019年会计资格考试《中级会计实务》试题)2×15年1月1日至2×19年12月31日，与甲公司A专利技术相关的交易或事项如下：

资料一：2×15年1月1日，甲公司经董事会批准开始自行研发A专利技术以生产新产品。2×15年1月1日至6月30日为研究阶段，发生材料费500万元，研发人员薪酬300万元，研发用设备的折旧费200万元。

资料二：2×15年7月1日，A专利技术的研发活动进入开发阶段。2×16年1月1日，该专利技术研发成功并达到预定用途。在开发阶段，发生材料费800万元，研发人员薪酬400万元，研发用设备的折旧费300万元，上述研发支出均满足资本化条件。甲公司预计A专利技术的使用寿命为10年，预计残值为0，按年采用直线法摊销。

资料三：2×17年12月31日，A专利技术出现减值迹象。经减值测试，该专利技术的可收回金额为1 000万元，预计尚可使用5年，预计残值为0，仍按年采用直线法摊销。

资料四：2×19年12月31日，甲公司以450万元将A专利技术对外出售，价款已收存银行。

本题不考虑增值税等相关费用及其他因素。

要求：

(1) 编制甲公司2×15年1月1日至6月30日研发A专利技术时发生相关支出的会计分录。

(2) 编制甲公司2×16年1月1日A专利技术达到预定用途时的会计分录。

（3）计算甲公司2×16年度A专利技术应摊销的金额，并编制相关会计分录。

（4）计算甲公司2×17年12月31日对A专利技术应计提减值准备的金额，并编制相关会计分录。

（5）计算甲公司2×19年12月31日对外出售A专利技术应确认的损益金额，并编制相关会计分录。

（“研发支出”科目应写出必要的明细科目。）

2. 甲公司20×1年1月1日从乙企业购入一项专利权，以银行存款支付买价1 000 000元，增值税60 000元，合计1 060 000元。该专利权的法定有效期限为15年，合同规定的法定有效期限为10年。20×3年1月1日，甲公司将该专利权出售给丙公司，取得收入900 000元，增值税54 000元，合计954 000元，存入银行。

要求：

（1）编制甲公司购入专利权的会计分录。

（2）计算甲公司该项专利权的累计摊销额。

（3）编制与该项专利权出售有关的会计分录。

第7章判断题
即测即评

第7章单选题
即测即评

第7章多选题
即测即评

第 8 章
Chapter 8 投资性房地产

学习目标

1. 掌握：投资性房地产出租收入的核算；投资性房地产后续计量公允价值模式的核算；投资性房地产处置的核算；投资性房地产转换的核算。

2. 理解：投资性房地产后续计量成本模式的核算。

3. 了解：投资性房地产的性质。

8.1 投资性房地产概述

8.1.1 投资性房地产的性质

投资性房地产是指为赚取租金或资本增值，或两者兼有而持有的房地产，主要包括：已出租的建筑物、已出租的土地使用权、持有并准备增值后转让的土地使用权等。

按照企业会计准则的规定，只有已经出租的建筑物、土地使用权和已经准备转让的土地使用权才能确认为投资性房地产；而尚未出租的建筑物、土地使用权和尚未准备转让的土地使用权不得确认为投资性房地产，仍应分别确认为固定资产和无形资产。

需要说明的是，已经出租的房屋，日后由于客户退租而暂时闲置，如果用途不变仍准备出租，按照重要性会计信息质量要求，则可以继续确认为投资性房地产，而不需要重分类为固定资产。

拟出租但还未出租的房屋建筑物，是确认为固定资产，还是确认为投资性房地产？

8.1.2 投资性房地产的确认

投资性房地产同时满足下列条件的，才能予以确认：

（1）与该投资性房地产有关的经济利益很可能流入企业；

（2）该投资性房地产的成本能够可靠地计量。

8.2 投资性房地产的取得

企业取得的投资性房地产，不论是外购还是自行建造或开发，均应按照取得成本进行初始计量，其初始成本的计量方法与企业取得房屋及构筑物、土地使用权确认为固定资产、无形资产的初始计量方法完全相同，这里不再赘述。企业取得投资性房地产时，应根据其入账价值，借记“投资性房地产”科目；根据可以抵扣的增值税税额，借记“应交税费——应交增值税（进项税额）”科目；根据支付的全部价款，贷记“银行存款”等科目。其取得成本的确认与计量方法与取得固定资产或无形资产的方法相同。

需要说明的是，目前已全面实行营业税改征增值税，涉及增值税核算的内容，本章仅讲述基本核算方法，具体核算方法详见第9章9.5节“应交税费”。

例8-1

甲公司2021年12月31日购入一栋房屋，以银行存款支付全部买价30 000 000元，增值税2 700 000元，合计32 700 000元；已经与乙公司签订租赁合同，将购入的房屋确认为投资性房地产。合同规定，租期为8年，自2022年1月1日至2029年12月31日，年租金为1 000 000元，每年1月1日支付。甲公司编制会计分录如下：

借：投资性房地产	30 000 000	
应交税费——应交增值税（进项税额）	2 700 000	
贷：银行存款		32 700 000

8.3 投资性房地产的出租收入

投资性房地产对外出租取得的出租收入，属于让渡资产使用权的收入，应确认为营业收入。企业取得出租收入时，应根据收取的全部价款，借记“银行存款”等科目；根据确认的收入金额，贷记“其他业务收入”科目；根据收取的增值税，贷记“应交税费——应交增值税（销项税额）”科目。

例8-2

承例8-1。2022年1月1日，甲公司收到乙公司交来的房屋租金1 000 000元，增值税90 000元，合计1 090 000元，存入银行。甲公司编制会计分录如下：

借：银行存款　　1 090 000

　贷：其他业务收入　　1 000 000

　　　应交税费——应交增值税（销项税额）　　90 000

8.4 投资性房地产的后续计量

投资性房地产的后续计量模式包括成本模式和公允价值模式。一个企业的投资性房地产只能采用一种计量模式，计量模式一经确定，不得随意变更。

8.4.1 投资性房地产采用成本模式进行后续计量

投资性房地产采用成本模式进行后续计量，与固定资产（房屋及构筑物）或无形资产（土地使用权）的后续计量方法相同，应计提折旧或摊销。为了反映投资性房地产的累计折旧和累计摊销，应设置“投资性房地产累计折旧（摊销）”科目。

企业计提的已出租房屋及构筑物折旧和摊销的已出租土地使用权成本，应由出租收入来补偿。企业计提折旧或摊销时，应借记“其他业务成本”科目，贷记“投资性房地产累计折旧（摊销）”科目。如果投资性房地产存在减值迹象，应当进行减值测试，计提相应的减值准备，借记“资产减值损失”科目，贷记“投资性房地产减值准备”科目。

例8-3

承例8-1。假定甲公司2021年12月31日购入房屋的后续计量模式为成本模式，采用年限平均法计提折旧，预计使用年限为50年，预计净残值为0。2022年12月31日，甲公司计提房屋折旧编制会计分录如下（为了简化举例，汇总编制会计分录）：

年折旧额＝30 000 000÷50＝600 000(元)

借：其他业务成本　　600 000

　贷：投资性房地产累计折旧（摊销）　　600 000

以后年度以此类推。

8.4.2 投资性房地产采用公允价值模式进行后续计量

投资性房地产采用公允价值模式进行后续计量，应当同时满足以下条件：

（1）投资性房地产所在地有活跃的房地产交易市场，投资性房地产可以在房地产交易市场中直接交易。

（2）企业能够从房地产交易市场上取得同类或类似房地产的市场价格及其他相关信息，从而对投资性房地产的公允价值做出科学合理的估计。

采用公允价值模式计量的投资性房地产，不计提折旧或摊销。资产负债表日，应以投资性房地产的公允价值为基础，对其账面价值进行调整，差额计入当期损益，借记或贷记“投资性房地产——公允价值变动”科目，贷记或借记“公允价值变动损益”科目。

例 8-4

承例 8-1。假定甲公司 2021 年 12 月 31 日购入房屋的后续计量模式为公允价值模式。2022 年 12 月 31 日，该房屋的公允价值为 38 000 000 元；2023 年 12 月 31 日，该房屋的公允价值为 40 000 000 元。甲公司编制会计分录如下：

（1）2022 年 12 月 31 日，确认公允价值变动损益。

公允价值变动损益＝38 000 000－30 000 000＝8 000 000（元）

借：投资性房地产——公允价值变动	8 000 000	
贷：公允价值变动损益		8 000 000

（2）2023 年 12 月 31 日，确认公允价值变动损益。

公允价值变动损益＝40 000 000－38 000 000＝2 000 000（元）

借：投资性房地产——公允价值变动	2 000 000	
贷：公允价值变动损益		2 000 000

8.5 投资性房地产的转换

8.5.1 其他资产转换为投资性房地产

企业由于市场环境、经营策略变化等原因，将自用房屋及构筑物以及土地使用权改用于出租，或将存货（房地产企业准备出售的房屋）改用于出租，应将上述资产转换为投资性房地产。

1. 投资性房地产采用成本模式计量

在成本模式下，企业应将其他资产转换前的账面价值作为转换后投资性房地产的入账价值，其中，原始价值、累计折旧、累计摊销应分别进行结转，借记“投资性房地产”“累计折旧”“累计摊销”科目，贷记“固定资产”“无形资产”“库存商品”“投资性房地产累计折旧（摊销）”等科目。如果其他资产发生减值，计提的减值准备也应一并结转，借记“固定资产减值准备”“无形资产减值准备”“存货跌价准备”科目，贷记“投资性房地产减值准备”科目。

例8-5

甲公司投资性房地产采用成本模式进行后续计量。2023年12月31日，甲公司将自用的房屋改为出租。该房屋的原始价值为50 000 000元，累计折旧为10 000 000元，计提的减值准备为5 000 000元，账面价值为35 000 000元。转换日甲公司编制会计分录如下：

借：投资性房地产	50 000 000	
累计折旧	10 000 000	
固定资产减值准备	5 000 000	
贷：固定资产		50 000 000
投资性房地产累计折旧（摊销）		10 000 000
投资性房地产减值准备		5 000 000

例8-6

乙房地产公司投资性房地产采用成本模式进行后续计量。2023年12月31日，乙房地产公司将准备出售的商品房（存货）改用于出租。该商品房的成本为20 000 000元，未计提存货跌价准备。转换日乙房地产公司编制会计分录如下：

借：投资性房地产	20 000 000	
贷：库存商品		20 000 000

2. 投资性房地产采用公允价值模式计量

在公允价值模式下，企业将其他资产转换为投资性房地产时，应将转换日的公允价值作为投资性房地产的入账价值。投资性房地产转换日的公允价值小于其他资产原账面价值的，其差额计入当期损益，借记“投资性房地产——成本”“累计折旧”“累计摊销”“公允价值变动损益”等科目，贷记“固定资产”“无形资产”“库存商品”等科目；转换日的公允价值大于其他资产原账面价值的，其差额计入其他综合收益，借记“投资性房地产——成本”“累计折旧”“累计摊销”等科目，贷记“固定资产”“无形资产”“库存商品”“其他综合收益”等科目。如果其他资产发生减值，计提的减值准备也应一并结转。

例8-7

承例8-5。假定甲公司投资性房地产采用公允价值模式进行后续计量。2023年12月31日，该房屋的账面价值为35 000 000元，公允价值为32 000 000元。转换日甲公司编制会计分录如下：

公允价值变动＝32 000 000－35 000 000＝ －3 000 000(元)

借：投资性房地产——成本	32 000 000	
累计折旧	10 000 000	
固定资产减值准备	5 000 000	
公允价值变动损益	3 000 000	
贷：固定资产		50 000 000

例 8-8

承例 8-6。假定乙房地产公司投资性房地产采用公允价值模式进行后续计量。2023 年 12 月 31 日，该房屋的账面价值为 20 000 000 元，公允价值为 28 000 000 元。转换日乙房地产公司编制会计分录如下：

公允价值变动＝28 000 000－20 000 000＝8 000 000(元)

借：投资性房地产——成本	28 000 000	
贷：库存商品		20 000 000
其他综合收益		8 000 000

8.5.2 投资性房地产转换为其他资产

企业的投资性房地产如果由出租转为自用，应将投资性房地产转换为其他资产。

1. 投资性房地产采用成本模式计量

在成本模式下，企业在转换日应将投资性房地产的账面价值作为转换后其他资产的入账价值，其中，原始价值、累计折旧、累计摊销应分别进行结转，账务处理与其他资产转换为投资性房地产相反。

例 8-9

丙公司投资性房地产采用成本模式进行后续计量。2024 年 12 月 31 日，丙公司将出租的房屋改为自用。该投资性房地产的原始价值为 40 000 000 元，累计折旧为 9 000 000 元，未计提减值准备，账面价值为 31 000 000 元。转换日丙公司编制会计分录如下：

借：固定资产	40 000 000	
投资性房地产累计折旧（摊销）	9 000 000	
贷：投资性房地产		40 000 000
累计折旧		9 000 000

自用的房屋转为出租后又转回自用，投资性房地产应如何转换？

2. 投资性房地产采用公允价值模式计量

在公允价值模式下，企业在转换日首先应将投资性房地产的账面价值调整为公允价值，然后将转换日的公允价值作为转换后其他资产的入账价值。转换日，企业应根据转换后其他资产的入账价值，借记“固定资产”“无形资产”等科目，贷记“投资性房地产——成本”科目，借记或贷记“投资性房地产——公允价值变动”科目。

例 8-10

丁公司投资性房地产采用公允价值模式进行后续计量。2024 年 12 月 31 日，丁公司将出租的土地使用权改为自用。该投资性房地产的成本为 60 000 000 元，公允价值变动为 3 000 000 元，账面价值为 63 000 000 元。转换日丁公司编制会计分录如下：

借：无形资产——土地使用权　　63 000 000
　贷：投资性房地产——成本　　60 000 000
　　　　　　　　　——公允价值变动　　3 000 000

8.6　投资性房地产的处置

投资性房地产的处置是指投资性房地产的出售或报废。企业在出售投资性房地产或投资性房地产永久退出使用且预计不能从其处置中取得经济利益时，应当终止确认该项投资性房地产。按照企业会计准则的规定，出售投资性房地产的收入确认为营业收入。

企业出售、报废的投资性房地产，应将处置收入扣除其账面价值后的金额计入当期损益。

8.6.1　采用成本模式计量的投资性房地产处置

采用成本模式计量的投资性房地产处置时，应根据实际收到的全部价款，借记“银行存款”等科目；根据确认的收入，贷记“其他业务收入”科目；根据收取的增值税，贷记“应交税费——应交增值税（销项税额）”科目。结转投资性房地产成本时，应根据投资性房地产的账面价值，借记“其他业务成本”科目；根据累计折旧或累计摊销额，借记“投资性房地产累计折旧（摊销）”科目；根据已计提的减值准备，借记“投资性房地产减值准备”科目；根据投资性房地产的成本，贷记“投资性房地产”科目。

例8-11

承例8-1和例8-3。甲公司投资性房地产采用成本模式进行后续计量。2029年12月31日，甲公司将原出租的房屋出售，原始价值为30 000 000元，累计折旧为4 800 000元，账面价值为25 200 000元；取得出售收入34 000 000元，增值税3 060 000元，合计37 060 000元。甲公司编制会计分录如下：

（1）取得出售收入。

借：银行存款　　37 060 000
　贷：其他业务收入　　34 000 000
　　　应交税费——应交增值税（销项税额）　　3 060 000

（2）结转营业成本。

借：其他业务成本　　25 200 000
　　投资性房地产累计折旧（摊销）　　4 800 000
　贷：投资性房地产　　30 000 000

8.6.2 采用公允价值模式计量的投资性房地产处置

投资性房地产的处置收入作为营业收入是否合理？

采用公允价值模式计量的投资性房地产处置时，应根据实际收到的全部价款，借记“银行存款”等科目；根据确认的收入，贷记“其他业务收入”科目；根据收取的增值税，贷记“应交税费——应交增值税（销项税额）”科目。结转投资性房地产成本时，应根据投资性房地产的账面价值，借记“其他业务成本”科目；根据投资性房地产的初始成本，贷记“投资性房地产——成本”科目；根据公允价值变动，借记或贷记“投资性房地产——公允价值变动”科目。同时，还要按出售投资性房地产公允价值变动额，借记或贷记“公允价值变动损益”科目，贷记或借记“其他业务成本”科目。如果其他资产转换为投资性房地产时有计入其他综合收益的金额，也应一并结转，借记“其他综合收益”科目，贷记“其他业务成本”科目。

例 8-12

承例 8-8。乙房地产公司投资性房地产采用公允价值模式进行后续计量。2025年1月1日，乙房地产公司将该出租的房屋出售，取得出售收入30 000 000元，收取增值税2 700 000元，合计32 700 000元。该房屋2024年12月31日的公允价值为30 000 000元；原由存货转换为投资性房地产时确认其他综合收益8 000 000元。乙房地产公司编制会计分录如下：

（1）2024年12月31日，确认公允价值变动。

公允价值变动=30 000 000−28 000 000=2 000 000(元)

借：投资性房地产——公允价值变动　　2 000 000
　贷：公允价值变动损益　　2 000 000

（2）2025年1月1日，收到出售价款。

借：银行存款　　32 700 000
　贷：其他业务收入　　30 000 000
　　　应交税费——应交增值税（销项税额）　　2 700 000

（3）结转营业成本。

借：其他业务成本　　30 000 000
　贷：投资性房地产——成本　　28 000 000
　　　　　　　　　——公允价值变动　　2 000 000

（4）结转累计确认的公允价值变动。

借：公允价值变动损益　　2 000 000
　贷：其他业务成本　　2 000 000

（5）结转原确认的其他综合收益。

借：其他综合收益　　8 000 000
　贷：其他业务成本　　8 000 000

交易性金融资产的公允价值变动损益在处置时是不是要转为投资收益？投资性房地产确认的公允价值变动损益在处置时应当如何处理？与交易性金融资产有什么区别？

思考题

1. 投资性房地产的后续计量有哪几种模式?

2. 如何确认其他资产转换为以公允价值模式计量的投资性房地产转换日公允价值变动?

练习题

1. (2019 年会计资格考试《中级会计实务》试题) 甲公司对投资性房地产采用公允价值模式进行后续计量,2×16 年至 2×18 年与 A 办公楼相关的交易或事项如下:

资料一:2×16 年 6 月 30 日,甲公司以银行存款 12 000 万元购入 A 办公楼,并于当日出租给乙公司使用,且已办妥相关手续,租期 2 年,租金 500 万元/年,每半年收一次。

资料二:2×16 年 12 月 31 日,甲公司收到首期租金 250 万元,并存入银行,2×16 年 12 月 31 日,该办公楼公允价值为 11 800 万元。

资料三:2×18 年 6 月 30 日,租赁期届满,甲公司收回并交付本公司行政管理部门使用,当日,该办公楼账面价值与公允价值均为 11 500 万元,预计尚可使用 20 年,预计净残值为 0。采用年限平均法计提折旧。

本题不考虑增值税及其他因素。

要求:

(1) 编制甲公司 2×16 年 6 月 30 日购入 A 办公楼的会计分录。

(2) 编制甲公司 2×16 年 12 月 31 日收到租金的会计分录。

(3) 编制甲公司 2×16 年 12 月 31 日 A 办公楼公允价值变动的会计分录。

(4) 编制甲公司 2×18 年 6 月 30 日收回 A 办公楼并交付本公司使用的会计分录。

(5) 计算甲公司对 A 办公楼应计提的 2×18 年下半年折旧总额,并编制会计分录。

2. (2018 年会计资格考试《中级会计实务》试题) 甲公司以公允价值模式对投资性房地产进行计量。2017 年到 2018 年相关资料如下:

资料一:2017 年 3 月 1 日,甲公司将原作为固定资产核算的写字楼,以经营租赁的方式租给乙公司,租期 18 个月,当日该写字楼的公允价值为 16 000 万元,账面原值为 15 000 万元,已计提折旧 3 000 万元。

资料二:2017 年 3 月 31 日,甲公司收到第一个月租金收入 125 万元,存入银行。12 月 31 日,该写字楼的公允价值为 17 000 万元。

资料三:2018 年 9 月 1 日,租赁期届满,甲公司以 17 500 万元的价格出售该写字楼。

要求：根据以上资料，编制相关会计分录。

3. 甲公司20×1年12月31日购入一栋房屋，以银行存款支付买价10 000 000元，增值税900 000元，合计10 900 000元，确认为投资性房地产，并按公允价值模式对其进行后续计量。20×2年1月1日，甲公司将该房屋出租，每年年初收取租金800 000元，增值税72 000元，合计872 000元。20×2年12月31日，该投资性房地产的公允价值为12 500 000元。

要求：根据以上资料，编制相关会计分录。

4. 甲公司20×1年1月1日购入一栋房屋，支付价款6 000 000元，增值税540 000元，合计6 540 000元；折旧年限为20年，预计净残值为0，按直线法计提折旧。20×3年1月23日，公司搬迁到新的办公楼，将该楼用于出租，转换日的公允价值为7 600 000元，采用公允价值模式进行后续计量。

要求：

（1）编制甲公司20×1年1月1日购入该办公楼的会计分录。

（2）编制甲公司20×3年1月23日将该办公楼转换为投资性房地产的会计分录。

第8章判断题
即测即评

第8章单选题
即测即评

第8章多选题
即测即评

第 9 章 Chapter 9 流动负债

学习目标

1. 掌握：短期借款的核算；应付票据的核算；应付短期薪酬的核算；应交增值税、消费税的核算。

2. 理解：应付账款的核算；应交城市维护建设税、教育费附加的核算；其他应付及预收款项的核算。

3. 了解：流动负债的性质；流动负债的入账价值；其他应付职工薪酬的核算。

9.1 流动负债概述

9.1.1 流动负债的性质

流动负债是指企业在一年或超过一年的一个营业周期内，需要以流动资产或增加其他负债来抵偿的债务，主要包括短期借款、应付票据、应付账款、预收账款、应付职工薪酬、应付股利、应付利息、应交税费和其他应付款等。

确认流动负债的目的，主要是将其与流动资产进行比较，反映企业的短期偿债能力。短期偿债能力是债权人非常关心的财务指标，在资产负债表上必须将流动负债与非流动负债分别列示。

9.1.2 流动负债的分类

流动负债按照不同的标准，可以分为不同的类别，以满足不同的需要。

1. 按照偿付手段分类

流动负债按照偿付手段分类，可以分为货币性流动负债和非货币性流动负债。

（1）货币性流动负债。货币性流动负债是指需要以货币资金来偿还的流动负债，主要包括短期借款、应付票据、应付账款、应付职工薪酬、应付股利、应交税费和其他应付款。

（2）非货币性流动负债。非货币性流动负债是指不需要用货币资金来偿还的流动负债，主要为预收账款。

2. 按照偿付金额是否确定分类

流动负债按照偿付金额是否确定分类，可以分为金额可以确定的流动负债和金额需要估计的流动负债。

（1）金额可以确定的流动负债。金额可以确定的流动负债是指有确切的债权人和偿付日期并有确切的偿付金额的流动负债，主要包括短期借款、应付票据、已经取得结算凭证的应付账款、预收账款、应付职工薪酬、应付股利、应付利息、应交税费和其他应付款等。

（2）金额需要估计的流动负债。金额需要估计的流动负债是指没有确切的债权人和偿付日期，或虽有确切的债权人和偿付日期但其偿付金额需要估计的流动负债，主要包括没有取得结算凭证的应付账款等。结算凭证尚未到达但已经入库的存货，其应付账款应于月末估计确定。

3. 按照形成方式分类

流动负债按照形成方式分类，可以分为融资活动形成的流动负债和营业活动形成的流动负债。

（1）融资活动形成的流动负债。融资活动形成的流动负债是指企业从银行和其他金融机构筹集资金形成的流动负债，主要包括短期借款、应付股利和应付利息。

（2）营业活动形成的流动负债。营业活动形成的流动负债是指企业在正常的生产经营活动中形成的流动负债，可以分为外部业务结算形成的流动负债和内部往来形成的流动负债。外部业务结算形成的流动负债主要包括应付票据、应付账款、预收账款、应交税费、其他应付款中应付外单位的款项等；内部往来形成的流动负债主要包括应付职工薪酬和其他应付款中应付企业内部单位或职工的款项。

需要说明的是，将流动负债进行上述划分，是相对而言的。企业的一项流动负债属于何种类型，除了按上述标准进行一般的分类外，还应进行具体分析，确定该项负债的性质。

9.1.3 流动负债的入账价值

负债是企业应在未来偿付的债务，从理论上讲，其入账价值应按未来应付金额的现值计量。流动负债也是负债，从理论上讲也不应例外。但是，流动负债的偿付时间一般不超过一年，未来应付的金额与折现值相差不多，按照重要性要求，其差额往往忽略不计，因而流动负债入账价值一般按照业务发生时的金额计量。

不同业务形成的流动负债，发生时的金额既可能是未来应付的金额，也可能是未来应付金额的现值。如果形成流动负债的业务发生时，双方协定不计利息，则发生时的金额即为未来应付的金额。例如，企业赊购一批存货，应付账款为1 000元，付款期为两个月，不计利息，则两个月后应付的金额为1 000元。在这种情况下，未来应付的金额1 000元中，实际上已经隐含了两个月的利息，其现值应为扣除两个月利息后的余额。但由于与未来应付的金额相差不多，按照重要性要求，应付票据的入账价值一般按照1 000元计量，即按照未来应付的金额计量。如果形成流动负债的业务发生时，双方协定计算利息，则发生时的金额为现在应付的金额，未来应付的金额为现在应付的金额与应付利息之和。例如，上例业务中双方协商采用商业汇票结算，计算利息，年利率为6%，则业务发生时的金额1 000元为现在应付的金额，两个月应付的利息为10元，未来应付的金额为1 010元。在这种情况下，应付票据的入账价值仍按1 000元计量，即按照现在应付的金额计量。

9.2 短期借款

短期借款是指企业从银行或其他金融机构借入的偿还期在一年以内（特殊情况下在超过一年的一个营业周期以内，本章下同）的款项。

9.2.1 短期借款的取得

企业从银行或其他金融机构借入款项时，应签订借款合同，注明借款金额、借款利率和还款时间等。取得短期借款时，应借记“银行存款”科目，贷记“短期借款”科目。“短期借款”科目应按债权人以及借款种类、还款时间设置明细账。

例9-1

甲公司4月1日从银行取得偿还期为6个月的借款800 000元，年利率为6%，每季度结息一次。根据以上资料，编制会计分录如下：

借：银行存款	800 000	
贷：短期借款		800 000

9.2.2 短期借款的利息费用

企业取得短期借款而发生的利息费用，一般应作为财务费用处理（需要资本化的利息费用见本教材第10章相关内容），计入当期损益。银行或其他金融机构一般按季度在季末月份结算借款利息，每季度的前两个月不支付利息。

权责发生制下，当月应负担的利息费用，即使在当月没有支付，也应作为当月的利息费用处理，应在月末估计当月的利息费用数额，进行预提，借记“财务费用”科目，贷记“应付利息”科目。在实际支付利息的月份，应根据已经预提的数额，借记“应付利息”科目；实际支付的利息大于预提数的差额，为当月应负担的利息费用，借记“财务费用”科目；根据实际支付的利息，贷记“银行存款”科目。在实际支付利息的月份，也可以根据实际支付的利息，借记“应付利息”科目，贷记“银行存款”科目；月末再调整应付利息的差额，借记“财务费用”科目，贷记“应付利息”科目。采用月末调整应付利息差额的方法，能够在应付利息明细账中全面反映借款利息的预提和支出数额。

例9-2

承例9-1。甲公司采用预提法进行利息费用的核算，编制会计分录如下：

（1）4月、5月预提利息费用各4 000元。

借：财务费用	4 000	
贷：应付利息		4 000

（2）6月份实际支付借款利息12 000元。

借：应付利息	8 000	
财务费用	4 000	
贷：银行存款		12 000

6月份也可以在实际支付借款利息时：

借：应付利息	12 000	
贷：银行存款		12 000

6月末预提利息费用：

借：财务费用	4 000	
贷：应付利息		4 000

在短期借款的数额不多，各月负担的利息费用数额不大的情况下，年内各月份也可以采用简化的核算方法，即于实际支付利息的月份，将其全部作为当月的财务费用处理，借记“财务费用”科目，贷记“银行存款”科目。但在年末，如果有应由本年负担但尚未支付的借款利息，应予预提。

9.2.3 短期借款的偿还

企业在短期借款到期偿还借款本金时，应借记“短期借款”科目，贷记“银行存款”科目。

例9-3

承例9-1。甲公司偿还短期借款800 000元，编制会计分录如下：

借：短期借款	800 000	
贷：银行存款		800 000

9.3　应付票据与应付账款

应付票据和应付账款均属于企业在购货过程中形成的流动负债。

9.3.1　应付票据

应付票据是指企业采用商业汇票结算方式延期付款购入货物应付的票据款。在我国，商业汇票的付款期限最长为 6 个月，因而应付票据即短期应付票据。

1. 商业汇票的签付

商业汇票结算方式是一种延期付款的结算方式。企业采用商业汇票结算方式购入货物，应向供货单位签付已承兑的商业汇票。企业也可以签付商业汇票，用以抵偿应付账款。商业汇票按承兑人分类，可以分为商业承兑汇票和银行承兑汇票两种。实际工作中使用的商业汇票，一般为不带息的商业汇票。

企业签付不带息的商业汇票，不论是商业承兑汇票还是银行承兑汇票，其到期价值即为票面价值。按照重要性会计信息质量要求，应付票据应按业务发生时的金额即票面价值（亦即到期价值）作为入账价值。企业取得结算凭证并签付商业汇票后，应按票面价值，借记“原材料”“应交税费”等科目，贷记“应付票据”科目。企业向银行申请承兑支付的手续费，应计入财务费用，借记“财务费用”科目，贷记“银行存款”科目。

2. 商业汇票到期

企业签付的商业汇票到期时，应无条件支付票据款。由于企业筹集付款资金的方法和能力有所不同，到期时可能会出现有能力支付票据款和无力支付票据款两种情况。

（1）有能力支付票据款。在商业汇票到期时，如果企业有能力支付票据款，则企业的开户银行在收到商业汇票付款通知时，无条件支付票据款。企业在收到开户银行的付款通知时，应终止确认应付票据。企业支付票据款时，应借记“应付票据”科目，贷记“银行存款”科目。

（2）无力支付票据款。在商业汇票到期时，如果企业无力支付票据款，则应根据不同承兑人承兑的商业汇票做不同的处理。

采用商业承兑汇票进行结算，一般承兑人即为付款人。如果付款人无力支付票据款，银行将把商业承兑汇票退还给收款人，由收付款双方协商解决。由于商业汇票已经失效，企业应终止确认应付票据，但付款人的债务并未解除，应将应付票据款转为应付账款，企业应按票面价值，借记“应付票据”科目，贷记“应付账款”科目。

采用银行承兑汇票进行结算，承兑人为承兑银行。如果付款人无力支付票据款，承兑银行将代为支付票据款，并将其转为对付款人的逾期贷款。由于商业汇票已经失效，付款人应终止确认应付票据，将应付票据款转为短期借款，企业应按票面价值，借记“应付票据”科目，贷记“短期借款”科目。企业支付的罚息应计入财务费用，借记“财务费用”科目，贷记“银行存款”科目。

例9-4

甲公司3月1日购入原材料一批，买价为10 000元，增值税为1 300元，共计11 300元，原材料已验收入库，采用商业汇票结算方式进行结算。甲公司签付一张不带息商业汇票，付款期限为3个月。6月1日，用银行存款支付票据款11 300元。根据以上资料，编制会计分录如下：

（1）3月1日，签付商业汇票11 300元。

借：原材料　　10 000
　　应交税费——应交增值税（进项税额）　　1 300
　贷：应付票据　　11 300

（2）6月1日，支付票据款11 300元。

借：应付票据　　11 300
　贷：银行存款　　11 300

（3）假定该商业汇票为商业承兑汇票，6月1日商业汇票到期时甲公司无力支付票据款。

借：应付票据　　11 300
　贷：应付账款　　11 300

（4）假定该商业汇票为银行承兑汇票，6月1日商业汇票到期时该企业无力支付票据款。

借：应付票据　　11 300
　贷：短期借款　　11 300

9.3.2 应付账款

应付账款是指企业在正常的生产经营过程中因购进货物或接受劳务应在一年以内偿付的债务。

1. 应付账款的入账时间

从理论上讲，应付账款的入账时间应为结算凭证取得的时间。因为在赊购情况下，企业取得结算凭证的同时可以取得货物，也意味着取得了该项货物的产权，应在确认资产的同时确认负债。在实际工作中，由于应付账款的偿付期限较短，往往在月内能够付款，为了简化核算工作，一般在取得结算凭证时不做账务处理，而在实际支付货款时作为资产入账。但是，结算凭证已到而月末仍未支付货款，则应确认资产和负债。

如果购进的货物已验收入库，而结算凭证在月末仍未到达，企业应对其进行估价，同时确认资产和负债。但为了规范实际支付货款时的核算方法，应在下月 1 日编制红字会计凭证予以冲销。

2. 应付账款的入账价值

一般来说，应付账款不再单独计算利息，业务发生时的金额即为未来应付的金额，延期付款期间的利息已经隐含在业务发生时的金额之内，按照重要性原则，应付账款的入账价值一般按照业务发生时的金额即未来应付的金额确定。企业确认应付账款时，应借记有关科目，贷记“应付账款”科目；偿付应付账款时，应借记“应付账款”科目，贷记“银行存款”等科目。

例 9-5

乙公司 4 月 3 日赊购原材料一批，发票中注明的买价为 10 000 元，增值税为 1 300 元，共计 11 300 元，原材料已经入库。5 月 5 日，实际支付价款 11 300 元。

(1) 4 月 3 日，购入原材料。

借：原材料	10 000	
应交税费——应交增值税（进项税额）	1 300	
贷：应付账款		11 300

(2) 5 月 5 日，支付价款 11 300 元。

借：应付账款	11 300	
贷：银行存款		11 300

9.4 应付职工薪酬

9.4.1 应付职工薪酬概述

党的二十大报告指出，分配制度是促进共同富裕的基础性制度。坚持按劳分配为主体、多种分配方式并存，构建初次分配、再分配、第三次分配协调配套的制度体系。努力提高居民收入在国民收入分配中的比重，提高劳动报酬在初次分配中的比重。坚持多劳多得，鼓励勤劳致富，促进机会公平，增加低收入者收入，扩大中等收入群体。完善按要素分配政策制度，探索多种渠道增加中低收入群众要素收入，多渠道增加城乡居民财产性收入。加大税收、社会保障、转移支付等的调节力度。完善个人所得税制度，规范收入分配秩序，规范财富积累机制，保护合法收入，调节过高收入，取缔非法收入。引导、支持有意愿有能力的企业、社会组织和个人积极参与公益慈善事业。① 企业应当服务共同富裕的目标，科学筹划、合理安排、规范发放职工薪酬。

应付职工薪酬是指职工为企业提供服务后，企业应当支付给职工的各种形式

① 习近平. 高举中国特色社会主义伟大旗帜 为全面建设社会主义现代化国家而团结奋斗：在中国共产党第二十次全国代表大会上的报告. 北京：人民出版社，2022：46-47.

的报酬或补偿。

职工主要是指与企业订立劳动合同的所有人员，含全职、兼职和临时职工，也包括虽未与企业订立劳动合同但由企业正式任命的人员。未与企业订立劳动合同或未由企业正式任命，但向企业所提供服务与职工所提供服务类似的人员，也属于职工的范畴，包括通过企业与劳务中介公司签订用工合同而向企业提供服务的人员。

职工薪酬是指企业为获得职工提供的服务或解除劳动关系而给予的各种形式的报酬或补偿。职工薪酬包括短期薪酬、离职后福利、辞退福利和其他长期职工福利。企业提供给职工配偶、子女、受赡养人、已故职工遗属及其他受益人等的福利，也属于职工薪酬。

1. 短期薪酬

短期薪酬是指企业在职工提供相关服务的年度报告期间结束后12个月内需要全部予以支付的职工薪酬。短期薪酬具体包括：职工工资、奖金、津贴和补贴，职工福利费，医疗保险费、工伤保险费等社会保险费，住房公积金，工会经费和职工教育经费，短期带薪缺勤，短期利润分享计划，非货币性福利以及其他短期薪酬。

2. 离职后福利

离职后福利是指企业为获得职工提供的服务而在职工退休或与企业解除劳动关系后提供的各种形式的报酬和福利。

3. 辞退福利

辞退福利是指企业在职工劳动合同到期之前解除与职工的劳动关系，或者为鼓励职工自愿接受裁减而给予职工的补偿。

4. 其他长期职工福利

其他长期职工福利是指除短期薪酬、离职后福利、辞退福利之外所有的职工薪酬，包括长期带薪缺勤、长期残疾福利、长期利润分享计划等。

为了反映职工薪酬的发放和提取情况，应设置“应付职工薪酬”科目进行核算，该科目应按照职工薪酬的类别设置明细科目。

9.4.2 应付短期薪酬

1. 应付工资

应付工资的核算，首先要明确工资总额的构成，然后进行工资结算的核算与工资分配的核算。

（1）工资总额。工资总额是指按照国家统计局规定的口径，企业在一定时期内实际支付给职工的工资总数。企业的工资总额一般由计时工资、计件工资、奖金、津贴和补贴、加班加点工资和特殊情况下支付的工资六个部分组成。

（2）工资结算。工资结算包括工资的计算和工资的发放。一般来说，企业发放工资的时间在月度的上中旬，无法统计职工当月的出勤时间或产量，往往按照上月的出勤和产量记录计算发放当月的工资。企业有时还为某些部门代扣一些款项，如代扣社会保险费等，应付职工的工资总额减去代扣款，即为应发给职工的现金。为了反映企业工资总额的构成，便于进行工资结算的核算，企业应编制工资结算汇总表。工资结算汇总表应按照职工类别和工资总额构成项目分别反映。

例9-6

甲公司11月份的工资结算汇总表如表9-1所示。

表9-1 工资结算汇总表

单位：元

项目	工资总额	代扣款项			应发现金
		代扣社会保险费等	代扣个人所得税	合计	
生产工人	800 000	150 000	30 000	180 000	620 000
车间管理人员	45 000	8 000	1 500	9 500	35 500
企业管理人员	147 000	30 000	5 000	35 000	112 000
销售人员	33 000	6 000	1 000	7 000	26 000
在建工程人员	65 000	12 000	2 000	14 000	51 000
合计	1 090 000	206 000	39 500	245 500	844 500

为了反映企业与职工的工资结算情况，应在“应付职工薪酬”科目下设置“工资”明细科目。

企业在发放工资之前，应按照应发放的现金合计数提取现金，借记“库存现金”科目，贷记“银行存款”科目；实际发放工资时，按照实发工资数额，借记“应付职工薪酬——工资”科目，贷记“库存现金”科目；如果企业将应发给职工的工资通过银行转账方式直接转入职工的银行账户，则不必提取现金，应按照实发工资数额，借记“应付职工薪酬——工资”科目，贷记“银行存款”科目；结转代扣社会保险费和住房公积金时，借记“应付职工薪酬——工资”科目，贷记“其他应付款”等科目；结转代扣个人所得税时，借记“应付职工薪酬——工资”科目，贷记“应交税费——应交个人所得税”科目。实际缴纳社会保险费和住房公积金以及个人所得税时，借记“其他应付款”“应交税费——应交个人所得税”科目，贷记“银行存款”等科目。

例9-7

承例9-6。甲公司11月份根据有关的工资结算业务，编制会计分录如下：

(1) 通过银行转账方式，实际发放工资844 500元。

借：应付职工薪酬——工资　　844 500

　　贷：银行存款　　844 500

(2) 结转代扣款245 500元。

借：应付职工薪酬——工资　　245 500

　　贷：其他应付款——应付社会保险费等　　206 000

应交税费——应交个人所得税 39 500

（3）缴纳由职工个人负担的社会保险费等206 000元。

借：其他应付款——应付社会保险费等 206 000

贷：银行存款 206 000

（4）缴纳个人所得税39 500元。

借：应交税费——应交个人所得税 39 500

贷：银行存款 39 500

（3）工资分配。工资分配是指将企业发放的工资，于月末按照用途进行分配。按照权责发生制原则，企业当月分配的工资额，应为按照职工当月的出勤或产量记录计算的工资额，但是采用这种方法，月末计算职工工资的工作量很大，影响财务报表的及时报送。在企业各月工资总额相差不多的情况下，为了简化核算工作，也可以按照当月实际支付的工资额进行分配，也就是说，当月分配的工资额，为按照职工上月出勤或产量记录计算的工资额。采用这种方法，“应付职工薪酬——工资”科目月末没有余额。

企业进行工资分配时，应按照工资的用途分别记入有关科目。一般来说，应根据生产车间职工工资计入产品成本，其中，根据生产工人的工资，借记“生产成本”科目；根据车间管理人员的工资，借记“制造费用”科目；根据销售人员的工资，借记“销售费用”科目；根据在建工程人员工资，借记“在建工程”科目；根据自行开发无形资产人员工资，借记“研发支出”科目；根据其他人员的工资，借记“管理费用”科目；根据职工工资额，贷记“应付职工薪酬——工资”科目。

为了便于进行工资分配的核算，企业应编制工资分配汇总表。

例9-8

承例9-6和例9-7。甲公司11月份的工资分配汇总表如表9-2所示（工资额按上月出勤和产量记录计算）。

表9-2 工资分配汇总表 单位：元

应借科目	生产工人	车间管理人员	企业管理人员	销售人员	在建工程人员	合计
生产成本	800 000					800 000
制造费用		45 000				45 000
管理费用			147 000			147 000
销售费用				33 000		33 000
在建工程					65 000	65 000
合计	800 000	45 000	147 000	33 000	65 000	1 090 000

根据工资分配汇总表，编制会计分录如下：

借：生产成本 800 000

制造费用 45 000

管理费用 147 000

销售费用 33 000
在建工程 65 000
贷：应付职工薪酬——工资 1 090 000

2. 应付福利费

在我国，企业职工从事生产经营活动除领取劳动报酬外，还享受一定的福利补助，如职工生活困难补助费、独生子女保健费等。为了反映职工福利的支付与分配情况，应在“应付职工薪酬”科目下设置“职工福利”明细科目。

（1）应付福利费的支出。企业发生福利费支出时，应借记“应付职工薪酬——职工福利”科目，贷记有关科目。

（2）应付福利费的分配。月末，企业应按照用途对发生的职工福利费进行分配。在各月实际发生的职工福利费相差不多的情况下，可以根据实际发生的金额进行分配；如果各月发生的职工福利费相差较大，则应根据估计的金额进行分配。

企业分配职工福利费时，应借记“生产成本”“制造费用”“管理费用”“销售费用”“在建工程”“研发支出”等科目，贷记“应付职工薪酬——职工福利”科目。

例9-9

甲公司11月份用现金支付生产工人福利费5 000元，编制会计分录如下：

（1）支付福利费。

借：应付职工薪酬——职工福利 5 000
贷：库存现金 5 000

（2）月末分配福利费。

借：生产成本 5 000
贷：应付职工薪酬——职工福利 5 000

3. 应付医疗、工伤等社会保险费以及住房公积金

（1）医疗、工伤等社会保险费以及住房公积金的计提。医疗、工伤等社会保险费是按国家规定由企业和职工共同负担的费用。住房公积金是按照国家规定由企业和职工共同负担用于解决职工住房问题的资金。职工负担的医疗、工伤等社会保险费以及住房公积金属于职工薪酬的范畴，这里所说的医疗、工伤等社会保险费以及住房公积金，是指企业负担的医疗、工伤等社会保险费以及住房公积金。为了反映企业负担的医疗、工伤等社会保险费以及住房公积金的提取和缴纳情况，应在“应付职工薪酬”科目下设置“社会保险费”和“住房公积金”明细科目。

应由企业负担的医疗、工伤等社会保险费以及住房公积金，应在职工为其提供服务的会计期间，根据职工工资的一定比例计算，并按照规定的用途进行分配，借记“生产成本”“制造费用”“管理费用”“销售费用”“在建工程”“研发支出”等科目，贷记“应付职工薪酬——社会保险费（或住房公积金）”科目。

（2）医疗、工伤等社会保险费以及住房公积金的缴纳。企业缴纳企业负担的医疗、工伤等社会保险费以及住房公积金时，借记“应付职工薪酬”科目，贷记“银行存款”科目。

例 9－10

承例 9－6 和例 9－7。甲公司 11 月应负担生产工人医疗、工伤等社会保险费 170 000 元，车间管理人员医疗、工伤等社会保险费 9 000 元，行政管理人员医疗、工伤等社会保险费 35 000 元，销售人员医疗、工伤等社会保险费 7 000 元，在建工程人员医疗、工伤等社会保险费14 000 元，合计 235 000 元。编制会计分录如下：

（1）计提企业负担的医疗、工伤等社会保险费。

借：生产成本	170 000	
制造费用	9 000	
管理费用	35 000	
销售费用	7 000	
在建工程	14 000	
贷：应付职工薪酬——社会保险费（或住房公积金）		235 000

（2）缴纳企业负担的医疗、工伤等社会保险费 235 000 元。

借：应付职工薪酬——社会保险费（或住房公积金）	235 000	
贷：银行存款		235 000

4. 应付工会经费和职工教育经费

（1）应付工会经费。党的二十大报告指出，深化工会、共青团、妇联等群团组织改革和建设，有效发挥桥梁纽带作用。坚持走中国人权发展道路，积极参与全球人权治理，推动人权事业全面发展。① 工会的基本职责是维护职工利益，是中国共产党领导的职工自愿结合的工人阶级群众组织，是党联系职工群众的桥梁和纽带，是国家政权的重要社会支柱，是会员和职工利益的代表。工会经费是按照国家规定由企业负担的用于工会活动方面的经费，是工会维护职工合法权益、竭诚服务职工群众的基本保障。为了反映工会经费的提取和使用情况，应在“应付职工薪酬”科目下设置“工会经费”明细科目。

企业计提工会经费时，应根据职工工资的一定比例计算，并按职工工资的用途进行分配，借记“生产成本”“制造费用”“管理费用”“销售费用”“在建工程”“研发支出”等科目，贷记“应付职工薪酬——工会经费”科目。

企业的工会作为独立法人，一般可以在银行独立开户，实行独立核算。企业划拨工会经费时，应借记“应付职工薪酬——工会经费”科目，贷记“银行存款”科目。如果企业的工会经费由企业代管，则在发生工会经费支出时，借记“应付职工薪酬——工会经费”科目，贷记有关科目。

---

① 习近平. 高举中国特色社会主义伟大旗帜 为全面建设社会主义现代化国家而团结奋斗：在中国共产党第二十次全国代表大会上的报告. 北京：人民出版社，2022：38.

例 9-11

甲公司工会独立核算，11月按照职工工资总额的2%计提工会经费，其中，按照生产工人工资计提16 000元，按照车间管理人员工资计提900元，按照行政管理人员工资计提2 940元，按照销售人员工资计提660元，按照在建工程人员工资计提1 300元，合计21 800元。编制会计分录如下：

（1）计提工会经费21 800元。

借：生产成本	16 000	
制造费用	900	
管理费用	2 940	
销售费用	660	
在建工程	1 300	
贷：应付职工薪酬——工会经费		21 800

（2）划拨工会经费21 800元。

借：应付职工薪酬——工会经费	21 800	
贷：银行存款		21 800

（2）应付职工教育经费。职工教育经费是按国家规定由企业负担的用于职工教育培训方面的经费。为了反映职工教育经费的提取和使用情况，应在“应付职工薪酬”科目下设置“职工教育经费”明细科目。

企业的职工教育经费一般据实列支。企业发生各项教育经费支出时，应借记“应付职工薪酬——职工教育经费”科目，贷记“银行存款”等科目。

企业分配职工教育经费时，应根据实际发生的职工教育经费，按职工工作的性质进行分配，借记“生产成本”“制造费用”“管理费用”“销售费用”“在建工程”“研发支出”等科目，贷记“应付职工薪酬——职工教育经费”科目。

例 9-12

甲公司11月为培训生产工人以银行存款支付教育经费10 000元，为培训在建工程人员以银行存款支付教育经费2 000元，合计12 000元。编制会计分录如下：

（1）支付职工教育经费12 000元。

借：应付职工薪酬——职工教育经费	12 000	
贷：银行存款		12 000

（2）分配职工教育经费12 000元。

借：生产成本	10 000	
在建工程	2 000	
贷：应付职工薪酬——职工教育经费		12 000

5. 应付短期带薪缺勤

短期带薪缺勤是指企业支付工资或提供补偿的职工缺勤，包括年休假、病假、短期伤残、婚假、产假、丧假、探亲假等。短期带薪缺勤分为累积带薪缺勤和非累积带薪缺勤。

（1）累积带薪缺勤是指带薪缺勤权利可以结转下期的带薪缺勤，本期尚未用完的带薪缺勤权利可以在未来期间使用。例如，某职工每年可以享受10天带薪休假，当年由于工作任务较重，未能按时休假，如果该企业规定当年未休假的时间可以递延1年，则当年未休假的时间属于累积带薪缺勤。为了反映累积带薪缺勤的提取和使用情况，应在“应付职工薪酬”科目下设置“累积带薪缺勤”明细科目。

职工当期未享受带薪缺勤而在未来可以享受带薪缺勤的情况下，增加了当期为企业提供的服务。因此，企业应当在职工提供服务从而增加了其未来享有的带薪缺勤权利时，确认与累积带薪缺勤相关的职工薪酬，并以累积未行使权利而增加的预期支付金额计量，计入当期成本费用，借记“生产成本”“制造费用”“管理费用”“销售费用”“在建工程”“研发支出”等科目，贷记“应付职工薪酬——累积带薪缺勤”科目。

职工在未来期间实际享受前期带薪缺勤时，由于该期间职工未提供服务，应冲减该期间的成本费用，借记“应付职工薪酬——累积带薪缺勤”科目，贷记“生产成本”“制造费用”“管理费用”“销售费用”“在建工程”“研发支出”等科目。

（2）非累积带薪缺勤是指带薪缺勤权利不能结转下期的带薪缺勤，本期尚未用完的带薪缺勤权利将予以取消，并且职工离开企业时也无权获得现金支付。例如，某职工每年可以享受10天带薪休假，当年由于工作任务较重，未能按时休假，如果该企业规定当年未休假的时间不能递延，则当年未休假的时间属于非累积带薪缺勤。

企业应当在职工实际发生带薪缺勤的会计期间确认与非累积带薪缺勤相关的职工薪酬。这部分职工薪酬属于前述应付工资的范畴。

例9-13

甲公司2023年有一名生产工人按照规定每年可以享受5天带薪休假，由于工作任务较重，该职工当年未能享受带薪休假，公司规定，可以将其未休的带薪休假时间递延到2024年。该职工的日工资为300元。编制会计分录如下：

（1）2023年确认应付带薪缺勤薪酬1 500元。

借：生产成本	1 500	
贷：应付职工薪酬——累积带薪缺勤		1 500

（2）2024年该职工实际享受了上年未享受的带薪休假。

借：应付职工薪酬——累积带薪缺勤	1 500	
贷：生产成本		1 500

6. 应付利润分享计划

利润分享计划是指因职工提供服务而与职工达成的基于利润或其他经营成果提供薪酬的协议。为了反映利润分享计划的提取和发放情况，应在“应付职工薪酬”科目下设置“利润分享计划”明细科目。

企业确认职工利润分享计划薪酬时，应借记“生产成本”“制造费用”“管理费用”“销售费用”“在建工程”“研发支出”等科目，贷记“应付职工薪酬——利润分享计划”科目。

在企业实际发放利润分享计划薪酬时，应借记“应付职工薪酬——利润分享计划”科目，贷记“银行存款”等科目。

7. 应付非货币性福利

（1）非货币性福利的支付。非货币性福利是指企业以非货币性资产支付给职工的薪酬，主要包括企业以自己的产品或其他有形资产发放给职工作为福利，向职工无偿提供自己拥有的资产供其使用，以及为职工无偿提供类似医疗保健服务等。为了反映非货币性福利的支付与分配情况，应在“应付职工薪酬”科目下设置“非货币性福利”明细科目。

企业以其生产的产品作为非货币性福利提供给职工的，应当作为正常产品销售处理，按照该产品的公允价值确定非货币性福利金额，借记“应付职工薪酬——非货币性福利”科目，贷记“主营业务收入”“应交税费——应交增值税（销项税额）”科目；同时结转产品销售成本，借记“主营业务成本”科目，贷记“库存商品”科目。

企业无偿向职工提供住房等资产使用的，应当根据该住房每期应计提的折旧确定非货币性福利金额，借记“应付职工薪酬——非货币性福利”科目，贷记“累计折旧”等科目。租赁住房等资产供职工无偿使用的，应当根据每期应付的租金确定非货币性福利金额，借记“应付职工薪酬——非货币性福利”科目，贷记“银行存款”等科目。

（2）非货币性福利的分配。企业应按照用途对实际发生的非货币性福利进行分配。企业分配非货币性福利时，应借记“生产成本”“制造费用”“管理费用”“销售费用”“在建工程”“研发支出”等科目，贷记“应付职工薪酬——非货币性福利”科目。

9.4.3 其他应付职工薪酬

1. 离职后福利

职工离职后，还将享受待业、养老保险、企业年金等福利。离职后福利计划是指企业与职工就离职后福利达成的协议，或者企业为向职工提供离职后福利制定的规章或办法等。企业应当将离职后福利计划分类为设定提存计划和设定受益计划。

（1）设定提存计划。设定提存计划是指向独立的基金缴存固定费用后，企业不再承担进一步支付义务的离职后福利计划，主要包括企业负担的待业、养老等社会保险费。为了反映设定提存计划的提取和支付情况，应在“应付职工薪酬”科目下设置“设定提存计划”明细科目。企业应当在职工为其提供服务的会计期间，将根据设定提存计划计算的应缴存金额确认为负债，并计入当期成本费用。

企业设定提存计划的会计核算方法，与前述医疗、工伤等社会保险费的核算方法相同，这里不再赘述。

（2）设定受益计划。设定受益计划是指除设定提存计划以外的离职后福利计划。企业应当计量设定受益计划所产生的义务，并确定相关义务的归属期间。为了反映设定受益计划的提取和发放情况，应在“应付职工薪酬”科目下设置“设定受益计划”明细科目。企业应当将设定受益计划所产生的义务予以折现，以确定设定受益计划义务的现值和当期服务成本。

企业确认设定受益计划产生的应付职工薪酬，应借记“生产成本”等科目，贷记“应付职工薪酬——设定受益计划”科目，并于年末确认相关的利息费用，借记“财务费用”等科目，贷记“应付职工薪酬——设定受益计划”科目。

如果职工在离职后将长期享有设定受益计划，企业应采用保险精算的方法对设定受益计划的应付职工薪酬进行重新计量。企业重新计量设定受益计划应付职工薪酬所产生变动的金额，应计入其他综合收益，借记或贷记“应付职工薪酬——设定受益计划”科目，贷记“其他综合收益”科目。企业确认的这部分其他综合收益，在后续会计期间不允许转回至损益，但企业可以将其转为期初留存收益。

企业实际支付设定受益计划职工薪酬时，应借记“应付职工薪酬——设定受益计划”科目，贷记“银行存款”等科目。

企业在某一职工的设定受益计划结束时，应当进行设定受益计划结算，确认一项结算利得或损失，借记或贷记“应付职工薪酬——设定受益计划”科目，贷记“营业外收入”科目或借记“营业外支出”科目。同时，将原确认的其他综合收益转为期初留存收益，借记或贷记“其他综合收益”科目，贷记或借记“盈余公积”“利润分配——未分配利润”科目。

2. 应付辞退福利

辞退福利是指企业在职工劳动合同到期之前解除与职工的劳动关系，或者为鼓励职工自愿接受裁减而给予职工的补偿。为了反映辞退福利的提取和支付情况，应在“应付职工薪酬”科目下设置“辞退福利”明细科目。

（1）辞退福利的提取。辞退福利通常采取解除劳动关系时一次性支付补偿的方式，也有通过提高退休后养老金或其他离职后福利标准的方式，或者将职工薪酬的工资部分支付到辞退后未来某一期末。企业应当按照辞退计划条款的规定，合理预计并确认辞退福利产生的应付职工薪酬，计入当期损益。

由于被辞退职工不再能给企业带来任何经济利益，辞退福利应当计入当期费用而不计入资产成本。企业应当根据已确定的辞退福利，借记“管理费用”科目，贷记“应付职工薪酬——辞退福利”科目。

（2）辞退福利的支付。企业实际支付辞退福利时，应借记“应付职工薪酬——辞退福利”科目，贷记“银行存款”等科目。

3. 应付其他长期职工福利

其他长期职工福利是指除了前述各项职工薪酬以外的长期职工福利，主要包括长期带薪缺勤、长期利润分享计划和长期残疾福利等。为了反映其他长期职工福利的提取和支付情况，应在“应付职工薪酬”科目下设置“其他长期职工福利”明细科目。

（1）应付其他长期职工福利的提取。企业确认的长期带薪缺勤、长期利润分享计划等，应当按照前述带薪缺勤、利润分享计划的有关规定进行会计处理。

长期残疾福利水平如果取决于职工提供服务期间长短的，企业应当在职工提供服务的期间确认应付长期残疾福利义务，计量时应当考虑长期残疾福利支付的可能性和预期支付的期限；长期残疾福利与职工提供服务期间长短无关的，企业应当在导致职工长期残疾的事件发生的当期确认应付长期残疾福利义务。

一般来说，企业确认的应付其他长期福利，偿付期在一年以上的，应当按照一定的折现率折现，借记有关成本费用科目，贷记“应付职工薪酬——其他长期职工福利”科目，并于年末确认相关的利息费用，借记“财务费用”等科目，贷记“应付职工薪酬——其他长期职工福利”科目。

（2）其他长期福利的支付。企业实际支付其他长期福利时，应借记“应付职工薪酬——其他长期职工福利”科目，贷记“银行存款”等科目。

9.5 应交税费

党的二十大报告指出，全面依法治国是国家治理的一场深刻革命，关系党执政兴国，关系人民幸福安康，关系党和国家长治久安。必须更好发挥法治固根本、稳预期、利长远的保障作用，在法治轨道上全面建设社会主义现代化国家。① 税收是国家财政收入的重要来源。企业依法纳税是企业的义务，企业应当按照税法规定及时足额缴纳税费。

应交税费是指企业在生产经营过程中产生的应向国家缴纳的各种税费，主要包括增值税、消费税、城市维护建设税、教育费附加和所得税等。本章主要讲述应交增值税、消费税、城市维护建设税以及教育费附加等的核算，应交所得税的核算将在第12章中讲述。

9.5.1 应交增值税

1. 增值税概述

（1）增值税纳税环节与纳税义务人。增值税是以销售货物、提供加工修理修配劳务、提供服务、销售无形资产或不动产等各项经营活动的增值额为征税对象的一种流转税。在我国境内从事上述活动以及进口货物的单位和个人为增值税纳税义务人。

① 习近平. 高举中国特色社会主义伟大旗帜 为全面建设社会主义现代化国家而团结奋斗：在中国共产党第二十次全国代表大会上的报告. 北京：人民出版社，2022：40.

按照我国现行制度规定，纳税义务人分为一般纳税人和小规模纳税人两种。小规模纳税人是指年销售额在规定的数额以下、会计核算不健全的纳税义务人，其应交增值税采用简化的核算方法（后面讲述）。

（2）增值税税率。一般纳税人适用的增值税税率主要包括：

1）13%。一般纳税人销售或者进口货物以及加工修理修配劳务、租赁有形动产，适用的税率为13%。

2）9%。一般纳税人销售或者进口下列货物、提供服务，适用的税率为9%：①农产品（含粮食）、食用植物油、食用盐；②自来水、暖气、冷气、热水、煤气、石油液化气、天然气、沼气、居民用煤炭制品；③图书、报纸、杂志、音像制品、电子出版物；④饲料、化肥、农药、农机、农膜、二甲醚；⑤提供交通运输、邮政、基础电信、建筑、不动产租赁服务；⑥销售不动产，转让土地使用权等。

3）6%。提供上述两项以外的服务，适用的税率为6%。主要包括现代服务业、金融保险业以及租赁、转让无形资产（土地使用权除外）等。

4）3%。采用简易计税方法的项目征收率为3%。

5）零税率。出口货物，适用的税率为零。

需要说明的是，企业在同一项经营活动中涉及不同税率的业务，应就高确认增值税税率。例如，企业销售商品，同时负责送货并收取运费，则销售商品的收入和运费收入均应按照13%确定增值税。企业的不同经营活动分别涉及不同税率的业务时，如果企业能够将不同业务进行单独和准确的核算，能够判断不同业务价格的合理性，则可以分别适用不同的税率。例如，某企业既销售商品，也对外提供其他运输服务，商品销售和运输服务不属于同一项业务且均能够进行单独和准确的核算，能够确认各项价格的合理性，则销售商品按照13%确定增值税，提供运输服务按照9%确定增值税。

（3）会计科目及专栏设置。增值税一般纳税人应当在“应交税费”科目下设置“应交增值税”“未交增值税”“预交增值税”“待认证进项税额”“待转销项税额”“转让金融商品应交增值税”“简易计税”等明细科目。

1）“应交税费——应交增值税”科目设置。应交增值税对于一般纳税人来说，在一般情况下属于一种价外税，即收取的增值税不计入收入，支付的增值税一般也不计入成本，在价外单独核算。为此，应在“应交税费”科目下设置“应交增值税”明细科目进行核算。“应交增值税”明细科目还应按照应交增值税的构成内容设置专栏，进行明细核算。

“应交增值税”明细科目的借方一般设置“进项税额”“销项税额抵减”“已交税金”“转出未交增值税”“出口抵减内销产品应纳税额”等专栏；贷方一般设置“销项税额”“进项税额转出”“出口退税”“转出多交增值税”等专栏。贷方专栏中“进项税额转出”和“出口退税”两项为借方专栏中“进项税额”的抵减项目。

本月销项税额大于抵减后的进项税额、销项税额抵减、出口抵减内销产品应纳税额之和的，其差额为本月应交增值税。本月应交增值税大于借方专栏“已交税金”的差额，为本月未交增值税，应从“应交增值税”明细科目借方（“转出未交增值税”专栏）转出，转入“未交增值税”明细科目贷方；本月应交增值税小于借方专栏“已交税金”的差额，为本月多交增值税，应从“应交增值税”明细科目贷方（“转出多交增值税”专栏）转出，转入“未交增值税”明细科目借方。经过上述结转后，“应交增值税”明细科目应无余额。

本月销项税额小于抵减后的进项税额、销项税额抵减、出口抵减内销产品应纳税额之和的，其差额为本月尚未抵扣的增值税税额，应留待以后月份抵扣，因此“应交税费——应交增值税”明细科目如果有余额，应为借方余额，即尚未抵扣的增值税税额。

2）“应交税费——未交增值税”明细科目设置。“应交税费——未交增值税”明细科目反映企业月末累计未交增值税或多交增值税。该明细科目贷方登记转入的当月应交未交增值税，借方登记转入的当月多交或预交的增值税和实际缴纳的以前期间欠交增值税。该科目借方余额为累计多交增值税，贷方余额为累计未交增值税。

需要说明的是，企业在缴纳增值税时，应将补交的以前月份未交增值税记入“应交税费——未交增值税”科目借方，将缴纳的当月增值税记入“应交税费——应交增值税（已交税金）”科目借方。

3）“应交税费——预交增值税”明细科目设置。“应交税费——预交增值税”明细科目反映企业转让不动产、提供不动产经营租赁服务、提供建筑服务、采用预收款方式销售自行开发的房地产项目等，以及其他按现行增值税制度规定应预交的增值税。该明细科目借方登记预交的增值税，贷方登记转出的已经发生纳税义务的预交增值税，月末借方余额为转让不动产、提供不动产经营租赁服务、提供建筑服务、销售自行开发的房地产项目尚未发生纳税义务的预交增值税。

4）“应交税费——待认证进项税额”明细科目设置。“应交税费——待认证进项税额”明细科目反映企业由于未经税务机关认证而不得从当月销项税额中抵扣的进项税额。包括：已取得增值税扣税凭证、按照现行增值税制度规定准予从销项税额中抵扣，但尚未经税务机关认证的进项税额；已申请稽核但尚未取得稽核相符结果的海关缴款书进项税额。该明细科目借方登记支付的待认证进项税额，贷方登记转出的经过认证的进项税额，月末借方余额为尚未认证的进项税额。

5）“应交税费——待转销项税额”明细科目设置。“应交税费——待转销项税额”明细科目反映企业销售货物、加工修理修配劳务、服务、无形资产或不动产，已确认相关收入（或利得）但尚未发生增值税纳税义务而需于以后期间确认为销项税额的增值税税额。该明细科目贷方登记未来应缴纳的销项税额，借方登记转出的确认的销项税额，月末贷方余额为未来应缴纳的销项税额。

6）“应交税费——转让金融商品应交增值税”明细科目设置。“应交税费——转让金融商品应交增值税”明细科目反映企业转让金融商品发生的增值税税额。该明细科目贷方登记转让金融商品应缴纳的销项税额，借方登记转让金融商品亏损可以抵扣的增值税税额、本月缴纳的增值税税额；月末贷方余额为尚未缴纳的增值税税额，借方余额为转让金融商品亏损尚未抵扣的增值税税额。

7）“应交税费——简易计税”明细科目设置。“应交税费——简易计税”明细科目反映企业发生的教育辅助服务等采用简易计税方法应交的增值税。该明细科目贷方登记应交增值税，借方登记预交、补交的增值税；月末贷方余额为未交的增值税，借方余额为多交的增值税。

2. 增值税进项税额

增值税进项税额是指一般纳税人购进货物、加工修理修配劳务、服务、无形资产或不动产而支付或负担的且经过税务机关认证可以在当月抵扣的增值税税额。企业支付的增值税进项税额能否在销项税额中抵扣，应视具体情况而定。

（1）不得抵扣的进项税额。按我国税法规定，下列项目的进项税额不得从销项税额中抵扣：

1）用于简易计税项目、免征增值税项目、集体福利或者个人消费的购进货物、加工修理修配劳务、服务、无形资产或不动产；用于企业的交际应酬消费属于个人消费。

2）非正常损失的购进货物，以及相关的加工修理修配劳务和交通运输服务。

3）非正常损失的在产品、产成品所耗用的购进货物（不包括固定资产）、加工修理修配劳务和交通运输服务。

4）非正常损失的不动产，以及该不动产所耗用的购进货物、设计服务和建筑服务。

5）非正常损失的不动产在建工程所耗用的购进货物、设计服务和建筑服务。新建、改建、扩建、修缮、装饰不动产，均属于不动产在建工程。

6）购进的贷款服务、餐饮服务、居民日常服务和娱乐服务。

7）财政部和国家税务总局规定的其他情形。

需要说明的是，非正常损失是指因管理不善造成货物被盗、丢失、霉烂变质，以及因违反法律法规造成货物或者不动产被依法没收、销毁、拆除的情形。非正常损失的不动产以及在建工程所耗用的购进货物，是指构成不动产实体的材料和设备，包括建筑装饰材料和给排水、采暖、卫生、通风、照明、通信、煤气、消防、中央空调、电梯、电气、智能化楼宇设备及配套设施。

企业如果兼营简易计税方法计税项目、免征增值税项目而无法划分不得抵扣的进项税额，按照下列公式计算不得抵扣的进项税额：

$$\text{不得抵扣的进项税额} = \begin{matrix}\text{当期无法划分的}\\\text{全部进项税额}\end{matrix} \times \frac{\text{当期简易计税方法计税项目销售额}+\text{免征增值税项目销售额}}{\text{当期全部销售额}}$$

（2）可以抵扣的进项税额。一般来说，凡是未明确不得抵扣的进项税额，都可以抵扣。可以抵扣的进项税额又分为两种情况：取得增值税扣税凭证和未取得增值税扣税凭证。

1）取得增值税扣税凭证。企业购进的一般货物、加工修理修配劳务、服务、无形资产或不动产，必须取得增值税扣税凭证，并经税务机关认证，才能从销项税额中抵扣。这部分可以抵扣的增值税税额不计入购进货物、加工修理修配劳务、服务、无形资产的成本。

需要说明的是，按照增值税相关规定，企业从依照 3%征收率计算缴纳增值税的小规模纳税人处取得农产品增值税专用发票的，以增值税专用发票上注明的金额和 9%的扣除率计算进项税额，相当于多抵扣 6 个百分点。

企业购进货物、加工修理修配劳务、服务和无形资产时，应根据增值税专用发票中货物、加工修理修配劳务、服务和无形资产的价款，借记“原材料”“库存商品”“固定资产”“工程物资”“在建工程”“无形资产”“管理费用”“销售费用”等科目；根据经税务机关认证的增值税专用发票中的增值税税额，借记“应交税费——应交增值税（进项税额）”科目；根据全部价款，贷记“银行存款”等科目。

企业从小规模纳税人处购入农产品，应根据增值税专用发票注明的买价和 9%扣除率计算确定的进项税额，借记“应交税费——应交增值税（进项税额）”等科目；根据全部价款减去进项税额的差额，借记“原材料”等科目；根据全部价款，贷记“银行存款”等科目。

2）未取得增值税扣税凭证。企业购进的货物或服务，在下列情况下未取得增值税专用发票，其进项税额可以抵扣。

①企业购进的货物如为免税的农产品，由于销售方无须缴纳增值税，因而企业无法取得增值税专用发票。但是按照增值税相关规定，企业可以根据农产品销售发票或收购发票，按照免税农产品买价的 9%作为进项税额抵扣。企业购进农产品时，应按买价的 91%借记“原材料”等科目，按买价的 9%借记“应交税费——应交增值税（进项税额）”科目，按买价贷记“银行存款”等科目。

②企业取得注明旅客身份信息的航空运输电子客票行程单的，按照下列公式计算进项税额：

航空旅客运输进项税额＝(票价＋燃油附加费)÷(1＋9%)×9%

③企业取得注明旅客身份信息的铁路车票的，按照下列公式计算进项税额：

铁路旅客运输进项税额＝票面金额÷(1＋9%)×9%

④企业取得注明旅客身份信息的公路、水路等其他客票的，按照下列公式计算进项税额：

公路、水路等其他旅客运输进项税额＝票面金额÷(1＋3%)×3%

例 9－14

长江公司为增值税一般纳税人，8 月份根据发生的有关增值税进项税额的业务编制会计分录如下：

(1) 购入原材料一批，买价 2 000 000 元，增值税 260 000 元，运费 1 000 元，运费增值税 90 元，共计 2 261 090 元，原材料入库，货款用银行存款支付；已收到增值税专用发票，经税务机关认证可以抵扣。

原材料成本＝2 000 000＋1 000＝2 001 000(元)

进项税额＝260 000＋90＝260 090(元)

借：原材料　　2 001 000
　　应交税费——应交增值税（进项税额）　　260 090
　贷：银行存款　　2 261 090

（2）从小规模纳税人处购入农产品一批，作为原材料入库，增值税专用发票注明的买价为200 000元，增值税为6 000元，用银行存款支付，增值税经税务机关认证可以抵扣。

进项税额＝200 000×9%＝18 000(元)
原材料成本＝200 000＋6 000－18 000＝188 000(元)

借：原材料　　188 000
　　应交税费——应交增值税（进项税额）　　18 000
　贷：银行存款　　206 000

（3）购入免税农产品一批，作为原材料入库，收购发票注明的价款为400 000元，用银行存款支付，增值税经税务机关认证可以抵扣。

进项税额＝400 000×9%＝36 000(元)
原材料成本＝400 000－36 000＝364 000(元)

借：原材料　　364 000
　　应交税费——应交增值税（进项税额）　　36 000
　贷：银行存款　　400 000

（4）购入不需要安装的机器设备一台，买价500 000元，增值税65 000元，运费500元，运费增值税45元，共计565 545元，用银行存款支付；已收到增值税专用发票，经税务机关认证可以抵扣。

固定资产原始价值＝500 000＋500＝500 500(元)
进项税额＝65 000＋45＝65 045(元)

借：固定资产　　500 500
　　应交税费——应交增值税（进项税额）　　65 045
　贷：银行存款　　565 545

（5）购入精装修房屋一栋，买价3 000 000元，增值税270 000元，共计3 270 000元，用银行存款支付；已收到增值税专用发票，经税务机关认证可以抵扣。

借：固定资产　　3 000 000
　　应交税费——应交增值税（进项税额）　　270 000
　贷：银行存款　　3 270 000

（6）企业管理人员张某报销出差机票，票款1 060元，民航发展基金（机场建设费）50元，燃油附加费30元，合计1 140元，以银行存款转账支付。

进项税额＝(1 060＋30)÷(1＋9%)×9%＝90(元)

差旅费(机票)＝1 060＋30＋50－90＝1 050(元)

借：管理费用　1 050

　　应交税费——应交增值税（进项税额）　90

　贷：银行存款　1 140

根据以上资料，长江公司 8 月份发生的增值税进项税额为 649 225 元（260 090＋18 000＋36 000＋65 045＋270 000＋90）。

3. 增值税待认证进项税额

待认证进项税额是指已经取得增值税专用发票但尚未经过税务机关认证而不得从当期销项税额中抵扣的增值税税额。

企业购进货物、加工修理修配劳务、服务、无形资产、不动产及不动产在建工程时，应根据增值税专用发票中货物、加工修理修配劳务、服务、无形资产、不动产及不动产在建工程的价款，借记“原材料”“库存商品”“固定资产”“工程物资”“在建工程”“无形资产”“管理费用”“销售费用”等科目；根据未经税务机关认证的可抵扣增值税税额，借记“应交税费——待认证进项税额”科目；根据全部价款，贷记“银行存款”等科目。

待税务机关认证以后，应根据认证的增值税税额，借记“应交税费——应交增值税（进项税额）”科目，贷记“应交税费——待认证进项税额”科目。

例 9－15

长江公司 8 月份根据发生的有关增值税待认证进项税额的业务，编制会计分录如下：

（1）赊购原材料一批，买价 200 000 元，增值税 26 000 元，共计 226 000 元，原材料入库，货款用银行存款支付；已收到增值税专用发票，尚未经税务机关认证。

借：原材料　200 000

　　应交税费——待认证进项税额　26 000

　贷：银行存款　226 000

（2）购入免税农产品一批，作为原材料入库，收购价 100 000 元，用银行存款支付，增值税尚未经税务机关认证。

借：原材料　91 000

　　应交税费——待认证进项税额　9 000

　贷：银行存款　100 000

根据以上资料，长江公司 8 月份发生的待认证进项税额为 35 000 元（26 000＋9 000）。

4. 增值税进项税额转出

企业在购进货物、固定资产、无形资产或者不动产时，如果不能直接认定其进项税额能否抵扣，支付的进项税额可以先予以抵扣，待以后用于不得抵扣进项税额的项目或发生非正常损失时，再将其进项税额转出，抵减当期进项税额，计入不得抵扣项目或相关资产的成本。

企业的固定资产、无形资产或者不动产改变用途用于不得抵扣进项税额的项目或发生非正常损失时，其不得抵扣的进项税额计算方法如下：

不得抵扣的进项税额＝固定资产、无形资产或不动产净值×适用税率

进项税额转出时，应借记有关科目，贷记“应交税费——应交增值税（进项税额转出）”科目。

例9－16

长江公司8月份根据发生的增值税进项税额转出业务，编制会计分录如下：

（1）由于管理不善，毁损产成品一批，实际成本200 000元，所耗购进货物的进项税额为11 900元。编制会计分录如下：

借：待处理财产损溢　211 900

　贷：库存商品　200 000

　　　应交税费——应交增值税（进项税额转出）　11 900

（2）一栋生产用房改用于集体福利，原值为2 000 000元（增值税进项税额已经全部抵扣），累计折旧为130 000元，净值为1 870 000元。

不得抵扣的进项税额＝1 870 000×9％＝168 300（元）

借：固定资产　168 300

　贷：应交税费——应交增值税（进项税额转出）　168 300

根据以上资料，长江公司8月份发生的进项税额转出为180 200元（11 900＋168 300）。

5. 增值税销项税额与销项税额抵减

增值税销项税额是指一般纳税人销售货物、加工修理修配劳务、服务、无形资产或不动产收取价款中所含的增值税税额。销项税额抵减是指因扣减销售额而减少的销项税额。

（1）计征增值税的销售额。计征增值税的销售额是指企业销售货物、加工修理修配劳务、服务、无形资产或不动产向购买方收取的除销项税额、代扣代缴的消费税以及代垫运杂费以外的全部价款和价外费用。价外费用主要包括手续费、包装费、违约金（延期付款利息）和自营运杂费等。

（2）销项税额的计算。企业如果采用不含税定价的方法，销项税额可以直接根据不含税的销售额乘以增值税税率计算；如果采用合并定价的方法，销项税额应根据下列公式计算：

$$\text{不含税销售额}=\frac{\text{含税销售额}}{1+\text{增值税税率}}$$

销项税额＝不含税销售额×增值税税率

企业销售货物、加工修理修配劳务、服务、无形资产或不动产以后，应根据全部价款，借记“银行存款”等科目；根据销项税额，贷记“应交税费——应交增值税（销项税额）”科目；根据其他价款和价外费用，贷记“主营业务收入”“固定资产清理”等科目。

发生退货的，如原增值税专用发票已做认证，应根据税务机关的销售退回证明单开具红字增值税专用发票；如原增值税专用发票未做认证，应将发票退回。发生销售折让的，应根据税务机关的销售折让证明单开具红字增值税专用发票。企业应根据冲减的销售额，借记“主营业务收入”等科目；根据冲减的销项税额，借记“应交税费——应交增值税（销项税额抵减）”科目；根据退回的全部价款，贷记“银行存款”等科目。

什么是视同销售？如何理解视同销售？视同销售包括哪些内容？

（3）视同销售行为。视同销售行为是指企业在会计核算中未做销售处理而税法中要求按照销售行为缴纳增值税的行为。主要包括：

1）将自产或委托加工的货物用于免征增值税项目；

2）将自产或委托加工的货物用于集体福利或个人消费；

3）将自产、委托加工或购买的货物以及无形资产、不动产用于投资、提供给其他单位或个体经营者；

用实物、货物或者无形资产、固定资产对外投资、捐赠等，会计处理上是按照公允价值确认收入，还是按照成本结转？

4）将自产、委托加工或购买的货物分配给股东或投资者；

5）将自产、委托加工或购买的货物以及无形资产、不动产无偿赠予他人；

6）向其他单位或者个人无偿提供服务。

上述视同销售行为中，企业均应按照资产处置的方法进行核算。

例9－17

长江公司8月份根据发生的有关销项税额业务，编制会计分录如下：

（1）销售甲产品100件，不含税的价款为5 000 000元，增值税税率为13%，增值税销项税额为650 000元，共计5 650 000元，款项收到，存入银行；该批产品成本为4 000 000元。

借：银行存款	5 650 000	
贷：主营业务收入		5 000 000
应交税费——应交增值税（销项税额）		650 000
借：主营业务成本	4 000 000	
贷：库存商品		4 000 000

（2）用原材料一批对外投资。原材料的账面价值为1 300 000元，投资双方协商的不含税价值为1 500 000元，增值税税额为195 000元。

借：长期股权投资	1 695 000	
贷：其他业务收入		1 500 000
应交税费——应交增值税（销项税额）		195 000
借：其他业务成本	1 300 000	
贷：原材料		1 300 000

（3）销售乙产品20件，成本为60 000元，不含税的价款为100 000元，另负责运输，运输成本为300元，收取了不含税的自营运输费500元；自营运输费应一并按照13%的税率计算缴纳增值税，增值税销项税额为13 065元，共计

113 565元，款项收到，存入银行。

借：银行存款　113 565
　贷：主营业务收入　100 000
　　　其他业务收入　500
　　　应交税费——应交增值税（销项税额）　13 065
借：主营业务成本　60 000
　贷：库存商品　60 000
借：其他业务成本　300
　贷：生产成本　300

（4）销售的甲产品2件外观存在质量问题。经协商，给予买方10%的销售折让，以银行存款退回买价10 000元，增值税1 300元，合计11 300元；已收到税务机关的销售折让证明单，并开具红字增值税专用发票。

借：主营业务收入　10 000
　　应交税费——应交增值税（销项税额抵减）　1 300
　贷：银行存款　11 300

根据以上资料，长江公司8月份发生的销项税额为858 065元（650 000+195 000+13 065），销项税额抵减为1 300元，抵减后的销项税额为856 765元。

6. 增值税待转销项税额

待转销项税额是指企业销售货物、加工修理修配劳务、服务、无形资产或不动产，已确认相关收入（或利得）但尚未发生增值税纳税义务而需于以后期间确认为销项税额的增值税税额。

企业确认收入或利得的时点早于按照增值税制度确认增值税纳税义务发生时点的，应将相关销项税额记入“应交税费——待转销项税额”科目，待实际发生纳税义务时再转入“应交税费——应交增值税（销项税额）”科目。

例9-18

长江公司8—10月根据发生的有关待转销项税额业务，编制会计分录如下：

（1）8月10日，采用分期收款方式销售丙产品200件，不含税的价款为10 000 000元，增值税税率为13%，合同约定于9月10日和10月10日分别收取价款5 650 000元；增值税条例规定，增值税纳税义务的发生时点为合同约定的收款日期，确认待转销项税额1 300 000元。该批产品成本为7 000 000元。

借：应收账款　11 300 000
　贷：主营业务收入　10 000 000
　　　应交税费——待转销项税额　1 300 000
借：主营业务成本　7 000 000
　贷：库存商品　7 000 000

（2）9月10日，收到销售丙产品价款及增值税共计5 650 000元，存入银行。

借：银行存款　5 650 000
　贷：应收账款　5 650 000

借：应交税费——待转销项税额　650 000
　贷：应交税费——应交增值税（销项税额）　650 000

（3）10 月 10 日，收到销售丙产品价款及增值税共计 5 650 000 元，存入银行。

借：银行存款　5 650 000
　贷：应收账款　5 650 000
借：应交税费——待转销项税额　650 000
　贷：应交税费——应交增值税（销项税额）　650 000

根据以上资料，长江公司 8 月份发生的待转销项税额为 1 300 000 元，在 9 月份和 10 月份分别转为销项税额 650 000 元。

7. 增值税出口退税及出口抵减内销产品应纳税额

按照税法规定，出口货物的增值税税率为零，即出口货物在出口环节不征收增值税，但企业在购进出口货物或购进出口货物所耗原材料时还要照章支付增值税进项税额。企业支付的进项税额，按规定可以先计入增值税进项税额，在货物出口以后，再根据出口报关单等有关凭证，向税务机关申报办理该项出口货物的退税。

按照现行制度规定，企业购进出口货物支付的进项税额，不一定全额退还；未退还的部分，作为进项税额转出，计入出口货物的销售成本。

未实行“免、抵、退”办法的企业出口货物按规定退税的，应根据按照相关规定计算的应收出口退税额，借记“应收出口退税款”科目，贷记“应交税费——应交增值税（出口退税）”科目；收到出口退税时，借记“银行存款”科目，贷记“应收出口退税款”科目。

实行“免、抵、退”办法的企业出口货物，按相关规定计算的出口退税额，可以抵减内销产品的销项税额。企业应根据按照规定计算的当期出口货物的进项税抵减内销产品的应纳税额，借记“应交税费——应交增值税（出口抵减内销产品应纳税额）”科目，贷记“应交税费——应交增值税（出口退税）”科目。在规定期限内，内销产品的应纳税额不足以抵减出口货物的进项税额，不足部分按有关税法规定给予退税的，应在实际收到退税款时，借记“银行存款”科目，贷记“应交税费——应交增值税（出口抵减内销产品应纳税额）”科目。

企业无论是否实行“免、抵、退”办法，其退税额低于购进时取得的增值税专用发票上的增值税税额的差额，不得在销项税额中抵扣，应自进项税额中转出，计入出口商品的营业成本，借记“主营业务成本”科目，贷记“应交税费——应交增值税（进项税额转出）”科目。

例 9 - 19

长江公司 8 月份根据发生的有关出口退税业务（该公司实行“免、抵、退”办法），编制会计分录如下：

（1）出口丙产品 2 件，价款折合人民币 2 700 000 元，尚未收到；成本为 2 300 000 元。

借：应收账款　2 700 000
　贷：主营业务收入　2 700 000

借：主营业务成本　2 300 000
　贷：库存商品　2 300 000

（2）出口丙产品2件的进项税额为255 000元，申报退税后，应退回税款195 000元，允许企业抵减内销产品销项税额。

借：应交税费——应交增值税（出口抵减内销产品应纳税额）　195 000
　贷：应交税费——应交增值税（出口退税）　195 000

（3）出口丙产品所耗原材料未退回的进项税额60 000元（255 000－195 000），计入销售成本。

借：主营业务成本　60 000
　贷：应交税费——应交增值税（进项税额转出）　60 000

根据以上资料，长江公司8月份发生的出口抵减内销产品应纳税额为195 000元，出口退税为195 000元，进项税额转出为60 000元。

8. 金融服务应交增值税

（1）金融服务的内容。金融服务是指经营金融保险的业务活动，包括贷款服务、直接收费金融服务、保险服务和金融商品转让。

贷款服务是指将资金贷与他人使用而取得利息收入的业务活动。各种占用、拆借资金取得的收入，包括保本收益金融商品持有期间或到期的利息收入等，按照贷款服务缴纳增值税；以货币资金投资收取的固定利润或者保底利润，按照贷款服务缴纳增值税。

直接收费金融服务是指为货币资金融通及其他金融业务提供相关服务并且收取费用的业务活动，包括提供账户管理、财务担保、资产管理、信托管理、基金管理、金融交易场所（平台）管理等服务。

保险服务是指投保人根据合同约定，向保险人支付保险费，保险人对于合同约定的可能发生的事故因其发生所造成的财产损失承担赔偿保险金责任，或者当被保险人死亡、伤残、疾病或者达到合同约定的年龄、期限等条件时承担给付保险金责任的商业保险行为。包括人身保险服务和财产保险服务。

金融商品转让是指转让外汇、有价证券、非货物期货和其他金融商品所有权的业务活动。其他金融商品转让包括基金、信托、理财产品等各类资产管理产品和各种金融衍生品的转让。企业购入基金、信托、理财产品等各类资产管理产品持有至到期，不属于金融商品转让。

（2）金融服务应交增值税的会计处理。企业购买保本收益的金融商品，在持有期间或到期收到利息时应缴纳增值税，根据应收的全部利息，借记“应收利息”等科目；根据应缴纳的增值税，贷记“应交税费——应交增值税（销项税额）”科目；根据扣除增值税后确认的收益，贷记“投资收益”科目。

企业购买非保本收益的金融商品，在持有期间或到期收到利息时，不缴纳增值税。

企业购买的金融商品在到期之前进行转让，应按照规定以盈亏相抵后的余额作为销售额计算缴纳增值税。金融商品实际转让月末，如产生转让收益，则根据应交增值税，借记“投资收益”等科目，贷记“应交税费——转让金融商品应交增值税”科目；如产生转让损失，则按可结转下月抵扣的税额，借记“应交税费——转让金融商品应交增值税”科目，贷记“投资收益”等科目。按照增值税的有关规定，年末如有尚未弥补的亏损，不得结转下年，应根据年末“应交税费——转让金融商品应交增值税”科目借方余额，借记“投资收益”科目，贷记“应交税费——转让金融商品应交增值税”科目。缴纳增值税时，应借记“应交税费——转让金融商品应交增值税”科目，贷记“银行存款”科目。

例 9－20

长江公司 8 月份根据发生的有关金融商品服务业务，编制会计分录如下：

(1) 8 月 1 日，确认应收债权投资利息 212 000 元。该债券为保本收益债券，于当年 2 月 1 日按照面值购入（当日发行），3 年期，票面利率为 4.24%，每半年付息一次，支付价款 1 000 000 元。

应交增值税＝212 000÷(1＋6%)×6%＝12 000(元)

投资收益＝212 000－12 000＝200 000(元)

借：应收利息　　212 000

　贷：应交税费——应交增值税（销项税额）　　12 000

　　　投资收益　　200 000

(2) 8 月 10 日，出售保本收益理财产品一批，收到价款 502 900 元。该理财产品于 7 月 10 日购入（到期日为 10 月 10 日），实际支付价款 500 000 元（未发生交易费用），确认为其他流动资产。

借：银行存款　　502 900

　贷：其他流动资产——成本　　500 000

　　　投资收益　　2 900

(3) 8 月 20 日，出售非保本收益基金一批（无到期日），收到价款 299 326 元。该基金于 7 月 5 日购入，实际支付价款 300 000 元（未发生交易费用），确认为交易性金融资产，出售前未确认公允价值变动。

借：银行存款　　299 326

　　投资收益　　674

　贷：交易性金融资产——成本　　300 000

(4) 8 月 31 日，结转当月转让金融商品应交增值税。

销售额＝2 900－674＝2 226(元)

应交增值税＝2 226÷(1＋6%)×6%＝126(元)

借：投资收益　　126

　贷：应交税费——转让金融商品应交增值税　　126

根据以上资料，长江公司 8 月份发生的销项税额为 12 000 元，转让金融商品应交增值税为 126 元。

9. 当月应交增值税与实交增值税

企业根据当月“应交税费——应交增值税”科目的借、贷方发生额，可以计算出当月应交增值税，其计算公式为：

$$\text{应交增值税}=\text{销项税额}-\left(\text{进项税额}-\text{进项税额转出}-\text{出口退税}\right)-\text{销项税额抵减}-\text{出口抵减内销产品应纳税额}$$

企业应交的增值税，应根据具体情况按日缴纳或按月预交。预交当月增值税时，应借记“应交税费——应交增值税（已交税金）”科目，贷记“银行存款”等科目。

企业补交以前期间未交增值税时，应借记“应交税费——未交增值税”科目，贷记“银行存款”科目。

例 9-21

长江公司 8 月份根据前述“应交税费——应交增值税”科目，计算当月应交增值税，并根据实际缴纳的增值税，编制会计分录如下：

（1）8 月份应交增值税计算如下：

进项税额＝649 225(元)

进项税额转出＝180 200＋60 000＝240 200(元)

出口退税＝195 000(元)

销项税额＝858 065 ＋12 000＝870 065(元)

出口抵减内销产品应纳税额＝195 000(元)

销项税额抵减＝1 300(元)

应交增值税＝870 065－(649 225－240 200－195 000)－1 300－195 000
＝459 740(元)

（2）8 月份补交 7 月末未交增值税 200 000 元，并预交 8 月份增值税 300 000 元，合计 500 000 元。

借：应交税费——未交增值税	200 000
——应交增值税（已交税金）	300 000
贷：银行存款	500 000

10. 预交增值税

预交增值税是指转让不动产、提供不动产经营租赁服务、提供建筑服务、采用预收款方式销售自行开发的房地产项目等，以及其他按现行增值税制度规定应预交的增值税税额（如预售报纸杂志预交的增值税）。

企业预交增值税时，借记“应交税费——预交增值税”科目，贷记“银行存款”科目。月末，企业应将“预交增值税”明细科目余额转入“未交增值税”明细科目，借记“应交税费——未交增值税”科目，贷记“应交税费——预交增值税”科目。但是，转让不动产、提供不动产经营租赁服务、提供建筑服务、采用预收款方式销售自行开发的房地产项目在预交增值税后，直至纳税义务发生时方可从“应交税费——预交增值税”科目结转至“应交税费——未交增值税”科目。因此，该明细科目月末如有余额，应为借方余额，即转让不动产、提供不动产经营租赁服务、提供建筑服务、采用预收款方式销售自行开发的房地产项目已经预交但尚未发生纳税义务的增值税。

例 9－22

长江公司 8 月份根据发生的有关预交增值税业务，编制会计分录如下：

（1）8 月 31 日，预收售房款 1 500 000 元。

借：银行存款	1 500 000	
贷：预收账款		1 500 000

（2）预交增值税 45 000 元。

借：应交税费——预交增值税	45 000	
贷：银行存款		45 000

需要说明的是，“预交增值税”明细科目月末通常没有余额，因为其月末余额会转到“未交增值税”明细科目，但存在特殊情况，即转让不动产、提供不动产经营租赁服务、提供建筑服务、采用预收款方式销售自行开发的房地产项目预交的增值税，是在纳税义务发生时才转到“未交增值税”明细科目的，所以月末有可能存在余额，本例中的“应交税费——预交增值税”科目借方余额 45 000 元即为预售商品房预交的增值税。

11. 转出未交增值税与多交增值税

月末，企业应将当月未交增值税或多交、预交增值税从“应交税费——应交增值税”“应交税费——预交增值税”科目转出，转入“应交税费——未交增值税”科目。转出未交增值税时，应借记“应交税费——应交增值税（转出未交增值税）”科目，贷记“应交税费——未交增值税”科目；转出多交、预交增值税时，应借记“应交税费——未交增值税”科目，贷记“应交税费——应交增值税（转出多交增值税）”科目。

例 9－23

根据例 9－21“应交税费——应交增值税”科目计算结果，转出未交增值税。

转出未交增值税＝459 740－300 000＝159 740(元)

借：应交税费——应交增值税（转出未交增值税）	159 740	
贷：应交税费——未交增值税		159 740

月末未交增值税为：

$$\text{月末未交增值税}=\text{月初未交增值税}-\text{当月补交增值税}+\text{当月未交增值税}-\text{当月预交增值税(其他按现行增值税制度规定应预交的增值税)}$$

$$=200\,000-200\,000+159\,740-0=159\,740(\text{元})$$

12. 简易计税

企业提供教育辅助服务等，经税务机关批准，可以选择简易计税方法计算缴纳增值税，不得抵扣进项税额。应纳税额计算公式为：

应纳税额＝销售额×征收率

企业取得采用简易计税方法的收入时，应根据收到的全部价款，借记“银行存款”等科目；根据应交增值税，贷记“应交税费——简易计税”科目；根据确认的收入，贷记“其他业务收入”等科目。实际缴纳增值税时，借记“应交税费——简易计税”科目，贷记“银行存款”科目。

13. 小规模纳税人

小规模纳税人应交增值税的核算采用简化的方法，即购进货物或接受应税劳务支付的增值税进项税额，一律不予抵扣，均计入购进货物和接受应税劳务的成本；销售货物或提供应税劳务时，按应征增值税销售额的3%计算。

小规模纳税人的应征增值税销售额计算方法与一般纳税人相同。一般来说，小规模纳税人采用销售额和应纳税额合并定价的方法，销售货物或提供应税劳务后，应进行价税分离，其计算公式为：

$$不含税销售额=\frac{含税销售额}{1+征收率}$$

应纳税额＝不含税销售额×征收率

小规模纳税人应在“应交税费”科目下设置“应交增值税”“转让金融商品应交增值税”等明细科目，不需要设置专栏及上述其他明细科目。

小规模纳税人的应征税额也不计入销售收入。在销售货物或提供应税劳务时，应按全部价款，借记“银行存款”等科目；按不含税的销售额，贷记“主营业务收入”等科目；按应征税额，贷记“应交税费——应交增值税”科目。

同时，税法中也规定，如果小规模纳税人的会计核算健全，能按会计制度和税务机关的要求准确核算进项税额、销项税额和应纳税额，可以认定为一般纳税人。

例 9-24

某企业为小规模纳税人，适用的增值税征收率为3%，某月根据发生的购销业务，编制会计分录如下：

(1) 购进原材料一批，价款10 000元，增值税1 300元，共计11 300元，款项用银行存款支付。

借：原材料	11 300	
贷：银行存款		11 300

(2) 销售产品一批，全部价款为30 900元，款项收到，存入银行。

$$不含税销售额=\frac{30\,900}{1+3\%}=30\,000(元)$$

应纳税额＝30 000×3%＝900(元)

借：银行存款	30 900	
贷：主营业务收入		30 000
应交税费——应交增值税		900

14. 增值税项目的财务报表列示

“应交税费”科目下的“应交增值税”“未交增值税”“待认证进项税额”“预交增值税”“转让金融商品应交增值税”等明细科目期末借方余额应根据情况，在资产负债表中的“其他流动资产”或“其他非流动资产”项目列示；“应交税费——待转销项税额”等科目期末贷方余额应根据情况，在资产负债表中的“其他流动负债”或“其他非流动负债”项目列示；“应交税费”科目下的“未交增值税”“转让金融商品应交增值税”等科目期末贷方余额应在资产负债表中的“应交税费”项目列示。

例9-25

长江公司8月份根据前述例9-14至例9-23业务，在资产负债表列示有关增值税项目如下：

明细科目余额：

“应交增值税”明细科目借方余额＝0
“待认证进项税额”明细科目借方余额＝35 000(元)
“预交增值税”明细科目借方余额＝45 000(元)
“待转销项税额”明细科目贷方余额＝1 300 000(元)
“转让金融商品应交增值税”明细科目贷方余额＝126(元)
“未交增值税”明细科目贷方余额＝159 740(元)

资产负债表项目列示：

“其他流动资产”项目＝0＋35 000＋45 000＝80 000(元)
“其他流动负债”项目＝1 300 000(元)
“应交税费”项目＝126＋159 740＝159 866(元)

9.5.2 应交消费税

1. 纳税义务人

在我国境内生产、委托加工和进口应征消费税的消费品的单位和个人，为消费税的纳税义务人。应税消费品包括烟、酒、高档化妆品、鞭炮、焰火、成品油、摩托车、小汽车、高尔夫球及球具、高档手表、游艇、木制一次性筷子、实木地板等。

2. 应交消费税的计算方法

消费税实行从价定率、从量定额，或者从价定率和从量定额复合计税（以下简称复合计税）的办法计算应纳税额。应纳税额计算公式（销售额均不含增值税）为：

实行从价定率办法计算的应纳税额＝销售额×比例税率
实行从量定额办法计算的应纳税额＝销售数量×定额税率(单位税额)

$$\begin{matrix}\text{实行复合计税办法}\\\text{计算的应纳税额}\end{matrix}=\text{销售额}\times\begin{matrix}\text{比例}\\\text{税率}\end{matrix}+\begin{matrix}\text{销售}\\\text{数量}\end{matrix}\times\begin{matrix}\text{定额税率}\\\text{(单位税额)}\end{matrix}$$

3. 销售产品应交消费税

消费税与增值税不同，一般来说属于价内税，即产品销售收入中包含消费税，也就是说，消费税应由产品销售收入来补偿。由于企业销售应税消费品的销售收入中含有应交消费税，在核算消费税时，可设置“税金及附加”科目，该科目属于费用类科目。企业结转应交消费税时，应根据应纳税额，借记“税金及附加”科目，贷记“应交税费——应交消费税”科目；实际缴纳消费税时，应借记“应交税费——应交消费税”科目，贷记“银行存款”科目。

例9-26

甲公司5月份根据发生的有关消费税业务，编制会计分录如下：

（1）销售应税消费品一批，不含增值税的价款为50 000元，增值税销项税额为6 500元，共计56 500元，款项收到，存入银行。

借：银行存款	56 500	
贷：主营业务收入		50 000
应交税费——应交增值税（销项税额）		6 500

（2）销售该产品采用从价定率的办法计算消费税，税率为10%，结转应交消费税5 000元。

借：税金及附加	5 000	
贷：应交税费——应交消费税		5 000

4. 视同销售应交消费税

企业将自产的应税消费品用于本企业生产非应税消费品、在建工程、管理部门、非生产机构、提供劳务以及用于馈赠、赞助、集资、广告、样品、职工福利、奖励等方面，均应视同销售，计算缴纳消费税。

例9-27

乙公司4月份根据发生的有关视同销售业务，编制会计分录如下：

（1）管理部门领用自产的应税消费品甲产品1件，实际成本为5 000元，同类产品的销售价格为10 000元，采用从价定率办法计算缴纳消费税，税率为20%。

应交消费税＝10 000×20%＝2 000(元)

借：管理费用	7 000	
贷：库存商品		5 000
应交税费——应交消费税		2 000

（2）将自产的应税消费品乙产品一批对外捐赠，实际成本为200 000元，同类产品的销售价格为400 000元，增值税税率为13%，采用从价定率办法计算缴纳消费税，税率为20%。

增值税销项税额＝400 000×13%＝52 000(元)

应交消费税＝400 000×20%＝80 000(元)

借：营业外支出	452 000	

贷：主营业务收入 400 000
应交税费——应交增值税（销项税额） 52 000
借：税金及附加 80 000
贷：应交税费——应交消费税 80 000
借：主营业务成本 200 000
贷：库存商品 200 000

5. 委托加工应交消费税

企业委托外单位加工应税消费品，按税法规定，应由受托方在向委托方交货时代扣代缴消费税。

企业收回委托加工的应税消费品，如果用于连续生产应税消费品，按税法规定，缴纳的消费税可以抵扣，应借记“应交税费——应交消费税”科目，贷记“银行存款”等科目；在企业最终销售应税消费品时，再根据其销售额计算应交的全部消费税，借记“税金及附加”科目，贷记“应交税费——应交消费税”科目；应交的全部消费税扣除收回委托加工应税消费品时缴纳的消费税，为应补交的消费税，缴纳消费税时，借记“应交税费——应交消费税”科目，贷记“银行存款”科目。

企业收回委托加工的应税消费品，如果不再加工，而是直接出售，则缴纳的消费税应计入收回的应税消费品的成本，借记“委托加工物资”等科目，贷记“银行存款”等科目；在应税消费品出售时，不必再计算缴纳消费税；如果以高于受托方的计税价格出售的，不属于直接出售，需按规定申报缴纳消费税，在计税时准予扣除受托方已代收代缴的消费税。

例9-28

丙公司根据发生的有关委托加工应税消费品业务，编制会计分录如下：

（1）发出原材料一批，实际成本100 000元，加工应税消费品。

借：委托加工物资 100 000
贷：原材料 100 000

（2）收回加工完成的应税消费品，作为原材料入库，用银行存款实际支付不含税的加工费20 000元，增值税2 600元（经税务机关认证可以抵扣）；支付丙公司代扣代缴消费税30 000元，共计52 600元。

1）如果收回的应税消费品用于连续生产应税消费品。

支付加工费、增值税和消费税：

借：委托加工物资 20 000
应交税费——应交增值税（进项税额） 2 600
——应交消费税 30 000
贷：银行存款 52 600

原材料验收入库：

借：原材料 120 000
贷：委托加工物资 120 000

生产应税消费品领用委托加工收回的原材料120 000元，负担职工薪酬50 000元，负担制造费用20 000元：

借：生产成本　190 000
　贷：原材料　120 000
　　应付职工薪酬　50 000
　　制造费用　20 000

产品全部完工，验收入库：

借：库存商品　190 000
　贷：生产成本　190 000

产品全部对外销售，不含增值税的价款为250 000元，增值税销项税额为32 500元，共计282 500元，款项收到，存入银行：

借：银行存款　282 500
　贷：主营业务收入　250 000
　　应交税费——应交增值税（销项税额）　32 500
借：主营业务成本　190 000
　贷：库存商品　190 000

该产品实行从价定率的办法计算消费税，税率为20%，结转应交消费税50 000元：

借：税金及附加　50 000
　贷：应交税费——应交消费税　50 000

月末未交消费税＝50 000－30 000＝20 000(元)

2）如果收回的应税消费品直接出售。

支付加工费、增值税和消费税：

借：委托加工物资　50 000
　应交税费——应交增值税（进项税额）　2 600
　贷：银行存款　52 600

原材料验收入库：

借：原材料　150 000
　贷：委托加工物资　150 000

该批原材料全部对外销售，不含增值税的价款为150 000元，增值税销项税额为19 500元，共计169 500元，款项收到，存入银行：

借：银行存款　169 500
　贷：其他业务收入　150 000
　　应交税费——应交增值税（销项税额）　19 500
借：其他业务成本　150 000
　贷：原材料　150 000

需要说明的是，丙公司收回委托加工材料时已经缴纳消费税30 000元，出售该批原材料时不再需要缴纳消费税，其缴纳的消费税在利润表中计入营业成本项目。

6. 缴纳消费税

企业实际缴纳消费税时，应借记“应交税费——应交消费税”科目，贷记“银行存款”科目。

9.5.3　应交城市维护建设税与教育费附加

城市维护建设税与教育费附加均为附加的税费。按照现行法规的有关规定，城市维护建设税与教育费附加均应根据应交增值税与消费税之和的一定比例计算缴纳。城市维护建设税与教育费附加均属于价内税，应记入“税金及附加”科目。

结转应交城市维护建设税与教育费附加时，应借记“税金及附加”科目，贷记“应交税费——应交城市维护建设税”“应交税费——应交教育费附加”科目；实际缴纳城市维护建设税与教育费附加时，应借记“应交税费——应交城市维护建设税”“应交税费——应交教育费附加”科目，贷记“银行存款”科目。

例9-29

某企业适用的城市维护建设税税率为7%，适用的教育费附加费率为5%。某月，根据取得的各项收入形成的应交增值税和消费税，计算并结转应交城市维护建设税与教育费附加如表9-3所示。

表9-3　应交城市维护建设税与教育费附加计算表　　单位：元

项目	税基	应交城市维护建设税	应交教育费附加	合计
应交增值税	200 000	14 000	10 000	24 000
应交消费税	50 000	3 500	2 500	6 000
合计	250 000	17 500	12 500	30 000

编制会计分录如下：

借：税金及附加　　30 000

　贷：应交税费——应交城市维护建设税　　17 500

　　　　　　——应交教育费附加　　12 500

9.6　其他应付款与预收账款

9.6.1　其他应付款

其他应付款是指除短期借款、应付票据、应付账款、应付职工薪酬、应交税费、应付利润以外的各种偿付期在一年以内的款项，如出租、出借包装物收取的押金等。

其他应付款的数额一般能够直接确定。发生其他应付款时，应借记有关科目，贷记“其他应付款”科目；偿付其他应付款时，应借记“其他应付款”科目，贷记“银行存款”等科目。

9.6.2 预收账款

预收账款是指企业在销货之前预先向购买方收取的款项，应在一年以内用产品或劳务来偿付。

企业发生的预收账款业务，一般可以通过“预收账款”科目核算。收到预收账款时，应借记“银行存款”科目，贷记“预收账款”科目；销售货物或提供劳务时，应借记“预收账款”科目，贷记“主营业务收入”“应交税费——应交增值税（销项税额）”等科目；退还多收的货款时，应借记“预收账款”科目，贷记“银行存款”科目；收到购买方补付的货款时，应借记“银行存款”科目，贷记“预收账款”科目。采用这种方式，在销货的全部价款大于预收账款而尚未收到购买方补付的账款时，“预收账款”科目所属的明细科目会有借方余额。月末，“预收账款”所属明细科目的借方余额，在资产负债表上应列入“应收账款”项目。

在企业预收账款业务不多的情况下，为了简化核算工作，也可以不设“预收账款”科目，预收的账款记入“应收账款”科目的贷方。采用这种方式，“应收账款”科目所属的明细科目可能会有贷方余额。月末，“应收账款”科目所属明细科目的贷方余额，在资产负债表上应列入“预收款项”项目。

例9-30

甲公司根据发生的有关预收账款业务，编制会计分录如下：

（1）8月31日，预收乙公司货款20 000元，存入银行。

借：银行存款	20 000	
贷：预收账款——乙公司		20 000

（2）9月30日，向乙公司发货一批，不含税的价款为50 000元，增值税为6 500元，用银行存款代垫运杂费100元，共计56 600元；乙公司尚未补付货款。

借：预收账款——乙公司	56 600	
贷：主营业务收入		50 000
应交税费——应交增值税（销项税额）		6 500
银行存款		100

9月30日，“预收账款——乙公司”明细科目借方余额36 600元，列入资产负债表的“应收账款”项目。

（3）10月6日，收到乙公司补付的货款36 600元，存入银行。

借：银行存款	36 600	
贷：预收账款——乙公司		36 600

如果该企业不设“预收账款”科目，发生上述业务应编制会计分录如下：

（1）8月31日，预收货款。

借：银行存款	20 000	

　　贷：应收账款——乙公司　　20 000

8月31日，“应收账款——乙公司”明细科目贷方余额20 000元，应列入资产负债表的“预收款项”项目。

(2) 9月30日，发货。

借：应收账款——乙公司　　56 600
　　贷：主营业务收入　　50 000
　　　　应交税费——应交增值税（销项税额）　　6 500
　　　　银行存款　　100

9月30日，“应收账款——乙公司”明细科目借方余额36 600元，列入资产负债表的“应收账款”项目。

(3) 10月6日，收到补付货款。

借：银行存款　　36 600
　　贷：应收账款——乙公司　　36 600

思考题

1. 职工薪酬包括哪些内容？
2. 一般纳税人进行增值税的核算主要应设置哪些明细科目？
3. 一般纳税人支付的哪些增值税进项税额不能抵扣？
4. 一般纳税人的哪些业务应视同销售？
5. 增值税明细科目余额在资产负债表中如何列示？

练习题

1. 甲公司为增值税一般纳税人，适用的增值税税率为13%，消费税税率为10%。甲公司委托外单位加工一批应税消费品（非金银首饰），发生如下经济业务：

(1) 发出原材料300 000元。

(2) 材料加工完成支付加工费60 000元，增值税7 800元（经税务机关认证可以抵扣），由受托方代收代缴消费税40 000元；收回的材料继续加工A产品。

(3) 收回的材料验收入库。

(4) 生产A产品领用全部收回的材料，分配职工薪酬50 000元，分配制造费用30 000元。

(5) A产品加工完成验收入库。

(6) A产品全部对外销售，收取价款700 000元，增值税91 000元。

(7) 结转A产品销售成本。

(8) 结转销售A产品应交消费税。

(9) 实际缴纳消费税。

要求：根据上述经济业务编制会计分录。

2. 甲公司实行累积带薪缺勤制度，规定当年未享受的带薪休假可以递延到下一年年末。20×1年，该公司生产工人当年未能享受带薪休假的工资额为200 000元；管理人员当年未能享受带薪休假的工资额为80 000元。20×2年，全部生产工人享受了当年和上年累积的带薪休假，80%的管理人员享受了当年和上年累积的带薪休假。

要求：根据以上资料编制相关会计分录。

3. 甲公司为增值税一般纳税人，适用的增值税税率为13%。该公司20×1年3月初"应交税费——未交增值税"科目贷方余额为100 000元，"应交税费"其他明细科目无余额。3月份发生下列有关增值税的经济业务：

(1) 购入一批原材料，增值税专用发票上注明的原材料价款为200 000元，增值税为26 000元，经税务机关认证可以抵扣，货款已经支付，另购入材料过程中支付运费1 000元，运费增值税90元；材料已经到达并验收入库。

(2) 购入原材料一批，增值税专用发票上注明的原材料价款为100 000元，增值税为13 000元，尚未经税务机关认证，货款尚未支付，原材料已经到达并验收入库。

(3) 收购农业产品，实际支付的价款为10 000元，收购的农业产品已验收入库，增值税抵扣税率为9%，经税务机关认证可以抵扣。

(4) 一批原材料用于建造集体福利设施，成本为20 000元，购进原材料时进项税额2 600元已经抵扣。

(5) 购入一栋房屋，增值税专用发票上注明的房屋价款为30 000 000元，增值税为2 700 000元，经税务机关认证可以抵扣，款项已经支付。

(6) 用原材料对外投资，该批原材料的成本为500 000元，双方协议不含增值税的价格为600 000元。

(7) 销售产品一批，销售价格为4 520 000元（含增值税），实际成本为3 600 000元，提货单和增值税专用发票已交购货方，货款尚未收到。该销售符合收入确认条件。

(8) 自行建造机器设备在建工程领用库存商品一批，实际成本为40 000元，市场售价为50 000元。

(9) 采用分期收款方式销售一批产品；不含增值税的价款为5 000 000元，收款期为5个月，自下月起每月月末收取价款1 000 000元，同时开具相应金额的增值税专用发票并收取增值税；该批产品实际成本为3 000 000元。

(10) 出售一批尚未到期的保本收益公司债券，收到款项3 000 000元；该批公司债券取得时确认为交易性金融资产，出售时成本为2 682 000元，未确认公允价值变动损益。

(11) 月末盘亏原材料一批，该批原材料的实际成本为30 000元，经查属于计量误差所致，经批准可以处理。

（12）用银行存款缴纳上月未交增值税 100 000 元。

（13）月末结转未交增值税。

要求：

（1）根据上述业务编制有关会计分录。

（2）计算有关增值税明细科目 3 月末余额，并说明在资产负债表中的列示。

第 9 章判断题
即测即评

第 9 章单选题
即测即评

第 9 章多选题
即测即评

第10章 Chapter 10 非流动负债

学习目标

1. 掌握：长期借款的核算；应付债券的核算；长期应付款的核算；租赁负债的核算；预计负债的核算；借款费用资本化的核算。

2. 理解：或有事项的性质。

3. 了解：非流动负债的种类、入账价值。

10.1 非流动负债概述

10.1.1 非流动负债的性质

非流动负债是指偿还期在一年或者超过一年的一个营业周期以上的债务，包括长期借款、应付债券、长期应付款和预计负债等。与流动负债相比，非流动负债具有偿还期限较长、金额较大的特点，相对来说，是企业一项比较稳定且重要的资金来源。

一般来说，非流动负债大多属于金融负债，期末按照成本计量，其成本为未来应付本金和利息的现值。

10.1.2 非流动负债的入账价值

由于非流动负债的偿还期限较长且金额较大，未来支付的利息和本金与其现值之间的差额较大，因此，非流动负债应按照其现值入账，而不应按其未来应偿付金额入账。例如，企业租入固定资产，合同规定，租赁费总额 2 500 万元，每年支付租赁费 500 万元，5 年付清，则企业应付的该项租赁费形成一项非流动负债，未来应付金额为 2 500 万元；企业将该项长期应付款入账时，应按照一定的折现率确定其现值，按照现值入账，现值与未来应付金额 2 500 万元的差额属于借款费用，在未来 5 年内分别进行处理。

10.1.3　非流动负债借款费用

由于非流动负债的利息额往往较大，因而利息的确认与计量，对于如实反映企业的财务状况与经营成果，便显得十分重要。此外，非流动负债的利息既可能是分期支付，也可能于到期还本时一次支付。因此，非流动负债的应付未付利息本身既可能是流动负债，也可能是非流动负债。

按照我国企业会计准则的规定，非流动负债的借款费用按照用途和具体条件，分别进行费用化或资本化处理。一般来说，企业在生产经营期间发生的具有专门用途的借款费用，应予以资本化，计入相关资产成本；发生的没有专门用途的借款费用应予以费用化，计入当期损益。企业筹建期间发生的具有专门用途的借款费用，应予以资本化，计入相关资产成本；发生的没有专门用途的借款费用应先计入开办费，在生产经营开始日将全部开办费计入当期损益。这部分内容详见本章 10.6 节。

10.2　长期借款

10.2.1　长期借款概述

1. 长期借款的性质

长期借款是指企业向金融机构和其他单位借入的偿还期在一年以上的各种借款。

为了反映长期借款借入、偿还情况，应设置“长期借款”科目。该科目的贷方登记借入的长期借款，借方登记偿还的长期借款，期末贷方余额表示尚未偿还的长期借款。“长期借款”科目应根据长期借款的种类设置明细科目。

2. 长期借款的分类

长期借款按照用途分类，可以分为专门借款和一般借款。

(1) 专门借款。专门借款是指企业与金融机构签订的借款协议中注明专门用途的借款，主要用于购建固定资产，也可用于生产营业周期较长的存货，如轮船、飞机、火车等。

(2) 一般借款。一般借款是指企业与金融机构签订的借款协议中没有规定专门用途的借款，主要用于补充流动资金。

3. 长期借款的利息

按照权责发生制原则，企业应分期确认长期借款的利息。企业取得长期借款的利息，通常是按季度计算，其核算方法与短期借款利息支出的核算方法相同；如果取得长期借款的利息到期一次支付，其核算方法与本章10.3节应付债券到期一次付息的核算方法相同，应在“长期借款”科目下设置“借款本金”“利息调整”“应计利息”明细科目。

长期借款的利息支出应按照用途和具体条件，分别进行费用化或资本化处理。

10.2.2 长期借款的取得

企业取得的长期借款，由于偿还期超过一年，应确认为非流动负债。一般来说，企业向银行借款，需要提供资产抵押担保或信用担保，不需要支付手续费，因此，企业取得长期借款时，应根据借款本金，借记“银行存款”科目，贷记“长期借款”科目。

例10-1

甲公司2023年1月1日借入一般借款10 000 000元，用于补充流动资金，期限为3年，年利率为8%，每季度付息一次。甲公司编制的会计分录如下：

借：银行存款　　10 000 000

　贷：长期借款　　10 000 000

10.2.3 长期借款的利息支出

企业取得长期借款发生的利息支出，应分别不同情况，进行资本化或费用化处理。

企业支付的长期借款利息，符合资本化条件的，应计入相关资产成本，根据购建固定资产应负担的利息支出，借记“在建工程”科目；根据存货应负担的利息支出，借记“制造费用”科目；根据分期付息或到期一次付息的利息支出，贷记“银行存款”“应付利息”“长期借款——应计利息”等科目。

企业负担的长期借款利息，如果不符合资本化条件，应计入当期损益，借记“财务费用”科目；贷记“应付利息”“长期借款——应计利息”等科目。

例10-2

承例10-1。甲公司于2023年3月31日支付长期借款利息200 000元。甲公司的利息支出于每季度实际支付时一次确认，编制会计分录如下：

借：财务费用　　200 000

　贷：银行存款　　200 000

10.2.4　长期借款本金的偿还

企业的长期借款到期，偿还长期借款本金时，应终止确认该项金融负债，借记“长期借款”科目，贷记“银行存款”科目。

例 10-3

承例 10-1 和例 10-2。甲公司于 2026 年 1 月 31 日偿还长期借款本金 10 000 000 元，编制会计分录如下：

借：长期借款	10 000 000	
贷：银行存款		10 000 000

10.3　应付债券

10.3.1　应付债券概述

1. 应付债券的性质

企业为了生产经营的需要，可以依照法定程序，以对外发行债券的形式筹集资金。应付债券是指企业发行债券形成的非流动负债。一般来说，企业发行债券需要委托中介机构代理发行，因此还需要向中介机构支付相关的发行费用。

企业发行的债券大多为一次还本债券；按照债券利息的支付方式，分为分期付息债券和到期一次付息债券。

2. 应付债券核算的科目设置

为了反映各项债券的发行、利息支出、偿还等情况，应设置“应付债券”科目，并在该科目下设置“债券面值”“利息调整”“应计利息”等明细科目。为了反映分期付息利息的支付情况，还应设置“应付利息”科目。

3. 应付债券与债权投资的关系

应付债券是企业发行债券形成的非流动负债，债权投资是企业购买债券形成的非流动资产，两者是债券发行与购买双方从各自的角度对同一债券买卖业务进行不同会计处理的结果。应付债券与债权投资既有联系又有区别。

（1）两者的联系。两者的基础是同一债券买卖业务，因此，两者会计处理中的计算方法相同，主要体现在以下几个方面：

1）债券价格的计算方法相同。不论是债券的发行方还是购买方，债券价格均为未来偿还或收回债券面值及票面利息的现值。当债券的票面利率高于市场利率时，发行方溢价发行，则购买方溢价购买；当债券的票面利率低于市场利率时，发行方折价发行，则购买方折价购买。也就是说，应付债券溢价、折价的原因和溢价、折价差额的含义与债权投资溢价、折价的原因和溢价、折价差额的含义完全相同。

2）利息调整的确认方法相同。不论是债券的发行方还是购买方，在债券价格不含利息的情况下，均将债券发行价格与票面金额的差额确认为利息调整；如果债券价格包含发行日至出售日或购买日的利息，均将债券发行价格扣除利息后的金额与票面金额的差额确认为利息调整，其中，分期付息的利息确认为应付或应收利息，一次付息的利息确认为应计利息。需要说明的是，债券发行方和购买方均需要向中介机构支付相关的交易费用，债券购买方支付的交易费用应计入债权投资的入账价值，增加债券溢价或冲减债券折价；债券发行方支付的交易费用应计入应付债券的入账价值，但应冲减债券溢价或增加债券折价。例如，债券的票面金额为1 000万元，实际发行价格为1 050万元，溢价50万元。此外，债券发行方和购买方各支付债券交易费用10万元。根据以上资料，债券购买方实际支付价款1 060万元，利息调整为60万元（交易费用增加了债券溢价）；而债券发行方实际收到1 040万元，利息调整为40万元（交易费用冲减了债券溢价）。

3）实际利率的计算方法相同。实际利率是将债券未来偿还面值及票面利息折算为初始入账价值时使用的折现率，应付债券的实际利率与债权投资的实际利率计算方法相同。

4）实际利息的计算方法相同。应付债券与债权投资的实际利息计算方法，均应采用实际利率法，根据债券的账面价值和实际利率计算。

5）债券利息调整的摊销方法相同。应付债券与债权投资的利息调整摊销方法，均应采用实际利率法，即债券票面利息与实际利息的差额为利息调整摊销额。

（2）两者的区别。由于债券的发行方与购买方的角度不同，因此，两者的会计处理角度不同，主要体现在以下几个方面：

1）债券入账价值确认的会计要素不同。债券购买方支付货币资金购买债券，确认为债权投资，即一项资产减少，而另一项资产增加，不影响资产总额；债券发行方发行债券，收取货币资金，确认为应付债券，即资产和负债同时增加。

2）债券实际利息确认的会计要素不同。债券购买方将债券的实际利息确认为投资收益；而债券发行方将债券实际利息确认为利息费用，资本化的利息费用计入相关资产成本，费用化的利息费用计入当期财务费用。

3）债券到期的会计处理不同。债券购买方在债券到期收回债券面值和票面利息时，增加银行存款，减少债权投资；而债券发行方在债券到期偿还债券面值和票面利息时，减少银行存款，并减少应付债券。

10.3.2 企业债券的发行

1. 应付债券的入账价值

应付债券的初始计量就是要确定应付债券的入账价值。我国会计准则规定，应付债券应按出售时实际收到的价款作为初始入账价值，实际收到的价款为收到出售的债券实际价格扣除手续费、佣金等初始直接费用后的净额。但是，实际收到的价款中如果含有发行日至出售日之间分期付息的利息，应作为一项流动负债处理，不计入应付债券的初始入账价值。

2. 企业发行债券的核算

（1）企业在发行日出售债券。企业在发行日出售债券，应根据收到的价款，借记“银行存款”科目；根据债券面值，贷记“应付债券——债券面值”科目；根据全部价款与债券面值的差额，借记或贷记“应付债券——利息调整”科目。

（2）发行日后出售债券。企业由于各种原因，可能会推迟债券的出售，但是债券的发行日及到期日不变，导致债券实际的发行期限缩短。在这种情况下，企业出售债券的价款中，会包含债券发行日至出售日的利息。这部分利息可以根据债券面值、票面利率和发行日至出售日的天数计算。

企业发行的债券如果到期一次付息，则价款中包含的利息应计入应付债券的初始入账价值。企业出售债券时，应根据收到的价款，借记“银行存款”科目；根据债券面值，贷记“应付债券——债券面值”科目；根据包含的利息，贷记“应付债券——应计利息”科目；根据全部价款扣除债券面值和应计利息后的差额，借记或贷记“应付债券——利息调整”科目。

企业发行的债券如果分期付息，价款中包含的利息应当在一年内支付，因此，不应计入应付债券的初始入账价值，而应确认为流动负债。企业发行债券时，应根据收到的价款，借记“银行存款”科目；根据债券面值，贷记“应付债券——债券面值”科目；根据包含的利息，贷记“应付利息”科目；根据全部价款扣除债券面值和应付利息后的差额，借记或贷记“应付债券——利息调整”科目。

例 10－4

乙公司于 2021 年 1 月 1 日发行总面值为 800 000 元、票面利率为 5%、5 年期、分期付息的债券，于每年 12 月 31 日付息，用于补偿流动资金，收到扣除相关交易费用后的价款 766 302 元。乙公司编制的会计分录如下：

应确认的利息调整借差＝800 000－766 302＝33 698(元)

借：银行存款　766 302
　　应付债券——利息调整　33 698
　贷：应付债券——债券面值　800 000

例 10－5

乙公司于 2021 年 1 月 1 日发行总面值为 800 000 元、票面利率为 5%、5 年期、分期付息的债券，于每年 12 月 31 日付息，用于补偿流动资金，收到扣除相关交易费用后的价款 835 617 元。乙公司编制的会计分录如下：

应确认的利息调整贷差＝835 617－800 000＝35 617(元)

借：银行存款　835 617

贷：应付债券——利息调整		35 617
——债券面值		800 000

例 10-6

S公司于2021年1月1日发行了总面值为800 000元、票面利率为5%、5年期的到期一次付息债券，用于补偿流动资金，收到扣除相关交易费用后的价款747 260元。S公司编制的会计分录如下：

应确认的利息调整借差＝800 000－747 260＝52 740(元)

借：银行存款	747 260	
应付债券——利息调整	52 740	
贷：应付债券——债券面值		800 000

例 10-7

S公司于2021年1月1日发行了总面值为800 000元、票面利率为5%、5年期的到期一次付息债券，用于补偿流动资金，收到扣除相关交易费用后的价款821 927元。S公司编制的会计分录如下：

应确认的利息调整贷差＝821 927－800 000＝21 927(元)

借：银行存款	821 927	
贷：应付债券——利息调整		21 927
——债券面值		800 000

10.3.3 应付债券的利息费用确定及利息调整摊销

我国企业会计准则规定，应付债券的利息费用确定及利息调整摊销应采用实际利率法。前面已说明，应付债券实际利率的确定方法与本教材第4章中债权投资实际利率的确定方法相同，这里不再赘述。

实际利率法下，应付债券当期利息费用应根据期初账面价值和实际利率确定。当期利息费用与票面利息的差额作为当期利息调整的摊销金额。

例 10-8

承例10-6。假定S公司于每年年末确认应付债券的利息费用。设实际利率为i，则有

$$实际利率\ i=\sqrt[5]{\frac{800\,000+800\,000\times 5\%}{747\,260}}-1=6\%$$

计算求得债券的实际利率i为6%。

例 10-9

承例10-7。假定S公司于每年年末确认应付债券的利息费用。设实际利率为i，则有

$$实际利率\ i=\sqrt[5]{\frac{800\,000+800\,000\times5\%}{821\,927}}-1=4\%$$

计算求得债券的实际利率 i 为 4%。

例 10－10

承例 10－4。乙公司发行债券采用实际利率法确定利息费用和利息调整摊销。根据插值法计算确定的实际利率为 6%。

为了简化举例，编制应付债券利息费用及利息调整借差摊销表进行各期的会计处理，详见表 10－1。

表 10－1　利息费用及利息调整借差摊销表（分期付息）　　单位：元

日期	实付票面利息	财务费用	利息调整借差摊销	利息调整借差余额	账面价值
	(1)＝面值×5%	(2)＝期初(5)×6%	(3)＝(2)－(1)	(4)＝期初(4)－(3)	(5)＝期初(5)＋(3)
2021/01/01				33 698.00	766 302.00
2021/12/31	40 000.00	45 978.12	5 978.12	27 719.88	772 280.12
2022/12/31	40 000.00	46 336.81	6 336.81	21 383.07	778 616.93
2023/12/31	40 000.00	46 717.02	6 717.02	14 666.05	785 333.95
2024/12/31	40 000.00	47 120.04	7 120.04	7 546.01	792 453.99
2025/12/31	40 000.00	47 546.01*	7 546.01	0	800 000.00

* 含尾数调整。

乙公司 2021 年 12 月 31 日编制的会计分录如下：

(1) 支付利息。

借：财务费用　　40 000

　贷：银行存款　　40 000

(2) 摊销利息调整借差。

借：财务费用　　5 978.12

　贷：应付债券——利息调整　　5 978.12

或合并编制会计分录：

借：财务费用　　45 978.12

　贷：应付债券——利息调整　　5 978.12

　　银行存款　　40 000.00

其他年份以此类推。

例 10－11

承例 10－5。乙公司发行债券采用实际利率法确定利息费用和利息调整摊销。根据插值法计算确定的实际利率为 4%。

为了简化举例，编制应付债券利息费用及利息调整贷差摊销表进行各期的会计处理，详见表 10－2。

表10-2 利息费用及利息调整贷差摊销表（分期付息） 单位：元

日期	实付票面利息	财务费用	利息调整贷差摊销	利息调整贷差余额	账面价值
	(1)=面值×5%	(2)=期初(5)×4%	(3)=(1)-(2)	(4)=期初(4)-(3)	(5)=期初(5)-(3)
2021/01/01				35 617.00	835 617.00
2021/12/31	40 000.00	33 424.68	6 575.32	29 041.68	829 041.68
2022/12/31	40 000.00	33 161.67	6 838.33	22 203.35	822 203.35
2023/12/31	40 000.00	32 888.13	7 111.87	15 091.48	815 091.48
2024/12/31	40 000.00	32 603.66	7 396.34	7 695.14	807 695.14
2025/12/31	40 000.00	32 304.86*	7 695.14	0	800 000.00

*含尾数调整。

乙公司2021年12月31日编制的会计分录如下：

(1) 收到利息。

借：财务费用　　40 000

　贷：银行存款　　40 000

(2) 摊销利息调整贷差。

借：应付债券——利息调整　　6 575.32

　贷：财务费用　　6 575.32

或合并编制会计分录：

借：财务费用　　33 424.68

　　应付债券——利息调整　　6 575.32

　贷：银行存款　　40 000.00

其他年份以此类推。

例10-12

承例10-6、例10-8。S公司发行债券采用实际利率法确定利息费用和利息调整摊销，实际利率为6%。

为了简化举例，编制应付债券利息费用及利息调整借差摊销表进行各期的会计处理，详见表10-3。

表10-3 利息费用及利息调整借差摊销表（到期一次付息） 单位：元

日期	应计利息	财务费用	利息调整借差摊销	利息调整借差余额	账面价值
	(1)=面值×5%	(2)=期初(5)×6%	(3)=(2)-(1)	(4)=期初(4)-(3)	(5)=期初(5)+(2)
2021/01/01				52 740.00	747 260.00
2021/12/31	40 000.00	44 835.60	4 835.60	47 904.40	792 095.60
2022/12/31	40 000.00	47 525.74	7 525.74	40 378.66	839 621.34
2023/12/31	40 000.00	50 377.28	10 377.28	30 001.38	889 998.62
2024/12/31	40 000.00	53 399.92	13 399.92	16 601.46	943 398.54
2025/12/31	40 000.00	56 601.46*	16 601.46	0	1 000 000.00

*含尾数调整。

S 公司 2021 年 12 月 31 日编制的会计分录如下：

（1）确认应计利息。

借：财务费用　　40 000

　贷：应付债券——应计利息　　40 000

（2）摊销利息调整借差。

借：财务费用　　4 835.60

　贷：应付债券——利息调整　　4 835.60

或合并编制会计分录：

借：财务费用　　44 835.60

　贷：应付债券——应计利息　　40 000.00

　　　　　　——利息调整　　4 835.60

其他年份以此类推。

例 10－13

承例 10－7、例 10－9。S 公司发行债券采用实际利率法确定利息费用和利息调整摊销，实际利率为 4%。

为了简化举例，编制应付债券利息费用及利息调整贷差摊销表进行各期的会计处理，详见表 10－4。

表 10－4　利息费用及利息调整贷差摊销表（到期一次付息）　　单位：元

日期	应计利息	财务费用	利息调整贷差摊销	利息调整贷差余额	账面价值
	(1)＝面值×5%	(2)＝期初(5)×4%	(3)＝(1)－(2)	(4)＝期初(4)－(3)	(5)＝期初(5)＋(2)
2021/01/01				21 927.00	821 927.00
2021/12/31	40 000.00	32 877.08	7 122.92	14 804.08	854 804.08
2022/12/31	40 000.00	34 192.16	5 807.84	8 996.24	888 996.24
2023/12/31	40 000.00	35 559.85	4 440.15	4 556.09	924 556.09
2024/12/31	40 000.00	36 982.24	3 017.76	1 538.33	961 538.33
2025/12/31	40 000.00	38 461.67*	1 538.33	0	1 000 000.00

* 含尾数调整。

S 公司 2021 年 12 月 31 日编制的会计分录如下：

（1）确认应计利息。

借：财务费用　　40 000

　贷：应付债券——应计利息　　40 000

（2）摊销利息调整贷差。

借：应付债券——利息调整　　7 122.92

　贷：财务费用　　7 122.92

或合并编制会计分录：

借：财务费用　　32 877.08

　　应付债券——利息调整　　7 122.92

贷：应付债券——应计利息　　40 000.00

其他年份以此类推。

10.3.4 应付债券的到期偿还

应付债券的到期偿还，是指在应付债券期限届满时，偿还债券面值及应付未付的利息。如果是一次付息的债券，到期时企业应当偿还债券面值和利息；如果是分期付息的债券，到期时企业应当偿还债券面值。一般来说，在应付债券到期时，溢价、折价金额已经摊销完毕，不论是按面值发行，还是溢价或折价发行，“应付债券”科目的余额均为债券面值和应计利息。偿还债券面值及利息时，应借记“应付债券”科目，贷记“银行存款”科目。

例 10－14

承例 10－10。2026 年 1 月 1 日，乙公司偿还债券面值，编制的会计分录如下：

借：应付债券——债券面值　　800 000

　贷：银行存款　　800 000

10.4 租赁负债与长期应付款

租赁负债与长期应付款的区别是什么?

10.4.1 租赁负债与长期应付款概述

1. 租赁负债与长期应付款的性质

租赁负债是指企业承租资产等活动中形成的负债。一般来说，企业租赁大型资产的周期比较长，金额也比较大，尽管租入资产的所有权没有转移，但是为了全面反映企业的财务状况，在租入资产时，应同时确认使用权资产和租赁负债。如果租入资产的时间较短，按照重要性原则，可以不确认使用权资产和租赁负债。

长期应付款是指除长期借款、应付债券、租赁负债、预计负债等以外的各种长期应付款项，例如，采用分期付款方式购入固定资产，该固定资产的所有权已经转移，且付款期限超过 3 年，则该项分期付款业务具有融资性质，应同时确认固定资产和长期应付款。

租赁负债与长期应付款均属于非流动负债，按照企业会计准则的规定，两者的核算方法基本相同，均应按照未来应付金额的现值计量，资产负债表“租赁负债”与“长期应付款”项目均应按照租赁负债与长期应付款的现值列示。

2. 租赁负债与长期应付款核算的科目设置

为了反映租赁负债发生、偿还情况，应设置“租赁负债”科目。该科目的贷方登记未来应付的租赁付款额，借方登记偿还的租赁付款额，期末贷方余额表示尚未偿还的租赁付款额。“租赁负债”科目应根据租赁负债的债权单位设置明细科目。为了反映租赁负债的现值，还应单独设置“未确认租赁费用”科目，反映未来应付金额与其现值的差额。可以说，“未确认租赁费用”科目是“租赁负债”科目的抵减科目，“租赁负债”科目贷方余额与“未确认租赁费用”科目借方余额的差额，为租赁负债的账面价值。

为了反映长期应付款发生、偿还情况，应设置“长期应付款”科目。该科目的贷方登记发生的长期应付款，借方登记偿还的长期应付款，期末贷方余额表示尚未偿还的长期应付款。“长期应付款”科目应根据长期应付款的债权单位设置明细科目。为了反映长期应付款的现值，还应单独设置“未确认融资费用”科目，反映未来应付金额与其现值的差额。可以说，“未确认融资费用”科目是“长期应付款”科目的抵减科目，“长期应付款”科目贷方余额与“未确认融资费用”科目借方余额的差额，为长期应付款的账面价值。

10.4.2　应付租赁款及租入固定资产的入账价值

企业租入的固定资产，按照实质重于形式会计信息质量要求，一方面应确认使用权资产，另一方面要确认非流动负债。

1. 应付租赁款的入账价值

应付租赁款的入账价值，应当按照租赁期开始日尚未支付的租赁付款额的现值进行初始计量。

在计算租赁付款额的现值时，承租人应当采用租赁内含利率作为折现率；无法确定租赁内含利率的，应当采用承租人增量借款利率作为折现率。

租赁付款额是指承租人向出租人支付的与在租赁期内使用租赁资产的权利相关的款项，主要包括固定付款额以及购买选择权的行权价格等。

按照企业会计准则的规定，应付租赁款的入账价值需要分别在“租赁负债”科目和“未确认租赁费用”科目中登记。“租赁负债”科目登记租赁付款额，“未确认租赁费用”科目登记租赁付款额与其现值的差额，即租赁期间应支付的利息。

需要说明的是，在营业税改征增值税以后，租赁公司租赁动产应缴纳增值税。按照增值税的有关规定，增值税的缴纳时点为合同规定的收款日期，因此，在计算租赁付款额及租赁付款额现值时，均可以不考虑增值税，在未来支付租赁费时一并计算。

2. 租入固定资产的入账价值

企业租入的固定资产，应按照其租入成本进行初始计量。该成本包括：

（1）租赁负债的初始计量金额；

（2）在租赁期开始日或之前支付的租赁付款额；

（3）承租人发生的初始直接费用；

（4）承租人为拆卸及移除租赁资产、复原租赁资产所在场地或将租赁资产恢复至租赁条款约定状态预计将发生的成本。

3. 租入固定资产的会计处理

企业取得租入固定资产时，应根据租入固定资产的入账价值，借记“使用权资产”科目；根据可以抵扣的增值税税额，借记“应交税费——应交增值税（进项税额）”科目；根据租入固定资产的租赁付款额，贷记“租赁负债”科目；根据支付的初始直接费用以及运杂费、安装费等，贷记“银行存款”等科目；根据上述金额的差额，借记“未确认租赁费用”科目。

采用分期付款方式购入固定资产形成的长期应付款，其核算方法除了使用的科目不同以外，其他与租赁负债的核算方法基本相同，这里不再赘述。

例 10－15

甲公司2023年12月31日租入一批计算机，租赁合同规定，该批计算机的租赁期为3年，从2024年开始，每年年末支付租金400 000元，租赁期届满该批计算机的所有权转移给甲公司，名义价款为1 000元；上述价款均不含增值税，增值税随租金及名义价款一并支付，增值税税率为13%。甲公司无法取得出租方的内含报酬率，按照租赁开始日的增量借款利率10%计算租赁付款额的折现值，租赁付款额折现值为995 500元。假定甲公司未发生与租入固定资产相关的其他支出。根据以上资料，甲公司编制的会计分录如下：

借：使用权资产	995 500	
未确认租赁费用	205 500	
贷：租赁负债		1 201 000

10.4.3 应付固定资产租赁款的支付及未确认租赁费用的摊销

1. 应付固定资产租赁款的支付

企业按期支付固定资产租赁款时，应根据不含增值税的租赁款，借记“租赁负债”科目；根据可以抵扣的增值税进项税额，借记“应交税费——应交增值税（进项税额）”科目；根据支付的全部款项，贷记“银行存款”等科目。

2. 未确认租赁费用的摊销

企业在支付租赁款的同时，还应根据租赁负债期初的账面价值（租赁负债账面余额扣除未确认租赁费用余额后的净额）和实际利率计算未确认租赁费用摊销额，计入当期损益。实际利率为计算折现值的折现率。企业应根据未确认租赁费用的摊销额，借记“财务费用”科目，贷记“未确认租赁费用”科目。

例 10－16

承例10－15。甲公司于2024年12月31日、2025年12月31日和2026年12月31日分别支付租赁费400 000元，并支付增值税52 000元；同时，采用实际利率法摊销未确认租赁费用。未确认租赁费用摊销表见表10－5。甲公司编制的会计分录如下：

表 10－5　未确认租赁费用摊销表（实际利率法）　　单位：元

日期	支付租金 (1)	未确认租赁费用摊销 (2)＝期初(3)×10%	长期应付款账面价值 (3)＝期初(3)－(1)＋(2)
2023/12/31			995 500
2024/12/31	400 000	99 550	695 050
2025/12/31	400 000	69 505	364 555
2026/12/31	400 000	36 445*	1 000
合计	1 200 000	205 500	—

*含尾数调整。

（1）2024 年 12 月 31 日，支付租金、增值税及摊销未确认租赁费用。

借：租赁负债　400 000
　　应交税费——应交增值税（进项税额）　52 000
　贷：银行存款　452 000
借：财务费用　99 550
　贷：未确认租赁费用　99 550

（2）2025 年 12 月 31 日，支付租金、增值税及摊销未确认租赁费用。

借：租赁负债　400 000
　　应交税费——应交增值税（进项税额）　52 000
　贷：银行存款　452 000
借：财务费用　69 505
　贷：未确认租赁费用　69 505

（3）2026 年 12 月 31 日，支付租金、增值税及摊销未确认租赁费用。

借：租赁负债　400 000
　　应交税费——应交增值税（进项税额）　52 000
　贷：银行存款　452 000
借：财务费用　36 445
　贷：未确认租赁费用　36 445

10.4.4　租入固定资产的折旧

企业租入固定资产，其折旧方法与企业自有固定资产的折旧方法相同，为了便于与固定资产折旧区分，应设置“使用权资产累计折旧”科目。这里不再赘述。

例 10－17

承例 10－15、例 10－16。甲公司确认该批计算机的预计使用年限为 4 年，预计净残值为 10 000 元，采用年限平均法计提折旧。

该批计算机的年折旧额＝(995 500－10 000)÷4＝246 375(元)

会计分录略。

10.4.5 租赁期届满支付名义价款确定租赁资产所有权

租入固定资产的租赁期届满时，企业应支付约定的名义价款，换取租赁资产的所有权。企业根据支付的不含增值税的名义价款，借记“租赁负债”科目；根据支付的增值税，借记“应交税费——应交增值税（进项税额）”科目；根据支付的全部价款，贷记“银行存款”科目。

同时，在取得租赁资产的所有权以后，将租入的使用权资产转为固定资产，根据其原始价值，借记“固定资产——机器设备”等科目，贷记“使用权资产”科目；同时，将使用权资产累计折旧转为固定资产累计折旧，借记“使用权资产累计折旧”科目，贷记“累计折旧”科目。

例 10-18

承例 10-15、例 10-16、例 10-17。甲公司于 2026 年 12 月 31 日支付名义价款 1 000 元及增值税 130 元，取得该批计算机的所有权。甲公司编制的会计分录如下：

（1）支付名义价款及增值税。

借：租赁负债	1 000	
应交税费——应交增值税（进项税额）	130	
贷：银行存款		1 130

（2）结转固定资产类别。

借：固定资产——机器设备	995 500	
贷：使用权资产		995 500

累计折旧的结转略。

10.5 预计负债

10.5.1 预计负债概述

预计负债是基于某些或有事项引发的义务而确认的负债。掌握预计负债的确认，应首先了解或有事项的性质。

1. 或有事项的性质

或有事项是指过去的交易或者事项形成的，其结果须由某些未来事项的发生或不发生决定的不确定事项。或有事项具有以下特点：

（1）或有事项是由过去的交易或事项形成的，既可能是潜在的权利，也可能是潜在的或现时的义务。未来将要发生的交易或事项不属于或有事项。例如，企业与其他单位签订合作意向协议，拟合作研发一项非专利技术，可能会给企业带来一定的收益，但合作尚未开展，则该事项不属于或有事项；又如，企业销售产品，承诺在保修期内免费修理，则在产品销售以后，形成了保修义务，属于或有事项。

（2）或有事项是否发生具有不确定性，即使预计将会发生，发生的具体时间或金额也具有不确定性。或有事项，或许发生，或许不发生，具有不确定性。例如，企业承诺在保修期内免费修理产品，只有在产品出现质量问题时才会提供免费修理服务，而产品不出现质量问题，则不需要提供免费修理服务，但产品是否会出现质量问题具有不确定性。此外，企业根据以往经验，估计售出的产品有1%可能出现质量问题，需要提供免费修理服务，但问题的复杂程度、修理费的支出数额均有不确定性。

（3）或有事项的结果只能由未来不确定事项发生或不发生决定。或有事项如果在未来实际发生，将成为确定事项，企业应根据实际发生的金额对原预计的金额进行调整；如果在未来没有发生，则该事项不存在，企业应将原预计的金额予以冲销。

常见的或有事项主要包括：未决诉讼或仲裁、债务担保、产品质量保证、商业承兑汇票贴现等。

或有事项分为有利事项和不利事项。有利事项是指企业潜在的权利，在未来有可能形成资产和收益；不利事项是指企业潜在或现时的义务，在未来有可能形成负债和费用。

2. 潜在的权利与或有资产

或有事项作为一项潜在的权利，在未来可能形成资产和收益，也可能无法形成资产和收益。按照我国会计准则的规定，由于潜在的权利能否形成现时的资产和收益具有较大的不确定性，按照谨慎性要求，不应确认资产，只是作为或有资产处理。

或有资产是指过去的交易或者事项形成的潜在资产，其存在须通过未来不确定事项的发生或不发生予以证实。或有资产一般不应在财务报表附注中披露。但或有资产很可能给企业带来经济利益时，则可以在财务报表附注中披露其形成的原因，如果能够预计其产生的财务影响，还应做相应披露。

3. 预计负债的确认与或有负债

或有事项作为一项义务，可能是潜在的义务，也可能是现时的义务。或有事项作为潜在的义务，是指结果取决于不确定事项的可能义务，即企业目前尚未承担的义务。或有事项作为现时的义务，是指企业现已承担的义务。例如，企业为其他单位提供了债务担保，则该义务已经存在，如果未来其他单位无法偿还债务，企业需要代为偿还；如果未来其他单位能够偿还债务，则企业不需要代为偿还，也就是说，该项义务是否实际承担，要由其他单位未来能否偿还债务决定。

企业由于或有事项形成的现时义务，如果很可能导致经济利益流出企业，且该项义务的金额能够可靠地计量，应确认预计负债；企业由于或有事项形成的潜在义务，以及形成的现时义务若不是很可能导致经济利益流出企业或该项义务的金额不能够可靠地计量，则不应确认预计负债，而应作为或有负债处理。

按照我国会计准则的规定，或有事项是否实际发生的可能性分为四个档次：（1）基本确定，指发生的概率区间为大于 95%至小于 100%；（2）很可能，指发生的概率区间为大于 50%至小于或等于 95%；（3）可能，指发生的概率区间为大于 5%至小于或等于 50%；（4）极小可能，指发生的概率区间为大于 0 至小于或等于 5%。

需要说明的是，很可能导致经济利益流出企业的“很可能”，与或有事项是否实际发生可能性的“很可能”，不是同一内涵。或有事项是否实际发生可能性的“很可能”，其概率区间为大于 50%至小于或等于 95%；而很可能导致经济利益流出企业的“很可能”，是一般意义所说的很可能，即概率区间为大于 50%。

4. 预计负债核算的科目设置

为了反映预计负债的增减变动情况，应设置“预计负债”科目，并按照具体的事项设置明细科目。

10.5.2 预计负债的计量

1. 最佳估计数的确定

或有事项按照前述标准确认为预计负债，其金额应是清偿该负债所需支出的最佳估计数。如果所需支出存在一个金额范围，则最佳估计数应按该范围的上、下限的平均数确定。例如，企业由于售出产品质量问题被客户起诉，但法院尚未判决，企业估计应赔偿的金额在 100 万～140 万元之间，则确认预计负债的最佳估计数为 120 万元。如果所需支出不存在一个金额范围，则在预计负债涉及单个项目时，按最可能发生的金额确定；在或有事项涉及多个项目时，按各种可能发生额及其发生的概率计算确定。例如，企业销售商品 10 000 件，总收入为 1 000 万元；企业根据以往经验估计，保修期内需要大修商品的概率为 1%，每件商品的保修费用为 200 元；保修期内需要一般维修商品的概率为 5%，每件商品的保修费用估计为 50 元。据此计算，该企业所需支出保修费用的最佳估计数为 45 000 元（10 000×1%×200+10 000×5%×50）。

2. 预期可获得补偿金额的确定

如果确认的预计负债所需支出预计可以全部或部分由第三方补偿，则补偿金额只能在基本确定能收到时，作为资产单独确认，不应直接抵减预计负债的金额，且确认的金额不应超过所确认预计负债的金额。例如，企业由于售出产品质量问题被客户起诉，但法院尚未判决，企业估计应赔偿金额的最佳估计数为 120 万元；企业经具体分析，发现商品的质量问题主要是其中一个零部件质量不合格造成的，经与该零部件的供应商协商，供应商同意赔偿损失 20 万元。该企业据此确认预计负债 120 万元，确认其他应收款 20 万元，确认损失 100 万元。

10.5.3　预计负债的会计处理

1. 产品质量保证

产品质量保证是指企业在售出商品以后在一定期限内负责免费更换、免费维修的承诺。企业售出附有保修期的产品后，在保修期内如不发生质量问题，企业将不发生售后费用支出；如果发生质量问题，则应负责修理或退换。

企业首次确认未来预计发生的保修费用时，应根据很可能发生保修费用的最佳估计数，确认为一项负债，借记“销售费用”科目，贷记“预计负债”科目。

企业实际发生保修费用时，应冲减预计负债，借记“预计负债”科目，贷记“银行存款”“生产成本”“应付职工薪酬”等科目。

以后期间确认未来预计发生的保修费用时，应根据很可能发生保修费用的最佳估计数，扣除预计负债的余额，调整增加预计负债，借记“销售费用”科目，贷记“预计负债”科目。

例 10 - 19

甲公司承诺销售产品的保修期为 3 年，根据发生的相关业务，编制会计分录如下：

(1) 2023 年 12 月 31 日，根据销售的商品和以往经验判断，预计很可能发生的保修费用为 200 000 元。

借：销售费用　　200 000
　贷：预计负债　　200 000

(2) 2024 年实际发生保修费用 80 000 元，假定均为职工薪酬。

借：预计负债　　80 000
　贷：应付职工薪酬　　80 000

(3) 2024 年 12 月 31 日，根据销售的商品和以往经验判断，预计很可能发生的保修费用为 220 000 元，调整预计负债。

调增预计负债＝220 000－(200 000－80 000)＝100 000(元)

借：销售费用　　100 000
　贷：预计负债　　100 000

2. 未决诉讼和未决仲裁

当企业涉及一项尚未判决的诉讼案件或仲裁案件时，对于原告提出的赔偿要求，如果企业胜诉，将不承担赔偿责任；如果败诉，则需承担债务责任。如果企业预计案件判决的结果很可能是企业败诉，则应确认为一项负债，借记“营业外支出”科目，贷记“预计负债”科目；同时，如果企业基本确定赔偿的金额能够全部或部分由第三方补偿，则应将获得补偿的金额确认为一项资产，冲减赔偿支出，借记“其他应收款”科目，贷记“营业外支出”科目，但是，确认资产的数额不应超过很可能赔偿的金额。反之，如果企业预计案件判决的结果很可能是企业胜诉，则不应确认为一项负债，也就是说，在企业被提起赔偿诉讼后，形成了一项或有负债。企业预计支付的诉讼费属于日常生产经营中的正常支出，应计入管理费用，企业应根据预计发生的诉讼费，借记“管理费用”科目，贷记“预计负债”科目。

例 10-20

甲公司 2023 年 10 月向乙公司销售一批产品，因产品存在一定的质量问题，导致乙公司发生经济损失。但由于双方对赔偿金额的认定未达成一致，乙公司于 2023 年 11 月提起诉讼，要求甲公司赔偿 100 000 元。甲公司在应诉过程中，发现所售产品确实存在较大的质量问题，但质量问题是由丙公司为甲公司提供的零部件不合格所致。2023 年 12 月 31 日，甲公司预计败诉的可能性为 60%，最可能赔偿的金额为 80 000 元，且基本确定可以获得丙公司赔偿 30 000 元。假定甲公司预计支付诉讼费 1 000 元。根据以上资料，编制会计分录如下：

（1）确认预计赔偿的损失及支付的诉讼费。

借：管理费用	1 000	
营业外支出	80 000	
贷：预计负债		81 000

（2）确认能够获得的补偿。

借：其他应收款	30 000	
贷：营业外支出		30 000

上述两笔会计分录也可以合并编制：

借：管理费用	1 000	
其他应收款	30 000	
营业外支出	50 000	
贷：预计负债		81 000

10.5.4 或有事项的披露

企业应当在附注中披露与或有事项有关的下列信息：

1. 预计负债

（1）预计负债的种类、形成原因以及经济利益流出不确定性的说明。

（2）各类预计负债的期初、期末余额和本期变动情况。

（3）与预计负债有关的预期补偿金额和本期已确认的预期补偿金额。

2. 或有负债（不包括极小可能导致经济利益流出企业的或有负债）

（1）或有负债的种类及其形成原因，包括已贴现商业承兑汇票、未决诉讼、未决仲裁、对外提供担保等形成的或有负债。

（2）经济利益流出不确定性的说明。

（3）或有负债预计产生的财务影响，以及获得补偿的可能性；无法预计的，应当说明原因。

在涉及未决诉讼、未决仲裁的情况下，披露全部或部分信息预期对企业造成重大不利影响的，企业无须披露这些信息，但应当披露该未决诉讼、未决仲裁的性质，以及没有披露这些信息的事实和原因。

10.6 借款费用资本化

10.6.1 借款费用资本化概述

借款费用资本化是指将借款费用按照一定的条件和方法计入有关资产的成本。

1. 借款的范围

借款包括专门借款和一般借款。

专门借款是指为了购建或生产符合资本化条件的资产而专门借入的款项，包括指定用途的长期银行借款和应付债券等。例如，企业为了自行建造厂房，向银行借入 5 年期借款 8 000 万元，借款合同明确规定了借款的用途，不得用于购建该厂房之外的其他支出。

一般借款是指除专门借款之外借入的没有指定用途的款项，主要包括没有指定用途的长、短期银行借款和应付债券等。例如，企业发行 5 年期债券 2 亿元，用于补充流动资金。

2. 借款费用的范围

借款费用是指企业因借款而付出的代价，具体来说，是按照企业会计准则的规定确认的利息费用。

企业发生的利息费用由于借款的形式不同而有所不同。

（1）短期银行借款利息费用。短期银行借款合同规定的利率即为实际利率，因此短期银行借款支付的利息即为利息费用。一般情况下，短期银行借款发生的手续费、佣金等辅助费用的数额较少，不计入短期借款的入账价值，不属于借款费用①，在实际支付时计入当期损益。例如，企业 4 月 1 日借入短期借款 1 000 万元，合同规定的利率为 6%，6 月 30 日支付二季度的利息 15 万元（1 000×6%×1/4），则该项短期借款的利息费用为 15 万元。

（2）长期银行借款利息费用。对分期付息的长期银行借款，合同规定的利率即为实际利率，因此支付的利息即为利息费用。到期一次付息的长期银行借款由于合同规定的利率一般为单利，而企业需要采用复利方式确定实际利率，因此，

---

① 按照企业会计准则的规定，一般借款发生的辅助费用计入当期损益，专门借款发生的辅助费用计入专门借款的入账价值。但是，长期借款和发行债券既可能是一般借款，也可能是专门借款，两者的会计处理方法应当相同。一般来说，短期借款和长期借款发生的辅助费用数额较少，因此，本教材按照重要性会计信息质量要求，不论短期借款和长期借款是属于一般借款还是专门借款，均将发生的辅助费用计入当期损益；而发行债券的辅助费用数额较大，不论其是否有专门用途，均将发生的辅助费用计入应付债券的入账价值，列入借款费用。

到期一次付息长期借款的利息费用为按照实际利率法确认的利息费用，即包括按照合同规定应付的利息与利息调整摊销两部分内容。例如，企业2023年1月1日借入3年期长期借款1 000万元，合同规定的利率为8%，企业按照季度确认利息费用，季度实际利率为1.8%，则2023年一季度的利息费用为18万元（1 000×1.8%），包括一季度应付利息20万元（1 000×8%×1/4）与确认利息调整借差2万元（20－18）；而二季度的利息费用为18.324万元（1 018×1.8%），包括二季度应付利息20万元（1 000×8%×1/4）与利息调整借差摊销1.676万元（20－18.324）。长期银行借款发生的辅助费用一般也较少，不计入长期借款的入账价值，因此，也不属于借款费用。

（3）应付债券利息费用。应付债券的利息费用为按照实际利率法确认的利息费用，包括应付票面利息与利息调整摊销两部分内容。需要说明的是，企业发行债券发生的手续费、审计费等交易费用（即辅助费用）计入发行债券的入账价值，确认为利息调整，在利息调整摊销时计入利息费用，因此，发行债券的辅助费用应属于借款费用。例如，企业2023年1月1日发行总面值为8 000万元、票面利率为5%、5年期、分期付息的债券，于每年12月31日付息，发行价格为7 800万元，支付相关交易费用140万元，实际收到价款7 660万元，确认应付债券面值8 000万元，利息调整借差340万元（包括辅助费用140万元）；计算确定的实际利率为6%。2023年12月31日支付票面利息400万元，利息调整借差摊销60万元（包含辅助费用的摊销），确认的利息费用为460万元。

（4）因外币借款发生的汇兑差额。这部分内容参见本系列教材中的《高级会计学》，本教材不再讲解。

3. 符合资本化条件的资产范围

符合资本化条件的资产，是指需要经过相当长时间（指为资产的购建或者生产所必需的时间，通常为一年以上）的购建或者生产活动才能达到预定可使用或者可销售状态的固定资产、投资性房地产、存货等资产，例如，企业自行建造的厂房，生产的船舶、大型成套设备等。

10.6.2 借款费用的确认

借款费用的确认，是指根据企业会计准则的规定，判断借款费用应予以资本化还是费用化。借款费用确认的基本原则是：企业发生的可以直接归属于符合资本化条件资产的借款费用，应予以资本化，计入相关资产成本；发生的其他借款费用，应予以费用化，计入当期损益。

可以直接归属于符合资本化条件资产的借款费用，应满足以下条件：

1. 借款费用开始资本化的时点

借款费用开始资本化，必须同时满足以下条件：

（1）资产支出已经发生。资产支出包括为购建或者生产符合资本化条件的资产已经支付的现金、转移的非现金资产或者承担的带息债务等发生的支出。资产支出的发生，意味着购建或者生产符合资本化条件的资产已经占用了借款，满足借款费用资本化的必要条件；如果未发生支出，则说明未占用借款，借款费用不应开始资本化。

（2）借款费用已经发生。借款费用的发生是资本化的基本条件，如果是无息借款，则不存在借款费用的问题。

（3）为使资产达到预定可使用或者可销售状态所必要的购建或者生产活动已经开始。为使资产达到预定可使用或者可销售状态所必要的购建或者生产活动已经开始，是指实体购建或者生产工作已经开始进行。如果实体购建或者生产工作尚未开始进行，后续工作会存在一定的不确定性，因此，借款费用不得开始资本化。例如，企业仅仅预付了工程款，虽然满足“资产支出已经发生”的条件，但工程尚未开工，不得开始资本化。又如，房地产企业仅仅支付了土地出让金，但房屋建造工程尚未开工，也不得开始资本化。

企业发生的借款费用只有同时满足以上条件，才能够开始资本化。

2. 借款费用暂停资本化的时间

符合资本化条件的资产在购建或者生产过程中发生非正常中断且中断时间连续超过 3 个月的，应当暂停借款费用的资本化。

在非正常中断期间，未发生实质性的购建或生产活动，不应负担借款费用，直至资产的购建或者生产活动重新开始，再恢复借款费用资本化。在中断期间发生的借款费用，计入当期损益。如果中断是所购建或者生产的符合资本化条件的资产达到预定可使用或者可销售状态的必要程序，借款费用的资本化应当继续进行。

非正常中断通常是由于企业管理决策上的原因，或者其他不可预见方面的原因导致的中断，包括由于劳务纠纷、发生安全事故、改变设计图纸、资金周转困难等原因导致的工程中断，不包括为使所购置或建造的固定资产达到预定可使用状态所必要的程序而发生的中断，或由于可预见的不可抗力因素导致的中断，后两类中断属于正常中断。例如，某企业在建造厂房期间，逢连绵雨季，妨碍了工程的进行，工程施工不得不中断，待雨季过后再继续施工。由于该地区该季节出现连绵雨季是正常情况，因此在这种由于雨季而耽搁施工的持续期间内，借款费用资本化应继续进行。

企业应根据实质重于形式会计信息质量要求，客观分析导致购建或生产活动中断的原因，合理确定暂停借款费用资本化的时间。

3. 借款费用停止资本化的时点

购建或者生产符合资本化条件的资产达到预定可使用或可销售状态时，借款费用应当停止资本化。在符合资本化条件的资产达到预定可使用或者可销售状态之后发生的借款费用，应予以费用化，计入当期损益。

购建或者生产符合资本化条件的资产达到预定可使用或者可销售状态，可从下列几个方面进行判断：

（1）符合资本化条件的资产的实体建造（包括安装）或者生产工作已经全部完成或者实质上已经完成。

（2）所购建或者生产的符合资本化条件的资产与设计要求、合同规定或者生产要求相符或者基本相符，即使有极个别与设计、合同或者生产要求不相符的地方，也不影响其正常使用或者销售。

（3）在所购建或生产的符合资本化条件的资产上继续发生的支出金额很少或者几乎不再发生。

购建或者生产符合资本化条件的资产需要试生产或者试运行的，在试生产结果表明资产能够正常生产出合格产品或者试运行结果表明资产能够正常运转或者营业时，应当认为该资产已经达到预定可使用或者可销售状态。

10.6.3 借款费用的计量

1. 专门借款的借款费用资本化计量

为购建或者生产符合资本化条件的资产而借入的专门借款，应当自借款费用开始资本化的时点起，以专门借款当期实际发生的利息费用，减去将尚未动用的借款资金存入银行取得的利息收入或进行暂时性投资取得的投资收益后的金额确定。

专门借款的用途就是购建或生产符合资本化条件的资产，原则上发生的借款费用应全部计入相关资产成本。但是，企业借入的专门借款不一定在借入时就全部使用。未使用的专门借款存在银行或进行暂时性投资，会取得一定的存款利息或投资收益，由于这部分利息收入或投资收益是未使用借款产生的，因此，应冲减借款费用资本化的金额，不能确认为利息收入或投资收益。

2. 一般借款的借款费用资本化计量

一般借款由于没有规定具体用途，无法判明是用于购建或生产符合资本化条件的支出还是用于其他方面的支出。但是，企业会计准则规定，当购建或生产符合资本化条件的支出超过了专门借款，假定首先占用一般借款，应将占用一般借款的利息费用予以资本化。一般借款的借款费用资本化金额计算公式如下：

$$\begin{matrix}\text{一般借款的借款}\\\text{费用资本化金额}\end{matrix}=\begin{matrix}\text{累计资产支出超过专门借款}\\\text{部分的资产支出加权平均数}\end{matrix}\times\begin{matrix}\text{所占用一般借款的}\\\text{资本化率}\end{matrix}$$

（1）累计资产支出超过专门借款部分的资产支出加权平均数。累计资产支出超过专门借款部分的资产支出加权平均数是指按照超过专门借款部分的资产支出在某一会计期间占用天数折算的在该会计期间平均支出数。

会计期间可以按照季度确定，也可以按照半年度或年度确定。一般来说，银行借款大多在季末收取利息，借款费用资本化的会计期间可以按照季度划分，在季末确认借款费用资本化的金额。分期付息应付债券大多每年付息一次，借款费用资本化的会计期间可以按照年度确定，在年末确认借款费用资本化的金额；一次付息应付债券在到期日支付利息，借款费用资本化的会计期间既可以按照年度确定，在年末确认借款费用资本化的金额，也可以按照半年度或季度确定，在6月末或季末确认借款费用资本化的金额。

累计资产支出超过专门借款部分的资产支出加权平均数的计算公式如下：

$$\begin{matrix}\text{累计资产支出}\\\text{加权平均数}\end{matrix}=\sum\left(\text{每笔资产支出}\times\frac{\text{该笔支出在当期所占用的天数}}{\text{会计期间涵盖的天数}}\right)$$

例 10－21

甲公司 2024 年 1 月 1 日发生超过专门借款的支出 2 000 万元；2024 年 2 月 1 日发生超过专门借款的支出 3 000 万元；2024 年 3 月 1 日发生超过专门借款的支出 4 200 万元。甲公司按照季度确认借款费用资本化金额，2024 年一季度累计资产支出超过专门借款部分的资产支出加权平均数计算如下：

$$\begin{aligned}\text{累计资产支出加权平均数}&=2\,000\times3/3+3\,000\times2/3+4\,200\times1/3\\&=5\,400(\text{万元})\end{aligned}$$

（2）一般借款的资本化率。一般借款的资本化率是指一般借款的平均利率。如果企业仅有一笔一般借款，其资本化率即为该笔借款的利率；如果企业有多笔一般借款，且借款的时间不同、利率不同，则资本化率为这些借款的加权平均利率。加权平均利率的计算公式如下：

$$\text{加权平均利率}=\frac{\text{所占用一般借款当期实际发生的利息之和}}{\text{所占用一般借款本金加权平均数}}\times100\%$$

$$\begin{matrix}\text{一般借款本金}\\\text{加权平均数}\end{matrix}=\sum\left(\begin{matrix}\text{每笔一般}\\\text{借款本金}\end{matrix}\times\frac{\text{每笔一般借款在当期所占用的天数}}{\text{会计期间涵盖的天数}}\right)$$

例 10－22

甲公司 2024 年 1 月 1 日借入短期一般借款 2 000 万元，年利率为 6%；3 月 1 日借入短期一般借款 6 000 万元，年利率为 8%；银行于每季度末收取利息。甲公司 2024 年一季度加权平均利率计算如下：

$$\text{一季度实际支付利息}=2\,000\times6\%\times3/12+6\,000\times8\%\times1/12=70(\text{万元})$$

$$\text{一般借款本金加权平均数}=2\,000\times3/3+6\,000\times1/3=4\,000(\text{万元})$$

$$\text{一季度一般借款加权平均利率}=\frac{70}{4\,000}\times100\%=1.75\%$$

需要说明的是，由于确认借款费用资本化的会计期间不同、计算累计资产支出加权平均数保留的小数点尾数不同、计算加权平均利率保留小数点后位数不同，借款费用资本化的金额可能有所不同。但是，每一会计期间的借款费用资本化金额，不应当超过当期相关借款实际发生的利息金额。

例 10－23

乙公司为自行建造厂房从银行取得借款，按季度确认借款费用资本化金额，支付的借款利息由自有资金负担。乙公司根据下列经济业务，计算借款费用资本化的金额，并编制有关会计分录（为了简化举例，暂不考虑增值税）：

（1）2024 年 1 月 1 日，取得建造厂房的专门借款 50 000 000 元，期限为 3 年，年利率为 7.2%，于每季度末支付借款利息。暂时闲置专门借款存在银行的存款年利率为1.2%。

借：银行存款　50 000 000

　贷：长期借款　50 000 000

（2）2024年1月1日，取得一般借款10 000 000元，期限为2年，年利率为6%，于每季度末支付借款利息。

借：银行存款　10 000 000

　贷：长期借款　10 000 000

（3）2024年2月1日，乙公司与丙公司签订厂房出包建造合同，当日预付工程款20 000 000元，但工程尚未开工。

借：在建工程——预付工程款　20 000 000

　贷：银行存款　20 000 000

（4）2024年3月1日，丙公司正式开工建造厂房。

乙公司不需要进行会计处理。

（5）2024年3月31日，结算一季度专门借款利息。

专门借款利息支出＝50 000 000×7.2%×1/4＝900 000(元)

建造厂房的实质性活动于3月1日开始，因此借款费用开始资本化的时点为3月1日。

专门借款一季度利息支出资本化金额＝50 000 000×7.2%×1/12
＝300 000(元)

专门借款一季度利息支出费用化金额＝900 000－300 000
＝600 000(元)

借：在建工程——工程成本　300 000

　　财务费用　600 000

　贷：银行存款　900 000

暂时闲置专门借款利息收入＝50 000 000×1.2%×1/12＋
(50 000 000－20 000 000)×1.2%×2/12
＝110 000(元)

专门借款开始资本化时点为3月1日，暂时闲置专门借款存在银行的利息收入冲减资本化金额应从3月份开始，前两个月的利息收入应冲减财务费用。

一季度利息收入冲减资本化金额＝(50 000 000－20 000 000)×1.2%×1/12
＝30 000(元)

一季度利息收入冲减财务费用金额＝110 000－30 000
＝80 000(元)

借：银行存款　110 000

　贷：在建工程——工程成本　30 000

　　　财务费用　80 000

(6) 2024 年 3 月 31 日，支付一季度一般借款利息。一季度建造厂房未占用一般借款，一般借款的利息支出全部费用化。

一般借款利息支出＝10 000 000×6%×1/4
＝150 000(元)

借：财务费用 150 000
　贷：银行存款 150 000

(7) 2024 年 5 月 1 日，乙公司结算工程进度款，共计 56 000 000 元，扣除预付工程款，实际支付工程进度款 36 000 000 元。

借：在建工程——工程成本 56 000 000
　贷：在建工程——预付工程款 20 000 000
　　　银行存款 36 000 000

(8) 2024 年 6 月 1 日，取得短期一般借款 18 000 000 元，年利率为 5.4%，于每季度末支付借款利息。

借：银行存款 18 000 000
　贷：短期借款 18 000 000

(9) 2024 年 6 月 30 日，结算二季度专门借款利息。

乙公司二季度专门借款利息支出应全部资本化。

专门借款利息支出＝50 000 000×7.2%×1/4
＝900 000(元)

借：在建工程——工程成本 900 000
　贷：银行存款 900 000

乙公司 5 月 1 日支付工程款 36 000 000 元，专门借款已经全部使用，且占用了一般借款 6 000 000 元；暂时闲置专门借款存在银行的利息收入为 4 月份利息收入，应全部冲减资本化金额。

暂时闲置专门借款利息收入＝30 000 000×1.2%×1/12
＝30 000(元)

借：银行存款 30 000
　贷：在建工程——工程成本 30 000

(10) 2024 年 6 月 30 日，支付二季度一般借款利息。

一般借款利息支出＝10 000 000×6%×1/4＋18 000 000×5.4%×1/12
＝231 000(元)

乙公司 5 月 1 日支付工程款 36 000 000 元，占用了一般借款 6 000 000 元，资产支出加权平均数计算如下：

累计资产支出加权平均数＝6 000 000×2/3
＝4 000 000(元)

乙公司二季度有两笔一般借款，其资本化金额计算如下：

二季度一般借款本金加权平均数＝10 000 000×3/3＋18 000 000×1/3
＝16 000 000（元）

$$二季度一般借款资本化率=\frac{231\ 000}{16\ 000\ 000}\times 100\%=1.44\%$$

二季度一般借款利息支出资本化金额＝4 000 000×1.44%
＝57 600（元）

二季度一般借款利息支出费用化金额＝231 000－57 600
＝173 400（元）

借：在建工程——工程成本　57 600
　　财务费用　173 400
　贷：银行存款　231 000

（11）2024年7月1日，由于乙公司更改厂房设计方案，工程发生非正常中断，至9月30日尚未恢复正常建造工作。9月30日，支付三季度专门借款和一般借款利息。

由于工程发生非正常中断，应暂停借款费用资本化。

三季度专门借款利息支出＝50 000 000×7.2%×1/4
＝900 000（元）

借：财务费用　900 000
　贷：银行存款　900 000

三季度一般借款利息支出＝10 000 000×6%×1/4＋18 000 000×5.4%×1/4
＝393 000（元）

借：财务费用　393 000
　贷：银行存款　393 000

（12）2024年11月1日，设计方案更改完成，厂房建造工程恢复正常建造工作，乙公司支付工程进度款15 000 000元。

借：在建工程——工程成本　15 000 000
　贷：银行存款　15 000 000

（13）2024年12月31日，支付四季度专门借款利息。

专门借款利息支出＝50 000 000×7.2%×1/4＝900 000（元）

乙公司厂房建造工作于11月1日恢复，借款费用资本化也应于11月1日恢复。

四季度专门借款资本化金额＝50 000 000×7.2%×2/12
＝600 000（元）

四季度专门借款费用化金额＝900 000－600 000＝300 000（元）

借：在建工程——工程成本　600 000
　　财务费用　300 000

贷：银行存款 900 000

(14) 2024 年 12 月 31 日，支付四季度一般借款利息。

四季度一般借款利息支出＝10 000 000×6%×1/4＋18 000 000×5.4%×1/4
＝393 000(元)

乙公司厂房建造工作于 11 月 1 日恢复，借款费用资本化也应于 11 月 1 日恢复。厂房建造工程占用一般借款共计 21 000 000 元（6 000 000＋15 000 000）。资产支出加权平均数计算如下：

累计资产支出加权平均数＝21 000 000×2/3＝14 000 000(元)

乙公司四季度有两笔一般借款，其资本化金额计算如下：

四季度一般借款本金加权平均数＝10 000 000×3/3＋18 000 000×3/3
＝28 000 000(元)

$$四季度一般借款资本化率=\frac{393\ 000}{28\ 000\ 000}\times 100\%=1.4\%$$

四季度一般借款利息支出资本化金额＝14 000 000×1.4%
＝196 000(元)

四季度一般借款利息支出费用化金额＝393 000－196 000
＝197 000(元)

借：在建工程——工程成本 196 000
　　财务费用 197 000
　贷：银行存款 393 000

(15) 2025 年 2 月 1 日，乙公司支付工程进度款 10 000 000 元。

借：在建工程——工程成本 10 000 000
　贷：银行存款 10 000 000

(16) 2025 年 3 月 31 日，支付一季度专门借款利息。

专门借款利息支出＝50 000 000×7.2%×1/4＝900 000(元)

借：在建工程——工程成本 900 000
　贷：银行存款 900 000

(17) 2025 年 3 月 31 日，支付一季度一般借款利息。

一季度一般借款利息支出＝10 000 000×6%×1/4＋18 000 000×5.4%×1/4
＝393 000(元)

乙公司厂房建造工程超过专门借款的支出为 31 000 000 元（21 000 000＋10 000 000），一般借款为 28 000 000 元，超过一般借款的 3 000 000 元为自有资金支出，不需要进行借款费用资本化处理。2 月 1 日支付的工程进度款 10 000 000元中，属于使用一般借款的金额为 7 000 000 元（10 000 000－3 000 000）。资产支出加权平均数计算如下：

累计资产支出加权平均数＝21 000 000×3/3＋7 000 000×2/3
＝25 666 667(元)

乙公司一季度有两笔一般借款，其资本化金额计算如下：

一季度一般借款本金加权平均数＝10 000 000×3/3＋18 000 000×3/3
＝28 000 000(元)

$$一季度一般借款资本化率=\frac{393\ 000}{28\ 000\ 000}\times100\%=1.4\%$$

一季度一般借款利息支出资本化金额＝25 666 667×1.4％
＝359 333(元)

一季度一般借款利息支出费用化金额＝393 000－359 333＝33 667(元)

借：在建工程——工程成本　　359 333
　　财务费用　　33 667
　贷：银行存款　　393 000

(18) 2025年4月1日，厂房建造完工，达到预定可使用状态，办理竣工结算。厂房成本计算如下：

支付工程款＝20 000 000＋36 000 000＋15 000 000＋10 000 000
＝81 000 000(元)

借款费用资本化金额＝300 000－30 000＋900 000－30 000＋57 600
＋600 000＋196 000＋900 000＋359 333
＝3 252 933(元)

厂房成本合计＝81 000 000＋3 252 933＝84 252 933(元)

借：固定资产——厂房　　84 252 933
　贷：在建工程——工程成本　　84 252 933

(19) 2025年4月1日以后发生的借款费用全部费用化。

思考题

1. 非流动负债与流动负债的入账价值有哪些区别？
2. “租赁负债”科目与资产负债表项目“租赁负债”有哪些区别？
3. 预计负债的确认条件是什么？
4. 如何进行借款费用资本化的核算？

练习题

1. (2012年会计资格考试《中级会计实务》试题) 甲公司2007年度至2012

年度发生的与一栋办公楼有关的业务资料如下：

(1) 2007 年 1 月 1 日，甲公司与乙公司签订合同，委托乙公司为其建造一栋办公楼。合同约定，该办公楼的总造价为 5 000 万元，建造期为 12 个月，甲公司于 2007 年 1 月 1 日向乙公司预付 20%的工程款，7 月 1 日和 12 月 31 日分别根据工程进度与乙公司进行工程款结算。

(2) 2007 年 1 月 1 日，为建造该办公楼，甲公司向银行专门借款 2 000 万元，期限为 2 年，合同年利率与实际年利率均为 8%，每年利息于次年 1 月 1 日支付，到期一次还本。专门借款中尚未动用部分全部存入银行，年利率 1%，假定甲公司每年年末计提借款利息费用；存贷款利息全年按 360 天计算，每月按 30 天计算。

(3) 2007 年 1 月 1 日，该办公楼的建造活动正式开始，甲公司通过银行向乙公司预付工程款 1 000 万元；7 月 1 日，甲公司根据完工进度与乙公司结算上半年工程款 2 250 万元，扣除全部预付工程款后，余款以银行存款支付给乙公司。

(4) 2007 年 12 月 31 日，该办公楼如期完工，达到预定可使用状态并于当日投入使用，甲公司以银行存款向乙公司支付工程款 2 750 万元。该办公楼预计使用年限为 50 年，预计净残值为 155 万元，采用年限平均法计提折旧。

(5) 2010 年 11 月，甲公司因生产经营战略调整，决定将该办公楼停止自用，改为出租以获取租金收益。2010 年 12 月 20 日，甲公司与丙公司签订租赁协议，约定将该办公楼以经营租赁的方式租给丙公司，租赁期为 2 年，租赁开始日为 2010 年 12 月 31 日。甲公司对投资性房地产采用公允价值模式进行后续计量，2010 年 12 月 31 日，该办公楼的公允价值为 5 100 万元。

(6) 2011 年 12 月 31 日，该办公楼公允价值为 5 000 万元。

(7) 2012 年 12 月 31 日，租赁合同到期，甲公司将该办公楼以 4 800 万元的价格售出，款项已存银行，假定不考虑增值税等相关税费。

要求：

(1) 根据资料 (3)，编制甲公司 2007 年 1 月 1 日预付工程款和 2007 年 7 月 1 日与乙公司结算工程款的会计分录。

(2) 根据资料 (1) ～ (4)，计算甲公司 2007 年专门借款利息应予资本化的金额，并编制相应的会计分录。

(3) 根据资料 (4)，计算甲公司 2007 年 12 月 31 日该办公楼完工作为固定资产入账的金额以及 2008 年度应计提折旧的金额。

(4) 根据资料 (5)，编制甲公司将该办公楼由自用转为出租的会计分录。

(5) 根据资料 (6)，编制甲公司 2011 年 12 月 31 日对该办公楼进行期末计量的会计分录。

(6) 根据资料 (7)，编制甲公司 2012 年 12 月 31 日售出办公楼的会计分录。

(“投资性房地产”科目要求写出二级明细科目，答案中的金额单位用万元表示。)

2. 乙公司 20×1 年 1 月 1 日折价发行面值为 2 000 万元的 4 年期到期一次还

本付息债券，用于补充流动资金，实际收取价款1 940万元，票面利率为5%（按单利计算）；该公司于每年年末采用实际利率法确认利息费用。20×5年1月1日，乙公司以银行存款偿付债券本息2 400万元。

要求：

(1) 计算上述应付债券的实际利率（百分号前保留一位小数）。

(2) 逐笔编制相关的会计分录（金额用万元表示，利息费用保留两位小数）。

第10章判断题
即测即评

第10章单选题
即测即评

第10章多选题
即测即评

第 11 章 所有者权益

Chapter 11

学习目标

1. 掌握：投入资本的核算；库存股的核算；留存收益的核算。
2. 理解：所有者权益与负债的主要区别；其他综合收益的核算。
3. 了解：所有者权益的分类；公司制企业所有者权益的特点。

11.1 所有者权益概述

11.1.1 所有者权益的性质

党的二十大报告指出，深化国资国企改革，加快国有经济布局优化和结构调整，推动国有资本和国有企业做强做优做大，提升企业核心竞争力。优化民营企业发展环境，依法保护民营企业产权和企业家权益，促进民营经济发展壮大。完善中国特色现代企业制度，弘扬企业家精神，加快建设世界一流企业。①

所有者权益是指企业所有者对企业净资产的要求权。所谓净资产，在数量上等于企业全部资产减去全部负债后的余额，这可以通过对会计恒等式的变形来表示，即资产－负债＝所有者权益。

企业的所有者和债权人均是企业资金的提供者，因而所有者权益和负债（债权人权益）二者均是对企业资产的要求权，但二者之间又存在着明显的区别。主

① 习近平. 高举中国特色社会主义伟大旗帜 为全面建设社会主义现代化国家而团结奋斗：在中国共产党第二十次全国代表大会上的报告. 北京：人民出版社，2022：29.

要的区别有：

（1）性质不同。负债是企业对债权人负担的经济责任，在企业清算时债权人对企业的资产有优先要求权；所有者权益则是所有者对剩余资产的要求权，这种要求权在顺序上置于债权人的要求权之后。

（2）权利不同。债权人只有获取企业用以清偿债务的资产的要求权，而没有经营决策的参与权和收益分配权；所有者则可以参与企业的经营决策及收益分配。

（3）偿还期限不同。企业的负债通常都有约定的偿还日期；所有者权益在企业的存续期内一般不存在抽回问题，即不存在约定的偿还日期，是企业的一项可以长期使用的资金，只有在企业清算时才予以偿还。

（4）风险不同。债权人获取的利息一般是按一定利率计算、预先可以确定的固定数额，企业不论盈利与否均应按期付息，风险较小；所有者获得多少收益，则视企业的盈利水平及经营政策而定，风险较大。

（5）计量不同。负债必须在发生时按照规定的方法单独予以计量；所有者权益则不必单独计量，而是对资产和负债计量以后形成的结果。

11.1.2 公司制企业的特点

企业组织形式可以分为公司制企业和非公司制企业。非公司制企业主要包括个人独资企业和合伙企业。基于企业会计准则仅适用于公司制企业，本教材不再涉及非公司制企业，这部分内容可以参见主版教材。

公司制企业包括股份有限公司、有限责任公司和国有独资公司等。公司具有以下特点：

（1）公司是法律主体。公司经有关部门核准成立后在法律上就具有独立的人格，具有与自然人同样的享有权利和承担义务的能力。公司应以自己的名义而不是股东的名义对外开展业务。公司的财产和对外所负的债务，在法律上不再视为股东个人的财产和债务，股东只具有对公司净资产的要求权。

（2）公司以其全部资产对公司的债务承担有限责任。公司在清算时，如果公司的全部资产不足以清偿债务，则股东不必以个人的财产予以清偿，股东只需以其认购的股份对公司承担有限责任。

（3）公司是纳税主体。公司作为法人，取得的收益应按照企业所得税法计算缴纳企业所得税。

（4）股东持有的公司股份不得抽回但可以转让。股东在公司登记注册后，不得抽回出资，但可以转让全部出资或部分出资。

11.1.3 公司制企业所有者权益的分类

基于公司制企业的特点，其所有者权益应划分为投入资本、其他综合收益和留存收益三部分。

1. 投入资本

投入资本是指所有者直接向企业投入的资本，包括实收资本（或股本）、资本公积和其他权益工具。

（1）实收资本（或股本）。实收资本（或股本），是指企业在设立时向工商行政管理部门登记注册的资本总额，也就是全部出资者设定的出资额之和。在不同类型的企业中，实收资本的表现形式有所不同。在有限责任公司或国有独资公司，实收资本表现为所有者在注册资本范围内的实际出资额；在股份有限公司，实收资本表现为实际发行股票的面值，也称为股本。

企业对资本的筹集，应该按照法律、法规、合同和章程的规定及时进行。如果是一次筹集的，实收资本（或股本）应等于注册资本；如果是分期筹集的，在所有者最后一次缴入资本以后，实收资本（或股本）应等于注册资本。注册资本是企业的法定资本，是企业承担民事责任的财力保证。

（2）资本公积。资本公积是指所有者投入的未确认为实收资本（或股本）的其他资本，主要包括资本或股本溢价以及实行股权激励等形成的归属于所有者的资本。资本（或股本）溢价是指所有者投入资产的公允价值超过其在注册资本中享有份额的差额。其他资本公积是指实行股权激励等形成的归属于所有者的资本，这部分资本在未来期间将转为实收资本（或股本）和资本（或股本）溢价。

（3）其他权益工具。其他权益工具是指企业发行的除普通股以外的归类为权益工具的各种金融工具，主要包括归类为权益工具的优先股、永续债（如长期限含权中期票据）、认股权、可转换公司债券等金融工具。

2. 其他综合收益

其他综合收益是指在企业经营活动中形成的未计入当期损益但归所有者所共有的利得或损失，主要包括以公允价值计量且其变动计入其他综合收益的金融资产公允价值变动、权益法下被投资单位所有者权益其他变动、债权投资重分类为其他债权投资公允价值变动以及非投资性房地产转换为投资性房地产转换日公允价值高于账面价值差额等形成的利得或损失。

3. 留存收益

留存收益是指归所有者共有的、由利润转化而形成的所有者权益，主要包括法定盈余公积、任意盈余公积和未分配利润。

11.2 投入资本

11.2.1 有限责任公司和国有独资公司的投入资本

1. 实收资本

实收资本按照所有者的性质不同，可以分为国家投入资本、法人投入资本、个人投入资本和外方投入资本。国家投入资本是指授权代表国家投资的政府部门或者机构以国有资产投入企业所形成的资本；法人投入资本是指我国具有法人资格的单位以其依法可以支配的资产投入企业所形成的资本；个人投入资本是指我国公民以其合法财产投入企业所形成的资本；外方投入资本是指外国投资者以及我国香港、澳门和台湾地区的投资者将资产投入企业所形成的资本。

企业接受所有者投入的注册资本，应通过“实收资本”科目进行核算。“实收资本”科目应按股东设置明细账，反映各股东实缴注册资本的数额。

2. 资本溢价

资本溢价是指所有者的出资额大于其在企业注册资本中所占份额的差额，属于所有者投入资本的组成部分。一般来说，有限责任公司初创时，股东按照其在企业注册资本中所占的份额出资，不会出现资本溢价。但在有限责任公司经营一段时间后有新的投资者加入时，新股东的出资额往往会大于其在企业注册资本中所占的份额，主要原因是：（1）原股东出资时与新股东出资时的资本利润率不同。企业初创时，资本利润率一般较低，而在企业经营一段时间以后，资本利润率会有所提高，这表明企业的原有资本已经增值。因而新股东加入时，应以高于原股东的出资额占有与原股东等量的股份。（2）原股东的出资额与其实际占有的资本不同。企业在经营一段时间以后，可能会形成一部分资本公积和留存收益。这部分资本公积和留存收益虽未转入实收资本，但归原股东所共有。因而新股东加入时，如与原股东共享这部分资本公积和留存收益，也应付出高于原股东的出资额而占有与原股东等量的股份。企业收到新股东的出资额时，应根据其实际出资额，借记“银行存款”等科目；根据其在注册资本中占有的份额，贷记“实收资本”科目；根据两者的差额，贷记“资本公积”科目。

资本溢价主要用于转增资本。企业按规定的程序增资时，应按资本溢价转增资本的数额，借记“资本公积——资本溢价”科目，贷记“实收资本”科目。

3. 接受投资的形态

企业接受所有者的投资，从其形态上看，可以分为接受货币投资、实物投资、无形资产投资和股权投资等。

（1）接受货币投资。企业接受所有者的货币资金投资时，由于不存在投资的计价问题，账务处理比较简单，应以实际收到的货币资金，借记“银行存款”等科目，贷记“实收资本”“资本公积——资本溢价”科目。

例 11-1

甲有限责任公司由 A，B 两位股东各出资 500 000 元建立。5 年以后，该公司的留存收益为 200 000 元，所有者权益总额为 1 200 000 元，每位股东享有的权益为 600 000 元。此时有 C 投资者希望加入，实际出资 600 000 元，占有 1/3 的股份，即在注册资本中占有的份额为 500 000 元。C 投资者投资后，该公司的注册资本为 1 500 000 元，A，B，C 股东各占 1/3 的股份；C 股东的实际出资额 600 000 元大于其在注册资本中占有的份额 500 000 元的差额，确认为资本公积（资本溢价）；接受 C 股东出资后，甲公司所有者权益总额为 1 800 000 元（其中实收资本为 1 500 000 元，资本公积为 100 000 元，留存收益为 200 000 元)，每位股东享有的权益仍为 600 000 元。

甲公司收到C股东的出资时，编制会计分录如下：

借：银行存款	600 000	
贷：实收资本——C股东		500 000
资本公积——资本溢价		100 000

(2) 接受实物投资。企业接受所有者的原材料、固定资产等实物投资时，应对接受的实物投资进行评估，以评估确认的价值作为入账价值，如果评估的价值超过其在注册资本中享有的份额，应将差额确认为资本溢价。企业接受实物投资时，应借记“原材料”“固定资产”“应交税费——应交增值税（进项税额）”等科目，贷记“实收资本”“资本公积——资本溢价”科目。

例 11-2

乙公司收到股东投入的原材料一批，作为注册资本的出资，不含增值税的评估价值为 1 000 000 元，增值税为 130 000 元。

根据以上资料，编制会计分录如下：

借：原材料	1 000 000	
应交税费——应交增值税（进项税额）	130 000	
贷：实收资本		1 130 000

例 11-3

丙公司收到股东投入的需要安装的机器设备一台，作为注册资本出资，确认的不含税评估价值为 800 000 元，增值税税额为 104 000 元，投资协议规定运杂费由受资企业丙公司负担，丙公司用银行存款支付运输费 2 000 元，增值税 180 元。丙公司收到机器设备后出包安装，用银行存款支付安装费 5 000 元，增值税 650 元。根据以上资料，编制会计分录如下：

(1) 收到机器设备。

在建工程入账价值＝800 000＋2 000＝802 000(元)

增值税进项税额＝104 000＋180＝104 180(元)

借：在建工程	802 000	
应交税费——应交增值税（进项税额）	104 180	
贷：实收资本		904 000
银行存款		2 180

(2) 支付安装费。

借：在建工程	5 000	
应交税费——应交增值税（进项税额）	650	
贷：银行存款		5 650

(3) 安装工程完工。

固定资产入账价值＝802 000＋5 000＝807 000(元)

借：固定资产　　807 000

　贷：在建工程　　807 000

（3）接受无形资产投资。当企业接受所有者的无形资产投资时，其投资额为无形资产的评估价值。企业接受无形资产投资时，应借记“无形资产”“应交税费——应交增值税（进项税额）”科目，贷记“实收资本”“资本公积——资本溢价”科目。

（4）接受股权投资。当企业接受股东或国家的股权投资时，其投资额为股权的评估价值。企业接受股权投资时，应借记“长期股权投资”“交易性金融资产”“其他权益工具投资”等科目，贷记“实收资本”“资本公积——资本溢价”科目。

11.2.2 股份有限公司的投入资本

1. 股份有限公司的设立

股份有限公司由全体股东组成股东大会，股东大会是股份有限公司的权力机构，股东出席股东大会，所持每一股份（普通股）有一份表决权。股东一般不直接参与企业管理，而是先选举董事会，由董事会来维护其合法权益；然后再由董事会任命总经理，由总经理全面负责公司的日常经营管理。

2. 公司股票类别

股份有限公司股东持有的股票，按其享有的权利，可以分为普通股和优先股两大类。

（1）普通股。普通股是股份有限公司的基本股份。普通股股东的权利主要有以下几项：

1）投票表决权。股份有限公司的重大事项，一般应由股东大会投票表决决定。普通股股东有权参加股东大会，每一普通股股份即拥有一份投票权。按照我国公司法的规定，股东大会做出决议，必须经出席股东大会的普通股股东所持表决权的半数以上通过。股东大会对公司合并、分立或解散做出决议，必须经代表 2/3 以上表决权的股东通过。

2）优先认股权。当股份有限公司增发股票时，普通股股东有按其持股比例优先认购新股的权利，以保持其在公司股份中的比例。

3）收益分配权。普通股股东主要以获取公司分配的股利作为投资回报。但普通股股东能够获取多少股利，应以公司董事会的宣告为准，在董事会宣告分派股利之前，对公司的净利润没有直接的要求权。

4）剩余财产权。当股份有限公司清算时，全部资产变卖所得收入，在偿还债务和优先股股东的投资以后，如果还有剩余，按普通股股东的持股比例予以分配。

（2）优先股。优先股股票是一种介于公司债券和普通股股票之间的混合性证券。优先股股票规定有固定的股利率，这方面与公司债券相似，但其没有固定的偿还日期，这方面又与普通股股票相似。优先股股东与普通股股东相比，一般不具有投票表决权和优先认股权。其之所以“优先”，主要是在收益和剩余财产的分配方面具有优先权。就优先分配股利而言，优先股可以分为以下类别：

1）按公司当年未分配或分配不足的优先股股利以后是否补付分类，可以分为累积分派优先股和非累积分派优先股。累积分派优先股是指公司当年未分配或分配不足的优先股股利，将累积到以后年度予以补付；非累积分派优先股是指公司当年未分配或分配不足的优先股股利，以后年度将不再补付。

2）按在分配优先股股利后是否参与剩余股利的分配，可以分为参与优先股和非参与优先股。参与优先股是指在按规定的股利率优先分得当期股利以外，还将按一定的方法同普通股一起再次参与剩余股利的分配；非参与优先股是指在按规定的股利率优先分得当期股利以后，不再参与剩余股利的分配。

上述两类优先股往往是结合在一起发行的，如参与累积分派优先股、参与非累积分派优先股、非参与累积分派优先股、非参与非累积分派优先股等。企业是否发行优先股，发行何种类型的优先股，应根据企业筹资政策而定。一般来说，优先股股东具有较多的“优先权”，风险较小，收益也应较普通股股东的少一些，股份有限公司发行的优先股大多为非参与累积分派优先股。

此外，公司还可以发行可转换优先股，即可以按一定条件转换为本公司普通股的优先股。为了规范优先股的相关工作，中国证监会 2023 年 2 月发布了修订后的《优先股试点管理办法》。

3. 公司股票发行

（1）发行普通股股票。股份有限公司发行普通股股票，应设置“股本”和“资本公积——股本溢价”科目进行核算。“股本”科目应按股东设置明细科目。

公司发行的普通股股票，可以按面值发行，也可以溢价发行，但不得折价发行。公司溢价发行股票，实际收到的款项大于股票面值的部分，应在“资本公积”科目下设置“股本溢价”二级科目进行核算。股本溢价主要用于转增股本。

公司在股票发行之前或发行过程中，可能会发生各项发行费支出，如手续费和佣金等。在公司溢价发行股票的情况下，各项发行费支出减去发行股票冻结期间所产生的利息收入的差额，应先抵减溢价收入。溢价收入扣除发行费净支出后的余额，应作为股本溢价，计入资本公积。

（2）发行优先股股票。股份有限公司发行优先股股票，应设置“其他权益工具——优先股”科目进行核算。该科目贷方登记发行优先股收到的价款，借方登记可转换优先股转换为普通股的账面价值，贷方余额反映发行在外的优先股账面价值。

公司在优先股发行之前或发行过程中，可能会发生各项发行费支出，如手续费和佣金等，这部分支出应冲减优先股的账面价值。

公司发行优先股时，应按照收到的价款，借记“银行存款”等科目，贷记“其他权益工具——优先股”科目。

例 11-4

丁股份有限公司委托某证券公司代理发行普通股股票 10 000 000 股，每股面值 1 元，按每股价格 1.50 元溢价发行。证券公司按发行收入的 1%收取手续费 150 000 元，从溢价收入中扣除。发行股票资金冻结期间所产生的利息收入为 5 000 元。根据以上资料，编制会计分录如下：

公司实收价款＝1.50×10 000 000－(150 000－5 000)
＝14 855 000(元)
普通股股本＝10 000 000(元)
股本溢价＝14 855 000－10 000 000＝4 855 000(元)

借：银行存款	14 855 000	
贷：股本——普通股		10 000 000
资本公积——股本溢价		4 855 000

11.3 其他综合收益

其他综合收益主要是指直接计入所有者权益的利得（或损失）。其他综合收益，一般是由特定资产的计价变动形成的，且不计入当期损益；当处置特定资产时，与其相关的其他综合收益也应一并处置，计入当期损益。因此，其他综合收益不得用于转增资本（或股本）。

1. 享有的被投资单位所有者权益其他变动的份额

在长期股权投资采用权益法核算的情况下，被投资单位发生除净利润之外的所有者权益其他变动，投资企业应按持股比例计算享有的份额，确认为其他综合收益；处置该项长期股权投资时，应转销与其相关的其他综合收益，转为投资收益。

2. 自用房地产或存货转换为投资性房地产的公允价值与账面价值的差额

企业将自用房地产或存货转换为采用公允价值模式计量的投资性房地产时，转换日的公允价值大于原账面价值的差额，应确认为其他综合收益；处置该项投资性房地产时，应转销与其相关的其他综合收益。

3. 债权投资重分类为其他债权投资公允价值与账面价值的差额

企业将债权投资重分类为其他债权投资时，转换日该项债权投资的公允价值与其账面价值的差额，应确认为其他综合收益；处置其他债权投资时，应转销与其相关的其他综合收益。

4. 其他债权投资、其他权益工具投资的公允价值变动

其他债权投资、其他权益工具投资的公允价值与其账面价值的差额，应确认为其他综合收益；处置其他债权投资、其他权益工具投资时，应转销与其相关的其他综合收益。

其他综合收益的核算在前面章节已经讲述，这里不再重复。

11.4　库存股

库存股是指公司已发行但由于各种原因又回到公司手中，为公司所持有的股票。公司的库存股主要有经批准减资而回购的股票、为奖励职工而回购的股票以及日后还要再出售而回购的股票。尚未发行的股票不属于库存股。为了反映库存股的回购和处置情况，应设置“库存股”科目。

11.4.1　经批准减资而回购的库存股

股份有限公司由于缩小经营规模而导致资本过剩等原因，经有关部门批准，可以在《中华人民共和国公司法》（以下简称《公司法》）规定的股份有限公司最低注册资本以上的范围内，回购已发行的股票，以核销股本。《公司法》规定，公司收回的股票，必须在 10 天以内注销。

以减资为目的的回购的库存股，应按实际支付的价款计价，借记“库存股”科目，贷记“银行存款”等科目。

回购的股票注销时，应冲减股本；库存股实际成本大于股票面值的差额，首先应冲减资本公积（股本溢价）；资本公积不足冲减的，则应冲减留存收益。股份公司注销股本时，应根据注销股票的面值，借记“股本”科目；根据库存股实际成本大于股本的差额，借记“资本公积——股本溢价”“盈余公积”“利润分配——未分配利润”等科目；同时按库存股的实际成本，贷记“库存股”科目。

如果公司回购股票的实际成本低于面值，其差额应计入资本公积，增加股本溢价。

例 11－5

甲股份有限公司经批准回购本公司面值为 1 元的普通股股票 1 000 000 股，用以减少股本；回购股票的实际价款为 1 300 000 元。假定该公司的资本公积（股本溢价）账面余额为 3 000 000 元。

根据以上资料，编制会计分录如下：

（1）回购股票。

借：库存股——减资库存股	1 300 000	
贷：银行存款		1 300 000

（2）注销股票。

库存股面值＝1×1 000 000＝1 000 000（元）

冲减股本溢价＝1 300 000－1 000 000＝300 000（元）

借：股本——普通股	1 000 000	

资本公积——股本溢价　　300 000
贷：库存股——减资库存股　　1 300 000

11.4.2 为奖励职工而回购的库存股

企业为奖励本公司职工而回购的股票，应按实际支付的价款计价，借记“库存股”科目，贷记“银行存款”等科目。

企业将回购的股票奖励给本公司职工时，如果向职工收取一定的价款，应根据收到的价款，借记“银行存款”科目；根据奖励股票期权的公允价值，借记“资本公积——其他资本公积”科目；根据奖励库存股的账面余额，贷记“库存股”科目；根据前述确认金额的差额，贷记或借记“资本公积——股本溢价”科目。

例 11-6

乙公司于2021年1月1日实行一项股权激励计划，可行权日为2023年12月31日，每股行权价格为6元/股。至2023年12月31日，丙公司因股权激励累计确认的资本公积（权益结算的股份支付）为819 000元，可行权数量为91 000股。假定该公司于2023年12月31日回购本公司股票91 000股，每股价格为20元，实际支付价款1 820 000元。2024年1月1日，股权激励对象全部行权，该公司收取行权价款546 000元（6×91 000），以回购的库存股向行权的股权激励对象发放股票。假定该公司的资本公积（股本溢价）账面余额为3 000 000元。

根据以上资料，编制会计分录如下：

（1）2023年12月31日，回购股票。

借：库存股——股权激励库存股　　1 820 000
贷：银行存款　　1 820 000

（2）2024年1月1日，发放股票。

借：银行存款　　546 000
资本公积——其他资本公积　　819 000
——股本溢价　　455 000
贷：库存股——股权激励库存股　　1 820 000

11.4.3 日后还要再出售而回购的库存股

股份公司在本公司股票价格严重低于其价值等情况下，可能暂时回购本公司的股票，在股票价格回升至正常水平时再将其出售。公司在回购股票时，应按实际支付的价款计价，借记“库存股”科目，贷记“银行存款”等科目。

日后再出售股票时，实收价款与库存股成本的差额，应调整资本公积（股本溢价），如果资本公积（股本溢价）不足冲减的，应冲减留存收益。企业出售库存股时，如果实收价款大于库存股成本，应按实收价款，借记“银行存款”等科目；按库存股成本，贷记“库存股”科目；按其差额，贷记“资本公积——股本溢价”科目。如果实收价款小于库存股成本，应按实收价款，借记“银行存款”等科目；按库存股成本，贷记“库存股”科目；按其差额，借记“资本公积——股本溢价”“盈余公积”“利润分配——未分配利润”科目。

例 11－7

丙股份有限公司根据发生的有关库存股交易业务，编制相关会计分录。

（1）回购本公司股票 100 000 股，每股价格 1.40 元，实付价款 140 000 元。

借：库存股——再出售股	140 000	
贷：银行存款		140 000

（2）将其全部出售，每股价格 1.50 元，实收价款 150 000 元。

借：银行存款	150 000	
贷：库存股——再出售股		140 000
资本公积——股本溢价		10 000

需要说明的是，在资产负债表中，“库存股”项目按照库存股账面价值列示。由于库存股在未来处置时，可能会冲减股本（如减资库存股），也可能增加或冲减资本公积，还可能冲减留存收益，因此，从理论上讲，资产负债表日库存股的账面价值属于所有者权益总额的抵减，而不是单纯对资本公积或股本的抵减。基于上述原因，在资产负债表所有者权益项目中，“库存股”项目应排列在“未分配利润”项目之后，而不是排列在“资本公积”项目之后。

但是，基于企业的实践，由于减资目的回购库存股的事项极少发生，因此，冲减股本的可能性也极小；由于股份公司的股本溢价大多数额较大，在库存股处置时，处置价格低于回购价格的差额大多小于股本溢价，因此，冲减留存收益的可能性也极小。按照我国企业会计准则的规定，在所有者权益项目中，“库存股”项目排列在“资本公积”项目之后。

11.5　留存收益

留存收益包括法定盈余公积、任意盈余公积和未分配利润。

1. 法定盈余公积

为了保证企业扩大再生产的资金，《公司法》规定，企业实现的净利润不得全部分配给投资者，必须在企业留存一部分。法定盈余公积是指按照《公司法》的规定，根据企业净利润和法定比例 10%计提的盈余公积。法定盈余公积主要用于企业扩大再生产的资金需要，也可以用于弥补企业亏损或转增资本。按规定，企业计提的法定盈余公积达到注册资本的 50%时，可以不再提取；超过注册资本 25%以上的部分，可以用于转增资本。

企业计提法定盈余公积时，应借记“利润分配——提取盈余公积”科目，贷记“盈余公积——法定盈余公积”科目。

用法定盈余公积弥补亏损时，应借记“盈余公积——法定盈余公积”科目，贷记“利润分配——盈余公积补亏”科目；用法定盈余公积转增资本时，应借记“盈余公积——法定盈余公积”科目，贷记“实收资本（或股本）”科目。

2. 任意盈余公积

企业在计提了法定盈余公积之后，还可以根据企业需要，经股东大会批准后，计提任意盈余公积。任意盈余公积的计提比例由股东大会批准确定。任意盈余公积的用途与法定盈余公积相同，企业在用盈余公积弥补亏损或转增资本时，一般先使用任意盈余公积，在任意盈余公积用完以后，再按规定使用法定盈余公积。

3. 未分配利润

未分配利润是指企业实现的净利润中用于以后年度向投资者分配的利润。企业应于年度终了，将“本年利润”科目的余额转入“利润分配——未分配利润”科目；同时，将“利润分配”其他二级科目的余额转入“利润分配——未分配利润”科目。经过上述结算后，“利润分配——未分配利润”科目的余额如果在贷方，即为未分配利润；如果在借方，则为未弥补亏损。未弥补亏损为所有者权益的抵减项目。

思考题

1. 所有者权益与负债的主要区别是什么？
2. 其他综合收益包括哪些内容？
3. 留存收益包括哪些内容？
4. 普通股股东有哪些主要权利？

练习题

第11章判断题
即测即评

第11章单选题
即测即评

第11章多选题
即测即评

第 12 章

Chapter 12 收入、费用与利润

学习目标

1. 掌握：营业收入与营业成本的核算；税金及附加的核算；所得税费用的核算；利润分配的核算；营业收入与营业费用的确认条件。

2. 理解：销售费用、管理费用、研发费用、财务费用的核算；资产减值损失、信用减值损失、资产处置收益、公允价值变动损益、投资收益的核算；营业外收支的核算；利润结算的核算。

3. 了解：收入的定义；费用的定义；利润的定义。

12.1 收入、费用与利润概述

12.1.1 收入

1. 收入的定义

本章所讲的收入，是广义的收入。广义的收入是指会计期间内经济利益的总流入，其表现形式为资产增加或负债减少而引起的所有者权益增加，但不包括与所有者出资、直接计入所有者权益的、其他综合收益增加等有关的资产增加或负债减少。

广义的收入包括营业收入、公允价值变动收益、投资收益、资产处置收益和营业外收入等。营业收入是指企业在从事销售商品、提供劳务和让渡资产使用权等日常经营业务过程中取得的收入；公允价值变动收益是指交易性金融资产、以公允价值计量的投资性房地产等公允价值变动形成的收益；投资收益是指企业在

从事各项对外投资活动中取得的净收入（各项投资业务取得的收入大于其成本的差额）；资产处置收益主要是指处置固定资产、在建工程以及无形资产等产生的收益；营业外收入是指营业利润以外的收入。

什么是广义的收入和广义的费用？

新旧准则下如何界定狭义的收入和利得？

12.1.2 费用

本章所讲的费用，是广义的费用。广义的费用是指会计期间内经济利益的总流出，其表现形式为资产减少或负债增加而引起的所有者权益减少，但不包括与向所有者分配、直接计入所有者权益的、其他综合收益减少等有关的资产减少或负债增加。

广义的费用包括营业成本、税金及附加、销售费用、管理费用、研发费用、财务费用、公允价值变动损失、投资损失、资产减值损失、信用减值损失、资产处置损失、营业外支出和所得税费用等。营业成本是指为了取得营业收入发生的成本；税金及附加是指应缴纳的除应缴增值税以外的各种税金及附加费；销售费用是指销售过程中发生的耗费；管理费用是指生产经营管理过程中发生的耗费；研发费用是指自行研发无形资产发生的费用化支出；财务费用是指筹集资金过程中发生的耗费；公允价值变动损失是指交易性金融资产、以公允价值计量的投资性房地产等公允价值变动形成的损失；投资损失是指企业在从事各项对外投资活动中发生的净损失（各项投资业务取得的收入小于其成本的差额）；资产减值损失是指各项非金融资产以及长期股权投资发生减值形成的损失；信用减值损失是指债权类金融资产发生的预期信用损失；资产处置损失主要是指处置固定资产、在建工程以及无形资产等产生的损失；营业外支出是指营业利润以外的支出；所得税费用是指应在税前利润中扣除的所得税费用。

如何界定成本、费用与支出？

什么是期间费用？

新旧准则下如何界定狭义的费用和损失？

12.1.3　利润

什么是利得?

利润也称为净利润或净收益，是企业的经营成果。

从广义的收入、费用来讲，利润是指收入与费用的差额。

利润按其形成过程，分为税前利润和税后利润。税前利润也称利润总额；税前利润减去所得税费用，即为税后利润，也称净利润。

12.2　营业收入与营业费用的确认与计量

12.2.1　营业收入的确认与计量

1. 营业收入的范围

营业收入是指企业在从事销售商品、提供劳务和让渡资产使用权等（以下简称销售商品等）日常经营业务过程中取得的收入。在日常会计处理中，营业收入可分为主营业务收入和其他业务收入两部分。主营业务收入是指企业进行经常性业务取得的收入，是利润形成的主要来源。不同行业主营业务收入的表现形式有所不同。工业企业的主营业务收入是指销售商品（产成品）、自制半成品以及提供代制、代修等工业性劳务取得的收入，称为产品销售收入；商品流通企业的主营业务收入是销售商品取得的收入，称为商品销售收入。其他业务收入是指企业在生产经营过程中取得的除主营业务收入以外的各项收入，如转让无形资产使用权的收入等。

2. 营业收入的确认

企业应当在履行了合同中的履约义务，即在客户取得相关商品等控制权时确认营业收入。

履约义务是指合同中企业向客户转让商品等的承诺，既包括合同中明确的承诺，也包括由于企业已公开宣布的政策、特定声明或以往的习惯做法等导致合同订立时客户合理预期企业将履行的承诺。客户取得相关商品等控制权，是指能够主导该商品的使用并从中获得几乎全部的经济利益。

（1）营业收入的确认条件。当企业与客户之间的合同同时满足下列条件时，企业应当在客户取得相关商品等控制权时确认营业收入：

1）合同各方已批准该合同并承诺将履行各自义务。

2）该合同明确了合同各方与所销售商品等相关的权利和义务。

3）该合同有明确的与所销售商品等相关的支付条款。

4）该合同具有商业实质，即履行该合同将改变企业未来现金流量的风险、时间分布或金额。

5）企业因向客户销售商品等而有权取得的对价很可能收回。

同时满足上述条件，说明企业取得了内容完整、合法有效的具有商业实质的合同，且很可能收到相关价款，在这种情况下，企业履行了合同中的履约义务，即客户取得相关商品等控制权时，企业可以确认营业收入。

需要说明的是，大多数企业在经营活动中均需与客户签订销售合同，如施工企业与客户签订承接建造合同、生产企业与客户签订销售商品合同等，在这种情况下，应按照规定在履行了合同中的履约义务，即在客户取得相关商品等控制权时确认营业收入。但是，商品零售企业等的商品销售大多在客户付款后直接发货，不需要签订合同，在这种情况下，按照实质重于形式的要求，可以视为履行了合同中的履约义务，直接确认营业收入。

（2）营业收入的确认时间。营业收入的确认，根据履约义务的时间，分为在某一时段内分期确认和在某一时点确认。

1）在某一时段内分期确认营业收入。合同开始日，企业应当对合同进行评估，识别该合同所包含的履约义务。满足下列条件之一的，属于在某一时段内履行履约义务；否则，属于在某一时点履行履约义务：

①客户在企业履约的同时即取得并消耗企业履约所带来的经济利益。

②客户能够控制企业履约过程中在建的商品等。

③企业履约过程中产出的商品等具有不可替代用途，且该企业在整个合同期间内有权就累计至今已完成的履约部分收取款项。具有不可替代用途，是指因合同限制或实际可行性限制，企业不能轻易地将商品等用于其他用途；有权就累计至今已完成的履约部分收取款项，是指在由于客户或其他方原因终止合同的情况下，企业有权就累计至今已完成的履约部分收取能够补偿其已发生成本和合理利润的款项，并且该权利具有法律约束力。

例如，企业与客户签订一项为期一年的劳务合同，该劳务仅为该客户提供，具有不可替代性；合同规定客户每个季度按照劳务完工程度付款，客户对劳务的质量具有控制的权利。根据上述条件，该劳务合同属于在某一时段内履行履约义务，企业应当在该段时间内按照履约进度确认营业收入，但是，履约进度不能合理确定的除外。

2）在某一时点确认营业收入。对于在某一时点履行的履约义务，企业应当在客户取得相关商品控制权时点确认收入。在判断客户是否已取得商品等的控制权时，企业应当考虑下列迹象：

①企业就该商品等享有现时收款权利，即客户就该商品等负有现时付款义务。

②企业已将该商品等的法定所有权转移给客户，即客户已拥有该商品等的法定所有权。

③企业已将该商品实物转移给客户，即客户已实物占有该商品。

④企业已将该商品等所有权上的主要风险和报酬转移给客户，即客户已取得该商品等所有权上的主要风险和报酬。

⑤客户已接受该商品等。

⑥其他表明客户已取得商品等控制权的迹象。

需要说明的是，“企业已将该商品实物转移给客户”“客户已接受该商品”，需要根据具体情况确定。如果企业已公开宣布的政策、特定声明或以往的习惯做法等能够证明业务发生时企业能够履行承诺的履约义务，则可以视为客户已接受该商品，否则在客户签收商品时才能确认履行了承诺的履约义务。例如，商品零售企业销售空调等大型商品，客户付款后由企业负责送货、安装，在这种情况下，企业尚未将该商品实物转移给客户。如果该商品属于标准产品，根据以往的经验，几乎未出现过客户拒收商品的现象，则可以视为客户已接受该商品，在收款时可以确认营业收入；如果该商品属于客户特殊定制的商品，且客户能否接受该商品尚不能确定，则收款时不应确认营业收入，而应在商品安装调试完成且客户签收商品时确认营业收入。

如何正确理解合同资产和合同负债？合同资产与应收账款有什么区别？合同负债与预收账款是什么关系？

3. 营业收入的计量

企业应当按照各单项履约义务的交易价格计量营业收入。交易价格是指企业因向客户销售商品等而预期有权收取的对价金额。企业代第三方收取的款项以及企业预期将退还给客户的款项，应当作为负债进行会计处理，不计入交易价格。

企业应当根据合同条款，并结合其以往的习惯做法确定交易价格。在确定交易价格时，企业应当考虑合同中存在的可变对价、重大融资成分、应付客户对价等因素的影响。

应收账款与合同负债之间的对应关系是什么？

（1）存在可变对价。合同中存在可变对价的，企业应当按照期望值或最可能发生金额确定可变对价的最佳估计数。每一资产负债表日，企业应当重新估计应计入交易价格的可变对价金额。可变对价金额发生变动的，对于已履行的履约义务，后续变动额应当调整变动当期的收入。例如，企业 5 月 25 日采用赊销方式销售商品，赊销期为 90 天，不含增值税的价款为 200 万元，现金折扣条件为“2/30，1/60，n/90”，赊销当日企业已履行承诺的履约义务。该企业根据经验等判断，客户很可能在 30 天内付款，则该项业务的交易价格为 196 万元（200－200×2%），确认营业收入 196 万元；6 月 30 日，该客户尚未付款，预计客户将于合同签订后 60 天内付款，则企业将交易价格调整为 198 万元（200－200×1%），企业当期调增营业收入 2 万元。反之，企业根据经验等判断，客户很可能不会提前付款，则该项业务的交易价格为 200 万元，确认营业收入 200 万元；6 月 20 日，该客户支付货款，取得现金折扣 4 万元，则企业将交易价格调整为 196 万元（200－200×2%），企业当期调减营业收入 4 万元。

（2）存在重大融资成分。企业与客户签订的合同中存在重大融资成分的，企业应当按照假定客户在取得商品控制权时即以现金支付的应付金额确定交易价格。该交易价格与合同对价之间的差额，应当在合同期间内采用实际利率法摊销。例如，企业与客户签订一项分期收款商品销售合同，不含增值税的总价为 500 万元，收款期为 5 年，每年年末收款 100 万元；该商品的现销价格为 430 万元。则该合同存在重大融资成分，其交易价格不应按照分期收款总价 500 万元确定，而应按照其现销价格 430 万元确定。

但是，合同开始日，企业预计客户取得商品控制权与客户支付价款间隔不超过一年的，根据重要性要求，可以不考虑合同中存在的融资成分，分期收款总额即为交易价格。

（3）应付客户对价。企业与客户签订的合同含有应付客户对价的，应当将该应付对价冲减交易价格，并在确认相关收入与支付客户对价二者孰晚的时点冲减当期收入。例如，某商场规定，客户在本商场购买商品总价500元以上，可以随机抽取现金奖券；客户30天之内在本商场购买任何商品，该现金奖券均可以直接抵扣商品价款。4月10日，某客户在该商场购买商品的总价为600元，抽取现金奖券20元；5月8日该客户又在该商场购买商品，总价100元，现金奖券抵扣20元，该客户实际付款80元。该商场4月确认的商品交易价格为600元，确认营业收入600元；5月确认营业收入100元，同时由于客户使用现金奖券抵扣20元，冲减营业收入20元。

需要说明的是，如果应付客户对价是为了向客户取得其他可明确区分的商品，则企业应当采用与本企业采购其他商品相一致的方式确认所取得的商品。企业应付客户对价超过向客户取得可明确区分商品公允价值的，超过金额应当冲减交易价格。向客户取得的可明确区分商品公允价值不能合理估计的，企业应当将应付客户对价全额冲减交易价格。例如，某商场采用以旧换新方式销售A商品，售价为2 000元，承诺回收旧商品的对价为100元。如果回收旧商品的公允价值为100元，则企业销售A商品的交易价格为2 000元，回收旧商品的对价100元为旧商品的采购价格；如果回收旧商品的公允价值为60元，则应付客户对价超过其公允价值的40元应冲减销售价格，企业销售A商品的交易价格为1 960元，回收旧商品的采购价格为60元。

12.2.2 营业费用的确认与计量

1. 营业费用的范围

营业费用是指企业在经营管理过程中为了取得营业收入而发生的费用，包括营业成本、税金及附加、销售费用、管理费用、研发费用和财务费用等。在日常会计处理中，营业成本又可分为主营业务成本和其他业务成本。主营业务成本可以通过主营业务收入直接得到补偿，主营业务收入大于主营业务成本的差额，为主营业务毛利（反之为主营业务亏损）。其他业务成本可以通过其他业务收入直接得到补偿，其他业务收入大于其他业务成本的差额为其他业务毛利（反之为其他业务亏损）。

2. 营业费用的确认

（1）营业成本的确认。营业成本是一项费用，是为了取得营业收入而直接发生的费用。例如，某商品流通企业购入A商品100件，入账价值为50 000元；在A商品全部销售以后，确认了营业收入80 000元，则A商品的成本50 000元应确认为营业成本。一般来说，企业的营业成本在确认之前，应先确认为存货，在确认营业收入以后转为营业成本。

（2）其他营业费用的确认。企业发生的除营业成本以外的其他营业费用，应以权责发生制为基础，在其实际发生耗费时计入当期损益。

3. 营业费用的计量

营业费用应以采用合理的方法计算的实际发生金额计量。

12.2.3　营业收入与营业成本

1. 销售商品的一般业务

企业销售商品，应在符合销售商品收入的确认条件时，确认销售收入，并结转销售成本。应根据不同的结算方式，借记“银行存款”“应收票据”“应收账款”等科目；根据商品销售价格，贷记“主营业务收入”科目；根据收取的增值税销项税额，贷记“应交税费——应交增值税（销项税额）”等科目。

企业已经销售的商品可能会由于品种、质量等不符合购销合同的规定而被客户退回。客户在退货的同时，应退回企业原开具的增值税专用发票。在客户无法退回原增值税专用发票的情况下，为了避免退货单位在退货后不冲减增值税进项税额，退货单位应在当地税务部门开具销售退回证明单，将退货单位的增值税变动情况置于税务部门的监管之下。企业收到退回的商品及销售退回证明单时，应开具红字增值税专用发票，退还货款或冲减应收账款，并冲减主营业务收入和增值税销项税额，借记“主营业务收入”“应交税费——应交增值税（销项税额抵减）”等科目，贷记“银行存款”“应收票据”“应收账款”等科目。应由企业负担的发货及退货运杂费，计入销售费用。

企业已经销售的商品如果因商品的品种、质量等与购销合同不符但客户仍可继续使用，企业可能给予客户商品价格上的减让，即销售折让。发生销售折让时，取得销售折让的单位应在当地税务部门开具销售折让证明单。企业在收到销售折让证明单时，应开具红字增值税专用发票，退还销售折让款或冲减应收账款，并冲减主营业务收入和增值税销项税额，借记“主营业务收入”“应交税费——应交增值税（销项税额抵减）”等科目，贷记“银行存款”“应收票据”“应收账款”等科目。

企业不论采用现销还是赊销方式销售商品，均应结转已销商品（扣除销售退回）的成本，借记“主营业务成本”科目，贷记“库存商品”科目。

例 12－1

环球机器制造股份有限公司（以下简称环球公司）12 月份根据发生的销售业务，编制相关会计分录。

（1）3 日，采用支票结算方式销售甲产品 10 件，价款 10 000 元，增值税 1 300 元。该项经济业务符合商品销售收入的全部确认条件，应确认营业收入。

借：银行存款	11 300	
贷：主营业务收入		10 000
应交税费——应交增值税（销项税额）		1 300

（2）5 日，采用托收承付结算方式销售甲产品 130 件，价款 130 000 元，增

值税16 900元，用银行存款代垫运杂费200元，已办妥托收手续。企业的商品已经发出，且委托银行办理收款手续，取得收款权利，符合商品销售收入的全部确认条件，应确认营业收入。

借：应收账款　　147 100
　贷：主营业务收入　　130 000
　　　应交税费——应交增值税（销项税额）　　16 900
　　　银行存款　　200

（3）10日，某客户因产品质量问题退回上月销售的甲产品20件，价款20 000元，增值税2 600元；乙产品10件，价款5 000元，增值税650元。公司收到退回的商品和销售退回证明单，开具红字增值税专用发票，将转账支票交给客户。

借：主营业务收入　　25 000
　　应交税费——应交增值税（销项税额抵减）　　3 250
　贷：银行存款　　28 250

（4）12日，由于某客户发现所购甲产品1件外观存在问题，公司同意给予该客户10%的销售折让113元，公司收到销售折让证明单，开具红字增值税专用发票，将转账支票交给客户。

借：主营业务收入　　100
　　应交税费——应交增值税（销项税额抵减）　　13
　贷：银行存款　　113

（5）月末，结转销售成本：销售甲产品120件（10＋130－20），单位成本600元，总成本72 000元；退回乙产品10件，单位成本400元，总成本4 000元。该公司12月份主营业务成本合计为68 000元（72 000－4 000）。

借：主营业务成本　　68 000
　贷：库存商品　　68 000

该公司12月份主营业务收入为114 900元（10 000＋130 000－25 000－100），主营业务成本为68 000元，主营业务毛利为46 900元。

2. 销售商品的特殊业务

（1）商品销售后经济利益不能流入企业。企业在商品销售后得到信息，购货单位因突发财务困难无法支付货款，则不符合收入确认条件，不能确认收入，应将已经销售商品的成本转为发出商品，借记“发出商品”（或“应收退货成本”）科目，贷记“库存商品”科目；待已销商品退回后，做相反的会计处理。如果企业已经开具增值税专用发票，则纳税义务已经发生，应确认应交增值税，借记“应收账款”科目，贷记“应交税费——应交增值税（销项税额）”科目；待已销商品退回后，收回原增值税专用发票，冲减应交增值税，借记“应交税费——应交增值税（销项税额抵减）”科目，贷记“应收账款”等科目；根据收回商品的成本，借记“库存商品”科目，贷记“发出商品”科目。

例 12-2

2023 年 12 月 15 日，甲公司采用托收承付结算方式销售 A 商品 10 件，价款 20 000 元，增值税 2 600 元，用银行存款代垫运杂费 200 元，已开具增值税专用发票，办妥托收手续。该批商品的实际成本为 15 000 元。在办妥托收手续后得知，客户发生财务困难，近期无法支付货款；客户承诺将商品退回。2024 年 1 月 10 日，甲公司收到客户退回的增值税专用发票及 A 商品 10 件，验收入库。

甲公司编制会计分录如下：

(1) 2023 年 12 月 15 日，由于与该项交易相关的经济利益不一定能够流入企业，客户承诺将商品退回，表明客户未接受该商品，因而不确认收入，但要将库存商品结转为发出商品，并确认应交增值税。

借：发出商品	15 000	
贷：库存商品		15 000
借：应收账款	2 800	
贷：应交税费——应交增值税（销项税额）		2 600
银行存款		200

(2) 2024 年 1 月 10 日，收到客户退回的增值税专用发票，冲减增值税销项税额；代垫运费无法收回，计入销售费用。

借：应交税费——应交增值税（销项税额抵减）	2 600	
销售费用	200	
贷：应收账款		2 800
借：库存商品	15 000	
贷：发出商品		15 000

(2) 附有退货条件的商品销售。对于附有销售退回条款的销售，企业应当在客户取得相关商品控制权时，按照因向客户转让商品而预期有权收取的对价金额（即不包含预期因销售退回将退还的金额）确认收入；按照预期因销售退回将退还的金额确认负债。同时，按照预期将退回商品的账面价值，扣除收回该商品预计发生的成本（包括退回商品的价值减损）后的余额，确认为一项资产（应收退货成本）；按照预计发生的成本确认为费用；按照预期不会退回商品的账面价值结转营业成本。每一资产负债表日，企业应当重新估计未来销售退回情况，如有变化，应当作为会计估计变更进行会计处理。

企业发生附有退货条件的商品销售业务，应根据全部价款，借记“银行存款”“应收账款”等科目；根据增值税销项税额，贷记“应交税费——应交增值税（销项税额）”等科目；根据不会退货的已销商品金额，贷记“主营业务收入”等科目；根据将可能退货的已销商品金额，贷记“预计负债”科目。

企业结转已销商品成本时，根据可能退货商品确认的价值，借记“应收退货成本”科目；根据已销商品的账面价值扣除应收退货成本，借记“主营业务成本”等科目；根据已销商品的账面价值，贷记“库存商品”科目。

企业收到退回的商品时，应借记“库存商品”科目，贷记“应收退货成本”科目。

企业如果无法合理确定退货的可能性，则应全部确认为发出商品，于退货期满时确认营业收入。

例12-3

2023年12月30日，甲公司销售B商品200件，价款为200 000元，增值税销项税额为26 000元，款项收到存入银行，规定15天内可以无条件退货，已开具增值税专用发票，客户已取得B商品的控制权；该批商品总成本为160 000元。甲公司根据以往经验，估计退货率为5%，不会发生价值减损。2024年1月14日，购货方退回B商品8件，其余商品未退货，甲公司收到销售退回证明单，开具红字增值税专用发票，退回价款8 000元，增值税1 040元。

甲公司编制会计分录如下：

（1）2023年12月30日，估计退货的部分不符合收入确认条件，不应确认收入。

确认主营业务收入＝200 000×95%＝190 000(元)
确认预计负债＝200 000×5%＝10 000(元)

借：银行存款	226 000	
贷：主营业务收入		190 000
预计负债		10 000
应交税费——应交增值税（销项税额）		26 000

确认主营业务成本＝160 000×95%＝152 000(元)
确认应收退货成本＝160 000×5%＝8 000(元)

借：主营业务成本	152 000	
应收退货成本	8 000	
贷：库存商品		160 000

（2）2024年1月14日，支付退货款9 040元，未退货部分确认收入。

确认主营业务收入＝10 000－8 000＝2 000(元)

借：预计负债	10 000	
应交税费——应交增值税（销项税额抵减）	1 040	
贷：主营业务收入		2 000
银行存款		9 040

转回库存商品成本＝8 000×80%＝6 400(元)
确认主营业务成本＝8 000－6 400＝1 600(元)

借：主营业务成本	1 600	
库存商品	6 400	
贷：应收退货成本		8 000

（3）需要安装和检验的商品销售。企业销售的商品如果需要负责安装、调试，且安装、调试的结果经购货单位检验合格后购货合同才能生效，则在商品安装调试工作完成以前，客户并未真正接受该商品，企业不应确认收入，收取的价

款应确认为预收账款，在安装调试完成后，客户接受该商品并拥有该商品控制权时再确认收入。例如，企业销售一条生产线，并负责安装调试，在该生产线销售时，不应确认收入。如果商品的安装程序比较简单或检验是交货必须进行的程序，根据以往的经验，客户不会拒收该商品，则企业在满足收入确认的其他条件情况下，可以在发出商品时确认收入。例如，企业销售空调，负责安装、调试，但空调的安装、调试程序比较简单，则在空调销售时就可以确认收入。

例 12-4

(1) 2023 年 12 月 15 日，甲公司销售 C 商品 10 件，价款为 10 000 元，增值税销项税额为 1 300 元，总成本为 6 000 元，合同规定甲公司负责安装但安装程序比较简单。甲公司已经开具增值税专用发票，并收取全部价款，根据以往经验，客户不会拒收该商品。

甲公司编制会计分录如下：

由于销售 C 商品的安装程序比较简单，在发出商品时确认收入：

借：银行存款	11 300	
贷：主营业务收入		10 000
应交税费——应交增值税（销项税额）		1 300
借：主营业务成本	6 000	
贷：库存商品		6 000

(2) 2023 年 12 月 5 日，甲公司销售 X 商品 1 件，价款为 1 000 000 元，增值税销项税额为 130 000 元，总成本为 600 000 元，合同规定甲公司负责安装，安装费包含在商品价格中，安装、调试完成后客户才签收该商品。甲公司已经开具增值税专用发票，并收取全部价款。

甲公司编制会计分录如下：

1) 由于客户在 X 商品安装、调试完成后才签收，在发出商品时不能确认收入。

借：银行存款	1 130 000	
贷：预收账款		1 000 000
应交税费——应交增值税（销项税额）		130 000
借：发出商品	600 000	
贷：库存商品		600 000

2) X 商品安装、调试完成后，客户正式签收该商品时。

借：预收账款	1 000 000	
贷：主营业务收入		1 000 000
借：主营业务成本	600 000	
贷：发出商品		600 000

(4) 以旧换新的商品销售。企业在销售商品的同时收购旧商品，应将收购的旧商品确认为存货。如果收购旧商品的价款为其公允价值，则收购旧商品支付的价款，不得冲减收入，应当计入存货成本。企业收购旧商品的价款直接抵减新商品价款时，应根据新商品的价款扣除旧商品收购价款后的净额，借记"银行存

款”等科目；根据旧商品的收购价款，借记“原材料”等科目；根据新商品的销售价格，贷记“主营业务收入”科目；根据应缴纳的增值税，贷记“应交税费——应交增值税（销项税额）”科目。

需要说明的是，如果收购旧商品的价款超过其公允价值，差额属于新商品交易价格的调整，收购的旧商品应按照其公允价值入账，差额抵减新商品的收入。

例12-5

2023年12月18日，甲公司销售D商品50件，价款为30 000元，增值税销项税额为3 900元，总成本为21 000元；甲公司已经开具增值税专用发票，并收取全部价款。甲公司在销售D商品的同时，收购旧商品50件，收购价款为1 500元（为其公允价值），直接抵扣D商品的销售价款，实际收到价款32 400元。收购的旧商品作为原材料验收入库。

甲公司编制会计分录如下：

借：银行存款	32 400	
原材料	1 500	
贷：主营业务收入		30 000
应交税费——应交增值税（销项税额）		3 900
借：主营业务成本	21 000	
贷：库存商品		21 000

如果上述收购旧商品的公允价值为1 000元，则收购旧商品的价款1 500元大于其公允价值的差额500元应冲减收入，收入的金额为29 500元。甲公司编制会计分录如下：

借：银行存款	32 400	
原材料	1 000	
贷：主营业务收入		29 500
应交税费——应交增值税（销项税额）		3 900
借：主营业务成本	21 000	
贷：库存商品		21 000

（5）短期分期收款商品销售。企业采用分期收款方式销售商品，如果收款期较短，在满足收入确认条件的情况下，不需要考虑分期收款总额中包含的融资成分，应全额确认收入，借记“应收账款”科目，贷记“主营业务收入”科目；同时结转商品销售成本，借记“主营业务成本”科目，贷记“库存商品”科目。按照增值税相关规定，在合同规定的收款日期确认应交增值税，因此，在发出商品时，不需要缴纳增值税，但应确认待转销项税额，借记“应收账款”科目，贷记“应交税费——待转销项税额”科目；在合同规定的收款日期，开具增值税专用发票，根据收到的全部价款，借记“银行存款”等科目，贷记“应收账款”科目；根据确认的增值税，借记“应交税费——待转销项税额”科目，贷记“应交税费——应交增值税（销项税额）”科目。在合同规定的收款日期，如果未收到价款，也应确认应交增值税销项税额。

例 12－6

2023 年 3 月 31 日，甲公司采用分期收款方式销售 E 商品 60 件，不含增值税的价款为 60 000 元，适用的增值税税率为 13%，合同规定分三次收款，收款日期为当年 6 月 30 日、9 月 30 日和 12 月 31 日；总成本为 48 000 元；甲公司在各收款日均收取货款 22 600 元，并开具增值税专用发票。

甲公司编制会计分录如下：

（1）3 月 31 日，销售 E 商品。

待转销项税额＝60 000×13%＝7 800(元)

借：应收账款	67 800	
贷：主营业务收入		60 000
应交税费——待转销项税额		7 800
借：主营业务成本	48 000	
贷：库存商品		48 000

（2）6 月 30 日、9 月 30 日和 12 月 31 日，收取货款。

借：银行存款	22 600	
贷：应收账款		22 600
借：应交税费——待转销项税额	2 600	
贷：应交税费——应交增值税（销项税额）		2 600

（6）具有重大融资性质的分期收款商品销售。企业采用分期收款方式销售商品，如果收款期较长（一般为 3 年以上），则说明该项销售业务具有融资性质，在满足收入确认条件的情况下，应按照商品的现销价格确认收入（如果该商品不存在现销价格，则按照分期收款总额的现值确认收入），不含增值税的分期收款总额与确认收入的差额作为未实现融资收益。企业发出商品时，应根据含增值税的分期收款总额，借记"长期应收款"科目；根据未来应收增值税销项税额总额，贷记"应交税费——待转销项税额"科目；根据确认收入的金额，贷记"主营业务收入"科目；根据其差额，贷记"未实现融资收益"科目。在合同约定的收款日期，应根据实际收到的款项（含增值税），借记"银行存款"等科目，贷记"长期应收款"科目；同时将待转销项税额确认为销项税额，借记"应交税费——待转销项税额"科目，贷记"应交税费——应交增值税（销项税额）"科目。此外，还要根据不含待转销项税额的长期应收款账面价值（扣除待转销项税额的"长期应收款"科目借方余额与"未实现融资收益"科目贷方余额的差额）和实际利率计算未实现融资收益的摊销额，确认为利息收入，借记"未实现融资收益"科目，贷记"财务费用"科目。

例 12－7

2023 年 12 月 31 日，甲公司采用分期收款方式销售 F 商品 5 件，不含增值税的价款为 6 000 000 元，适用的增值税税率为 13%，该批商品的现销价格为 5 346 000 元，实际利率为 6%，合同规定分三次收款，收款日期分别为 2024 年

12月31日、2025年12月31日和2026年12月31日；总成本为4 200 000元；甲公司在各收款日均收取货款2 260 000元，并开具增值税专用发票。甲公司编制会计分录如下：

(1) 2023年12月31日，销售F商品。

待转销项税额=6 000 000×13%=780 000(元)

长期应收款总额=6 000 000+780 000=6 780 000(元)

借：长期应收款	6 780 000	
贷：应交税费——待转销项税额		780 000
主营业务收入		5 346 000
未实现融资收益		654 000
借：主营业务成本	4 200 000	
贷：库存商品		4 200 000

不含增值税的长期应收款账面价值=6 780 000−780 000−654 000=5 346 000(元)

(2) 2024年12月31日，收取货款。

借：银行存款	2 260 000	
贷：长期应收款		2 260 000
借：应交税费——待转销项税额	260 000	
贷：应交税费——应交增值税（销项税额）		260 000

未实现融资收益摊销额=5 346 000×6%=320 760(元)

借：未实现融资收益	320 760	
贷：财务费用		320 760

“长期应收款”科目借方余额=6 780 000−2 260 000=4 520 000(元)

“应交税费——待转销项税额”科目贷方余额=780 000−260 000=520 000(元)

“未实现融资收益”科目贷方余额=654 000−320 760=333 240(元)

不含增值税的长期应收款账面价值=4 520 000−520 000−333 240=3 666 760(元)

(3) 2025年12月31日，收取货款。

借：银行存款	2 260 000	
贷：长期应收款		2 260 000
借：应交税费——待转销项税额	260 000	
贷：应交税费——应交增值税（销项税额）		260 000

未实现融资收益摊销额=3 666 760×6%=220 006(元)

借：未实现融资收益	220 006	
贷：财务费用		220 006

“长期应收款”科目借方余额＝4 520 000－2 260 000＝2 260 000(元)

“应交税费——待转销项税额”科目贷方余额＝520 000－260 000＝260 000(元)

“未实现融资收益”科目贷方余额＝333 240－220 006＝113 234(元)

不含增值税的长期应收款账面价值＝2 260 000－260 000－113 234＝1 886 766(元)

(4) 2026 年 12 月 31 日，收取货款。

借：银行存款	2 260 000	
贷：长期应收款		2 260 000
借：应交税费——待转销项税额	260 000	
贷：应交税费——应交增值税（销项税额）		260 000

未实现融资收益摊销额＝1 886 766×6%＝113 234(元)(含尾差调整)

借：未实现融资收益	113 234	
贷：财务费用		113 234

“长期应收款”科目借方余额＝2 260 000－2 260 000＝0

“应交税费——待转销项税额”科目贷方余额＝260 000－260 000＝0

“未实现融资收益”科目贷方余额＝113 234－113 234＝0

长期应收款账面价值＝0

(7) 附有售后回购条件的商品销售。对于售后回购交易，企业应当区分不同情况进行会计处理。企业因存在与客户的远期安排而负有回购义务或企业享有回购权利的，表明客户在销售时点并未取得相关商品控制权，企业应当作为租赁交易或融资交易进行相应的会计处理。其中，回购价格低于原售价的，应当视为租赁交易，即视为客户租赁该资产，差额为客户承担的资产使用费；回购价格高于原售价的，应当视为融资交易，即质押贷款，在收到客户款项时确认金融负债，并将其差额在回购期间内确认为利息费用等。

企业附有售后回购条件的商品销售，如果属于融资交易，收取的价款应确认为负债。企业应根据收取的全部价款，借记“银行存款”等科目；根据收取的不含增值税的价款，贷记“其他应付款”等科目；根据应交增值税，贷记“应交税费——应交增值税（销项税额）”科目；同时，还要根据发出商品的成本，借记“发出商品”科目，贷记“库存商品”科目。企业回购商品的价格超过销售商品价格的差额，应在回购期内分期平均确认为利息支出，借记“财务费用”科目，贷记“其他应付款”科目。企业回购商品时，应根据回购商品不含增值税的价款，借记“其他应付款”科目；根据支付的增值税税额，借记“应交税费——应交增值税（进项税额）”等科目；根据支付的全部价款，贷记“银行存款”等科目。同时，根据收回的商品成本，借记“库存商品”科目，贷记“发出商品”科目。

例 12－8

2023 年 1 月 31 日，甲公司采用支票结算方式销售 G 商品 10 件，不含增值税的价款为500 000元，增值税税额为65 000元，该批商品实际成本为450 000元。销售合同规定，该企业在6月30日将该批商品购回，购回价格为520 000元，增值税税额为67 600元。

甲公司编制会计分录如下：

（1）2023年1月31日，销售商品。由于甲公司保留着对该批商品的控制权，因而不确认收入。

借：银行存款	565 000	
贷：其他应付款		500 000
应交税费——应交增值税（销项税额）		65 000
借：发出商品	450 000	
贷：库存商品		450 000

（2）2023年2月至6月各月月末，计提利息费用。销售至回购期间的利息支出为20 000元（520 000—500 000），2—6月每月计提利息支出4 000元。

借：财务费用	4 000	
贷：其他应付款		4 000

（3）2023年6月30日，回购商品。

借：其他应付款	520 000	
应交税费——应交增值税（进项税额）	67 600	
贷：银行存款		587 600
借：库存商品	450 000	
贷：发出商品		450 000

（8）代销商品。代销商品是指委托方将商品交由受托方代为销售，受托方在将商品售出后与委托方结算货款；如果受托方无法将商品售出，则将商品退还委托方。在这种情况下，委托方在发出商品时，尚未完成合同规定的履约义务，不能确认营业收入。当受托方将商品售出并交付委托方代销清单时，视为完成了履约义务，且能够收到货款，应确认营业收入。

企业代销商品可以采用视同买断和收取手续费两种方式。

1）视同买断方式。视同买断方式是指委托方与受托方签订合同并发出商品以后，受托方自行决定商品的售价，确认营业收入；按照合同规定的价格与委托方进行结算，确认营业成本；实际售价与合同规定价格的差额为受托方的销售毛利。从受托方角度看，视同买断方式代销商品与自营方式销售商品的实质是一样的，不同之处是自营方式是先购货而后销货，而视同买断方式是先销货而后支付购货款，不需要占用流动资金，且商品无法售出时，可以将商品退还给委托方，不承担风险。

采用视同买断方式代销商品，委托方在发出商品时，应根据商品成本，借记“发出商品”科目，贷记“库存商品”科目；收到受托方交来的代销清单时，根据应收取的全部价款，借记“应收账款”科目，根据合同规定的价格，贷记“主营业务收入”科目，根据增值税税额，贷记“应交税费——应交增值税（销项税额）”科目；结转代销商品成本时，借记“主营业务成本”科目，贷记“发出商品”科目；收到受托方支付的全部价款时，借记“银行存款”科目，贷记“应收账款”科目。

采用视同买断方式代销商品，受托方在收到商品时，由于商品的所有权归属于委托方，受托方不应确认为存货。但是，为了便于对代销商品的管理，应进行相应的会计核算。一般来说，受托方应设置“受托代销商品”和“代销商品款”科目。“受托代销商品”科目反映受托代销商品的成本，应按照与委托方签订合同的价格计价；“代销商品款”科目为“受托代销商品”科目的抵减科目，两者的余额应当相同，资产负债表日两者抵销以后余额为零，即受托代销商品不列入资产负债表的“存货”项目，代销商品款也不列入负债。受托方收到代销商品时，应根据合同规定的金额，借记“受托代销商品”科目，贷记“代销商品款”科目；销售代销商品时，与企业自营方式销售商品相同，借记“银行存款”等科目，贷记“主营业务收入”“应交税费——应交增值税（销项税额）”科目；结转代销商品成本时，应根据代销商品的成本，借记“主营业务成本”科目，贷记“受托代销商品”科目，同时，应将代销商品款转为应付账款，借记“代销商品款”科目，贷记“应付账款”科目；向委托方交付代销清单并取得增值税专用发票时，应确认向委托方支付的增值税，借记“应交税费——应交增值税（进项税额）”科目，贷记“应付账款”科目；向委托方支付全部代销商品价款时，借记“应付账款”科目，贷记“银行存款”科目。

例 12-9

2023 年 10 月 31 日，甲公司与乙公司签订合同，委托乙公司代销 H 商品 100 件，单位成本为 700 元，单位代销价格为 900 元；合同规定，乙公司无法售出的商品可以退还给甲公司。2023 年 11 月 25 日，乙公司将 H 商品全部出售，收取不含增值税的价款 100 000 元，增值税 13 000 元；2023 年 11 月 30 日，甲公司收到乙公司交来的代销清单，并给乙公司开具增值税专用发票；2023 年 12 月 1 日，甲公司收到乙公司支付的代销商品全部价款。

甲公司（委托方）编制会计分录如下：

（1）2023 年 10 月 31 日，发出代销商品。

代销商品成本＝700×100＝70 000(元)

借：发出商品	70 000	
贷：库存商品		70 000

（2）2023 年 11 月 25 日，收到代销清单并开具增值税专用发票。

销售价格＝900×100＝90 000(元)

增值税销项税额＝90 000×13%＝11 700(元)

全部价款＝90 000＋11 700＝101 700(元)

借：应收账款	101 700	
贷：主营业务收入		90 000
应交税费——应交增值税（销项税额）		11 700

借：主营业务成本　　70 000
　贷：发出商品　　70 000

(3) 2023年12月1日，收到代销商品全部价款。

借：银行存款　　101 700
　贷：应收账款　　101 700

乙公司（受托方）编制会计分录如下：

(1) 2023年10月31日，收到代销商品。

代销商品成本＝900×100＝90 000(元)

借：受托代销商品　　90 000
　贷：代销商品款　　90 000

(2) 2023年11月25日，销售代销商品。

借：银行存款　　113 000
　贷：主营业务收入　　100 000
　　　应交税费——应交增值税（销项税额）　　13 000
借：主营业务成本　　90 000
　贷：受托代销商品　　90 000
借：代销商品款　　90 000
　贷：应付账款　　90 000

(3) 2023年11月30日，交付代销清单，收到增值税专用发票。

借：应交税费——应交增值税（进项税额）　　11 700
　贷：应付账款　　11 700

(4) 2023年12月1日，支付代销商品全部价款。

借：应付账款　　101 700
　贷：银行存款　　101 700

2）收取手续费方式。收取手续费方式是指委托方与受托方签订合同并发出商品以后，受托方按照委托方规定的商品售价出售，将收取的价款确认为负债，按照委托方规定的价格扣除代销手续费以后的金额与委托方进行结算，将收取的手续费确认为营业收入。委托方将支付的手续费确认为销售费用。从受托方角度看，收取手续费方式代销商品与自营方式销售商品完全不同，不确认商品销售收入，也不需要结转商品销售成本，是真正意义的代销商品。收取手续费方式代销商品，受托方也不需要占用流动资金，且商品无法售出时，可以将商品退还给委托方，不承担风险。

采用收取手续费方式代销商品，委托方在发出商品时，应根据商品成本，借记“发出商品”科目，贷记“库存商品”科目；收到受托方交来的代销清单时，根据销售商品的全部价款扣除手续费后的金额，借记“应收账款”科目，根据支付的代销手续费，借记“销售费用”“应交税费——应交增值税（进项税额）”科目，根据合同规定的价格，贷记“主营业务收入”科目，根据增值税税额，贷记“应交税费——应交增值税（销项税额）”科目；结转代销商品成本时，借记

“主营业务成本”科目，贷记“发出商品”科目；收到受托方支付的全部价款时，借记“银行存款”科目，贷记“应收账款”科目。

采用收取手续费方式代销商品，受托方在收到商品时，与视同买断方式相同，也应进行相应的会计核算。一般来说，“受托代销商品”和“代销商品款”科目应按照与委托方签订合同的价格计价，两者的余额相同，资产负债表日两者抵销以后余额为零。受托方收到代销商品时，应根据合同规定的金额，借记“受托代销商品”科目，贷记“代销商品款”科目；销售代销商品时，根据收到的全部价款，借记“银行存款”等科目，根据商品的销售价格，贷记“应付账款”科目，根据增值税税额，贷记“应交税费——应交增值税（销项税额）”科目；收取手续费时，根据全部价款，借记“应付账款”科目，根据收取的手续费，贷记“主营业务收入”科目，根据增值税税额，贷记“应交税费——应交增值税（销项税额）”科目，同时，应将受托代销商品与代销商品款冲销，借记“代销商品款”科目，贷记“受托代销商品”科目；向委托方交付代销清单并取得增值税专用发票时，应确认向委托方支付的增值税，借记“应交税费——应交增值税（进项税额）”科目，贷记“应付账款”科目；向委托方支付全部代销商品价款时，借记“应付账款”科目，贷记“银行存款”科目。

例 12-10

承例12-9。假定合同规定采用收取手续费方式代销商品。2023年10月31日，甲公司与乙公司签订合同，委托乙公司代销H商品100件，单位成本为700元，不含增值税的单位代销价格为1 000元，乙公司按照代销价格的10%收取手续费；合同规定，乙公司无法售出的商品可以退还给甲公司。2023年11月25日，乙公司将H商品全部出售，收取不含增值税的价款100 000元，增值税13 000元；2023年11月30日，甲公司收到乙公司交来的代销清单及收取手续费发票，并给乙公司开具增值税专用发票；2023年12月1日，甲公司收到乙公司支付的扣除手续费的代销商品价款。

甲公司（委托方）编制会计分录如下：

（1）2023年10月31日，发出代销商品。

代销商品成本＝700×100＝70 000(元)

借：发出商品	70 000	
贷：库存商品		70 000

（2）2023年11月25日，收到代销清单及代销手续费发票，并开具增值税专用发票。

销售价格＝1 000×100＝100 000(元)
增值税销项税额＝100 000×13%＝13 000(元)
代销手续费＝100 000×10%＝10 000(元)
增值税进项税额＝10 000×6%＝600(元)
结算价款＝100 000＋13 000－10 000－600＝102 400(元)

借：应收账款 102 400
　　销售费用 10 000
　　应交税费——应交增值税（进项税额） 600
　贷：主营业务收入 100 000
　　　应交税费——应交增值税（销项税额） 13 000
借：主营业务成本 70 000
　贷：发出商品 70 000

(3) 2023 年 12 月 1 日，收到代销商品全部价款。

借：银行存款 102 400
　贷：应收账款 102 400

乙公司（受托方）编制会计分录如下：

(1) 2023 年 10 月 31 日，收到代销商品。

代销商品成本＝1 000×100＝100 000(元)

借：受托代销商品 100 000
　贷：代销商品款 100 000

(2) 2023 年 11 月 25 日，销售代销商品。

借：银行存款 113 000
　贷：应付账款 100 000
　　　应交税费——应交增值税（销项税额） 13 000
借：应付账款 10 600
　贷：主营业务收入 10 000
　　　应交税费——应交增值税（销项税额） 600
借：代销商品款 100 000
　贷：受托代销商品 100 000

(3) 2023 年 11 月 30 日，交付代销清单及代销手续费发票，收到增值税专用发票。

借：应交税费——应交增值税（进项税额） 13 000
　贷：应付账款 13 000

(4) 2023 年 12 月 1 日，支付代销商品全部价款。

借：应付账款 102 400
　贷：银行存款 102 400

(9) 附有现金折扣的商品销售。企业赊销的商品如果附有现金折扣的条件，则其对价为可变对价，企业应根据最可能收取的对价确认营业收入；资产负债表日，应重新估计可能收到的对价，将其差额调整营业收入。

例 12-11

甲公司根据发生的附有现金折扣的赊销业务，编制会计分录如下：

(1) 2023 年 11 月 20 日，甲公司与乙公司签订合同，当日采用赊销方式销售甲产品 30 件，价款 30 000 元，增值税 3 900 元，现金折扣（按照不含增值税的价款计算）的条件为“2/30，1/60，n/90”，甲公司估计乙公司能够在 12 月 20 日之前付款，取得现金折扣 600 元，确认营业收入 29 400 元；当日，甲公司开具了增值税专用发票，乙公司收到商品。

借：应收账款　　33 300
　贷：主营业务收入　　29 400
　　　应交税费——应交增值税（销项税额）　　3 900
借：主营业务成本　　22 000
　贷：库存商品　　22 000

（2）2023 年 12 月 31 日，乙公司尚未支付货款；甲公司与乙公司沟通后，估计乙公司能够在 2024 年 1 月 20 日前支付货款，只能取得 300 元现金折扣；甲公司调增营业收入 300 元。

借：应收账款　　300
　贷：主营业务收入　　300

（3）2024 年 1 月 18 日，甲公司收到乙公司支付的全部货款 33 600 元。

借：银行存款　　33 600
　贷：应收账款　　33 600

3. 提供劳务

企业提供的劳务，如果属于在某一时点履约的义务，应采用与前述商品销售相同的办法确认营业收入；如果属于在某一段期间履行的义务，则应当考虑劳务（或商品）的性质，采用产出法或投入法确定恰当的履约进度，分期确认营业收入。

产出法是根据已转移给客户的劳务（或商品）对于客户的价值确定履约进度。例如，甲公司与乙公司签订一项提供劳务合同，合同总收入为 300 万元，合同总成本预计为 200 万元，期限为 2 年，采用产出法确定履约进度。资产负债表日，经专业测量师测量认定，该项劳务的价值累计履约进度为 10%，乙公司接受该项测量结果，则甲公司应确认营业收入 30 万元（300×10%）。

投入法是根据企业为履行履约义务的投入确定履约进度。例如，甲公司与乙公司签订一项提供劳务合同，合同总收入为 300 万元，合同总成本预计为 200 万元，期限为 2 年，采用投入法确定履约进度。资产负债表日，该项劳务的累计劳务成本为 40 万元，则累计履约进度为 20%（40÷200），应累计确认营业收入 60 万元（300×20%）。

采用上述方法确认营业收入及结转营业成本的计算方法如下：

各期确认的营业收入＝预计总收入×履约进度－前期累计确认营业收入
各期结转的营业成本＝预计总成本×履约进度－前期累计结转营业成本

当履约进度不能合理确定时，企业已经发生的成本预计能够得到补偿的，应当按照已经发生的成本确认营业收入，直到履约进度能够合理确定为止。例如，甲公司与乙公司签订一项提供劳务合同，合同总收入为 300 万元，合同总成本预计为 200 万元，期限为 2 年，甲公司无法合理确定履约进度。资产负债表日，该项劳务的累计劳务成本为40万元，已经发生的成本预计能够得到补偿，则应累计确认营业收入40万元。

为了反映劳务成本的发生与结转情况，企业可以单独设置“劳务成本”科目。企业实际发生劳务成本时，应借记“劳务成本”科目，贷记“原材料”“应付职工薪酬”等科目；确认劳务收入时，应借记“银行存款”等科目，贷记“主营业务收入”等科目；结转相关劳务成本时，应借记“主营业务成本”科目，贷记“劳务成本”科目。

例 12-12

2023年11月1日，乙公司与W公司签订一项劳务合同，不含增值税的总收入为3 200 000元，适用的增值税税率为6%，完工日为2024年4月30日，采用产出法确认营业收入。合同签订日预收25%的保证金，其余劳务款于2023年12月31日、2024年2月28日和2024年4月30日各收取25%。乙公司预计该项劳务的总成本为2 500 000元。2023年11月1日，乙公司收取保证金848 000元；2023年11月，乙公司实际发生劳务成本280 000元（假定全部为职工薪酬），月末专业测量师测算的履约进度为10%；2023年12月，乙公司实际发生劳务成本520 000元（假定全部为职工薪酬），月末专业测量师测算的累计履约进度为30%。2023年12月31日，收取劳务款848 000元。

乙公司编制会计分录如下：

(1) 2023年11月1日，收取保证金。

借：银行存款	848 000	
贷：预收账款		848 000

(2) 2023年11月30日，确认劳务成本、劳务收入，结转劳务成本。

1) 发生劳务成本时。

借：劳务成本	280 000	
贷：应付职工薪酬		280 000

2) 确认劳务收入时。

确认劳务收入＝3 200 000×10%＝320 000(元)

收取增值税＝320 000×6%＝19 200(元)

借：预收账款	339 200	
贷：主营业务收入		320 000
应交税费——应交增值税（销项税额）		19 200

3) 结转劳务成本时。

结转劳务成本＝2 500 000×10%＝250 000(元)

借：主营业务成本	250 000	
贷：劳务成本		250 000

“劳务成本”科目余额＝280 000－250 000＝30 000(元)

“预收账款”科目余额＝848 000－339 200＝508 800(元)

(3) 2023 年 12 月 31 日，确认劳务成本、劳务收入，结转劳务成本，收取劳务款。

1) 发生劳务成本时。

借：劳务成本　520 000
　贷：应付职工薪酬　520 000

2) 确认劳务收入时。

确认劳务收入＝3 200 000×30％－320 000＝640 000(元)
收取增值税＝640 000×6％＝38 400(元)

借：预收账款　678 400
　贷：主营业务收入　640 000
　　应交税费——应交增值税（销项税额）　38 400

3) 结转劳务成本时。

结转劳务成本＝2 500 000×30％－250 000＝500 000(元)

借：主营业务成本　500 000
　贷：劳务成本　500 000

4) 收取劳务款时。

借：银行存款　848 000
　贷：预收账款　848 000

“劳务成本”科目余额＝30 000＋520 000－500 000＝50 000(元)
“预收账款”科目余额＝508 800－678 400＋848 000＝678 400(元)

以后月份以此类推。

例 12－13

承例 12－12。假定乙公司采用投入法确定履约进度。

乙公司编制会计分录如下：

(1) 2023 年 11 月 1 日，收取保证金。

借：银行存款　848 000
　贷：预收账款　848 000

(2) 2023 年 11 月 30 日，确认劳务成本、劳务收入，结转劳务成本。

1) 发生劳务成本时。

借：劳务成本　280 000
　贷：应付职工薪酬　280 000

2) 确认履约进度和劳务收入时。

履约进度＝(280 000÷2 500 000)×100％＝11.2％
确认劳务收入＝3 200 000×11.2％＝358 400(元)
收取增值税＝358 400×6％＝21 504(元)

借：预收账款　379 904
　贷：主营业务收入　358 400
　　应交税费——应交增值税（销项税额）　21 504

3）结转劳务成本时。

结转劳务成本＝2 500 000×11.2%＝280 000(元)

借：主营业务成本　　280 000

　贷：劳务成本　　280 000

"劳务成本"科目余额＝280 000－280 000＝0

"预收账款"科目余额＝848 000－379 904＝468 096(元)

(3) 2023年12月31日，确认劳务成本、劳务收入，结转劳务成本。

1）发生劳务成本时。

借：劳务成本　　520 000

　贷：应付职工薪酬　　520 000

2）确认履约进度和劳务收入时。

累计履约进度＝(280 000＋520 000)÷2 500 000×100%＝32%

确认劳务收入＝3 200 000×32%－358 400＝665 600(元)

收取增值税＝665 600×6%＝39 936(元)

借：预收账款　　705 536

　贷：主营业务收入　　665 600

　　　应交税费——应交增值税（销项税额）　　39 936

3）结转劳务成本时。

结转劳务成本＝2 500 000×32%－280 000＝520 000(元)

借：主营业务成本　　520 000

　贷：劳务成本（或生产成本）　　520 000

4）收取劳务款时。

借：银行存款　　848 000

　贷：预收账款　　848 000

"劳务成本"科目余额＝520 000－520 000＝0

"预收账款"科目余额＝468 096－705 536＋848 000＝610 560(元)

以后月份以此类推。

例12-14

承例12-12。假定乙公司无法合理确定履约进度，但估计发生的成本能够得到补偿。

乙公司编制会计分录如下：

(1) 2023年11月1日，收取保证金。

借：银行存款　　848 000

　贷：预收账款　　848 000

(2) 2023年11月30日，确认劳务成本、劳务收入，结转劳务成本。

1）发生劳务成本时。

借：劳务成本　　280 000

　贷：应付职工薪酬　　280 000

2）确认劳务收入时。

确认劳务收入＝2 800 000（元）

收取增值税＝280 000×6％＝16 800（元）

借：预收账款	296 800	
贷：主营业务收入		280 000
应交税费——应交增值税（销项税额）		16 800

3）结转劳务成本时。

结转劳务成本＝280 000（元）

借：主营业务成本	280 000	
贷：劳务成本		280 000

“劳务成本”科目余额＝280 000－280 000＝0

“预收账款”科目余额＝848 000－296 800＝551 200（元）

（3）2023 年 12 月 31 日，确认劳务成本、劳务收入，结转劳务成本。

1）发生劳务成本时。

借：劳务成本	520 000	
贷：应付职工薪酬		520 000

2）确认劳务收入时。

确认劳务收入＝520 000（元）

收取增值税＝520 000×6％＝31 200（元）

借：预收账款	551 200	
贷：主营业务收入		520 000
应交税费——应交增值税（销项税额）		31 200

3）结转劳务成本时。

结转劳务成本＝520 000（元）

借：主营业务成本	520 000	
贷：劳务成本		520 000

4）收取劳务款时。

借：银行存款	848 000	
贷：预收账款		848 000

“劳务成本”科目余额＝520 000－520 000＝0

“预收账款”科目余额＝551 200－551 200＋848 000＝848 000（元）

以后月份以此类推，直至履约进度能够合理确定。

4. 让渡资产使用权

企业让渡资产使用权，应根据具体情况，分别在某一时点或某一时段内确认营业收入。

企业向客户授予知识产权许可，同时满足下列条件时，应当作为在某一时段内履行的履约义务确认营业收入；否则，应当作为在某一时点履行的履约义务确认营业收入：

（1）合同要求或客户能够合理预期企业将从事对该项知识产权有重大影响的活动；

（2）该活动将对客户产生有利或不利影响；

（3）该活动不会导致向客户转让某项商品。

例如，企业向客户授予一项非专利技术使用权，如果合同约定企业后续将对该项非专利技术进行改进，改进后的非专利技术将对客户产生影响，使用费将根据其使用效果进行调整，则转让该项非专利技术使用权的收入应在合同约定的期间内分期确认；如果企业后续不需要对该项非专利技术进行改进，则应在客户接受该项非专利技术时确认营业收入。

企业向客户授予知识产权许可，并约定按客户实际销售或使用情况收取特许权使用费的，应当在下列两项孰晚的时点确认营业收入：

（1）客户后续销售或使用行为实际发生；

（2）企业履行相关履约义务。

例 12-15

环球公司12月份根据发生的让渡资产使用权业务，编制相关会计分录。

（1）转让一项无形资产的使用权，收取价款5 000元，增值税300元，合计5 300元，存入银行；后续无须对该项无形资产进行改进。

借：银行存款　　5 300

　贷：其他业务收入　　5 000

　　　应交税费——应交增值税（销项税额）　　300

（2）转让该项无形资产的过程中，用银行存款支付咨询费等2 180元，未取得增值税专用发票，出租无形资产业务不再负担无形资产摊销额。

借：其他业务成本　　2 180

　贷：银行存款　　2 180

环球公司12月份其他业务收入为5 000元；其他业务成本为2 180元；其他业务毛利为2 820元（5 000－2 180）。

12.3 其他损益的确认与计量

12.3.1 税金及附加

税金及附加是指应由营业收入（包括主营业务收入和其他业务收入）补偿的各种税金及附加费，主要包括消费税、城市维护建设税、教育费附加、房产税、土地使用税、车船税、印花税等。

1. 消费税的核算

企业销售应纳消费税的商品，应按规定计算结转应交消费税，借记“税金及附加”科目，贷记“应交税费——应交消费税”科目。

2. 城市维护建设税和教育费附加的核算

企业取得营业收入以后，应按规定计算结转应交城市维护建设税和应交教育费附加，借记“税金及附加”科目，贷记“应交税费——应交城市维护建设税”和“应交税费——应交教育费附加”科目。

3. 房产税、土地使用税、车船税的核算

企业应按规定计算结转应交房产税、土地使用税、车船税，借记“税金及附加”科目，贷记“应交税费——应交房产税”“应交税费——应交土地使用税”“应交税费——应交车船税”科目。

4. 印花税的核算

企业按规定应缴纳的印花税，是以购买印花税票方式支付，应根据实际购买印花税票的金额，借记“税金及附加”科目，贷记“银行存款”科目。

例 12－16

环球公司 12 月份根据发生的税金及附加业务，编制会计分录如下：

(1) 结转应交城市维护建设税 653 元，应交教育费附加 467 元。

借：税金及附加	1 120	
贷：应交税费——应交城市维护建设税		653
——应交教育费附加		467

(2) 结转应交房产税 600 元，车船税 300 元。

借：税金及附加	900	
贷：应交税费——应交房产税		600
——应交车船税		300

(3) 购买印花税票 100 元。

借：税金及附加	100	
贷：银行存款		100

环球公司 12 月份税金及附加共计 2 120 元（1 120＋900＋100）。

12.3.2 销售费用

销售费用是指企业在销售过程中发生的各项费用以及专设销售机构的各项经费，包括应由企业负担的销售部门人员薪酬、运输费、装卸费、包装费、保险费、广告费、展览费和售后服务费、差旅费、办公费、折旧费、修理费和其他经费等。

企业应根据实际发生的销售费用，借记“销售费用”“应交税费——应交增值税（进项税额）”等科目，贷记有关科目。

例 12－17

环球公司 12 月份根据发生的销售费用，编制相关会计分录。

（1）应付销售人员薪酬 1 140 元。

	借方	贷方
借：销售费用	1 140	
贷：应付职工薪酬		1 140

（2）用银行存款支付广告费 5 000 元，增值税 300 元（经税务机关认证可以抵扣），合计 5 300 元。

借：销售费用	5 000	
应交税费——应交增值税（进项税额）	300	
贷：银行存款		5 300

环球公司 12 月份发生的销售费用共计 6 140 元（1 140＋5 000）。

12.3.3 管理费用

管理费用是指企业行政管理部门为组织和管理经营活动而发生的各项费用，包括行政部门人员薪酬、劳动保护费、待业保险费、董事会费、咨询费、审计费、诉讼费、排污费、绿化费、技术转让费、研发费用、无形资产摊销、业务招待费、存货盘亏和毁损（减盘盈）以及其他管理费用。

企业发生管理费用时，应借记“管理费用”“应交税费——应交增值税（进项税额）”等科目，贷记有关科目。

例 12－18

环球公司 12 月份根据发生的管理费用，编制相关会计分录。

（1）应付行政管理部门职工薪酬 2 420 元。

	借方	贷方
借：管理费用	2 420	
贷：应付职工薪酬		2 420

（2）计提管理部门固定资产折旧费 300 元。

	借方	贷方
借：管理费用	300	
贷：累计折旧		300

（3）无形资产摊销 300 元。

	借方	贷方
借：管理费用	300	
贷：累计摊销		300

（4）用银行存款支付办公费 400 元，增值税 52 元（经税务机关认证可以抵扣），合计 452 元。

	借方	贷方
借：管理费用	400	
应交税费——应交增值税（进项税额）	52	
贷：银行存款		452

（5）以现金支付书报订阅费 140 元，未取得增值税专用发票。

	借方	贷方
借：管理费用	140	
贷：库存现金		140

(6) 以现金支付管理部门固定资产修理费 100 元，未取得增值税专用发票。

借：管理费用　　100

　　贷：库存现金　　100

(7) 计提工会经费 300 元。

借：管理费用　　300

　　贷：应付职工薪酬——工会经费　　300

(8) 管理部门人员报销差旅费 200 元，以现金支付。

借：管理费用　　200

　　贷：库存现金　　200

(9) 月末结转自行开发无形资产的费用化支出 1 000 元。

借：管理费用——研发费用　　1 000

　　贷：研发支出——费用化支出　　1 000

环球公司 12 月份发生的管理费用共计 5 160 元（2 420＋300＋300＋400＋140＋100＋300＋200＋1 000）。

12.3.4 财务费用

财务费用是指企业在筹集资金过程中发生的各项费用，包括生产经营期间发生的不应计入固定资产价值的利息费用（减利息收入）、金融机构手续费、汇兑损失（减汇兑收益）以及其他财务费用。

企业发生财务费用时，应借记“财务费用——利息支出”科目，贷记有关科目。企业取得的利息收入，其数额与利息支出相比一般较小，在我国未单列科目进行核算，应抵减利息支出，借记“银行存款”等科目，贷记“财务费用——利息收入”科目。

例 12-19

环球公司 12 月份根据发生的财务费用，编制相关会计分录。

(1) 实际支付短期借款利息 400 元（该企业利息费用数额不大，不采用预提利息费用的方法）。

借：财务费用——利息支出　　400

　　贷：银行存款　　400

(2) 收到银行存款利息 100 元。

借：银行存款　　100

　　贷：财务费用——利息收入　　100

环球公司 12 月份发生的财务费用共计 300 元（400－100）。

12.3.5 资产减值损失

资产减值损失是指企业存货、长期股权投资、固定资产、在建工程、工程物资、无形资产、投资性房地产等发生减值时确认的减值损失。

企业应根据确认的减值损失，借记“资产减值损失”科目，贷记“存货跌价准备”“长期股权投资减值准备”“固定资产减值准备”“在建工程减值准备”“工程物资减值准备”“无形资产减值准备”“投资性房地产减值准备”等科目。

企业计提存货跌价准备后，相关资产的价值又得以恢复的，应在原已计提的减值准备金额内，按恢复增加的金额，借记“存货跌价准备”等科目，贷记“资产减值损失”科目。

企业计提的长期股权投资减值准备、固定资产减值准备、在建工程减值准备、工程物资减值准备、无形资产减值准备、投资性房地产减值准备，按照我国会计准则的规定，不得转回。

例 12－20

环球公司 12 月份根据发生的资产减值业务，编制相关会计分录。

月末，固定资产账面价值为 200 000 元（与计税基础相同），可收回金额为 198 600 元，以前未发生减值。12 月末计提固定资产减值准备 1 400 元。

借：资产减值损失　　1 400

　贷：固定资产减值准备　　1 400

环球公司 12 月份资产减值损失为 1 400 元。

12.3.6 信用减值损失

信用减值损失是指金融资产中应收款项、债权投资、其他债权投资等资产价值下跌发生的损失。

例 12－21

环球公司 12 月份根据发生的信用减值业务，编制相关会计分录。

月末，计提坏账准备前应收账款余额为 100 000 元（与计税基础相同），按 1%计提坏账准备。该公司以前未计提坏账准备，12 月末计提坏账准备 1 000 元。

借：信用减值损失　　1 000

　贷：坏账准备　　1 000

环球公司 12 月份信用减值损失为 1 000 元。

12.3.7 公允价值变动损益

公允价值变动损益是指交易性金融资产等以公允价值计量且其变动计入当期损益的资产由于公允价值变动形成的损益。

有关资产的公允价值高于其账面价值时，应确认公允价值变动收益，借记有关资产科目，贷记“公允价值变动损益”科目；有关资产的公允价值低于其账面价值时，应确认公允价值变动损失，做相反的会计处理。

例 12－22

环球公司 12 月份根据发生的公允价值变动业务，编制相关会计分录。

月末，交易性金融资产的账面价值为 80 000 元，与计税基础相同，公允价值为 85 000 元。交易性金融资产公允价值高于其账面价值 5 000 元。

借：交易性金融资产——公允价值变动　5 000
　贷：公允价值变动损益　5 000

环球公司 12 月份公允价值变动收益为 5 000 元。

12.3.8　投资收益

投资收益是指企业从事各项对外投资活动取得的收益（各项投资业务取得的收入大于其成本的差额）；投资损失是指企业从事各项对外投资活动发生的损失（各项投资业务取得的收入小于其成本的差额）。投资收益大于投资损失的差额为投资净收益，反之则为投资净损失。

例 12－23

环球公司 12 月份根据发生的投资业务，编制相关会计分录。

（1）用银行存款 8 000 元购入股票，初始确认为交易性金融资产。

借：交易性金融资产　8 000
　贷：银行存款　8 000

（2）将前述购入的股票全部出售，收取价款 7 500 元，存入银行。

借：银行存款　7 500
　　投资收益　500
　贷：交易性金融资产　8 000

（3）结转当月国库券利息收入 1 500 元。

借：债权投资　1 500
　贷：投资收益　1 500

环球公司 12 月份投资净收益为 1 000 元（1 500－500）。

12.3.9　资产处置损益

资产处置损益主要是指处置固定资产、在建工程以及无形资产等资产产生的损益。企业发生资产处置收益时，应借记有关科目，贷记“资产处置损益”科目；发生资产处置损失时，做相反的会计处理。

例 12－24

环球公司 12 月份出售机器设备一台，原始价值为 14 000 元，累计折旧为 4 500 元，取得出售收入 12 000 元，增值税 1 560 元。编制会计分录如下：

（1）结转固定资产净值。

借：固定资产清理　9 500
　　累计折旧　4 500
　贷：固定资产　14 000

(2) 取得出售收入。

借：银行存款　　13 560

　贷：固定资产清理　　12 000

　　　应交税费——应交增值税（销项税额）　　1 560

(3) 结转固定资产出售净收益。

借：固定资产清理　　2 500

　贷：资产处置损益　　2 500

环球公司12月份资产处置收益为2 500元。

12.3.10 营业外收入与营业外支出

营业外收入是指企业在营业利润以外取得的收入，主要包括捐赠收入、罚款收入等。企业取得营业外收入时，应借记有关科目，贷记“营业外收入”科目。

营业外支出是指企业在营业利润以外发生的支出，包括固定资产盘亏、毁损和报废的净损失，以及非常损失、对外捐赠支出、赔偿金和违约金支出等。企业发生营业外支出时，应借记“营业外支出”科目，贷记有关科目。

例12-25

环球公司12月份根据发生的营业外收支业务，编制相关会计分录。

(1) 取得客户违约罚款收入1 500元。

借：银行存款　　1 500

　贷：营业外收入　　1 500

(2) 用银行存款对外进行非公益性捐赠1 000元。

借：营业外支出　　1 000

　贷：银行存款　　1 000

环球公司12月份营业外收入为1 500元，营业外支出为1 000元。

12.4 利润总额与所得税费用

12.4.1 利润总额

利润总额是指企业在缴纳所得税之前实现的利润。

例12-26

环球公司12月份的利润总额见表12-1。

表12-1 环球公司12月份的利润总额　　单位：元

项目	12月发生数
营业收入（包括主营业务收入和其他业务收入）	119 900（见例12-1和例12-15）

续表

项目	12 月发生数
减：营业成本（包括主营业务成本和其他业务成本）	70 180（见例 12-1 和例 12-15）
税金及附加	2 120（见例 12-16）
销售费用	6 140（见例 12-17）
管理费用	5 160（见例 12-18）
财务费用	300（见例 12-19）
资产减值损失	1 400（见例 12-20）
信用减值损失	1 000（见例 12-21）
加：公允价值变动收益	5 000（见例 12-22）
投资收益	1 000（见例 12-23）
资产处置收益	2 500（见例 12-24）
营业外收入	1 500（见例 12-25）
减：营业外支出	1 000（见例 12-25）
利润总额	42 600

12.4.2　所得税费用

所得税费用是指应在会计税前利润中扣除的所得税费用，包括当期所得税费用和递延所得税费用（或收益，下同）。我国现行会计准则规定，所得税费用的确认应采用资产负债表债务法。

1. 当期所得税费用

当期所得税费用是指按照当期应缴纳的所得税确认的费用。

当期应交所得税应根据应纳税所得额和适用税率计算：

应交所得税＝应纳税所得额×适用税率

应纳税所得额是指企业按所得税法规定的项目计算确定的收益，是计算缴纳所得税的依据。由于企业会计税前利润与应纳税所得额的计算口径、计算时间可能不一致，因而两者之间可能存在差异。

例如，企业购买国债取得的利息收入，在会计核算中作为投资收益计入了会计税前利润，而所得税法规定国债利息收入免征所得税，不计入应纳税所得额。企业应从会计税前利润中扣除上述差异，计算应纳税所得额。

又如，超过所得税法规定的业务招待费标准的支出等，在会计核算中作为费用抵减了会计税前利润，但所得税法不允许将其在税前扣除。企业应在会计税前利润的基础上，补加上述差异，计算应纳税所得额。

再如，企业确认的公允价值变动损益等，在会计核算中已经调整了税前会计利润，但所得税法规定不计入应纳税所得额。企业应在会计税前利润的基础上，调整上述差异，计算应纳税所得额。

总之，企业应在会计税前利润的基础上，对所得税法规定的收入、费用与企业计入会计税前利润的收入、费用之间的差异进行调整，确定应纳税所得额。

企业结转当期所得税费用，应借记“所得税费用——当期所得税费用”科目，贷记“应交税费——应交所得税”科目。

例 12 - 27

前述环球公司 12 月份的应纳税所得额及应交所得税计算如下（所得税税率为 25%）：

会计税前利润	42 600 元
减：国债利息收入	1 500 元
加：非公益性捐赠支出	1 000 元
加：资产减值损失	2 400 元
减：公允价值变动收益	5 000 元
应纳税所得额	39 500 元

应交所得税＝39 500×25%＝9 875（元）

编制结转当期所得税费用的会计分录：

借：所得税费用——当期所得税费用　　9 875

　贷：应交税费——应交所得税　　9 875

2. 递延所得税费用

递延所得税费用是指由于暂时性差异的发生或转回而确认的所得税费用。

（1）暂时性差异。暂时性差异是指资产或负债的账面价值与其计税基础之间的差额；未作为资产和负债确认的项目，按照所得税法规定可以确定其计税基础的，该计税基础与其账面价值之间的差额也属于暂时性差异。

暂时性差异按照其对未来期间应纳税所得额的影响，分为可抵扣暂时性差异和应纳税暂时性差异。

可抵扣暂时性差异是指在确定未来收回资产或清偿负债期间的应纳税所得额时，将导致产生可抵扣金额的暂时性差异。具体来说，资产的账面价值小于其计税基础或者负债的账面价值大于其计税基础，将产生可抵扣暂时性差异。按照税法规定允许抵减以后年度利润的可抵扣亏损，也视同可抵扣暂时性差异。

如何理解转回时有足够的应税所得来抵扣可抵扣暂时性差异？

应纳税暂时性差异是指在确定未来收回资产或清偿负债期间的应纳税所得额时，将导致产生应纳税金额的暂时性差异。具体来说，资产的账面价值大于其计税基础或者负债的账面价值小于其计税基础，将产生应纳税暂时性差异。

暂时性差异和时间性差异是什么关系？

资产的计税基础，是指企业收回资产账面价值过程中，计算应纳税所得额时按照税法规定可以自应税经济利益中抵扣的金额。负债的计税基础，是指负债的账面价值减去未来期间计算应纳税所得额时按照税法规定可予抵扣金额的差额。

例 12-28

甲公司2023年12月31日购入一台固定资产，原值为60 000元，假定无预计净残值，税法规定采用直线法计提折旧，折旧年限为5年；该公司采用直线法计提折旧，折旧年限为3年。

2023年12月31日，该固定资产的账面价值为60 000元，计税基础也为60 000元，无差异。

2024年按照税法规定应计提折旧12 000元，年末计税基础为48 000元；该公司实际计提折旧20 000元，年末账面价值为40 000元。两者之间的差额为8 000元。由于该固定资产在未来期间可以按照48 000元在所得税前抵扣，比该固定资产的账面价值多8 000元，因此这8 000元差异属于可抵扣暂时性差异。

例 12-29

乙公司2023年12月1日购入股票，实际支付价款为10 000元（假定未发生交易费用），确认为交易性金融资产；12月31日，该股票的公允价值为13 000元，确认公允价值变动收益3 000元。

2023年12月31日，该交易性金融资产的计税基础仍为10 000元，账面价值为13 000元，两者之间的差异为3 000元。由于在未来期间出售该股票时只能按照10 000元在所得税前抵扣，因此，这3 000元差异属于应纳税暂时性差异。

（2）递延所得税资产与递延所得税负债。递延所得税资产是指按照可抵扣暂时性差异和适用税率计算确定的资产，其性质属于预付的税款，在未来期间抵扣应纳税款。期末递延所得税资产大于期初递延所得税资产的差额，应确认为递延所得税收益，冲减所得税费用，借记“递延所得税资产”科目，贷记“所得税费用——递延所得税费用”科目；反之，则应冲减递延所得税资产，并确认为递延所得税费用，借记“所得税费用——递延所得税费用”科目，贷记“递延所得税资产”科目。

递延所得税负债是指按照应纳税暂时性差异和适用税率计算确定的负债，其性质属于应付的税款，在未来期间转为应纳税款。期末递延所得税负债大于期初递延所得税负债的差额，应确认为递延所得税费用，借记“所得税费用——递延所得税费用”科目，贷记“递延所得税负债”科目；反之，则应冲减递延所得税负债，并作为递延所得税收益处理，借记“递延所得税负债”科目，贷记“所得税费用——递延所得税费用”科目。

如果形成的暂时性差异不涉及损益项目，则确认的递延所得税资产或递延所得税负债应直接调整其他综合收益，借记“递延所得税资产”科目，贷记“其他综合收益”科目；或借记“其他综合收益”科目，贷记“递延所得税负债”科目。

在资产负债表上，递延所得税资产和递延所得税负债应分别列示，不应相互抵销。

例 12-30

承例 12-28。假定该公司 2023 年年末没有递延所得税资产，各年所得税税率均为 25%，且无其他差异。该公司 2024—2028 年各年年末递延所得税资产及所得税收益的计算情况见表 12-2。

表 12-2　递延所得税资产及所得税收益计算表　　单位：元

时间	计税基础	账面价值	期末可抵扣暂时性差异	期末递延所得税资产	期初递延所得税资产	递延所得税收益
2024 年年末	48 000	40 000	8 000	2 000	0	2 000
2025 年年末	36 000	20 000	16 000	4 000	2 000	2 000
2026 年年末	24 000	0	24 000	6 000	4 000	2 000
2027 年年末	12 000	0	12 000	3 000	6 000	−3 000
2028 年年末	0	0	0	0	3 000	−3 000

编制会计分录如下：

（1）2024—2026 年每年年末。

借：递延所得税资产　　2 000

　贷：所得税费用——递延所得税费用　　2 000

（2）2027—2028 年每年年末。

借：所得税费用——递延所得税费用　　3 000

　贷：递延所得税资产　　3 000

例 12-31

根据前述环球公司 12 月份发生的业务，计算应纳税暂时性差异、可抵扣暂时性差异、递延所得税负债、递延所得税资产、递延所得税费用和递延所得税收益并编制相关会计分录（假定环球公司 12 月末首次确认递延所得税资产（或负债），且无其他暂时性差异）。

应纳税暂时性差异：

交易性金融资产账面价值＝85 000(元)

交易性金融资产计税基础＝80 000(元)

应纳税暂时性差异＝85 000－80 000＝5 000(元)

递延所得税负债＝5 000×25%＝1 250(元)

借：所得税费用——递延所得税费用　　1 250

　贷：递延所得税负债　　1 250

可抵扣暂时性差异：

应收账款账面价值＝99 000(元)

应收账款计税基础＝100 000(元)

应收账款可抵扣暂时性差异＝100 000－99 000＝1 000(元)

固定资产账面价值＝198 600(元)

固定资产计税基础＝200 000(元)

固定资产可抵扣暂时性差异＝200 000－198 600＝1 400(元)

可抵扣暂时性差异合计＝1 000＋1 400＝2 400(元)

递延所得税资产＝2 400×25%＝600(元)

借：递延所得税资产　　600

　贷：所得税费用——递延所得税费用　　600

环球公司 12 月份所得税费用为 10 525 元（9 875＋1 250－600）。

12.5　净利润及其分配

12.5.1　净利润

净利润是指企业的税前利润扣除所得税费用后的余额。净利润一般通过“本年利润”科目进行核算。净利润的核算一般可以分为账结法和表结法两种方式。

1. 账结法

账结法是指在每月月末将所有损益类科目的余额转入“本年利润”科目：借记所有收入类科目，贷记“本年利润”科目；借记“本年利润”科目，贷记所有费用类科目。经过上述结转后，损益类科目月末均没有余额，“本年利润”科目的贷方余额表示年度内累计实现的净利润，借方余额表示年度内累计发生的净亏损。采用账结法，账面上能够直接反映各月末累计实现的净利润和累计发生的净亏损，但每月结转本年利润的工作量较大。

2. 表结法

表结法是指各月月末不结转本年利润，只有在年末才将所有损益类科目的余额转入“本年利润”科目。采用表结法，各损益类科目的月末余额表示累计的收入或费用，“本年利润”科目 1 月至 11 月各月末不做任何记录。12 月末结转本年利润，借记所有收入类科目，贷记“本年利润”科目；借记“本年利润”科目，贷记所有费用类科目。年末，损益类科目没有余额，“本年利润”科目的贷方余额表示全年累计实现的净利润，借方余额表示全年累计发生的净亏损。采用表结法，各月末的累计净利润或净亏损不能在账面上直接得到反映，需要在利润表中进行结算，但由于平时不必结转本年利润，能够简化核算工作。

例 12－32

百图公司采用表结法结转本年利润，12 月末各损益类科目余额见表 12－3。

表 12－3　损益类科目余额表　　单位：元

科目名称	借方余额	贷方余额
主营业务收入		1 600 000
其他业务收入		90 000

续表

科目名称	借方余额	贷方余额
投资收益		5 000
营业外收入		21 000
主营业务成本	1 000 000	
其他业务成本	60 000	
税金及附加	10 000	
销售费用	52 000	
管理费用	60 000	
财务费用	4 000	
资产处置损益	20 000	
营业外支出	10 000	
所得税费用	164 670	
合计	1 380 670	1 716 000

（1）结转本年收入。

借：主营业务收入　1 600 000
　　其他业务收入　90 000
　　投资收益　5 000
　　营业外收入　21 000
　贷：本年利润　1 716 000

（2）结转本年费用。

借：本年利润　1 380 670
　贷：主营业务成本　1 000 000
　　　其他业务成本　60 000
　　　税金及附加　10 000
　　　销售费用　52 000
　　　管理费用　60 000
　　　财务费用　4 000
　　　资产处置损益　20 000
　　　营业外支出　10 000
　　　所得税费用　164 670

结转本年利润以后，“本年利润”科目贷方发生额为 1 716 000 元，借方发生额为 1 380 670 元，贷方余额为 335 330 元，即百图公司本年净利润为 335 330 元。

12.5.2 利润分配

企业净利润分配的内容主要包括弥补以前年度亏损、提取盈余公积和向投资者分配利润等。

为了反映利润分配的数额，应设置“利润分配”科目，并设置“提取盈余公积”“应付利润”“盈余公积补亏”等二级科目。“利润分配”科目是“本年利润”科目的抵减科目。

1. 弥补以前年度亏损

按所得税法规定，企业某年度发生的纳税亏损，在其后 5 年内可以用应税所得弥补，从其后第 6 年开始，只能用净利润弥补。如果净利润还不够弥补亏损，则可以用发生亏损以前提取的盈余公积来弥补（因为从发生亏损的年度开始，在亏损完全弥补之前不应提取盈余公积）。用盈余公积弥补亏损时，应借记“盈余公积”科目，贷记“利润分配——盈余公积补亏”科目。

例 12－33

假定某公司各年的税前会计利润与应税所得、会计亏损与纳税亏损完全相同。该公司第 1 年发生亏损 900 000 元，第 2～6 年累计的税前利润为 810 000 元，第 6 年年末尚有亏损 90 000 元没有弥补。该企业第 7 年的税前利润为 100 000 元，应先按所得税税率 25%计算应交所得税 25 000 元，当年的净利润 75 000 元可以用来弥补亏损。用净利润弥补亏损以后，仍有亏损 15 000 元（90 000－75 000）没有弥补。“盈余公积”科目的贷方余额为 1 100 000 元，用于弥补亏损 15 000 元。

编制会计分录如下：

借：盈余公积　　15 000
　贷：利润分配——盈余公积补亏　　15 000

2. 提取盈余公积

企业的净利润在弥补了以前年度亏损以后，如果还有剩余，应按一定比例计提盈余公积，借记“利润分配——提取盈余公积”科目，贷记“盈余公积”科目。

例 12－34

承例 12－32。百图公司当年的净利润为 335 330 元，以前年度未发生亏损，按当年净利润的 10%提取法定盈余公积 33 533 元。

根据以上资料，编制会计分录如下：

借：利润分配——提取盈余公积　　33 533
　贷：盈余公积——法定盈余公积　　33 533

3. 有限责任公司向投资者分配利润

企业当年的净利润在扣除弥补以前年度亏损和提取盈余公积以后的数额，再加上年初未分配利润，即为当年可以向投资者分配利润的限额。企业可以在此限额内，决定向投资者分配利润的具体数额。结转应付投资者利润时，应借记“利润分配——应付利润”科目，贷记“应付利润”科目；实际支付利润时，借记“应付利润”科目，贷记“银行存款”等科目。

例 12 - 35

承例 12－31。百图公司年初未分配利润为 50 000 元，本年净利润中可以向投资者分配的利润为 301 797 元（335 330—33 533），可以向投资者分配利润的限额为 351 797 元。该企业决定向投资者分配利润 300 000 元，编制相关会计分录。

借：利润分配——应付利润　　300 000
　　贷：应付利润　　300 000

4. 股份有限公司向股东分派股利

股利是指股东从公司的净收益中分得的投资报酬。股利的形式以及每股股利的多少，直接影响着该种股票的实际价格。

股利按其分派对象，可以分为优先股股利和普通股股利。优先股股利一般按优先股面值和固定的股利率计算；普通股股利则根据公司的盈利水平和股利政策确定。

股利按其分派的形式，可以分为现金股利和股票股利等。

（1）现金股利。现金股利是指公司以货币资金支付给股东的股利。公司分派现金股利，应由股东大会做出决议，由董事会正式宣告。已宣告分派的现金股利，自宣告之日起，即为公司的一项流动负债，应借记“利润分配——应付股利”科目，贷记“应付股利”科目。公司如果发生亏损，在用留存收益弥补以后，还可以用任意盈余公积或法定盈余公积分派股利。其中，用法定盈余公积分派股利以后，法定盈余公积不得少于注册资本的 25%。公司实际分派现金股利时，应借记“应付股利”科目，贷记“银行存款”等科目。

例 12 - 36

某股份有限公司 3 月 1 日宣告分派现金股利 1 300 000 元，其中，优先股股利为 300 000 元，普通股股利为 1 000 000 元。3 月 15 日实际分派。

根据以上资料，编制会计分录如下：

（1）宣告分派现金股利。

借：利润分配——应付股利　　1 300 000
　　贷：应付股利——优先股股利　　300 000
　　　　　　　　——普通股股利　　1 000 000

（2）实际分派现金股利。

借：应付股利——优先股股利　　300 000
　　　　　　——普通股股利　　1 000 000
　　贷：银行存款　　1 300 000

（2）股票股利。股票股利是指公司以增发股票的形式向股东支付的股利。公司分派股票股利，不影响公司的资产和负债，也不影响公司的所有者权益总额，只是所有者权益的结构将发生变化。

公司分派股票股利，实质上是将原来归股东所共有的一部分留存收益，划归每一个股东名下。例如，某股份有限公司发行面值为 1 元的普通股 50 000 000 股，股本为 50 000 000 元；留存收益为 20 000 000 元，所有者权益总额为

70 000 000 元。该公司经批准可以增资，决定用留存收益按普通股股本的 10%分派股票股利。分派股票股利以后，普通股为 55 000 000 股，股本为55 000 000 元（增加 5 000 000 元），留存收益为 15 000 000 元（减少 5 000 000 元），所有者权益总额仍为 70 000 000 元。但是，分派股票股利前后，每股净资产有所变化。分派股票股利之前，每股净资产为 1.40 元（70 000 000/50 000 000）；分派股票股利之后，每股净资产为 1.27 元（70 000 000/55 000 000）。在净收益不变的情况下，每股的收益率会有所下降，每股的市场价格也会有所下降。

从股份有限公司的角度看，分派股票股利不必支付现金，有助于公司积累资金，扩大再生产。按照企业会计准则的规定，企业分派股票股利，应在办妥增资手续后进行会计处理，借记“利润分配”“盈余公积”等科目，贷记“股本”科目。

例 12 - 37

某股份有限公司经股东大会批准，按照普通股股本的 20%分派股票股利，并办妥增资手续。该公司在分派股票股利之前的所有者权益构成如下：

普通股股本：（面值 1 元，10 000 000 股）10 000 000 元

资本公积：1 000 000 元

盈余公积 ：4 000 000 元

未分配利润：3 000 000 元

合计：18 000 000 元

分派股票股利：

$$股票股利面值=10\,000\,000\times 20\%=2\,000\,000(元)$$

借：利润分配　　2 000 000

　贷：股本　　2 000 000

该公司实际分派股票股利之后的所有者权益构成如下：

普通股股本：（面值 1 元，12 000 000 股）12 000 000 元

资本公积：1 000 000 元

盈余公积：4 000 000 元

未分配利润：1 000 000 元

合计：18 000 000 元

通过上述举例可以看出，该公司在分派股票股利以后，所有者权益总额未发生变化，但结构发生了变化。股本由 10 000 000 元增至 12 000 000 元；未分配利润由 3 000 000 元减至 1 000 000 元。每股净资产由 1.80 元（18 000 000/10 000 000）减至 1.50 元（18 000 000/12 000 000）。

12.5.3　利润结算

为了反映本年净利润的形成及分配情况，应在“利润分配”科目下设置“未分配利润”二级科目进行利润结算的核算。年末，应将“本年利润”科目的余额

转入“利润分配——未分配利润”科目，并将“利润分配”科目所属的其他二级科目的余额转入“未分配利润”二级科目。结算本年利润时，应借记“本年利润”科目，贷记“利润分配——未分配利润”科目；如为亏损，则编制相反的会计分录。结算本年分配的利润时，应借记“利润分配——未分配利润”科目，贷记“利润分配——提取盈余公积”“利润分配——应付利润”科目；如果发生盈余公积补亏，则应借记“利润分配——盈余公积补亏”科目，贷记“利润分配——未分配利润”科目。经过上述结转以后，“本年利润”科目应无余额；“利润分配”科目所属的二级科目，除“未分配利润”二级科目以外，其他二级科目也应无余额。“未分配利润”二级科目的贷方余额表示年末未分配利润；借方余额表示年末未弥补亏损。

例 12-38

承例 12-32。对该公司年末利润进行结算。

（1）结算本年利润。

借：本年利润　　335 330

　贷：利润分配——未分配利润　　335 330

（2）结算本年利润分配。

借：利润分配——未分配利润　　333 533

　贷：利润分配——提取盈余公积　　33 533

　　　　　　——应付利润　　300 000

百图公司“利润分配——未分配利润”科目的记录如下所示。

利润分配——未分配利润

		年初余额	50 000
利润分配转入	333 533	本年利润转入	335 330
		年末余额	51 797

思考题

1. 确认营业收入的条件是什么？
2. 确认营业费用的条件是什么？
3. 如何进行营业收入的核算？
4. 如何确认所得税费用？

练习题

1.（2019年会计资格考试《中级会计实务》试题）甲公司适用的企业所得税税率为25%，预计未来期间适用的企业所得税税率不会发生变化，未来期间能够产生足够的应纳税所得额用以抵减可抵扣暂时性差异。2×18 年 1 月 1 日，甲公司递延所得税资产、递延所得税负债的年初余额均为 0。甲公司 2×18 年发生的会计处理与税收处理存在差异的交易或事项如下：

资料一：2×17 年 12 月 20 日，甲公司取得并立即提供给行政管理部门使用的一项初始入账金额为 150 万元的固定资产，预计使用年限为 5 年，预计净残值为 0。会计处理采用年限平均法计提折旧，该固定资产的计税基础与初始入账金额一致。根据税法规定，2×18 年甲公司该固定资产的折旧额能在税前扣除的金额为 50 万元。

资料二：2×18 年 11 月 5 日，甲公司取得乙公司股票 20 万股，并将其指定为以公允价值计量且其变动计入其他综合收益的金融资产，初始入账金额为 600 万元。该金融资产的计税基础与初始入账金额一致。2×18 年 12 月 31 日，该股票的公允价值为 550 万元。税法规定，金融资产的公允价值变动不计入当期应纳税所得额，待转让时一并计入转让当期的应纳税所得额。

资料三：2×18 年 12 月 10 日，甲公司因当年偷税漏税向税务机关缴纳罚款 200 万元，税法规定，偷税漏税的罚款支出不得税前扣除。

甲公司 2×18 年度实现的利润总额为 3 000 万元。

本题不考虑除企业所得税以外的税费及其他因素。

要求：

(1) 计算甲公司 2×18 年 12 月 31 日上述行政管理用固定资产的暂时性差异，判断该差异为应纳税暂时性差异还是可抵扣暂时性差异，并编制确认递延所得税资产或递延所得税负债的会计分录。

(2) 计算甲公司 2×18 年 12 月 31 日对乙公司股票投资的暂时性差异，判断该差异为应纳税暂时性差异还是可抵扣暂时性差异，并编制确认递延所得税资产或递延所得税负债的会计分录。

(3) 分别计算甲公司 2×18 年度应纳税所得额和应交企业所得税的金额，并编制相关会计分录。

2. 某企业 12 月份发生下列产品销售业务：

(1) 2 日，采用商业汇票结算方式向 A 公司销售甲产品 20 件，价款 50 000 元，增值税 6 500 元，收到期限为 3 个月的银行承兑汇票一张。

(2) 8 日，采用托收承付结算方式向 B 公司销售甲产品 50 件，价款 125 000 元，增值税 16 250 元，用银行存款代垫运杂费 500 元，已办妥托收手续。

(3) 14 日，C 公司因产品质量问题退回上月销售的甲产品 5 件，价款 12 500 元，增值税 1 625 元，该企业签发支票一张，支付退货款。

(4) 18 日，由于 A 公司发现所购甲产品 2 件外观存在问题，该企业同意给予 A 公司 10%的销售折让 5 650 元，以银行存款支付。

(5) 31 日，采用托收承付结算方式向 D 公司销售甲产品 10 件，价款 25 000 元，增值税 3 250 元，成本 15 000 元，用银行存款代垫运杂费 100 元，尚未办妥托收手续。

(6) 31 日，用银行存款支付广告费 6 000 元，未取得增值税专用发票。

(7) 月末，结转主营业务成本：甲产品单位成本1 500元。

(8) 月末，结转税金及附加：应交消费税4 350元，应交城市维护建设税469元，应交教育费附加201元。

要求：根据以上资料，逐笔编制会计分录，并计算12月份的营业利润。

3. 某企业第1～5年各年的会计税前利润均为200 000元。固定资产采用年限平均法计提折旧，某项设备原值为150 000元，净残值为0，税法规定折旧年限为5年，会计核算折旧年限为3年，当年1月份开始计提折旧。所得税税率为25%，采用资产负债表债务法进行所得税费用的核算，假定在可抵扣暂时性差异转回的年份有足够的应税所得用以抵扣可抵扣暂时性差异。

要求：根据以上资料，计算并填制下表中各项金额，并编制结转所得税费用的会计分录。

所得税费用计算表

单位：元

年次	1	2	3	4	5
年末账面价值					
年末计税基础					
年末可抵扣暂时性差异					
年末递延所得税资产的账面余额					
本年应确认的递延所得税资产					
本年应交所得税					

第12章判断题即测即评

第12章单选题即测即评

第12章多选题即测即评

第 13 章

Chapter 13 财务报告

学习目标

1. 掌握：资产负债表、利润表、所有者权益变动表和现金流量表的编制方法。
2. 理解：报表附注的重要性和附注披露的主要内容。
3. 了解：财务报告的意义；财务报告的构成；财务报告编制的基本要求。

13.1 财务报告概述

13.1.1 财务报告的意义

财务报告是根据会计账簿记录编制的反映企业财务状况、经营成果、所有者权益变动和现金流量的书面文件。

会计的目标是为会计信息使用者提供相关的、可靠的会计信息。在日常会计核算中，通过编制会计凭证、登记账簿，企业的会计信息已经连续、系统、完整地反映在会计账簿之中。但由于会计账簿反映的内容较多，比较分散，不便于会计信息使用者总括地了解企业的财务状况、经营成果、所有者权益变动和现金流量的信息，因此，企业应根据会计账簿的记录，通过一定的方法进行调整、汇总，编制财务报告，以便于会计信息使用者总括地了解企业的财务状况、经营成果、所有者权益变动和现金流量的信息。

财务报告的作用具体体现在以下几个方面：

（1）企业的投资者（包括潜在的投资者）和债权人（包括潜在的债权人）为了进行正确的投资决策和信贷决策，需要利用财务报告了解有关企业财务状况、经营成果、所有者权益变动和现金流量情况的会计信息。

(2) 企业管理者为了考核和分析企业预算的完成情况，总结经济工作的成绩和存在的问题，评价经济效益，需要利用财务报告掌握本企业有关财务状况、经营成果、所有者权益变动和现金流量情况的会计信息。

(3) 国家有关部门为了加强宏观经济管理，需要各单位提供财务报告，以便通过汇总分析，了解和掌握各部门、各地区经济计划完成情况、各种财经法律制度的执行情况，并针对存在的问题，及时运用经济杠杆和其他手段，调控经济活动，优化资源配置。

13.1.2 财务报告的构成

1. 财务报告按照反映的期间分类

财务报告按照反映的期间分类，可以分为月度、季度、半年度和年度财务报告。

月度、季度财务报告是指月度和季度终了对外提供的财务报告；半年度财务报告是指在每个会计年度的前6个月结束后对外提供的财务报告；年度财务报告是指年度终了对外提供的财务报告。

月度、季度和半年度财务报告属于中期财务报告，是对年度内各月度、季度和半年度会计信息进行小结提供的财务报告；年度财务报告是对全年会计信息进行决算提供的财务报告。

2. 财务报告按照反映的内容分类

财务报告按照反映的内容分类，可以分为财务报表和附注。财务报表包括资产负债表、利润表、所有者权益变动表和现金流量表，是以数字形式提供的会计信息。附注是对财务报表有关项目数字进行的详细的数字及文字补充说明。

13.1.3 财务报告编制的基本要求

企业编制财务报告，应遵循以下要求：

(1) 企业应当以持续经营为基础，根据实际发生的交易和事项，按照企业会计准则的规定进行确认和计量，并在此基础上编制财务报告。企业不应以附注披露代替确认和计量。以持续经营为基础编制财务报表不再合理的（如企业处于清算状态），企业应当采用其他基础编制财务报告，并在附注中披露这一事实。

(2) 报表项目的列报应当在各个会计期间保持一致，不得随意变更，但下列情况除外：1）会计准则要求改变财务报表项目的列报；2）企业经营业务的性质发生重大变化后，变更财务报表项目的列报能够提供更可靠、更相关的会计信息。

(3) 企业应该根据重要性会计信息质量要求确定财务报表列报的项目。性质或功能不同的项目，应当在财务报表中单独列报，但不具有重要性的项目除外；

性质或功能类似的项目，其所属类别具有重要性的，应当按其类别在财务报表中单独列报。重要性是指报表某项目的省略或错报会对会计信息使用者据此做出的经济决策产生影响。是否具有重要性应当根据企业所处环境，从项目的性质和金额大小两方面予以判断。

（4）财务报表中的资产项目和负债项目的金额、收入项目和费用项目的金额应分别列示，不得相互抵销。资产项目按扣除减值准备后的净额列示，不属于抵销。非日常活动产生的损益以收入扣减费用后的净额列示，也不属于抵销。

（5）当期财务报表的列报至少应当提供所有列报项目上一可比会计期间的比较数据，以及与理解当期财务报表相关的说明。如果财务报表项目的列报发生变更，应当对上期比较数据按照当期的列报要求进行调整，并在附注中披露调整的原因和性质，以及调整的各项目金额。对上期比较数据进行调整不切实可行的，应当在附注中披露不能调整的原因。

（6）企业应当在报表的显著位置至少披露下列各项内容：1）编报企业的名称；2）资产负债表日或财务报表涵盖的会计期间；3）人民币金额单位。报表是合并财务报表的，应当予以标明。

（7）企业至少应当按年编制财务报告。年度财务报告涵盖的期间短于一年的，应当披露年度财务报告的涵盖期间，以及短于一年的原因。

13.2 资产负债表

13.2.1 资产负债表的性质与结构

资产负债表是反映企业在某一特定日期财务状况的报表。财务报表的使用者通过资产负债表，可以了解企业的财务状况，了解企业的偿债能力。

资产负债表是按“资产＝负债＋所有者权益”的会计等式设计的。资产项目在该表的左方，负债和所有者权益项目在该表的右方。资产负债表左方的资产总额应与右方的负债及所有者权益总额相等。资产负债表的格式见表 13－1。

表 13－1 资产负债表

编制单位：五谷公司　　2023 年 12 月 31 日　　单位：元

资产	期末余额	年初余额	负债和所有者权益	期末余额	年初余额
流动资产：			流动负债：		
货币资金	23 205	21 000	短期借款	44 500	38 000
交易性金融资产	16 000	10 000	应付票据	31 000	0
应收票据	23 000	0	应付账款	23 600	53 200
应收账款	24 000	31 500	预收款项	2 400	2 800
预付款项	1 000	0	应付职工薪酬	19 100	16 500
其他应收款	21 000	20 500	应交税费	5 000	4 900

续表

资产	期末余额	年初余额	负债和所有者权益	期末余额	年初余额
存货	156 000	137 000	其他应付款	18 400	17 600
持有待售资产			持有待售负债		
一年内到期的非流动资产			一年内到期的非流动负债		
其他流动资产			其他流动负债		
流动资产合计	264 205	220 000	流动负债合计	144 000	133 000
非流动资产：			非流动负债：		
债权投资			长期借款	34 000	25 000
其他债权投资			应付债券	45 530	18 500
长期应收款			租赁负债		
长期股权投资	13 000	10 000	长期应付款	11 700	14 500
其他权益工具投资	22 000	17 000	预计负债		
投资性房地产			递延收益		
固定资产	378 400	371 000	递延所得税负债	1 550	0
在建工程	164 200	147 000	其他非流动负债		
使用权资产			非流动负债合计	92 780	58 000
无形资产	50 600	53 000	负债合计	236 780	191 000
开发支出			所有者权益：		
商誉			实收资本（或股本）	500 000	500 000
长期待摊费用			其他权益工具		
递延所得税资产	125	75	资本公积	80 000	80 000
其他非流动资产			减：库存股		
非流动资产合计	628 325	598 075	其他综合收益	3 750	0
			盈余公积	40 955	27 075
			未分配利润	31 045	20 000
			所有者权益合计	655 750	627 075
资产总计	892 530	818 075	**负债和所有者权益总计**	892 530	818 075

（1）资产负债表中的资产项目，一般按照其流动性排列。资产项目的流动性，一般是指其变现能力的强弱，变现能力强的资产项目排列在前，如“货币资金”“应收账款”项目；变现能力弱的资产项目排列在后，如“固定资产”“无形资产”项目。

（2）资产负债表中的负债项目，一般也按照其流动性排列。负债项目的流动性，一般是指其偿还期限的长短。近期偿还的负债项目排列在前，如“短期借款”“应付账款”项目；远期偿还的负债项目排列在后，如“应付债券”“长期应付款”项目。

（3）资产负债表中的所有者权益项目，一般按照其稳定性排列。所有者权益项目的稳定性，一般是指其在企业的存续时间。存续时间相对较长的所有者权益项目排列在前，如“实收资本（或股本）”项目；存续时间相对较短的所有者权益项目排列在后，如“未分配利润”项目。

资产负债表的左、右两方在项目栏后面分别设“期末余额”和“年初余额”两栏。“期末余额”反映各项目在财务报表编报月份的月末余额；“年初余额”反映各项目在财务报表编报年度的年初余额。

13.2.2　资产负债表的编制

资产负债表各项目的金额应根据会计账簿相关科目的期末余额填列。有些资产负债表项目与会计科目的名称相同，且反映的内容也相同，这些资产负债表项目可以按照会计科目的余额直接填列。有些资产负债表项目与会计科目虽然名称相同，但反映的内容不同；有些则名称不同；这些资产负债表项目应根据会计科目的余额分析计算填列。资产负债表各项目的填列方法如下：

1. 资产类项目的填列

（1）“货币资金”项目：根据“库存现金”“银行存款”“其他货币资金”总账科目借方余额之和计算填列。

（2）“交易性金融资产”项目：根据“交易性金融资产”总账科目借方余额直接填列。

（3）“应收票据”项目：根据“应收票据”总账科目借方余额之和，扣除“坏账准备——应收票据”明细科目贷方余额的差额计算填列。

（4）“应收账款”项目：根据“应收账款”及“预收账款”总账科目所属明细科目借方余额之和，扣除“坏账准备——应收账款”明细科目贷方余额的差额计算填列。

（5）“预付款项”项目：根据“预付账款”“应付账款”总账科目所属明细科目借方余额之和，扣除“坏账准备——预付账款”明细科目贷方余额的差额计算填列。

（6）“其他应收款”项目：根据“其他应收款”、“应收利息”和“应收股利”总账科目借方余额之和，扣除“坏账准备——其他应收款”等明细科目贷方余额的差额计算填列。

（7）“存货”项目：根据“在途物资”“原材料”“周转材料”“生产成本”“自制半成品”“库存商品”“发出商品”“委托加工物资”等总账科目借方余额之和，扣除“存货跌价准备”等总账科目贷方余额的差额计算填列。

（8）“持有待售资产”项目，是指已经确定要出售的各项资产，应根据“持有待售资产”“持有待售资产减值准备”科目期末余额分析计算填列。

（9）“一年内到期的非流动资产”项目，主要是指“债权投资”（发行期在一年以上）、“长期应收款”账面价值中于一年内到期能够收回的金额，应根据“债权投资”“债权投资减值准备”“长期应收款”“未实现融资收益”“长期应收款减值准备”总账科目所属明细科目期末余额分析计算填列。这部分非流动资产在日常会计核算中不需要进行转账处理，仍保留在“债权投资”和“长期应收款”等科目账面价值之内，但由于能够在一年以内收回，因此属于流动资产，应在流动资产类下，单设项目反映。

(10)“其他流动资产”项目，是指除上述流动资产之外的各项流动资产，根据“其他流动资产”科目借方余额以及“债权投资”科目所属发行期在一年以内的明细科目借方余额分析填列；“应付职工薪酬”科目所属明细科目、“应交税费”科目所属“应交增值税”“未交增值税”“待认证进项税额”“预交增值税”“转让金融商品应交增值税”等明细科目如为借方余额，且在一年内到期，也应在本项目填列。

(11)“债权投资”项目：根据“债权投资”总账科目借方余额扣除“债权投资减值准备”总账科目贷方余额，再扣除其中于一年内到期的债权投资以及发行期在一年以内的债权投资账面价值后的差额分析计算填列。

(12)“其他债权投资”项目：根据“其他债权投资”总账科目借方余额直接填列。

(13)“长期应收款”项目：根据“长期应收款”总账科目借方余额扣除“未实现融资收益”“长期应收款减值准备”总账科目贷方余额，再扣除其中于一年以内到期的长期应收款账面价值后的差额分析计算填列。

(14)“长期股权投资”项目：根据“长期股权投资”总账科目借方余额扣除“长期股权投资减值准备”总账科目贷方余额后的差额计算填列。

(15)“其他权益工具投资”项目：根据“其他权益工具投资”总账科目借方余额直接填列。

(16)“投资性房地产”项目：根据“投资性房地产”总账科目借方余额扣除“投资性房地产累计折旧（摊销）”“投资性房地产减值准备”总账科目贷方余额分析计算填列。

(17)“固定资产”项目：根据“固定资产”总账科目借方余额扣除“累计折旧”“固定资产减值准备”总账科目贷方余额，再加上“固定资产清理”总账科目借方余额或减去“固定资产清理”总账科目贷方余额分析计算填列。

(18)“在建工程”项目：根据“在建工程”“工程物资”总账科目借方余额之和，扣除“在建工程减值准备”“工程物资减值准备”总账科目贷方余额后的差额计算填列。

(19)“使用权资产”项目：根据“使用权资产”总账科目借方余额扣除“使用权资产累计折旧”“使用权资产减值准备”总账科目贷方余额分析计算填列。

(20)“无形资产”项目：根据“无形资产”总账科目借方余额扣除“累计摊销”“无形资产减值准备”总账科目贷方余额，再扣除其中持有待售无形资产账面价值后的差额分析计算填列。

(21)“开发支出”项目：根据“研发支出”总账科目借方余额直接填列。

(22)“商誉”项目：根据“商誉”总账科目借方余额扣除“商誉减值准备”总账科目贷方余额后的差额计算填列。

(23)“长期待摊费用”项目：根据“长期待摊费用”总账科目借方余额直接填列。

(24)“递延所得税资产”项目：根据“递延所得税资产”总账科目借方余额直接填列。

(25)“其他非流动资产”项目：是指除上述非流动资产以外的各项非流动资产，根据“其他非流动资产”科目借方余额填列；“应付职工薪酬”科目所属明细科目、“应交税费”科目所属“预交增值税”等明细科目如为借方余额，且到期日在一年以上，也应在本项目填列。

2. 负债类项目的填列

(1)“短期借款”项目：根据“短期借款”总账科目贷方余额直接填列。

(2)“应付票据”项目：根据“应付票据”总账科目贷方余额之和分析计算填列。

(3)“应付账款”项目：根据“应付账款”“预付账款”总账科目所属明细科目贷方余额之和分析计算填列。

(4)“预收款项”项目：根据“预收账款”“应收账款”总账科目所属明细科目贷方余额之和计算填列。

(5)“应付职工薪酬”项目：根据“应付职工薪酬”科目所属明细科目贷方余额计算填列，“应付职工薪酬”科目所属明细科目的借方余额，则在“其他流动资产”或“其他非流动资产”项目填列。

(6)“应交税费”项目：根据“应交税费”科目所属明细科目贷方余额分析填列。“应交税费”科目所属“应交增值税”“未交增值税”“待认证进项税额”“预交增值税”“转让金融商品应交增值税”等明细科目的借方余额，则在“其他流动资产”或“其他非流动资产”项目填列，“待转销项税额”明细科目的贷方余额则在“其他流动负债”或“其他非流动负债”项目填列。

(7)“其他应付款”项目：根据“其他应付款”“应付利息”“应付股利”总账科目贷方余额分析计算填列。

(8)“持有待售负债”项目：根据“持有待售负债”科目期末余额填列。

(9)“一年内到期的非流动负债”项目，主要是指“长期借款”“应付债券”“长期应付款”“预计负债”“专项应付款”账面价值中于一年内到期需要偿还的金额，应根据“长期借款”“应付债券”“长期应付款”“未确认融资费用”“预计负债”“专项应付款”总账科目所属明细科目期末余额分析计算填列。这部分非流动负债，在日常会计核算中不需要进行转账处理，仍保留在“长期借款”“应付债券”“长期应付款”账面价值之内，但由于需要在一年以内偿还，因此属于流动负债，应在流动负债类下，单设项目反映。

(10)“其他流动负债”项目：是指除上述流动负债之外的各项流动负债，根据“其他流动负债”科目贷方余额填列；“应交税费”科目所属“待转销项税额”明细科目贷方余额，如在一年内到期，也应在本项目填列。

(11)“长期借款”项目：根据“长期借款”总账科目贷方余额，扣除于一年内偿还的长期借款账面价值后的差额分析计算填列。

(12)“应付债券”项目：根据“应付债券”总账科目贷方余额，扣除于一年内偿还的应付债券账面价值后的差额分析计算填列。

(13)“租赁负债”项目：根据“租赁负债”总账科目贷方余额，扣除“未确认租赁费用”总账科目借方余额，再扣除于一年内偿还的租赁负债账面价值后的差额分析计算填列。

(14)“长期应付款”项目：根据“长期应付款”总账科目贷方余额，扣除“未确认融资费用”总账科目借方余额，再扣除于一年内偿还的长期应付款账面价值后的差额分析计算填列。

(15)“预计负债”项目：根据“预计负债”总账科目贷方余额，扣除于一年内偿还的预计负债账面价值后的差额分析计算填列。

(16)“递延收益”项目：根据“递延收益”总账科目贷方余额直接填列。

(17)“递延所得税负债”项目：根据“递延所得税负债”总账科目贷方余额直接填列。

(18)“其他非流动负债”项目：是指除上述非流动负债以外的各项非流动负债，根据“其他非流动负债”科目贷方余额填列；“应交税费”科目所属“待转销项税额”明细科目贷方余额，如到期日在一年以上，也应在本项目填列。

3. 所有者权益类项目的填列

(1)“实收资本（或股本）”项目：根据“实收资本（或股本）”总账科目贷方余额直接填列。

(2)“其他权益工具”项目：根据“其他权益工具”总账科目贷方余额直接填列。

(3)“资本公积”项目：根据“资本公积”总账科目贷方余额直接填列。

(4)“库存股”项目：根据“库存股”总账科目借方余额直接填列。

(5)“其他综合收益”项目：根据“其他综合收益”总账科目贷方余额直接填列，如果“其他综合收益”科目为借方余额，则以负数填列。

(6)“盈余公积”项目：根据“盈余公积”总账科目贷方余额直接填列。

(7)“未分配利润”项目：根据“本年利润”和“利润分配”科目的期末余额计算填列，如为未弥补亏损，则以负数填列。

资产负债表各项目的“年初余额”应根据上年年末资产负债表“期末余额”栏内所列数字填列。如果本年年末资产负债表规定的各个项目的名称和内容同上年年末不一致，应按照本年年末的规定进行调整，填入本年年末资产负债表“年初余额”栏内。

例 13-1

五谷公司为商品批发企业，增值税一般纳税人。该公司不设置“预收账款”和“预付账款”科目，发生的预收和预付业务分别通过“应收账款”和“应付账款”科目进行核算。2023 年 12 月 31 日，五谷公司根据结转本年利润后的科目余额编制资产负债表。各科目余额见表 13-2。

表 13-2 五谷公司 2023 年 12 月 31 日科目余额表

单位：元

科目名称	借方余额	贷方余额
库存现金	105	
银行存款	21 100	
其他货币资金	2 000	
交易性金融资产	16 000	
应收票据	23 000	
应收账款	22 000	
——A 公司	10 000	
——B 公司	14 400	
——C 公司		2 400
其他应收款	21 100	
坏账准备		500
——应收账款		400
——其他应收款		100
库存商品	121 000	
发出商品	30 000	
周转材料	5 000	
其他权益工具投资	22 000	
长期股权投资	13 000	
固定资产	536 400	
累计折旧		158 000
无形资产	66 600	
累计摊销		16 000
在建工程	164 200	
递延所得税资产	125	
短期借款		44 500
应付票据		31 000
应付账款		22 600
——D 公司		10 000
——E 公司		13 600
——F 公司	1 000	
应付职工薪酬		19 100
应交税费		5 000
应付利息		5 000
其他应付款		13 400
长期借款		34 000
应付债券		45 530
长期应付款		13 000
未确认融资费用	1 300	
递延所得税负债		1 550

续表

科目名称	借方余额	贷方余额
实收资本		500 000
资本公积		80 000
其他综合收益		3 750
盈余公积		40 955
本年利润		138 800
利润分配	107 755	
合计	1 176 085	1 176 085

五谷公司2023年12月31日资产负债表各项目计算如下：

“货币资金”项目＝105＋21 100＋2 000＝23 205(元)
“交易性金融资产”项目＝16 000(元)
“应收票据”项目＝23 000(元)
“应收账款”项目＝10 000＋14 400－400＝24 000(元)
“预付款项”项目＝1 000(元)
“其他应收款”项目＝21 100－100＝21 000(元)
“存货”项目＝121 000＋30 000＋5 000＝156 000(元)
“长期股权投资”项目＝13 000(元)
“其他权益工具投资”项目＝22 000(元)
“固定资产”项目＝536 400－158 000＝378 400(元)
“在建工程”项目＝164 200(元)
“无形资产”项目＝66 600－16 000＝50 600(元)
“递延所得税资产”项目＝125(元)
“短期借款”项目＝44 500(元)
“应付票据”项目＝31 000(元)
“应付账款”项目＝10 000＋13 600＝23 600(元)
“预收款项”项目＝2 400(元)
“应付职工薪酬”项目＝19 100(元)
“应交税费”项目＝5 000(元)
“其他应付款”项目＝13 400＋5 000＝18 400(元)
“长期借款”项目＝34 000(元)
“应付债券”项目＝45 530(元)
“长期应付款”项目＝13 000－1 300＝11 700(元)
“递延所得税负债”项目＝1 550(元)
“实收资本(或股本)”项目＝500 000(元)
“资本公积”项目＝80 000(元)
“其他综合收益”项目＝3 750(元)
“盈余公积”项目＝40 955(元)
“未分配利润”项目＝138 800－107 755＝31 045(元)

13.3　利润表

13.3.1　利润表的性质与结构

利润表是反映企业一定会计期间经营成果的报表。

利润表的项目按照利润的形成过程排列，由营业利润、营业外收支、所得税费用和其他综合收益四部分组成。营业利润是企业日常经营活动形成的利润，反映企业当期的日常盈利水平。营业外收支是企业非日常活动形成的计入当期损益的利得和损失，在营业利润基础上调整营业外收支，形成利润总额，反映企业当期全部的盈利水平。所得税费用是实现利润总额应缴纳的所得税费用，利润总额扣除所得税费用，形成净利润，反映归属于投资者的利润。其他综合收益是企业非日常活动中形成的直接计入所有者权益的利得和损失，属于潜在的收益，净利润与其他综合收益之和，形成综合收益，反映归属于投资者的全部收益。财务报告的使用者通过利润表，可以了解企业的收益水平、收益构成，将利润表反映的信息与其他财务报表反映的信息结合起来，可以综合评价企业的盈利能力。利润表的格式见表 13－3。

表 13－3　利润表

编制单位：五谷公司　　　　2023 年度　　　　单位：元

项目	本期金额	上期金额
一、营业收入	750 000	700 000
减：营业成本	492 000	450 000
税金及附加	4 000	3 000
销售费用	25 000	20 000
管理费用	51 000	61 500
研发费用	20 000	10 000
财务费用	6 700	6 500
其中：利息费用	7 000	6 700
利息收入	—300	—200
加：其他收益		
投资收益（损失以“—”号填列）	42 700	500
公允价值变动收益（损失以“—”号填列）	1 200	1 000
信用减值损失（损失以“—”号填列）	—200	—500
资产减值损失（损失以“—”号填列）		
资产处置收益（损失以“—”号填列）	—2 420	0
二、营业利润（亏损以“—”号填列）	192 580	150 000
加：营业外收入	0	20 000
减：营业外支出	0	30 000
三、利润总额（亏损总额以“—”号填列）	192 580	140 000

续表

项目	本期金额	上期金额
减：所得税费用	53 780	40 000
四、净利润（净亏损以“一”号填列）	138 800	100 000
（一）持续经营净利润（净亏损以“一”号填列）	138 800	100 000
（二）终止经营净利润（净亏损以“一”号填列）		
五、其他综合收益的税后净额	3 750	0
（一）不能重分类进损益的其他综合收益	3 750	
1. 重新计量设定受益计划变动额		
2. 权益法下不能转损益的其他综合收益		
3. 其他权益工具投资公允价值变动	3 750	
4. 企业自身信用风险公允价值变动		
（二）将重分类进损益的其他综合收益		
1. 权益法下可转损益的其他综合收益		
2. 其他债权投资公允价值变动		
3. 金融资产重分类计入其他综合收益的金额		
4. 其他债权投资信用减值准备		
5. 现金流量套期储备		
6. 外币财务报表折算差额		
六、综合收益总额	142 550	100 000
七、每股收益	（略）	（略）
（一）基本每股收益		
（二）稀释每股收益		

13.3.2 利润表的编制方法

1. 利润表的编制期间

利润表按照编制期间，可以分为月度、季度、半年度和年度利润表。

月度利润表设置“本月金额”和“本年累计金额”两栏。“本月金额”反映企业当月收益的形成过程；“本年累计金额”反映企业至本月末止累计收益的形成过程。

季度、半年度、年度利润表设置“本期金额”和“上期金额”两栏。“本期金额”反映企业本期末止累计收益的形成过程；“上期金额”反映企业上年同期末止累计收益的形成过程。

2. 利润表项目的填列方法

（1）“营业收入”项目：“营业收入”项目在利润结算之前，根据“主营业务收入”和“其他业务收入”总账科目贷方余额之和计算填列；在利润结算之后，根据“本年利润”总账科目所属“营业收入”明细科目贷方发生额填列。

（2）“营业成本”项目：“营业成本”项目在利润结算之前，根据“主营业务成本”和“其他业务成本”总账科目贷方余额之和计算填列；在利润结算之后，根据“本年利润”总账科目所属“营业成本”明细科目借方发生额填列。

（3）其他损益项目：其他损益项目在利润结算之前，根据其他损益总账科目余额填列；在利润结算之后，根据“本年利润”总账科目所属其他损益明细科目发生额填列。

（4）“其他综合收益的税后净额”项目：根据“其他综合收益”总账科目所属明细科目的发生额分析填列。

例 13－2

五谷公司 2023 年 12 月 31 日部分损益科目余额为：“主营业务收入”科目贷方余额为 730 000 元，均为商品销售收入；“其他业务收入”科目贷方余额为 20 000 元，均为提供劳务收入；“主营业务成本”科目借方余额为 485 000 元，“其他业务成本”科目借方余额为 7 000 元；“管理费用”科目借方余额为 71 000 元，其中，研发费用为 20 000 元；“财务费用”科目借方余额为 6 700 元，其中，利息费用为 7 000 元，利息收入为 300 元；其他损益科目余额略。2023 年“其他综合收益——其他权益工具投资公允价值变动损益”科目贷方发生额为 5 000 元，借方发生额为 1 250 元，年末贷方余额为 3 750 元。根据以上资料，计算利润表有关项目金额如下：

“营业收入”项目＝730 000＋20 000＝750 000(元)
“营业成本”项目＝485 000＋7 000＝492 000(元)
“管理费用”项目＝71 000－20 000＝51 000(元)
“研发费用”项目＝20 000(元)
“利息费用”项目＝7 000(元)
“利息收入”项目＝－300(元)
“其他综合收益的税后净额”项目＝5 000－1 250＝3 750(元)

利润表其他项目的金额根据其他相关损益科目的余额直接填列，本例略。

13.4　所有者权益变动表

13.4.1　所有者权益变动表的性质与结构

所有者权益变动表是反映所有者权益各组成部分当期增减变动情况的报表。财务报表的使用者通过所有者权益变动表，可以了解企业所有者权益各个项目变动的具体内容。资产负债表所有者权益类项目反映各个项目的期末余额和年初余额；所有者权益变动表反映所有者权益各个项目年初至期末变动的具体内容，因此，所有者权益变动表是对资产负债表所有者权益类项目变动的补充说明。

所有者权益变动表分为“本年金额”和“上年金额”两大栏目，并按照所有者权益的项目设置专栏。各专栏内，按照所有者权益的具体变动项目进行排列。各个项目中，当期损益、直接计入所有者权益的利得和损失以及与所有者（或股东，下同）的资本交易导致的所有者权益的变动，应当分别列示。所有者权益变动表的格式见表 13－4。

表 13-4　所有者权益变动表

编制单位：五谷公司　　2023 年度　　单位：元

项目	行次	本年金额								上年金额							
		实收资本（或股本）	其他权益工具	资本公积	减：库存股	其他综合收益	盈余公积	未分配利润	所有者权益合计	实收资本（或股本）	其他权益工具	资本公积	减：库存股	其他综合收益	盈余公积	未分配利润	所有者权益合计
一、上年年末余额	略	500 000		80 000			27 075	20 000	627 075	500 000		80 000			17 075	35 700	632 775
加：会计政策变更																	
前期差错更正																	
其他																	
二、本年年初余额		500 000		80 000			27 075	20 000	627 075	500 000		80 000			17 075	35 700	632 775
三、本年增减变动金额（减少以"—"号填列）						3 750	13 880	11 045	28 675						10 000	−15 700	−5 700
（一）综合收益总额						3 750		138 800	142 550							100 000	100 000
（二）所有者投入和减少资本																	
1. 所有者投入的普通股																	
2. 其他权益工具持有者投入资本																	
3. 股份支付计入所有者权益的金额																	
4. 其他																	
（三）利润分配							13 880	−127 755	−113 875						10 000	−115 700	−105 700
1. 提取盈余公积							13 880	−13 880							10 000	−10 000	
2. 对所有者（或股东）的分配								−113 875	−133 875							−105 700	−105 700
3. 其他																	
（四）所有者权益内部结转																	
1. 资本公积转增资本（或股本）																	

续表

项目	行次	本年金额								上年金额							
		实收资本（或股本）	其他权益工具	资本公积	减：库存股	其他综合收益	盈余公积	未分配利润	所有者权益合计	实收资本（或股本）	其他权益工具	资本公积	减：库存股	其他综合收益	盈余公积	未分配利润	所有者权益合计
2. 盈余公积转增资本（或股本）																	
3. 盈余公积弥补亏损																	
4. 设定受益计划变动额结转留存收益																	
5. 其他综合收益结转留存收益																	
6. 其他																	
四、本年年末余额		500 000		80 000		3 750	40 955	31 045	655 750	500 000		80 000			27 075	20 000	627 075

13.4.2 所有者权益变动表的编制方法

所有者权益变动表各项目应根据所有者权益各相应科目的发生额分析填列。

1.“上年年末余额”项目的填列

“上年年末余额”项目应根据上年所有者权益变动表相关专栏的“本年年末余额”填列。“会计政策变更”“前期差错更正”项目应根据“利润分配——未分配利润”科目的记录，分别将会计政策变更、前期差错更正等事项对年初盈余公积、未分配利润项目的影响金额，在“盈余公积”“未分配利润”专栏填列，如果是对上年年末余额的调减，应以“—”号列示。

2.“本年年初余额”项目的填列

“本年年初余额”项目应根据“上年年末余额”项目的金额计算填列。本年年初余额各专栏的金额应与资产负债表所有者权益各项目的年初余额一致。

3.“本年增减变动金额”项目的填列

“本年增减变动金额”项目应根据利润表以及“实收资本（或股本）”“其他权益工具”“资本公积”“库存股”“其他综合收益”“盈余公积”“利润分配”科目的发生额分析填列。如果是调减金额，应以“—”号列示。

(1)“综合收益总额”项目：根据利润表的“其他综合收益的税后净额”和“净利润”项目的金额，分别在“其他综合收益”和“未分配利润”专栏填列。

(2)“所有者投入和减少资本”项目：根据“实收资本（或股本）”“其他权益工具”“资本公积”“库存股”科目的发生额，在“实收资本（或股本）”“资本公积”“库存股”专栏分析填列。

(3)“利润分配”项目：根据“盈余公积”和“利润分配”科目的发生额，在“盈余公积”和“利润分配”专栏分析填列。

(4)“所有者权益内部结转”项目：根据“实收资本（或股本）”“资本公积”“盈余公积”“利润分配”科目的发生额，在“实收资本（或股本）”“资本公积”“盈余公积”“利润分配”专栏分析填列。

4.“本年年末余额”项目的填列

“本年年末余额”项目应根据“本年年初余额”“本年增减变动金额”项目的金额计算填列。本年年末余额各专栏的金额应与资产负债表所有者权益各项目的年末余额一致。

例13-3

五谷公司2023年12月31日所有者权益科目发生额为：“其他综合收益——其他权益工具投资公允价值变动损益”科目贷方余额为5 000元，借方发生额为1 250元（所得税影响）；“盈余公积——法定盈余公积”科目贷方发生额为13 880元；“利润分配——提取盈余公积”科目借方发生额为13 880元；“利润分配——向所有者分配利润”科目借方发生额为 113 875 元。根据以上资料，计算所有者权益变动表有关项目金额如下：

“其他综合收益”专栏“综合收益总额”=5 000−1 250=3 750(元)
“盈余公积”专栏“提取盈余公积”=13 880(元)
“未分配利润”专栏“提取盈余公积”=−13 880(元)
“未分配利润”专栏“对所有者(或股东)的分配”=−113 875(元)

13.5　现金流量表

13.5.1　现金流量表的性质与结构

现金流量表是反映企业一定会计期间现金流入和流出的报表。

前述利润表反映的是企业一定会计期间实现的经营成果，是以权责发生制为基础确认和计量的，财务报表使用者无法了解实现的经营成果中所对应的实际现金流入，无法判断经营成果的质量；前述资产负债表能够反映货币资金期末与期初的增减变动金额，但财务报表使用者无法了解其增减变动的原因。

现金流量表是以收付实现制为基础分别对各类现金流量进行确认和计量的，财务报表使用者通过现金流量表，可以了解各类现金流入和流出的具体原因，了解企业以权责发生制为基础的净利润与以收付实现制为基础的经营活动现金流量净额之间差异的形成原因，便于进行现金流量的预测和决策。现金流量表的格式见表 13-5 和表 13-6。

表 13-5　现金流量表

编制单位：五谷公司　　　　2023 年度　　　　单位：元

项目	本期金额	上期金额
一、经营活动产生的现金流量：		
销售商品、提供劳务收到的现金	861 420	756 000
收到的税费返还	0	0
收到其他与经营活动有关的现金	3 400	2 000
经营活动现金流入小计	864 820	758 000
购买商品、接受劳务支付的现金	597 400	486 500
支付给职工以及为职工支付的现金	45 400	43 200
支付的各项税费	98 130	79 300
支付其他与经营活动有关的现金	34 520	25 000
经营活动现金流出小计	775 450	634 000
经营活动产生的现金流量净额	89 370	124 000

续表

项目	本期金额	上期金额
二、投资活动产生的现金流量：		
收回投资收到的现金	120 500	117 800
取得投资收益收到的现金	3 200	3 000
处置固定资产、无形资产和其他长期资产收回的现金净额	42 580	25 680
处置子公司及其他营业单位收到的现金净额	0	0
收到其他与投资活动有关的现金	0	0
投资活动现金流入小计	166 280	146 480
购建固定资产、无形资产和其他长期资产支付的现金	81 200	125 000
投资支付的现金	88 800	90 000
取得子公司及其他营业单位支付的现金净额	0	0
支付其他与投资活动有关的现金	0	0
投资活动现金流出小计	170 000	215 000
投资活动产生的现金流量净额	−3 720	−68 520
三、筹资活动产生的现金流量：		
吸收投资收到的现金		
取得借款收到的现金	81 530	92 000
收到其他与筹资活动有关的现金	0	0
筹资活动现金流入小计	81 530	92 000
偿还债务支付的现金	43 500	71 280
分配股利、利润或偿付利息支付的现金	121 475	130 852
支付其他与筹资活动有关的现金	0	0
筹资活动现金流出小计	164 975	202 132
筹资活动产生的现金流量净额	−83 445	−110 132
四、汇率变动对现金及现金等价物的影响	0	0
五、现金及现金等价物净增加额	2 205	−54 652
加：期初现金及现金等价物余额	21 000	75 652
六、期末现金及现金等价物余额	23 205	21 000

表 13-6　现金流量表附表

编制单位：五谷公司　　　　2023年度　　　　单位：元

项目	本期金额	上期金额
将净利润调节为经营活动现金流量：		
净利润	138 800	100 000
加：资产（信用）减值损失	200	500
固定资产折旧	8 000	7 000
无形资产摊销	6 000	6 000
投资性房地产折旧（摊销）	0	0
长期待摊费用摊销	0	0
处置固定资产、无形资产和其他长期资产的损失（收益以“－”号填列）	2 420	2 000

续表

项目	本年金额	上年金额
固定资产报废损失（收益以“—”号填列）	0	0
公允价值变动损失（收益以“—”号填列）	—1 200	—1 000
财务费用（收益以“—”号填列）	6 700	6 500
投资损失（收益以“—”号填列）	—42 700	—500
递延所得税资产减少（增加以“—”号填列）	—50	0
递延所得税负债增加（减少以“—”号填列）	300	0
存货的减少（增加以“—”号填列）	—19 000	—5 000
经营性应收项目的减少（增加以“—”号填列）	—17 200	11 000
经营性应付项目的增加（减少以“—”号填列）	7 100	—2 500
其他	0	0
经营活动产生的现金流量净额	89 370	124 000

13.5.2　现金流量表的编制基础

现金流量表的编制基础是“现金”。现金流量表中的“现金”，包括企业的库存现金、银行存款、其他货币资金和现金等价物。现金等价物是指企业购入的期限短（一般指购入时到期日在 3 个月以内）、流动性强、易于转换为已知金额现金、价值变动风险小的债券投资。

现金流量是指企业上述现金的流入量和流出量。现金流入量与流出量的差额，称为现金流量净额。

需要说明的是，库存现金、银行存款、其他货币资金和现金等价物之间的变动，由于现金总量未发生变化，不属于现金流量。例如，企业将库存现金存入银行或从银行取出库存现金，不视为现金的流入流出。又如，企业以银行存款 99 万元购入距到期日不足 3 个月的债券，确认为交易性金融资产，由于购入的债券属于现金等价物，不视为现金流出；当债券到期收回本息合计 100 万元，确认投资收益 1 万元，则其中 99 万元属于现金等价物转为银行存款，不视为现金流入，而确认的投资收益 1 万元属于现金流入。

13.5.3　现金流量的分类

企业的现金流量按照来源和用途进行分类，分为经营活动产生的现金流量、投资活动产生的现金流量和筹资活动产生的现金流量。

1. 经营活动产生的现金流量

（1）“销售商品、提供劳务收到的现金”项目，反映企业本期销售商品、提供劳务本期收到的现金，前期销售商品、提供劳务本期收到的现金和未来销售商品、提供劳务本期预收的现金，由于销售商品退回、折让等本期支付的现金应予以扣除。需要说明的是，由于增值税销项税额与销售收入收到的现金不易划分，因此，本项目既包括销售收入收到的现金，也包括收到的增值税销项税额。

（2）“收到的税费返还”项目，反映企业收到返还的增值税、所得税、消费税、关税和教育费附加返还款等各种税费。

（3）“收到其他与经营活动有关的现金”项目，反映企业收到的罚款收入、经营租赁收到的租金等其他与经营活动有关的现金以及出售投资性房地产收到的现金，金额较大的应当单独列示。

（4）“购买商品、接受劳务支付的现金”项目，反映企业本期购买商品、接受劳务本期支付的现金，前期购买商品、接受劳务本期支付的现金和未来购买商品、接受劳务本期预付的现金，由于购买商品退回、折让等本期收回的现金应予以扣除。需要说明的是，由于增值税进项税额与购货价款支付的现金不易划分，因此，本项目既包括购买商品支付的现金，也包括支付的增值税进项税额。

（5）“支付给职工以及为职工支付的现金”项目，反映企业本期实际支付给职工的工资、福利、社会保险费、住房公积金等职工薪酬，但是由于计入在建工程、无形资产开发成本的职工薪酬按照用途不属于经营活动，因此不在本项目反映，应在“投资活动产生的现金流量”项目中反映。此外，由于离退休人员不再参加企业的生产经营活动，不再视为企业职工，支付给离退休人员的现金不在本项目反映，而在“支付其他与经营活动有关的现金”项目中反映。

（6）“支付的各项税费”项目，反映企业本期发生并支付的、本期支付以前各期发生的以及预交的教育费附加、矿产资源补偿费、印花税、房产税、土地增值税、车船税等税费。计入固定资产价值、实际支付的耕地占用税，按照用途不属于经营活动，因此不在本项目反映，应在“投资活动产生的现金流量”项目中反映。

（7）“支付其他与经营活动有关的现金”项目，反映企业发生的罚款、差旅费、业务招待费、保险费、离退休人员补贴等支付的现金，购买投资性房地产支付的现金以及支付的其他与经营活动有关的现金，金额较大的应当单独列示。

2. 投资活动产生的现金流量

（1）“收回投资收到的现金”项目，反映企业出售、转让或到期收回除现金等价物以外的交易性金融资产、其他债权投资、其他权益工具投资、长期股权投资等而收到的现金，以及收回债权投资本金而收到的现金。各项投资收到的利息、股利在“取得投资收益收到的现金”项目中反映。

（2）“取得投资收益收到的现金”项目，反映企业因股权投资而分得的现金股利，从子公司、联营企业或合营企业分回利润而收到的现金，以及因债权投资而取得的现金利息收入，但股票股利除外。

（3）“处置固定资产、无形资产和其他长期资产收回的现金净额”项目，反映企业出售、报废固定资产、无形资产和其他长期资产所取得的现金（包括因资产毁损而收到的责任人或保险公司赔偿收入），减去为处置这些资产而支付的有关费用后的净额，但现金净额为负数的不在本项目中反映，应在“购建固定资产、无形资产和其他长期资产支付的现金”项目中反映。

（4）“处置子公司及其他营业单位收到的现金净额”项目，反映企业处置子公司及其他营业单位所取得的现金减去相关处置费用后的净额。

（5）“收到其他与投资活动有关的现金”项目，反映企业除上述（1）～（4）各项目外收到的其他与投资活动有关的现金，金额较大的应当单独列示。

（6）“购建固定资产、无形资产和其他长期资产支付的现金”项目，反映企业购买、建造固定资产，取得无形资产和其他长期资产所支付的现金（含相关的增值税税款）、发生应由在建工程和无形资产负担的职工薪酬支付的现金。企业购建固定资产而发生的借款利息资本化部分、融资租入固定资产支付的租赁费，从支出的性质来看，属于筹资活动的现金流出，不计入本项目，应在“筹资活动产生的现金流量”项目中反映。

（7）“投资支付的现金”项目，反映企业取得的除现金等价物以外的权益性投资和债权性投资支付的现金以及佣金、手续费等附加费用。

（8）“取得子公司及其他营业单位支付的现金净额”项目，反映企业购买子公司及其他营业单位购买出价中以现金支付的部分，减去子公司或其他营业单位持有的现金和现金等价物后的净额。

（9）“支付其他与投资活动有关的现金”项目，反映企业除上述（6）～（8）各项目外支付的其他与投资活动有关的现金，金额较大的应当单独列示。

3. 筹资活动产生的现金流量

（1）“吸收投资收到的现金”项目，反映企业以发行股票等方式筹集资金实际收到的现金净额（发行收入扣除佣金、手续费等发行费用后的净额），企业直接支付的审计费、律师费、咨询费等，不在本项目中扣除，而在“支付其他与筹资活动有关的现金”项目中反映。

（2）“取得借款收到的现金”项目，反映企业举借各种短期、长期借款以及发行债券而收到的现金净额（发行收入扣除佣金、手续费等发行费用后的净额），企业直接支付的审计费、律师费、咨询费等，不在本项目中扣除，而在“支付其他与筹资活动有关的现金”项目中反映。

（3）“收到其他与筹资活动有关的现金”项目，反映企业除上述（1）（2）项目外，收到的其他与筹资活动有关的现金，金额较大的应当单独列示。

（4）“偿还债务支付的现金”项目，反映企业以现金偿还债务的本金。

（5）“分配股利、利润或偿付利息支付的现金”项目，反映企业实际支付的现金股利、支付给其他投资单位的利润或用现金支付的借款利息、债券利息等。以现金支付的资本化借款费用属于筹资活动的现金流出，应在本项目中反映。

（6）“支付其他与筹资活动有关的现金”项目，反映企业除上述（4）（5）项目外，支付的其他与筹资活动有关的现金，包括以发行股票、债券等方式筹集资金而由企业直接支付的审计费、律师费和咨询费等，以及为购建固定资产而发生的借款利息资本化部分、租入固定资产支付的租赁费、以分期付款方式购建固定资产以后各期支付的现金等（长期租入固定资产、分期付款购建固定资产在固定资产入账日支付的现金在投资活动现金流量的“购建固定资产、无形资产和其他长期资产支付的现金”项目中反映），金额较大的应当单独列示。

4. 汇率变动对现金的影响

该项目反映企业外币现金流量折算为记账本位币时，按采用的现金流量发生日即期汇率或近似汇率折算的记账本位币金额与按资产负债表日即期汇率折算的记账本位币金额的差额。需要说明的是，汇率变动并未产生现金流量，但是为了将现金流量表“现金及现金等价物净增加额”与资产负债表货币资金期末、期初余额的差额进行核对，将汇率变动列入现金流量表。

13.5.4 现金流量表编制的一般方法

现金流量表主表的各项目均采用直接法编制；现金流量表附表“经营活动产生的现金流量净额”项目采用间接法编制。

1. 直接法

直接法是指在现金流量表中，直接反映各类活动主要类别的现金流入量和现金流出量，并计算出现金流量净额的方法。表内各项目金额的计算又有以下两种方法：

（1）通过分析现金账户记录，获取有关现金流入、流出的信息，按照规定分别在各项目中列示。但是这种方法在手工操作情况下工作量很大，所以一般适用于已实行计算机操作的企业。例如，甲公司本期赊销商品应收的包含增值税的价款为1 130万元，其中，确认营业收入1 000万元，增值税销项税额130万元；期初应收账款为300万元；本期收回应收账款1 100万元；期末应收账款330万元。通过分析现金账户记录，可以直接确定销售商品收到的现金为1 100万元。

（2）通过分析非现金账户记录，获取有关现金流入、流出的信息，按照规定分别在各项目中列示。上例甲公司确认营业收入1 000万元，增值税销项税额130万元，本期销售商品应收现金1 130万元；期末应收账款比期初应收账款增加30万元（330－300），意味着本期销售商品应收现金中有30万元没有收回，通过非现金账户记录，可以计算出本期销售商品实际收到的现金为1 100万元（1 130－30）。

2. 间接法

间接法是指将以权责发生制为基础的净利润，通过对“影响净利润但不影响经营活动现金流量”以及“不影响净利润但影响经营活动现金流量”的事项进行调整，计算以收付实现制为基础的经营活动现金流量净额。采用间接法计算经营活动现金流量净额，不反映经营活动主要类别的现金流入量和现金流出量，但能够反映净利润与经营活动现金流量净额之间差额的形成原因。

（1）“影响净利润但不影响经营活动现金流量”的事项，是指确认为收入、费用但未产生经营活动现金流量的事项。例如，计提的固定资产折旧，计入了费用，减少了净利润，但并未发生经营活动的现金流出，因此，应在净利润的基础上，增加计提的固定资产折旧费，计算经营活动产生的现金流量；又如，支付的借款利息，计入了费用，减少了净利润并且产生现金流出，但不属于经营活动的现金流出，因此，也应在净利润的基础上，增加利息支出，计算经营活动产生的现金流量；再如，销售上期的存货，将存货成本转为营业成本，减少了净利润，同时减少了存货，但当期并未发生经营活动的现金流出，因此，应在净利润的基础上，增加存货的减少额，计算经营活动产生的现金流量。具体来说，现金流量表附表各项目中，属于“影响净利润但不影响经营活动现金流量”的项目的有：

1）“资产（信用）减值损失”“固定资产折旧”“无形资产摊销”“长期待摊费用摊销”“处置固定资产、无形资产和其他长期资产的损失”“固定资产报废损失”“公允价值变动损失”“财务费用”“投资损失”“递延所得税资产减少”“递延所得税负债增加”等项目均属于费用项目，这些项目导致净利润减少，但并不影响经营活动现金流量（有些项目不涉及现金流量，有些项目虽然涉及现金流量，但不属于经营活动现金流出），因此应在净利润基础上增加这些项目的金额，计算经营活动现金流量净额。

2）“处置固定资产、无形资产和其他长期资产的收益”“固定资产报废收益”“公允价值变动收益”“投资收益”“递延所得税资产增加”“递延所得税负债减少”等项目，均属于收入项目，这些项目导致净利润增加，但并不影响经营活动现金流量（有些项目不涉及现金流量，有些项目虽然涉及现金流量，但不属于经营活动现金流出），因此应在净利润基础上减去这些项目的金额，计算经营活动现金流量净额。

3）“存货的减少”项目，意味着计入费用的金额增加，导致净利润减少，但并不影响经营活动现金流量，因此应在净利润基础上增加该项目的金额，计算经营活动现金流量净额。

4）“经营性应收项目的增加”项目，意味着计入收入的金额增加，导致净利润增加，但并不影响经营活动现金流量，因此应在净利润基础上减去该项目的金额，计算经营活动现金流量净额。

5）“经营性应付项目的增加”项目，意味着计入费用的金额增加，导致净利润减少，但并不影响经营活动现金流量，因此应在净利润基础上增加该项目的金额，计算经营活动现金流量净额。

（2）“不影响净利润但影响经营活动现金流量”的事项，是指未确认为收入、费用但产生经营活动现金流量的事项。例如，购入的存货当期尚未销售，不影响净利润，但期末存货增加，产生经营活动现金流出，因此，应在净利润基础上，减少存货的增加额，计算经营活动产生的现金流量；又如，收回上期销售商品的应收账款，不影响净利润，但期末应收账款减少，产生经营活动现金流入，因此，应在净利润基础上，增加经营性应收项目的减少额，计算经营活动产生的现金流量；再如，支付上期购买商品的应付账款，不影响净利润，但期末应付账款减少，产生经营活动现金流出，因此，应在净利润基础上，减少经营性应付项目的减少额，计算经营活动产生的现金流量。具体来说，现金流量表附表各项目中，属于“影响净利润但不影响经营活动现金流量”的项目的有：

1）“存货的增加”项目，意味着购入存货，不影响净利润，但导致经营活动现金流出，因此应在净利润基础上减少该项目的金额，计算经营活动现金流量净额。

2）“经营性应收项目的减少”项目，意味着应收项目的收回，不影响净利润，但导致经营活动现金流入，因此应在净利润基础上增加该项目的金额，计算经营活动现金流量净额。

3）“经营性应付项目的减少”项目，意味着偿还应付款项，不影响净利润，但导致经营活动现金流出，因此应在净利润基础上减去该项目的金额，计算经营活动现金流量净额。

13.5.5 现金流量表根据非现金账户记录的编制方法

1. 经营活动产生的现金流量的编制方法

（1）“销售商品、提供劳务收到的现金”项目：确定本项目的金额通常以利润表“营业收入”项目为基础进行调整，但是，营业收入中含有的让渡资产使用权、出售投资性房地产的收入以及存货对外投资等视同销售确认的收入应当扣除，在“收到其他与经营活动有关的现金”项目中反映。这种计算方法是先假定营业收入全部为“销售商品、提供劳务收到的现金”，再根据其他因素进行调整。需要调整的项目主要有：

1）增值税销项税额（含待转销项税额、转让金融商品应交增值税、简易计税等）。增值税销项税额可以根据“应交税费——应交增值税（销项税额）”等科目的贷方发生额扣除“应交税费——应交增值税（销项税额抵减）”科目的借方发生额分析确定。但是，如果其中包括视同销售的销项税额，由于未产生现金流量，应予以扣除。

2）资产负债表“应收票据”“应收账款”“长期应收款”项目年末余额与年初余额的差额。资产负债表“应收票据”“应收账款”“长期应收款”项目年末余额小于年初余额的差额，可以视为上年应收款项收回的金额，应调增“销售商品、提供劳务收到的现金”项目的金额；反之，则可以视为当年营业收入未收到的现金，应调减“销售商品、提供劳务收到的现金”项目的金额。

3）计提的坏账准备。由于资产负债表“应收票据”“应收账款”项目年末余额与年初余额是扣除坏账准备的净额，计提的坏账准备减少了应收账款、应收票据年末余额，但并未收回现金，因此应调减“销售商品、提供劳务收到的现金”项目的金额。计提的坏账准备可以根据“坏账准备——应收账款”“坏账准备——应收票据”科目贷方发生额确定。

需要说明的是，核销坏账导致“应收账款”或“应收票据”科目和“坏账准备”科目同时减少，不影响应收账款或应收票据净额，因此不需要调整。此外，已经核销的坏账收回，导致“坏账准备”科目贷方余额增加，应收账款、应收票据账面价值减少，收回的坏账属于销售商品收到的现金，但在资产负债表“应收票据”“应收账款”项目年末余额与年初余额差额的调整已经包括收回的坏账，因此不需要单独进行调整。

4）资产负债表“预收款项”项目年末余额与年初余额的差额。资产负债表“预收款项”项目年末余额大于年初余额的差额，可以视为当年预收的金额，应调增“销售商品、提供劳务收到的现金”项目的金额；反之，则可以视为当年预收账款转为营业收入，未收到现金，应调减“销售商品、提供劳务收到的现金”项目的金额。

5）应收票据贴现利息。应收票据贴现，企业终止确认应收票据，导致“应收票据”科目余额减少，但收到的现金为扣除贴现利息后的净额，因此应根据发生的贴现利息调减“销售商品、提供劳务收到的现金”项目的金额。应收票据贴现利息可以根据“财务费用”科目借方发生额中的贴现利息金额确定。

综合以上分析，“销售商品、提供劳务收到的现金”项目金额的计算公式如下：

$$\begin{aligned} \text{销售商品、提供劳务收到的现金} = & \text{营业收入（扣除让渡资产使用权以及出售投资性房地产的收入）} + (\text{增值税销项税额} \\ & + \text{待转销项税额} + \text{转让金融商品应交增值税} + \text{简易计税} - \text{视同销售的销项税额}) \\ & - (\text{应收票据年末余额} - \text{应收票据年初余额}) - (\text{应收账款年末余额} - \text{应收账款年初余额}) \\ & + (\text{预收款项年末余额} - \text{预收款项年初余额}) - \text{本期计提的坏账准备} - \text{应收票据贴现息} \end{aligned}$$

例 13 - 4

五谷公司 2023 年度未发生让渡资产使用权和出售投资性房地产的收入；销项税额全部为销售商品收取的销项税额；进项税额全部为购入商品支付的进项税额，未发生进项税额转出；未发生应收票据贴现。五谷公司部分与“销售商品、提供劳务收到的现金”项目有关的科目发生额见表 13 - 7，根据 2023 年年末资产负债表（见表 13 - 1）、2023 年度利润表（见表 13 - 3）以及部分会计科目的发生额，计算“销售商品、提供劳务收到的现金”项目金额如下：

表 13 - 7　五谷公司 2023 年度部分会计科目发生额　　单位：元

科目名称	年初余额		本年发生额		年末余额	
	借方	贷方	借方	贷方	借方	贷方
坏账准备		300		200		500
——应收账款		220		180		400
——其他应收款		80		20		100
应交税费		4 900	312 430	312 530		5 000
1. 应交增值税			254 400	254 400		
——进项税额			86 800	86 800		
——已交税金			40 100	40 100		
——销项税额			127 500	127 500		

续表

科目名称	年初余额		本年发生额		年末余额	
	借方	贷方	借方	贷方	借方	贷方
2. 未交增值税		100	100	600		600
3. 其他应交税费		4 800	57 930	57 530		4 400

销售商品、提供劳务收到的现金 = 营业收入(750 000) + 增值税销项税额(127 500)
− 应收票据年末、年初余额差额(23 000−0)
− 应收账款年末、年初余额差额(24 000−31 500)
+ 预收款项年末、年初余额差额(2 400−2 800) − 计提的坏账准备(180)
=861 420(元)

（2）“收到的税费返还”项目：确定该项目的金额，需要分析“应交税费”“营业外收入”科目所属有关明细科目的贷方发生额。

例 13-5

五谷公司 2023 年度未发生税费返还。

收到的税费返还=0

（3）“收到其他与经营活动有关的现金”项目：确定本项目的金额通常以利润表“营业收入”项目中含有的让渡资产使用权、出售投资性房地产的收入以及“营业外收入”项目中含有的罚款收入等为基础进行调整。这种计算方法是先假定让渡资产使用权、出售投资性房地产的收入以及罚款收入等全部为“收到其他与经营活动有关的现金”，再根据其他因素进行调整。需要调整的项目主要有：

1）增值税销项税额。增值税销项税额可以根据“应交税费——应交增值税（销项税额）”科目的贷方发生额分析确定（为了简化处理，也可以将收到的增值税销项税额记入“销售商品、提供劳务收到的现金”项目）。

2）资产负债表“其他应收款”项目（扣除应收利息、应收股利）年末余额小于年初余额的差额。资产负债表“其他应收款”项目年末余额（扣除应收利息、应收股利）小于年初余额的差额，可以视为上年其他应收款本年收回的金额，应调增“收到其他与经营活动有关的现金”项目的金额；反之，则可以视为现金净流出，应记入“支付其他与经营活动有关的现金”项目。

需要说明的是，“其他应收款”科目借方发生额反映现金的流出，但贷方发生额既可能是现金流入，也可能是非现金流入。例如，企业购入存货支付的包装物押金，记入“其他应收款”科目借方，为现金流出；收回包装物押金，记入“其他应收款”科目贷方，为现金流入。又如，企业支付职工预借的差旅费，记入“其他应收款”科目借方，为现金流出；但职工报销差旅费，冲减其他应收款，记入“其他应收款”科目贷方，未产生现金流入。一般来说，“其他应收款”

项目的金额较小，按照重要性会计信息质量要求，可以按照净额反映现金流量，即“其他应收款”项目净增加额视为现金流出，净减少额视为现金流入。但是，如果“其他应收款”项目的发生额较大，应分别确认现金流入和现金流出。

3）资产负债表“其他应付款”项目（扣除应付利息、应付股利）年末余额大于年初余额的差额。资产负债表“其他应付款”项目（扣除应付利息、应付股利）年末余额大于年初余额的差额，可以视为当年其他应付款净流入的金额，应调增“收到其他与经营活动有关的现金”项目的金额；反之，则可以视为现金净流出，应记入“支付其他与经营活动有关的现金”项目。

需要说明的是，“其他应付款”科目借方发生额反映现金的流出，但贷方发生额既可能是现金流入，也可能是非现金流入。例如，企业销售存货收取的包装物押金，记入“其他应付款”科目贷方，为现金流入；支付客户退回包装物的押金，记入“其他应付款”科目借方，为现金流出。又如，企业按照法院判决确认的赔款，记入“其他应付款”科目贷方，但未发生现金流入；实际支付赔款时，冲减其他应付款，记入“其他应付款”科目借方，产生现金流出。一般来说，“其他应付款”项目的金额较小，按照重要性会计信息质量要求，可以按照净额反映现金流量，即“其他应付款”项目净增加额视为现金流入，净减少额视为现金流出。但是，如果“其他应付款”项目的发生额较大，应分别确认现金流入和现金流出。

4）计提的坏账准备。在资产负债表“其他应收款”项目年末余额小于年初余额的情况下，计提坏账准备减少了其他应收款年末余额，但并未收回现金，因此应调减“收到其他与经营活动有关的现金”项目的金额。计提的坏账准备可以根据“坏账准备——其他应收款”科目贷方发生额确定。

综合以上分析，“收到其他与经营活动有关的现金”项目金额的计算公式如下：

收到其他与经营活动有关的现金 = 让渡资产使用权以及出售投资性房地产的营业收入 + 增值税销项税额 + 罚款等营业外收入 + 其他应收款年末余额小于年初余额的差额 + 其他应付款年末余额大于年初余额的差额 − 本期计提的其他应收款坏账准备

例 13－6

五谷公司 2023 年度未取得让渡资产使用权以及出售投资性房地产的收入；未取得罚款等营业外收入。五谷公司根据 2023 年年末资产负债表（见表 13－1）有关项目，计算“收到其他与经营活动有关的现金”项目金额如下：

收到其他与经营活动有关的现金 = 其他应付款年末余额大于年初余额的差额（13 400－10 000）＝3 400（元）

（4）“购买商品、接受劳务支付的现金”项目：确定本项目的金额通常以利润表“营业成本”项目为基础进行调整，但是，营业成本中含有的让渡资产使用权成本以及出售投资性房地产的成本应当扣除，在“支付其他与经营活动有关的现金”项目中反映。这种计算方法是先假定营业成本全部为“购买商品、接受劳务支付的现金”，再根据其他因素进行调整。需要调整的项目主要有：

1）增值税进项税额（含待认证进项税额）。增值税进项税额可以根据“应交税费——应交增值税（进项税额）”等科目的借方发生额扣除“应交税费——应交增值税（进项税额转出）”科目的贷方发生额确定。

需要说明的是，产品出口，未退回的增值税进项税额计入营业成本，但并未增加现金流出，在计算“购买商品、接受劳务支付的现金”项目金额时应予以扣除。例如，企业购入商品的买价为10 000元，增值税进项税额1 300元，共支付现金11 300元；商品出口后取得退税款1 000元，其余进项税额300元作为进项税额转出计入营业成本，营业成本共计10 300元，其中300元未发生现金流出，应予以扣除；则“购买商品、接受劳务支付的现金”为：10 300＋1 300－300＝11 300元。

2）资产负债表“存货”项目年末余额与年初余额的差额。资产负债表“存货”项目年末余额小于年初余额的差额，可以视为上年存货发出计入营业成本的金额，在本年未发生现金流出，应调减“购买商品、接受劳务支付的现金”项目的金额；反之，则可以视为当年购入存货支付的现金，应调增“购买商品、接受劳务支付的现金”项目的金额。

3）资产负债表“应付票据”“应付账款”项目年末余额与年初余额的差额。资产负债表“应付票据”“应付账款”项目年末余额小于年初余额的差额，可以视为上年应付账款在当年的支付金额，应调增“购买商品、接受劳务支付的现金”项目的金额；反之，则可以视为当年购入存货未支付的现金，应调减“购买商品、接受劳务支付的现金”项目的金额。

4）资产负债表“预付款项”项目年末余额与年初余额的差额。资产负债表“预付款项”项目年末余额小于年初余额的差额，可以视为以上年预付款项购入存货，当年未支付现金，应调减“购买商品、接受劳务支付的现金”项目的金额；反之，则可以视为当年购入存货支付的现金，应调增“购买商品、接受劳务支付的现金”项目的金额。

5）存货的盘盈、盘亏和毁损。存货盘盈，增加了存货，但与购入存货支付现金不同，未发生现金流出，因此，应调减“购买商品、接受劳务支付的现金”项目的金额。存货盘盈的金额可以根据“管理费用”科目贷方发生额分析确定。存货盘亏、毁损，减少了存货，但与存货减少计入营业成本不同，应调减“购买商品、接受劳务支付的现金”项目的金额。存货盘亏的金额可以根据“管理费用”“营业外支出”等科目借方发生额分析确定。

6）接受存货投资或以存货对外投资。接受存货投资，增加了存货，但未发生现金流出，因此，应调减“购买商品、接受劳务支付的现金”项目的金额。接受存货投资的金额可以根据“实收资本（或股本）”“资本公积”等科目贷方发生额分析确定。以存货对外投资，减少了存货，但未计入营业成本，应调减“购买商品、接受劳务支付的现金”项目的金额。存货对外投资的金额可以根据“长期股权投资”等科目借方发生额分析确定。

7）“存货跌价准备”科目年末余额与年初余额的差额。“存货跌价准备”科目年末余额与年初余额的差额，即计提存货跌价准备与发出存货核销存货跌价准备的差额。计提存货跌价准备减少了存货，但未增加现金流出；发出存货核销存货跌价准备减少了营业成本，但未减少现金流出。因此，“存货跌价准备”科目年末余额大于年初余额的差额，可以视为当年净计提的存货跌价准备，应调增“购买商品、接受劳务支付的现金”项目的金额。反之，则可以视为当年净核销的存货跌价准备，应调减“购买商品、接受劳务支付的现金”项目的金额。

8）工业企业存货成本中的职工薪酬、折旧费和无形资产摊销费。工业企业存货的生产成本中，包括职工薪酬与职工薪酬、折旧费和无形资产摊销费，职工薪酬应在“支付给职工以及为职工支付的现金”项目中反映；折旧费和无形资产摊销费未发生现金流出。因此，应调减“购买商品、接受劳务支付的现金”项目的金额。工业企业存货成本中职工薪酬、折旧费和无形资产摊销费的金额，可以根据“生产成本”“制造费用”等科目借方发生额分析确定。

综合以上分析，“购买商品、接受劳务支付的现金”项目金额的计算公式如下：

$$\begin{aligned}\text{购买商品、接受劳务支付的现金}=&\ \text{营业成本(扣除让渡资产使用权和出售投资性房地产成本)}+\left(\text{增值税进项税额}-\text{进项税额转出}\right)\\&+\left(\text{存货年末余额}-\text{存货年初余额}\right)-\left(\text{应付票据年末余额}-\text{应付票据年初余额}\right)\\&-\left(\text{应付账款年末余额}-\text{应付账款年初余额}\right)+\left(\text{预付款项年末余额}-\text{预付款项年初余额}\right)\\&-\text{存货盘盈}+\text{存货盘亏、毁损}+\text{对外投资的存货}-\text{接受投资的存货}\\&+\left(\text{存货跌价准备年末余额}-\text{存货跌价准备年初余额}\right)\\&-\text{工业企业计入存货成本的职工薪酬、折旧费和无形资产摊销费}\end{aligned}$$

例 13－7

五谷公司 2023 年未发生让渡资产使用权和出售投资性房地产成本；未发生存货盘盈、盘亏和毁损；未发生以存货对外投资和接受存货投资；未计提存货跌价准备；未发生计入存货成本的职工薪酬、折旧费和无形资产摊销费。五谷公司根据 2023 年年末资产负债表（见表 13－1）、2023 年度利润表（见表 13－3）以及“应交税费——应交增值税”科目发生额（见表 13－7），计算“购买商品、接受劳务支付的现金”项目金额如下：

$$\begin{aligned}\text{购买商品、接受劳务支付的现金}=&\ \underset{(492\,000)}{\text{营业成本}}+\underset{(86\,800)}{\text{增值税进项税额}}+\underset{(156\,000-137\,000)}{\text{存货年末、年初余额的差额}}\\&-\underset{(31\,000-0)}{\text{应付票据年末、年初余额的差额}}\\&-\underset{(23\,600-53\,200)}{\text{应付账款年末、年初余额的差额}}\\&+\underset{(1\,000-0)}{\text{预付款项年末、年初余额的差额}}\\=&\ 597\,400(\text{元})\end{aligned}$$

（5）“支付给职工以及为职工支付的现金”项目：本项目的金额，可以根据“应付职工薪酬”科目借方发生额扣除计入在建工程和研发支出的职工薪酬分析确定；也可以在“销售费用”“管理费用”“生产成本”“制造费用”等科目借方发生额中职工薪酬的基础上，调整资产负债表“应付职工薪酬”项目年末金额与年初金额的差额分析计算确定。“应付职工薪酬”项目年末金额大于年初金额，可以视为当年职工薪酬尚未全部发放，应调减“支付给职工以及为职工支付的现金”项目的金额；反之，则可以视为发放上年的职工薪酬，应调增“支付给职工以及为职工支付的现金”项目的金额。

“支付给职工以及为职工支付的现金”项目金额的计算公式如下：

$$\text{支付给职工以及为职工支付的现金}=\text{“销售费用”“管理费用”“生产成本”“制造费用”等科目中的职工薪酬}-\left(\text{应付职工薪酬年末余额}-\text{应付职工薪酬年初余额}\right)$$

例 13-8

五谷公司2023年度的职工薪酬仅计入销售费用和管理费用。五谷公司“销售费用”“管理费用”科目发生额见表13-8，根据2023年年末资产负债表（见表13-1）有关项目，以及“销售费用”“管理费用”科目的发生额，计算“支付给职工以及为职工支付的现金”项目金额如下：

表 13-8　五谷公司部分会计科目发生额

2023年　　　　单位：元

科目名称	期初余额		本期发生额		期末余额	
	借方	贷方	借方	贷方	借方	贷方
销售费用			25 000			
——职工薪酬			10 000			
——折旧费			3 000			
——无形资产摊销			6 000			
——其他			6 000			
管理费用			71 000			
——职工薪酬			38 000			
——折旧费			5 000			
——其他			28 000			

$$\text{支付给职工以及为职工支付的现金}=\underset{(10\,000)}{\text{计入销售费用的职工薪酬}}+\underset{(38\,000)}{\text{计入管理费用的职工薪酬}}-\underset{(19\,100-16\,500)}{\text{应付职工薪酬年末、年初余额的差额}}$$

$$=45\,400(\text{元})$$

（6）“支付的各项税费”项目：本项目的金额，可以根据“应交税费”科目借方发生额加上税金及附加中的印花税分析确定；也可以在利润表“税金及附加”“所得税费用”项目的基础上调整确定。这种计算方法是先假定税金及附加和所得税费用全部为“支付的各项税费”，再根据其他因素进行调整。需要调整的项目主要有：

1）实际缴纳的增值税。增值税属于价外税，不计入利润表的税金及附加，因此，实际缴纳的增值税应调增“支付的各项税费”项目的金额。实际缴纳的增值税应根据“应交税费——应交增值税（已交税金）”“应交税费——未交增值税”“应交税费——转让金融商品应交增值税”“应交税费——简易计税”等科目借方发生额确定。

2）“应交税费”除增值税以外其他明细科目年末余额与年初余额的差额。“应交税费”除增值税以外其他明细科目年末余额小于年初余额的差额，可以视为缴纳上年的未交税费，应调增“支付的各项税费”项目的金额；反之，则可以视为尚未缴纳的当年税费，应调减“支付的各项税费”项目的金额。

3）“递延所得税资产”（计入所得税费用）明细科目年末余额与年初余额的差额。“递延所得税资产”一部分计入所得税费用，另一部分计入其他综合收益。计入所得税费用的递延所得税资产明细科目年末余额小于年初余额的差额，可以视为确认的所得税费用，但未支付现金，应调减“支付的各项税费”项目的金额；反之，则可以视为确认的所得税收益，但并未减少支付的现金，应调增“支付的各项税费”项目的金额。

需要说明的是，确认为其他综合收益的递延所得税资产，与所得税费用无关，编制现金流量表时不需要进行调整。

4）“递延所得税负债”（计入所得税费用）明细科目年末余额与年初余额的差额。“递延所得税负债”计入所得税费用明细科目年末余额大于年初余额的差额，可以视为确认的所得税费用，但未支付现金，应调减“支付的各项税费”项目的金额；反之，则可以视为确认的所得税收益，但并未减少支付的现金，应调增“支付的各项税费”项目的金额。

综合以上分析，“支付的各项税费”项目金额的计算公式如下：

$$\begin{aligned}\begin{matrix}\text{支付的}\\\text{各项税费}\end{matrix}=&\begin{matrix}\text{税金及}\\\text{附加}\end{matrix}+\begin{matrix}\text{所得税}\\\text{费用}\end{matrix}+\begin{matrix}\text{实际缴纳}\\\text{的增值税}\end{matrix}-\left(\begin{matrix}\text{其他应交税费}\\\text{年末余额}\end{matrix}-\begin{matrix}\text{其他应交税费}\\\text{年初余额}\end{matrix}\right)\\&+\left(\begin{matrix}\text{计入损益递延所得税资产}\\\text{年末余额}\end{matrix}-\begin{matrix}\text{计入损益递延所得税资产}\\\text{年初余额}\end{matrix}\right)\\&-\left(\begin{matrix}\text{计入损益递延所得税负债}\\\text{年末余额}\end{matrix}-\begin{matrix}\text{计入损益递延所得税负债}\\\text{年初余额}\end{matrix}\right)\end{aligned}$$

例 13-9

五谷公司 2023 年度“递延所得税资产”“递延所得税负债”科目发生额见表 13-9，根据 2023 年度利润表（见表 13-3）有关项目和“应交税费”科目发生额（见表 13-7）、“管理费用”科目发生额（见表 13-8）以及“递延所得税资产”“递延所得税负债”科目发生额，计算“支付的各项税费”项目金额如下：

表 13-9　五谷公司部分会计科目发生额

2023 年　　单位：元

科目名称	期初余额		本期发生额		期末余额	
	借方	贷方	借方	贷方	借方	贷方
递延所得税资产	75		50		125	
——资产减值准备	75		50		125	
递延所得税负债		0		1 550		1 550
——交易性金融资产		0		300		300
——其他权益工具投资		0		1 250		1 250

$$\text{支付的各项税费}=\underset{(4\,000)}{\text{税金及附加}}+\underset{(53\,780)}{\text{所得税费用}}+\underset{(40\,100+100)}{\text{支付的增值税}}-\underset{(4\,400-4\,800)}{\text{其他应交税费年末、年初余额的差额}}+\underset{(125-75)}{\text{递延所得税资产年末、年初余额的差额}}-\underset{(300-0)}{\text{递延所得税负债年末、年初余额的差额}}$$

$$=98\,130(\text{元})$$

或

$$=\underset{(40\,100+100)}{\text{支付的增值税}}+\underset{(57\,930)}{\text{支付的其他税费}}=98\,130(\text{元})$$

（7）“支付其他与经营活动有关的现金”项目：确定本项目的金额通常以利润表“营业成本”项目中含有的让渡资产使用权、出售投资性房地产的成本、“销售费用”、“管理费用”、“研发费用”以及“营业外支出”项目中含有的罚款支出等为基础进行调整。这种计算方法是先假定上述各项费用全部为“支付其他与经营活动有关的现金”，再根据其他因素进行调整。需要调整的项目主要有：

1）固定资产折旧费。固定资产折旧费计入销售费用、管理费用，但未产生现金流出，应调减“支付其他与经营活动有关的现金”项目的金额。固定资产折旧费可以根据“销售费用”“管理费用”等科目借方发生额分析确定。

2）无形资产摊销费。无形资产摊销费计入销售费用、管理费用，但未产生现金流出，应调减“支付其他与经营活动有关的现金”项目的金额。无形资产摊销费可以根据“销售费用”“管理费用”等科目借方发生额分析确定。

3）存货盘盈及盘亏、毁损。存货盘盈冲减了管理费用，但未减少现金流出，应调增“支付其他与经营活动有关的现金”项目的金额；存货盘亏、毁损计入了管理费用、营业外支出，但未产生现金流出，应调减“支付其他与经营活动有关的现金”项目的金额。存货盘盈及盘亏、毁损可以根据“管理费用”“营业外支出”等科目发生额分析确定。

4）资产负债表“其他应收款”项目年末余额大于年初余额的差额。资产负债表“其他应收款”项目年末余额大于年初余额的差额，可以视为当年的现金净流出，应调增“支付的其他与经营活动有关的现金”项目的金额；反之，则可以视为现金流入，应记入“收到其他与经营活动有关的现金”项目。

5）资产负债表“其他应付款”项目（扣除应付利息、应付股利）年末余额小于年初余额的差额。资产负债表“其他应付款”项目（扣除应付利息、应付股利）年末余额小于年初余额的差额，可以视为当年的现金流出，应调增“支付其他与经营活动有关的现金”项目的金额；反之，则可以视为现金净流入，应记入“收到其他与经营活动有关的现金”项目。

6）计提的其他应收款坏账准备。在资产负债表“其他应收款”项目年末余额小于年初余额的情况下，计提坏账准备减少了其他应收款年末余额，但并未减少现金流出，因此应调增“支付其他与经营活动有关的现金”项目的金额。计提的坏账准备可以根据“坏账准备——其他应收款”科目贷方发生额确定。

综合以上分析，“支付其他与经营活动有关的现金”项目金额的计算公式如下：

$$
\begin{aligned}
\begin{matrix}\text{支付其他与经营}\\ \text{活动有关的现金}\end{matrix} = {} & \begin{matrix}\text{让渡资产使用权以及}\\ \text{出售投资性房地产的营业成本}\end{matrix} + \begin{matrix}\text{销售}\\ \text{费用}\end{matrix} + \begin{matrix}\text{管理}\\ \text{费用}\end{matrix} + \begin{matrix}\text{研发}\\ \text{费用}\end{matrix} \\
& - \begin{matrix}\text{固定资产}\\ \text{折旧}\end{matrix} - \begin{matrix}\text{无形资产}\\ \text{摊销}\end{matrix} + \begin{matrix}\text{罚款等}\\ \text{营业外支出}\end{matrix} \\
& + \begin{matrix}\text{其他应收款(扣除应收利息、应收股利)}\\ \text{年末余额大于年初余额的差额}\end{matrix} \\
& + \begin{matrix}\text{其他应付款(扣除应付利息、应付股利)}\\ \text{年末余额小于年初余额的差额}\end{matrix} \\
& + \begin{matrix}\text{本期计提的}\\ \text{其他应收款坏账准备}\end{matrix} + \begin{matrix}\text{存货}\\ \text{盘盈}\end{matrix} - \begin{matrix}\text{存货盘亏、}\\ \text{毁损}\end{matrix}
\end{aligned}
$$

例 13－10

五谷公司 2023 年度未发生让渡资产使用权以及出售投资性房地产的成本；未发生罚款等营业外支出；未发生存货盘盈及盘亏、毁损。五谷公司根据 2023 年年末资产负债表（见表 13－1）有关项目，以及“销售费用”“管理费用”科目的发生额（见表 13－8）和“坏账准备”科目发生额（见表 13－7），计算“支付其他与经营活动有关的现金”项目金额如下：

$$
\begin{aligned}
\begin{matrix}\text{支付其他与经营}\\ \text{活动有关的现金}\end{matrix} = {} & \begin{matrix}\text{销售费用}\\ (25\,000)\end{matrix} + \begin{matrix}\text{管理费用}\\ (71\,000)\end{matrix} - \begin{matrix}\text{销售费用、管理费用中的}\\ \text{职工薪酬}(10\,000+38\,000)\end{matrix} \\
& - \begin{matrix}\text{固定资产折旧}\\ (3\,000+5\,000)\end{matrix} - \begin{matrix}\text{无形资产摊销}\\ (6\,000)\end{matrix} \\
& + \begin{matrix}\text{其他应收款(扣除应收利息、应收股利)年末余额}\\ \text{大于年初余额的差额}(21\,000-20\,500)\end{matrix} \\
& + \begin{matrix}\text{计提的其他应收款坏账准备}\\ (20)\end{matrix} \\
= {} & 34\,520(\text{元})
\end{aligned}
$$

2. 投资活动产生的现金流量的编制方法

一般来说，与投资活动相关的会计科目，借方发生额和贷方发生额均反映现金流量。因此，投资活动现金流量各项目的金额，应分别在相关科目借、贷方发生额的基础上，调整相关因素后填列。

（1）“收回投资收到的现金”项目：本项目的金额，应根据“交易性金融资产——成本”“债权投资——债券面值”“其他债权投资——债券面值”“其他权益工具投资——成本”“长期股权投资”等科目贷方发生额，调整“投资收益”科目发生额计算确定。上述投资类科目贷方发生额为收回投资的成本，加上转让投资的收益或减去转让投资的损失，即为实际收回投资的金额。

例 13 - 11

五谷公司 2023 年度与对外投资有关科目发生额见表 13 - 10。五谷公司根据“交易性金融资产——成本”“投资收益——交易性金融资产转让”科目发生额，计算“收回投资收到的现金”项目金额如下：

表 13 - 10　五谷公司部分会计科目发生额

2023 年　　单位：元

科目名称	期初余额		本期发生额		期末余额	
	借方	贷方	借方	贷方	借方	贷方
交易性金融资产	10 000		87 000	81 000	16 000	
——成本	10 000		85 800	81 000	14 800	
——公允价值变动	0		1 200		1 200	
公允价值变动损益				1 200		1 200
——交易性金融资产				1 200		1 200
长期股权投资	10 000		3 000		13 000	
其他权益工具投资	17 000		5 000		22 000	
——成本	17 000		0		7 000	
——公允价值变动	0		5 000		5 000	
投资收益				42 700		42 700
——交易性金融资产转让				39 500		39 500
——长期股权投资现金股利				3 200		3 200

收回投资收到的现金＝交易性金融资产(81 000)＋转让收益(39 500)
＝120 500(元)

（2）“取得投资收益收到的现金”项目：确定本项目的金额通常以“投资收益——股利收入（或利息收入）”明细科目贷方发生额为基础进行调整。需要调整的因素主要有：

1）到期一次付息债权投资的投资收益。到期一次付息债权投资的投资收益没有产生现金流量，应调减“取得投资收益收到的现金”项目的金额。到期一次付息债权投资的投资收益可以根据“投资收益”科目贷方发生额分析确定。

2）收到的一次付息债权投资利息。收到的一次付息债权投资利息未计入当期投资收益，但产生现金流入，应调增“取得投资收益收到的现金”项目的金额。收到的一次付息债权投资利息应根据“债权投资——应计利息”明细科目贷方发生额分析确定。

3）长期股权投资采用权益法核算收到的现金股利。长期股权投资采用权益法核算，收到的现金股利冲减长期股权投资的账面价值，未计入投资收益，应调增“取得投资收益收到的现金”项目的金额。长期股权投资采用权益法核算收到的现金股利应根据“长期股权投资——损益调整”科目贷方发生额分析确定。

4）资产负债表“其他应收款”（应收利息、应收股利）项目年末余额与年初余额的差额。“其他应收款”（应收利息、应收股利）项目年末余额大于年初余额的差额，可以视为当年未收到的现金股利，应调减“取得投资收益收到的现金”项目的金额；反之，则可以视为收到上年的现金股利，应调增“取得投资收益收到的现金”项目的金额。

$$\begin{aligned}\begin{matrix}\text{取得投资收益}\\\text{收到的现金}\end{matrix} &= \begin{matrix}\text{投资收益中}\\\text{股利收入和利息收入}\end{matrix} - \begin{matrix}\text{到期一次付息}\\\text{债权投资的投资收益}\end{matrix}\\ &\quad + \begin{matrix}\text{收到的一次付息}\\\text{债权投资利息}\end{matrix} + \begin{matrix}\text{长期股权投资采用权益法}\\\text{核算收到的现金股利}\end{matrix}\\ &\quad - \left[\begin{matrix}\text{其他应收款(应收利息、}\\\text{应收股利)年末余额}\end{matrix} - \begin{matrix}\text{其他应收款(应收利息、}\\\text{应收股利)年初余额}\end{matrix}\right]\end{aligned}$$

例 13-12

承例 13-11。五谷公司 2023 年度根据“投资收益”科目贷方发生额，计算“取得投资收益收到的现金”项目金额如下：

取得投资收益收到的现金＝长期股权投资现金股利＝3 200（元）

（3）“处置固定资产、无形资产和其他长期资产收回的现金净额”项目：本项目反映企业处置固定资产、无形资产和其他长期资产所取得的处置收入扣除有关处置费用后的净现金流入。由于自然灾害所造成的固定资产等长期资产损失而收到的保险赔偿收入，也在本项目反映。处置净收入可以分为处置资产账面价值和处置净损益两部分。处置固定资产账面价值应根据“固定资产”科目贷方发生额和“累计折旧”科目借方发生额分析确定，如果有固定资产资产减值准备应予以扣除；无形资产处置成本应根据“无形资产”科目贷方发生额和“累计摊销”借方发生额分析确定，如果有无形资产减值准备应予以扣除。固定资产、无形资产处置净损益应根据“资产处置损益”科目发生额分析确定。

例 13-13

五谷公司 2023 年度与固定资产、无形资产有关科目发生额见表 13-11。五谷公司根据“固定资产”“累计折旧”“无形资产”“累计摊销”“资产处置损益”科目发生额，计算“处置固定资产、无形资产和其他长期资产收回的现金净额”项目金额如下：

表 13-11　五谷公司部分会计科目发生额

2023 年　　　　单位：元

科目名称	期初余额		本期发生额		期末余额	
	借方	贷方	借方	贷方	借方	贷方
固定资产	524 000		40 400	28 000	536 400	
累计折旧		153 000	3 000	8 000		158 000
在建工程	147 000		17 200		164 200	
无形资产	73 000		23 600	30 000	66 600	
累计摊销		20 000	10 000	6 000		16 000
资产处置损益		0	2 420		2 420	

处置固定资产、无形资产和其他长期资产收回的现金净额 = 处置固定资产账面价值(28 000－3 000) － 处置固定资产净损失(24 000) ＋ 转让无形资产账面价值(30 000－10 000) ＋ 转让无形资产净收益(21 580)

＝42 580(元)

(4)“收到其他与投资活动有关的现金”项目，反映企业除上述各项以外，收到的其他与投资活动有关的现金。其他与投资活动有关的现金，如价值较大的，应单列项目反映。

(5)“购建固定资产、无形资产和其他长期资产支付的现金”项目：本项目为现金支付上述资产的入账价值。固定资产入账价值应根据“固定资产”科目借方发生额和“在建工程”贷方发生额分析确定；在建工程入账价值应根据“在建工程”科目借方发生额和“工程物资”科目贷方发生额分析确定；工程物资入账价值应根据“工程物资”科目借方发生额分析确定；无形资产入账价值应根据“无形资产”科目借方发生额分析确定；研发支出入账价值应根据“研发支出——资本化支出”科目借方发生额分析确定。如果购建固定资产发生资本化的借款费用，应予以扣除，在“筹资活动产生的现金流量”项目反映。

例 13-14

承例 13-13。五谷公司未发生资本化的借款费用。五谷公司 2023 年度计算“购建固定资产、无形资产和其他长期资产支付的现金”项目金额如下：

购建固定资产、无形资产和其他长期资产支付的现金 = 购入固定资产支付的现金(40 400) ＋ 在建工程支付的现金(17 200) ＋ 购入无形资产支付的现金(23 600)

＝81 200(元)

(6)“投资支付的现金”项目：本项目反映现金支付的上述对外投资的入账价值。交易性金融资产的入账价值应根据“交易性金融资产——成本”科目借方发生额分析确定；其他债权投资、其他权益工具投资的入账价值应根据“其他债权投资——债券面值”“其他权益工具投资——成本”科目借方发生额分析确定；债权投资入账价值应根据“债权投资——债券面值”科目借方发生额和“债权投资——利息调整”科目发生额分析确定；长期股权投资入账价值应根据“长期股权投资——投资成本”科目借方发生额分析确定。

例 13－15

承例 13－11。五谷公司 2023 年度计算“投资支付的现金”项目金额如下：

投资支付的现金＝购入交易性金融资产支付的现金(85 800)＋本期购入长期股权投资支付的现金(3 000)＝88 800(元)

(7)“支付其他与投资活动有关的现金”项目，反映企业除上述各项以外，支付的其他与投资活动有关的现金。其他与投资活动有关的现金，如价值较大的，应单列项目反映。本项目可根据有关科目的记录分析填列。

3. 筹资活动产生的现金流量的编制方法

一般来说，与筹资活动相关的会计科目，借方发生额和贷方发生额均反映现金流量。因此，筹资活动现金流量各项目的金额，应分别在相关科目借、贷方发生额的基础上，调整相关因素后填列。

(1)“吸收投资收到的现金”项目：本项目反映投资者现金投入的资本①，应根据“实收资本（或股本）”“其他权益工具”“资本公积”科目贷方发生额分析填列。

例 13－16

五谷公司 2023 年度与接受投资有关科目发生额见表 13－12。五谷公司根据“实收资本（或股本）”“资本公积”科目发生额，计算“吸收投资收到的现金”项目金额如下：

表 13－12　五谷公司部分会计科目发生额

2023 年　　　　单位：元

科目名称	期初余额		本期发生额		期末余额	
	借方	贷方	借方	贷方	借方	贷方
实收资本（或股本）		500 000				500 000
资本公积		80 000				80 000

吸收投资收到的现金＝0

(2)“取得借款收到的现金”项目：本项目反映企业举借各种债务所收到的现金，应根据“短期借款”“长期借款”“应付债券——债券面值”“长期应付款”科目贷方发生额，“未确认融资费用”科目借方发生额和“应付债券——利息调

① 按照企业会计制度的相关规定，企业发行债券收到的现金应在“吸收投资收到的现金”项目中反映。但是，发行债券收到的现金与银行借款收到的现金性质相同，为了便于将所有者投入与债权人投入进行区分，本教材将发行债券收到的现金列入“取得借款收到的现金”项目。

整”科目发生额分析确定。

例 13-17

五谷公司2023年度与筹资有关科目发生额见表13-13（本期发行债券的溢价为1 030元）。五谷公司发行债券的面值为25 000元，利息调整贷差为1 030元，利息调整贷差摊销为500元；根据“短期借款”“长期借款”“应付债券”科目发生额，计算“取得借款收到的现金”项目金额如下：

表13-13　五谷公司部分会计科目发生额

2023年　　单位：元

科目名称	期初余额		本期发生额		期末余额	
	借方	贷方	借方	贷方	借方	贷方
短期借款		38 000	40 000	46 500		44 500
长期借款		25 000		9 000		34 000
应付债券		18 500		27 030		45 530
——债券面值		17 000		25 000		42 000
——利息调整		1 000	500	1 030		1 530
——应计利息		500		1 500		2 000
应付利息		7 600	7 600	5 000		5 000
财务费用			6 700		6 700	
长期应付款		17 900	3 500			13 400
未确认融资费用	3 400			700	2 700	

取得借款收到的现金 = 取得的短期借款(46 500) + 取得的长期借款(9 000) + 发行债券(25 000+1 030)

=81 530(元)

(3)“收到其他与筹资活动有关的现金”项目：反映企业除上述各项目外，收到的其他与筹资活动有关的现金。其他与筹资活动有关的现金，如价值较大的，应单列项目反映。本项目可根据有关科目的发生额分析填列。

(4)“偿还债务支付的现金”项目：本项目反映企业以现金偿还债务的本金，包括偿还金融企业的借款本金、偿还债券本金等所导致的现金流出。企业偿还的借款利息、债券利息，在“分配股利、利润或偿付利息支付的现金”项目中反映。偿还债券所支付的现金应根据“短期借款”“长期借款”“应付债券”“长期应付款”科目借方发生额分析确定。

例 13-18

承例13-17。五谷公司2023年度计算“偿还债务支付的现金”项目金额如下：

偿还债务支付的现金 = 偿还短期借款(40 000) + 偿还长期应付款(3 500) =43 500(元)

(5)“分配股利、利润或偿付利息支付的现金”项目：本项目反映企业实际支付的现金股利以及支付的借款利息和债券利息等。取得本项目的金额通常以利润表“财务费用”项目以及所有者权益变动表“未分配利润”专栏的“对所有者（或股东）的分配”项目的金额为基础进行调整。调整的项目主要有：

1）资产负债表“其他应付款”（应付利息、应付股利）项目年末余额与年初余额的差额。资产负债表“其他应付款”（应付利息、应付股利）项目年末余额大于于年初余额的差额，可以视为当年应支付而尚未支付的现金股利金额，应调减“分配股利、利润或偿付利息支付的现金”项目的金额；反之，则可以视为上年应付现金股利在本年支付的金额，应调增“分配股利、利润或偿付利息支付的现金”项目的金额。

2）到期一次付息应付债券的利息费用。到期一次付息应付债券的利息费用当年尚未支付，应调减“分配股利、利润或偿付利息支付的现金”项目的金额。到期一次付息应付债券的利息费用应根据“财务费用”科目借方发生额分析确定。

3）支付的一次付息应付债券利息。支付的一次付息应付债券利息未计入当期财务费用，但产生现金流出，应调增“分配股利、利润或偿付利息支付的现金”项目的金额。支付的一次付息应付债券利息应根据“应付债券——应计利息”明细科目借方发生额分析确定。

4）未确认融资费用的摊销。未确认融资费用的摊销，计入了财务费用，但未产生现金流量，应调减“分配股利、利润或偿付利息支付的现金”项目的金额。未确认融资费用的摊销应根据“未确认融资费用”科目贷方发生额分析确定。

5）资本化的借款费用。资本化的借款费用计入在建工程，未计入财务费用，但属于筹资活动的现金流出，应调增“分配股利、利润或偿付利息支付的现金”项目的金额。资本化的借款费用应根据“在建工程”等科目借方发生额分析确定。

$$
\begin{aligned}
\begin{matrix}\text{分配股利、利润或}\\\text{偿付利息支付的现金}\end{matrix} = & \begin{matrix}\text{财务费用中}\\\text{利息费用}\end{matrix} + \begin{matrix}\text{利润分配中}\\\text{应付股利}\end{matrix} \\
& - \left(\begin{matrix}\text{应付利息、应付股利}\\\text{年末余额}\end{matrix} - \begin{matrix}\text{应付利息、应付股利}\\\text{年初余额}\end{matrix}\right) \\
& - \begin{matrix}\text{到期一次付息应付}\\\text{债券利息费用}\end{matrix} + \begin{matrix}\text{支付的一次付息}\\\text{应付债券利息}\end{matrix} \\
& + \begin{matrix}\text{长期股权投资采用权益法}\\\text{核算收到的现金股利}\end{matrix} \\
& - \begin{matrix}\text{未确认融资}\\\text{费用的摊销}\end{matrix} + \begin{matrix}\text{资本化的}\\\text{借款费用}\end{matrix}
\end{aligned}
$$

例 13－19

承例 13－17。五谷公司 2023 年度根据所有者权益变动表“对所有者（或股东）的分配”项目、利润表“财务费用”项目，计算“分配股利、利润或偿付利息支付的现金”项目金额如下：

$$
\begin{aligned}
&\begin{matrix}\text{分配股利、利润或}\\ \text{偿付利息支付的现金}\end{matrix}=\begin{matrix}\text{应付利润}\\ (113\,875)\end{matrix}+\begin{matrix}\text{财务费用}\\ (6\,700)\end{matrix}-\begin{matrix}\text{计提的应付债券}\\ \text{利息}(1\,500-500)\end{matrix}\\
&\qquad-\begin{matrix}\text{其他应收款（应付利息）年末、年初}\\ \text{余额的差额}(5\,000-7\,600)\end{matrix}\\
&\qquad-\begin{matrix}\text{未确认融资}\\ \text{费用的摊销}(700)\end{matrix}\\
&\quad=121\,475\text{（元）}
\end{aligned}
$$

（6）“支付其他与筹资活动有关的现金”项目：本项目反映企业除上述各项外，所支付的其他与筹资活动有关的现金。其他与筹资活动有关的现金，如价值较大的，应单列项目反映。本项目可根据有关科目的记录分析填列。

13.5.6 现金流量表附表中有关项目的计算方法

现金流量表附表中的各项目，应根据相关科目的发生额以及余额分析填列。

（1）“资产（信用）减值损失”项目：应根据“资产（信用）减值损失”科目发生额填列。

（2）“固定资产折旧”项目：应根据计入生产成本和期间费用的折旧费分析计算填列。

（3）“无形资产摊销”项目：应根据计入生产成本和期间费用的摊销费分析计算填列。

（4）“长期待摊费用摊销”项目：应根据“长期待摊费用”科目贷方发生额分析填列。

（5）“处置固定资产、无形资产和其他长期资产的损失（收益以“－”号填列）”项目：应根据“资产处置损益”科目发生额分析填列。

（6）“固定资产报废损失（收益以“－”号填列）”项目：应根据“营业外支出”和“营业外收入”科目发生额分析填列。

（7）“公允价值变动损失（收益以“－”号填列）”项目：应根据利润表“公允价值变动收益”项目的金额填列。

（8）“财务费用（收益以“－”号填列）”项目：应根据利润表“财务费用”项目的金额填列。

（9）“投资损失（收益以“－”号填列）”项目：应根据利润表“投资收益”项目的金额填列。

（10）“递延所得税资产减少（增加以“－”号填列）”项目：应根据计入所得税费用的“递延所得税资产”科目年末余额与年初余额的差额分析计算填列。

（11）“递延所得税负债增加（减少以“－”号填列）”项目：应根据计入所得税费用的“递延所得税负债”科目年末余额与年初余额的差额分析计算填列。

（12）“存货的减少（增加以“－”号填列）”项目：应根据资产负债表“存货”项目年末余额与年初余额的差额计算填列。

（13）“经营性应收项目的减少（增加以“－”号填列）”项目：应根据经营

性应收项目年末余额与年初余额的差额分析计算填列。

(14)“经营性应付项目的增加(减少以“—”号填列)”项目：应根据经营性应付项目年末余额与年初余额的差额分析计算填列。

例 13-20

五谷公司根据前述有关科目发生额及余额资料，采用间接法将净利润调整为经营活动现金流量净额：

(1) 净利润：138 800 元。

(2) 信用减值损失：200 元。

(3) 固定资产折旧：8 000 元。

(4) 无形资产摊销：6 000 元。

(5) 长期待摊费用摊销：0。

(6) 处置固定资产、无形资产和其他长期资产的损失(收益以“—”号填列)：固定资产处置损失(24 000)—无形资产转让收益(21 580)=2 420 元。

(7) 固定资产报废损失(收益以“—”号填列)：0。

(8) 公允价值变动损失(收益以“—”号填列)：—1 200 元。

(9) 财务费用(收益以“—”号填列)：6 700 元。

(10) 投资损失(收益以“—”号填列)：—42 700 元。

(11) 递延所得税资产减少(增加以“—”号填列)：—50 元。

(12) 递延所得税负债增加(减少以“—”号填列)：300 元。

(13) 存货的减少(增加以“—”号填列)：137 000—156 000=—19 000 元。

(14) 经营性应收项目的减少(增加以“—”号填列)：应收票据(12 000—23 000)+应收账款(19 500—24 000)+预付款项(0—1 000)+其他应收款(20 500—21 000)—计提坏账准备(200)=—17 200 元。

(15) 经营性应付项目的增加(减少以“—”号填列)：应付票据(31 000—28 000)+应付账款(23 600—25 200)+预收账款(2 400—2 800)+应付职工薪酬(19 100—16 500)+应交税费(5 000—4 900)+其他应付款(13 400—10 000)=7 100 元。

(16) 经营活动产生的现金流量净额：89 370 元。

13.6 附 注

13.6.1 附注的性质和作用

附注是对在资产负债表、利润表、现金流量表和所有者权益变动表等报表中列示项目的文字描述或明细资料，以及对未能在这些报表中列示项目的说明等。财务报表使用者通过附注披露的信息，可以进一步了解财务报表的内容，以便进行客观的、可靠的决策。因此，附注是财务报表的重要组成部分。

前述资产负债表、利润表、所有者权益变动表和现金流量表仅列示了相关项目的金额，但财务报表使用者无法了解其具体的构成内容，因此企业需要通过附注为其提供更为详细信息，以满足财务报表使用者进行相关决策的需要。

例如，资产负债表“应收账款”项目，列示了应收账款年末和年初的净额。在附注中，应进一步提供应收账款余额和计提坏账准备的信息，提供应收账款账龄的信息，以便财务报表使用者了解企业应收账款的质量以及应收账款管理的水平。

又如，资产负债表“固定资产”项目，列示了固定资产年末和年初的账面价值。在附注中，应进一步提供各类固定资产原值的信息，提供各类固定资产折旧的信息，提供固定资产减值准备的信息，以便财务报表使用者了解企业固定资产的规模、新旧程度以及固定资产的价值变动情况。

再如，利润表“营业收入”项目，列示了本年和上年营业收入的总额。在附注中，应进一步提供主营业务收入和其他业务收入的信息，提供主营业务收入中各类主要具体业务的收入信息，以便财务报表使用者了解企业业务开展的水平和未来发展的趋势。

13. 6. 2　附注披露的主要内容

1. 企业的基本信息

（1）企业注册地、组织形式和总部地址。

（2）企业的业务性质和主要经营活动。

（3）财务报告的批准报出者和财务报告批准报出日，或者以签字人及其签字日期为准。

2. 财务报表的编制基础

企业应明确财务报表以持续经营为基础编制，且自资产负债表日起 12 个月不存在对企业持续经营产生重大影响的事项。

3. 遵循企业会计准则的声明

企业应声明编制的财务报表符合企业会计准则的要求，真实、完整地反映了企业的财务状况、经营成果和现金流量等有关信息。

4. 重要会计政策和会计估计的说明

（1）企业采用的会计年度。

（2）企业的记账本位币。

（3）会计计量所运用的计量属性。

（4）现金和现金等价物的构成。

（5）坏账准备的计提方法。

（6）金融资产的分类标准及减值的判断标准。

（7）发出存货所采用的计价方法、可变现净值的确定方法以及存货跌价准备的计提方法。

（8）固定资产的确认标准和采用的折旧方法。

（9）无形资产使用寿命的判断依据、采用的摊销方法以及判断开发支出资本化条件的依据。

（10）非流动资产可收回金额的确定方法。

（11）投资性房地产的计量模式。

（12）收入确认的标准、提供劳务交易完工进度的确定方法。

（13）确认递延所得税资产和递延所得税负债的依据。

5. 重要财务报表项目的说明

企业应当尽可能以列表形式披露重要财务报表项目的构成或当期增减变动情况。对重要报表项目的明细说明，应当按照资产负债表、利润表、现金流量表、所有者权益变动表的顺序以及报表项目列示的顺序进行披露，应当以文字和数字描述相结合进行披露，并与报表项目相互参照。下面介绍部分重要报表项目的说明。

（1）货币资金。应披露库存现金的金额、开户银行及银行存款的金额以及其他货币资金的种类和金额。

（2）应收及预付款项。应披露不同账龄应收及预付款项的余额、计提坏账准备的比例和金额、核销坏账的金额、应收款项的净额以及欠款前 5 名的单位名称。

（3）交易性金融资产。应披露交易性金融资产的金额。

（4）存货。应披露存货的分类及各类存货余额、本期增减变动金额、本期存货跌价准备计提和转回的金额和原因以及各类存货的账面价值。

（5）其他权益工具投资。应披露其他权益工具投资的金额、按照成本计量的单位名称及按照成本计量的原因和减值准备的增减变动金额。

（6）债权投资和其他债权投资。应披露各项债权投资和其他债权投资的到期日及实际利率。

（7）长期股权投资。应披露对被投资单位具有控制、共同控制和重大影响的投资金额及被投资单位的名称、注册资本、本企业持股比例。

（8）投资性房地产。应披露投资性房地产的项目及余额、增减变动金额、减值准备的增减变动金额。

（9）长期应收款。应披露长期应收款的未来应收金额、未实现融资收益以及实际利率。

（10）固定资产。应披露固定资产的分类、各类固定资产原值、使用寿命、预计净残值和折旧率；各类固定资产原价、累计折旧额及固定资产减值准备的增减变动金额。

（11）在建工程。应披露在建工程的项目及余额、增减变动金额、减值准备的增减变动金额。

（12）无形资产。应披露各类无形资产的名称、取得方式、使用寿命；各类无形资产原价、累计摊销额及无形资产减值准备的增减变动金额。

（13）开发支出。应披露开发支出的项目及余额以及增减变动金额。

（14）递延所得税资产。应披露可抵扣暂时性差异的项目及余额、确认的递延所得税资产金额。

（15）短期借款。应披露短期借款的类别及余额。

（16）应付及预收款项。应披露应付及预收款项的类别及余额。

（17）应付职工薪酬。应披露各类职工薪酬的支付情况以及年末应付的金额。

（18）应交税费。应披露各项税费的计提、缴纳以及年末未交的金额。

（19）长期借款。应披露长期借款的类别及余额。

（20）租赁负债。应披露租赁负债的未来应付金额、未确认租赁费用以及实际利率。

（21）长期应付款。应披露长期应付款的未来应付金额、未确认融资费用以及实际利率。

（22）递延所得税负债。应披露应纳税暂时性差异的项目及余额、确认的递延所得税负债金额。

（23）实收资本（或股本）。应披露实收资本（或股本）的余额及增减变动金额。

（24）资本公积。应披露资本公积的项目及余额、增减变动金额。

（25）其他综合收益。应披露其他综合收益的项目及余额、增减变动金额。

（26）盈余公积。应披露各类盈余公积的余额及增减变动金额。

（27）未分配利润。应披露未分配利润的余额及增减变动金额。

（28）营业收入。应披露各类营业收入的金额。

（29）营业成本。应披露各类营业成本的金额。

（30）税金及附加。应披露各类税金及附加的金额。

（31）期间费用。应披露各类期间费用的金额及主要项目的金额。

（32）资产减值损失。应披露各类资产减值损失的金额。

（33）公允价值变动损益。应披露各类公允价值变动损益方式及转销的金额。

（34）营业外收入。应披露各项营业外收入的金额。

（35）营业外支出。应披露各项营业外支出的金额。

（36）所得税费用。应披露各类所得税费用的金额。

6. 或有和承诺事项的说明

（1）预计负债的种类、形成原因以及经济利益流出不确定性的说明。

（2）与预计负债有关的预期补偿金额和本期已确认的预期补偿金额。

（3）或有负债的种类、形成原因及经济利益流出不确定性的说明。

（4）或有负债预计产生的财务影响，以及获得补偿的可能性；无法预计的，应当说明原因。

（5）或有资产很可能会给企业带来经济利益的，其形成的原因、预计产生的财务影响等。

（6）在涉及未决诉讼、未决仲裁的情况下，披露全部或部分信息预期对企业造成重大不利影响的，该未决诉讼、未决仲裁的性质以及没有披露这些信息的事实和原因。

7. 资产负债表日后事项的说明

每项重要的资产负债表日后非调整事项的性质、内容及其对财务状况和经营成果的影响。无法做出估计的，应当说明原因。

8. 关联方关系及其交易的说明

应披露关联方的性质、发生业务的名称、金额以及定价方法。

9. 会计政策和会计估计变更以及差错更正的说明

(1) 会计政策变更的性质、内容和原因。

(2) 当期和各个列报前期财务报表中受影响的项目名称和调整金额。

(3) 会计政策变更无法进行追溯调整的事实和原因以及开始应用变更后的会计政策的时点、具体应用情况。

(4) 会计估计变更的内容和原因。

(5) 会计估计变更对当期和未来期间的影响金额。

(6) 会计估计变更的影响数不能确定的事实和原因。

(7) 前期差错的性质。

(8) 各个列报前期财务报表中受影响的项目名称和更正金额；前期差错对当期财务报表也有影响的，还应披露当期财务报表中受影响的项目名称和金额。

(9) 前期差错无法进行追溯重述的事实和原因以及对前期差错开始进行更正的时点、具体更正情况。

思考题

1. 资产负债表、利润表、现金流量表与所有者权益变动表这四大报表之间有什么联系？
2. 资产负债表各项目如何填列？
3. 净利润与经营活动产生的现金流量净额的差异有哪几类？各有哪些项目？
4. 报表附注有何作用？应包括哪些基本内容？

练习题

甲公司 2023 年 12 月 31 日部分科目余额如下：

单位：元

总账科目	明细科目	借方余额	贷方余额
库存现金		5 000	
银行存款		300 000	
其他货币资金		80 000	
应收账款		240 000	

续表

总账科目	明细科目	借方余额	贷方余额
	——A 公司	300 000	
	——B 公司		60 000
坏账准备			10 000
在途物资		40 000	
库存商品		150 000	
发出商品		50 000	
存货跌价准备			2 000
固定资产		450 000	
累计折旧			130 000
固定资产减值准备			30 000
无形资产		160 000	
累计摊销			60 000
无形资产减值准备			20 000
应付账款			130 000
	——C 公司		160 000
	——D 公司	30 000	
长期应付款			180 000
未确认融资费用		30 000	
本年利润		60 000	
利润分配			40 000

要求：根据以上资料，填列甲公司资产负债表相关项目。

资产负债表（部分项目）

2023 年 12 月 31 日　　　　单位：元

资产	期末金额	负债和所有者权益	期末金额
货币资金		应付账款	
应收账款		预收款项	
预付款项		长期应付款	
存货		未分配利润	
固定资产			
无形资产			

第 13 章判断题 即测即评

第 13 章单选题 即测即评

第 13 章多选题 即测即评

第 14 章

Chapter 14 资产负债表日后事项

学习目标

1. 掌握：调整事项的核算；非调整事项的核算。
2. 理解：资产负债表日后事项的分类。
3. 了解：资产负债表日后事项的性质。

14.1 资产负债表日后事项概述

14.1.1 资产负债表日后事项的性质

资产负债表日后事项一般是指从年度资产负债表日至财务报告批准报出日之间发生的需要调整或说明的有利或不利事项。财务报告批准报出日是指公司董事会批准财务报告报出的日期。会计中期资产负债表日至财务报告批准报出日之间发生的上述事项，也可以视为资产负债表日后事项。

企业年度财务报告的编制往往需要经历较长一段时间。在资产负债表日至财务报告批准报出日之间，企业可能发生许多事项，有些可能对企业报告期的财务状况、经营成果产生影响；有些虽然与企业报告期的财务状况、经营成果无关，但可能会影响财务报告使用者做出正确的估计和决策。因此，为了使财务报告的使用者能够全面、客观地了解企业的财务信息，企业应对上述事项进行分析、判断，以确定是否需要调整年度财务报告的相关数据，或是否需要在附注中进行披露。

需要说明的是，企业应当按照企业会计准则的规定，对上述事项进行客观的调整或披露，不应仅调整或披露有利事项，而不调整或披露不利事项。

14.1.2 资产负债表日后事项的分类

资产负债表日后事项并非资产负债表日至财务报告批准报出日之间发生的所有事项。例如，该期间正常生产经营发生的采购、生产、销售业务，不属于资产负债表日后事项；又如，董事会在该期间提出的股利分配、提取任意盈余公积的议案，由于需要经过股东大会批准才能执行，也不属于资产负债表日后事项。

资产负债表日后事项是指该期间发生的与资产负债表日存在的状况有关以及虽然与资产负债表日存在的状况无关，但对企业财务状况具有重大影响的事项。这些事项按照是否需要调整财务报告的数据进行分类，可以分为调整事项和非调整事项。

14.2 调整事项

14.2.1 调整事项的内容

资产负债表日后调整事项，是指对资产负债表日已经存在的情况提供了新的或进一步证据的事项，需要对财务报告的数据进行调整。资产负债表日后事项一般包括以下内容：

（1）资产负债表日后诉讼案件结案，法院判决证实了企业在资产负债表日已经存在现时义务，需要调整原先确认的与该诉讼案件相关的预计负债，或确认一项新负债。例如，甲公司在2023年12月31日根据一项未决诉讼，按照最佳估计数确认了预计负债100万元；2024年2月10日，法院判决甲公司应赔偿120万元，由于当日甲公司财务报告尚未经董事会批准报出，因此应将2023年12月31日确认的预计负债调整为其他应付款（已经法院判决的事项不再属于或有事项），并将金额从100万元调整至120万元，调整增加2023年度损失20万元。

（2）资产负债表日后取得确凿证据，表明某项资产在资产负债表日发生了减值或者需要调整该项资产原先确认的减值金额。例如，乙公司的一项应收账款500万元，在2023年12月31日已知购货单位的财务状况较差，计提了坏账准备100万元；2024年3月1日，购货单位正式宣告破产清算，乙公司有确凿证据表明，购货单位仅能偿还货款120万元，由于当日乙公司的财务报告尚未经董事会批准报出，因此应将2023年12月31日计提的坏账准备从100万元调整至380万元，调整增加2023年度信用减值损失280万元。

（3）资产负债表日后进一步确定了资产负债表日前购入资产的成本或售出资产的收入。例如，丙公司于2024年1月20日收到购货单位退回的丙公司上年度销售的产品，由于销售产品的退回，从业务实质来看，丙公司2023年度未真正实现该产品的销售收入。当日丙公司的财务报告尚未经董事会批准报出，因此，应调整 2023 年度的营业收入和营业成本。

（4）资产负债表日后发现了财务报表舞弊或差错。例如，丁公司于 2024 年 3 月 20 日发现上年度一项固定资产少计折旧 20 万元，由于当日丁公司的财务报告尚未经董事会批准报出，因此，丁公司应补提上年度固定资产折旧 20 万元。

14.2.2　调整事项的核算

我国企业会计准则规定，对于调整事项，需要调整报告期财务报表的资产和负债以及相关收入、费用等，以客观反映报告期的财务状况和经营成果。

由于资产负债表日后涉及损益的事项属于上年度的事项，因此应设置“以前年度损益调整”科目进行核算。“以前年度损益调整”科目与“本年利润”科目的构成相同，核算方法相同，只是分别反映上年度损益的调整和本年度损益。为了便于调整报告年度的财务报表，“以前年度损益调整”科目应按照利润表项目设置明细科目。

1. 以前年度利润总额调整的核算

企业调整增加以前年度利润总额的事项，应根据具体内容，借记有关资产或负债科目，贷记“以前年度损益调整”科目；调整减少以前年度利润总额的事项，应做相反的会计处理。

2. 以前年度所得税费用调整的核算

在以前年度利润总额调整以后，应相应调整以前年度所得税费用。

企业调整以前年度利润总额的时点如果在以前年度所得税汇算清缴之前，且调整的收益可以调整报告期的应纳税所得额，可以将调整的所得税费用纳入汇算清缴，调整应交所得税。对于调整增加的所得税费用，应借记“以前年度损益调整——所得税费用”科目，贷记“应交税费——应交所得税”科目；调整减少的所得税费用，做相反的会计处理。

企业调整以前年度利润总额的时点如果在以前年度所得税汇算清缴之前，但调整的收益不影响报告期的应纳税所得额，或企业调整以前年度利润总额的时点在以前年度所得税汇算清缴之后，则无法将调整的所得税费用纳入汇算清缴，在这种情况下，企业不能调整应交所得税，只能调整递延所得税资产或递延所得税负债。对于调整增加的所得税费用，应借记“以前年度损益调整——所得税费用”科目，贷记“递延所得税资产”或“递延所得税负债”科目；调整减少的所得税费用，做相反的会计处理。

3. 以前年度净损益的结转

企业在调整以前年度利润总额和所得税费用以后，“以前年度损益调整”科目的余额为调整的以前年度净损益。调整的以前年度净损益与本年利润的结转方法相同，均应转为未分配利润，应根据调整增加的以前年度净损益，借记“以前年度损益调整”科目，贷记“利润分配——未分配利润”科目；调整减少的以前年度净损益，做相反的会计处理。

4. 以前年度利润分配调整的核算

企业在调整以前年度净损益以后，还应相应调整法定盈余公积。法定盈余公积不属于损益项目，不通过“以前年度损益调整”科目核算。此外，由于调整的是以前年度的法定盈余公积，为了避免与本年度提取的法定盈余公积混淆，调整的以前年度法定盈余公积直接调整未分配利润。企业应根据调整增加的以前年度净损益和法定盈余公积的提取比例计算调整增加的法定盈余公积，借记“利润分配——未分配利润”科目，贷记“盈余公积——法定盈余公积”科目；调整减少的法定盈余公积，做相反的会计处理。

例 14-1

甲公司 2023 年 5 月 31 日应收 A 公司的货款为 1 000 000 元，至 2023 年 12 月 31 日尚未收回。当日，甲公司已经获知 A 公司出现财务困难，采用个别认定法对该项应收账款计提坏账准备 300 000 元。甲公司于 2024 年 2 月 5 日收到 A 公司通知，A 公司已进行破产清算，无力偿还所欠部分货款。甲公司经过与 A 公司沟通，预计能够收回货款 500 000 元。当日，甲公司的年度财务报告尚未批准报出，且未进行所得税汇算清缴。甲公司适用的所得税税率为 25%，按照净利润的 10%提取法定盈余公积。根据以上资料，甲公司编制会计分录如下：

（1）确认是否属于资产负债表日后调整事项。

由于 2023 年 12 月 31 日甲公司已经获知 A 公司出现财务困难，A 公司破产清算的状况实际上已经存在，只是甲公司没有确凿的证据予以证实。甲公司 2024 年 2 月 5 日收到 A 公司破产清算的通知，证实上述状况的存在，且上年度的财务报告尚未批准报出，属于资产负债表日后调整事项。

（2）补提坏账准备。

应补提的坏账准备＝1 000 000－300 000－500 000＝200 000(元)

借：以前年度损益调整——信用减值损失　　200 000
　贷：坏账准备　　200 000

（3）调整递延所得税资产。由于企业所得税法规定计提的资产减值损失不得在税前扣除，应根据其形成的可抵扣暂时性差异确认递延所得税资产。

调增递延所得税资产＝200 000×25%＝50 000(元)

借：递延所得税资产　　50 000
　贷：以前年度损益调整——所得税费用　　50 000

（4）将“以前年度损益调整”科目的余额转入“利润分配”科目。

“以前年度损益调整”科目借方余额＝200 000－50 000＝150 000(元)

借：利润分配——未分配利润　　150 000
　　以前年度损益调整——所得税费用　　50 000
　贷：以前年度损益调整——信用减值损失　　200 000

（5）调整法定盈余公积。企业调整上年度净损益，相应调减法定盈余公积。

调减提取的法定盈余公积＝150 000×10%＝15 000（元）

借：盈余公积——法定盈余公积　　15 000
　贷：利润分配——未分配利润　　15 000

（6）调整 2023 年度财务报表相关项目的金额（见表 14－1、表 14－2 和表 14－3）。为了简化，本例仅列示调整的金额，不再列示调整前和调整后的金额。调整后的金额可以根据调整前的金额加减调整的金额计算。

表 14－1　资产负债表调整金额

编制单位：甲公司　　2023 年 12 月 31 日　　单位：元

资产	调整金额	负债和所有者权益	调整金额
应收账款	－200 000	盈余公积	－15 000
递延所得税资产	50 000	未分配利润	－135 000
资产总计	－150 000	负债和所有者权益总计	－150 000

说明：（1）补提坏账准备 200 000 元，调减“应收账款”项目 200 000 元。
（2）减少净利润 150 000 元，冲减法定盈余公积 15 000 元，调减“未分配利润”项目 135 000 元。

表 14－2　利润表调整金额

编制单位：甲公司　　2023 年度　　单位：元

项目	调整金额
信用减值损失	200 000
利润总额	－200 000
所得税费用	－50 000
净利润	－150 000

表 14－3　所有者权益变动表调整金额

编制单位：甲公司　　2023 年度　　单位：元

项目	本年金额调整		
	盈余公积	未分配利润	所有者权益合计
三、本年增减变动金额	－15 000	－135 000	－150 000
（一）综合收益总额		－150 000	－150 000
（三）利润分配	－15 000	15 000	0
1. 提取盈余公积	－15 000	15 000	0
四、本年年末余额	－15 000	－135 000	－150 000

说明：（1）所有者权益变动表“盈余公积（本年年末余额）”项目的变动金额（－15 000 元）与资产负债表“盈余公积”项目的变动金额（－15 000 元）相等。

（2）所有者权益变动表“未分配利润（本年年末余额）”项目的变动金额（－135 000 元）与资产负债表“未分配利润”项目的变动金额（－135 000 元）相等。

例 14-2

乙公司于2023年10月31日因销售产品的质量问题被B公司告上法院，至2023年10月31日法院尚未判决。乙公司根据最可能的赔偿金额确认营业外支出和预计负债400 000元，并确认递延所得税资产100 000元。2024年4月25日，法院判决乙公司应赔偿B公司360 000元。当日，甲公司的年度财务报告尚未批准报出，但已经完成所得税汇算清缴。乙公司适用的所得税税率为25%，按照净利润的10%提取法定盈余公积。根据以上资料，甲公司编制会计分录如下：

（1）确认是否属于资产负债表日后调整事项。由于2023年12月31日诉讼事项已经存在，2024年4月25日收到法院判决书，且上年度的财务报告尚未批准报出，属于资产负债表日后调整事项。

（2）调整应赔偿金额。乙公司2024年4月25日收到法院判决书，赔偿事项不再属于或有事项，2023年12月31日确认的预计负债应调整为其他应付款，并冲减多确认的赔偿金额40 000元。

借：预计负债——未决诉讼　　400 000

　贷：以前年度损益调整——营业外支出　　40 000

　　其他应付款　　360 000

（3）调整递延所得税资产。由于乙公司已经完成2023年度所得税汇算清缴，赔偿款项不得在税前扣除，应根据其影响的可抵扣暂时性差异和适用税率，冲减递延所得税资产。

调减递延所得税资产＝40 000×25%＝10 000(元)

借：以前年度损益调整——所得税费用　　10 000

　贷：递延所得税资产　　10 000

（4）将“以前年度损益调整”科目的余额转入“利润分配”科目。

“以前年度损益调整”科目贷方余额＝40 000－10 000＝30 000(元)

借：以前年度损益调整——营业外支出　　40 000

　贷：以前年度损益调整——所得税费用　　10 000

　　利润分配——未分配利润　　30 000

（5）调整法定盈余公积。企业调整上年度净损益，相应调增法定盈余公积。

调增提取的法定盈余公积＝30 000×10%＝3 000(元)

借：利润分配——未分配利润　　3 000

　贷：盈余公积——法定盈余公积　　3 000

（6）调整2023年度财务报表相关项目的金额（见表14-4、表14-5和表14-6）。为了简化举例，本例仅列示调整的金额，不再列示调整前和调整后的金额。调整后的金额可以根据调整前的金额加减调整的金额计算。

表 14－4　资产负债表调整金额

编制单位：乙公司　　　　2023 年 12 月 31 日　　　　单位：元

资产	调整金额	负债和所有者权益	调整金额
递延所得税资产	－10 000	其他应付款	360 000
		预计负债	－400 000
		盈余公积	3 000
		未分配利润	27 000
资产总计	－10 000	负债和所有者权益总计	－10 000

说明：增加净利润 30 000 元，补提法定盈余公积 3 000 元，调增“未分配利润”项目 27 000 元。

表 14－5　利润表调整金额

编制单位：乙公司　　　　2023 年　　　　单位：元

项目	调整金额
营业外支出	－40 000
利润总额	40 000
所得税费用	10 000
净利润	30 000

表 14－6　所有者权益变动表调整金额

编制单位：乙公司　　　　2023 年　　　　单位：元

项目	本年金额调整		
	盈余公积	未分配利润	所有者权益合计
三、本年增减变动金额	3 000	27 000	30 000
（一）综合收益总额		30 000	30 000
（三）利润分配	3 000	－3 000	0
1. 提取盈余公积	3 000	－3 000	0
四、本年年末余额	3 000	27 000	30 000

说明：（1）所有者权益变动表“盈余公积（本年年末余额）”项目的变动金额 3 000 元与资产负债表“盈余公积”项目的变动金额 3 000 元相等。

（2）所有者权益变动表“未分配利润（本年年末余额）”项目的变动金额 27 000 元与资产负债表“未分配利润”项目的变动金额 27 000 元相等。

例 14－3

丙公司于 2023 年 12 月 28 日向 C 公司销售一批产品，不含增值税的价款为 200 000 元，增值税为 26 000 元，至 2023 年 12 月 31 尚未收到货款，计提坏账准备 4 680 元；该批产品的成本为 160 000 元。2024 年 1 月 3 日，丙公司收到 C 公司通知，该批产品存在质量问题，要求退货。丙公司对该批产品进行检验后，承认存在质量问题，同意退货。2024 年 1 月 5 日，丙公司收到 C 公司退回的该批产品，验收入库，并收到 C 公司退回的增值税专用发票。当日，丙公司的年度财务报告尚未批准报出，且未进行所得税汇算清缴。丙公司适用的所得税税率为 25%，按照净利润的 10%提取法定盈余公积。根据以上资料，丙公司编制会计分录如下：

（1）确认是否属于资产负债表日后调整事项。丙公司上年度销售的产品在本年度退回，上年度并未真正实现销售收入。2024年1月5日收到C公司退回的产品，且上年度财务报告尚未批准报出，属于资产负债表日后调整事项。

（2）冲减产品销售收入。

借：以前年度损益调整——营业收入　200 000
　　应交税费——应交增值税（销项税额）　26 000
　贷：应收账款　226 000

（3）退回的产品验收入库。

借：库存商品　160 000
　贷：以前年度损益调整——营业成本　160 000

（4）冲减计提的坏账准备。

借：坏账准备　4 680
　贷：以前年度损益调整——信用减值损失　4 680

（5）调整应交所得税。由于尚未进行所得税汇算清缴，可以冲减应交所得税。

冲减应交所得税＝(200 000－160 000)×25%＝10 000(元)

借：应交税费——应交所得税　10 000
　贷：以前年度损益调整——所得税费用　10 000

（6）调整递延所得税资产。由于上年计提的资产减值损失不得在税前扣除，丙公司已经根据其形成的可抵扣暂时性差异确认递延所得税资产，因此应当冲减递延所得税资产。

调减递延所得税资产＝4 680×25%＝1 170(元)

借：以前年度损益调整——所得税费用　1 170
　贷：递延所得税资产　1 170

（7）将“以前年度损益调整”科目的余额转入“利润分配”科目。

“以前年度损益调整”科目借方余额＝200 000－160 000－4 680－(10 000－1 170)
＝26 490(元)

借：利润分配——未分配利润　26 490
　　以前年度损益调整——营业成本　160 000
　　　　　　　　　　——所得税费用　8 830
　　　　　　　　　　——信用减值损失　4 680
　贷：以前年度损益调整——营业收入　200 000

（8）调整法定盈余公积。企业调整上年度净损益，相应调减法定盈余公积。

调减提取的法定盈余公积＝26 490×10%＝2 649(元)

借：盈余公积——法定盈余公积　　2 649

　贷：利润分配——未分配利润　　2 649

（9）调整 2023 年度财务报表相关项目的金额（见表 14－7、表 14－8 和表 14－9）。为了简化，本例仅列示调整的金额，不再列示调整前和调整后的金额。调整后的金额可以根据调整前的金额加减调整的金额计算。

表 14－7　资产负债表调整金额

编制单位：丙公司　　2023 年 12 月 31 日　　单位：元

资产	调整金额	负债和所有者权益	调整金额
应收账款	－221 320	应交税费	－36 000
存货	160 000	盈余公积	－2 649
递延所得税资产	－1 170	未分配利润	－23 841
资产总计	－62 490	负债和所有者权益总计	－62 490

说明：（1）冲减应收账款 226 000 元，冲减坏账准备 4 680 元，调减“应收账款”项目 221 320 元。

（2）冲减净利润 26 490 元，冲减法定盈余公积 2 649 元，调减“未分配利润”项目 23 841 元。

表 14－8　利润表调整金额

编制单位：丙公司　　2023 年度　　单位：元

项目	调整金额
营业收入	－200 000
营业成本	－160 000
信用减值损失	－4 680
利润总额	－35 320
所得税费用	－8 830
净利润	－26 490

表 14－9　所有者权益变动表调整金额

编制单位：丙公司　　2023 年度　　单位：元

项目	本年金额调整		
	盈余公积	未分配利润	所有者权益合计
三、本年增减变动金额	－2 649	－23 841	－26 490
（一）综合收益总额		－26 490	－26 490
（三）利润分配	－2 649	2 649	0
1. 提取盈余公积	－2 649	2 649	0
四、本年年末余额	－2 649	－23 841	－26 490

说明：（1）所有者权益变动表“盈余公积（本年年末余额）”项目的变动金额（－2 649 元）与资产负债表“盈余公积”项目的变动金额（－2 649 元）相等。

（2）所有者权益变动表“未分配利润（本年年末余额）”项目的变动金额（－23 841 元）与资产负债表“未分配利润”项目的变动金额（－23 841 元）相等。

14.3 非调整事项

非调整事项是指在资产负债表日之后才发生或存在的、不影响资产负债表日存在的状况，但如不加以说明，将会影响财务报告使用者做出正确估计和决策的一种资产负债表日后事项。

企业发生的资产负债表日后非调整事项，通常包括以下内容：

（1）资产负债表日后发生重大诉讼、仲裁、承诺。

（2）资产负债表日后资产价格、税收政策、外汇汇率发生重大变化。

（3）资产负债表日后因自然灾害导致资产发生重大损失。

（4）资产负债表日后发行股票和债券以及其他巨额举债。

（5）资产负债表日后资本公积转增资本。

（6）资产负债表日后发生巨额亏损。

（7）资产负债表日后发生企业合并或处置子公司。

上述事项均发生在资产负债表日之后，与资产负债表日的财务状况和报告期的经营成果无关，不需要调整报告期财务报表的金额，但是应在附注中予以披露，说明每项非调整事项的性质、内容及其对财务状况和经营成果的影响。如果企业无法对其影响做出估计，应说明原因。

思考题

1. 什么是资产负债表日后事项？为什么要考虑资产负债表日后事项？
2. 如何划分资产负债表日后调整事项和非调整事项？
3. 什么是调整事项的累积影响数？如何计算累积影响数？

练习题

1. （2018年会计资格考试《中级会计实务》试题）某企业为上市公司，2×17年度财务报告于2×18年4月30日对外报出。该企业2×18年资产负债表日后期间对2×17年财务报表审计时发现如下问题：

资料一：2×17年年末，该企业的一批存货已经完工，成本为48万元，市场售价为47万元，共200件，其中50件签订了不可撤销的合同，合同价款为51万元/件，产品预计销售费用为1万元/件。企业对该批存货计提了200万元的减值，并确认了递延所得税。

资料二：该企业的一项管理用无形资产使用寿命不确定，但是税法规定使用年限为 10 年。企业 2×17 年按照税法年限对其计提了摊销 120 万元。

其他资料：该企业适用的所得税税率为 25%，按照 10%的比例计提法定盈余公积，不计提任意盈余公积。

要求： 判断上述事项处理是否正确，说明理由，并编制会计差错的更正分录。

2.（2014 年会计资格考试《中级会计实务》试题）甲公司适用的所得税税率为 25%，且预计在未来期间保持不变，2013 年度所得税汇算清缴于 2014 年 3 月 20 日完成；2013 年度财务报告批准报出日为 2014 年 4 月 5 日，甲公司有关资料如下：

（1）2013 年 10 月 16 日，甲公司与丙公司签订了一项购货合同，约定甲公司于 2013 年 11 月 20 日之前向丙公司支付首期购货款 500 万元。2013 年 11 月 8 日，甲公司已从丙公司收到所购货物。2013 年 11 月 25 日，甲公司因资金周转困难未能按期支付首期购货款而被丙公司起诉，至 2013 年 12 月 31 日该案尚未判决。甲公司预计败诉的可能性为 70%，如败诉，将要支付 60 万元至 100 万元的赔偿金，且该区间内每个金额发生的可能性大致相同。

（2）2014 年 1 月 26 日，人民法院对上述丙公司起诉甲公司的案件做出判决，甲公司应赔偿丙公司 90 万元，甲公司和丙公司均表示不再上诉。当日，甲公司向丙公司支付了 90 万元的赔偿款。

（3）2013 年 12 月 26 日，甲公司与丁公司签订了一项售价总额为 1 000 万元的销售合同，约定甲公司于 2014 年 2 月 10 日向丁公司发货。甲公司因 2014 年 1 月 23 日遭受严重自然灾害无法按时交货，与丁公司协商未果。2014 年 2 月 15 日，甲公司被丁公司起诉。2014 年 2 月 20 日，甲公司同意向丁公司赔偿 100 万元。丁公司撤回了该诉讼。该赔偿额对甲公司有较大影响。

（4）其他资料。

1）假定递延所得税资产、递延所得税负债、预计负债在 2013 年 1 月 1 日的期初余额均为 0。

2）涉及递延所得税资产的，假定未来期间能够产生足够的应纳税所得额用以利用可抵扣暂时性差异。

3）与预计负债相关的损失在确认预计负债时不允许从应纳税所得额中扣除，只允许在实际发生时据实从应纳税所得额中扣除。

4）调整事项涉及所得税的，均可调整应交所得税。

5）按照净利润的 10%提取法定盈余公积。

6）不考虑其他因素。

要求：

（1）根据资料（1），判断甲公司应否将与该事项相关的义务确认为预计负债，并简要说明理由。如需确认，计算确定预计负债的金额，并分别编制确认预计负债、递延所得税资产（或递延所得税负债）的会计分录。

（2）分别判断资料（2）和（3）中甲公司发生的事项是否属于 2013 年度资

产负债表日后调整事项，并简要说明理由。如为调整事项，编制相关会计分录；如为非调整事项，简要说明具体的会计处理方法。

（答案中的金额单位用万元表示。）

第14章判断题
即测即评

第14章单选题
即测即评

第14章多选题
即测即评

第 15 章

Chapter 15 会计政策、会计估计变更与差错更正

学习目标

1. 掌握：会计政策变更的追溯调整法；前期差错更正的追溯重述法。
2. 理解：会计政策变更与会计估计变更的未来适用法。
3. 了解：会计政策的概念；会计估计的概念。

15.1 会计政策及其变更

15.1.1 会计政策

会计政策是指企业在会计确认、计量和报告中采用的具体原则、基础和会计处理方法。其中，原则是指会计确认的原则，即指导企业进行会计确认的具体要求，例如，对某项受益期较长但数额较小的支出，在进行会计确认时，是按照可靠性要求分期确认费用，还是按照重要性要求一次确认费用；基础是指会计计量的基础，即在遵循会计确认原则的前提下在会计计量中采用的计量属性，包括历史成本、重置成本、可变现净值、现值和公允价值等，例如，存货期末计价是按照历史成本计量，还是按照成本与可变现净值孰低法计量；会计处理方法是指按照会计原则和计量基础的要求，企业在会计核算中采用或者选择的适合本企业的具体会计处理方法，例如，长期股权投资核算是采用成本法还是采用权益法等。

具体来说，企业重要的会计政策主要包括以下内容：

（1）发出存货成本的计量。按照企业会计准则的规定，发出存货成本的计量

可以采用个别计价法、先进先出法、移动加权平均法和全月一次加权平均法，企业应根据自身的情况确认选择哪种方法。

（2）长期股权投资的后续计量。按照企业会计准则的规定，长期股权投资的后续计量可以采用成本法和权益法，企业应根据长期股权投资的具体情况确定采用成本法或权益法。

（3）投资性房地产的后续计量。按照企业会计准则的规定，投资性房地产的后续计量可以采用成本模式和公允价值模式，企业应根据投资性房地产的具体情况确定采用成本模式或公允价值模式。

（4）固定资产折旧方法。[①] 按照企业会计准则的规定，固定资产折旧的方法可以采用年限平均法、工作量法、双倍余额递减法和年数总和法，企业应根据固定资产的具体情况确定采用哪种方法。

（5）借款费用的会计处理方法。按照企业会计准则的规定，借款费用的会计处理可以费用化和资本化，企业应根据借款的具体用途确定费用化或资本化。

企业应当在会计准则允许采用的会计政策中选择适当的会计政策，并正确运用所选定的会计政策进行相关交易或事项的会计确认、计量和报告。

按照我国企业会计准则的规定，企业应在附注中披露其所采用的会计政策的主要内容。

15.1.2 会计政策变更

会计政策变更是指企业将目前采用的会计政策变更为另一项会计政策。

企业采用的会计政策在每一会计期间和前后各期应当保持一致，不得随意变更。但是，满足下列条件之一的，可以变更会计政策：

1. 法律、行政法规或者国家统一的会计制度等要求变更

法律、行政法规或者国家统一的会计制度等要求进行会计政策变更，属于企业外部的强制性要求，并非企业主动要求变更，企业应按照规定执行。例如，企业2006年发出存货成本采用的计价方法是后进先出法，按照企业会计准则的规定，自2007年1月1日起，发出存货的成本不得采用后进先出法计价，企业自2007年1月1日起应进行变更，将后进先出法改为其他企业会计准则允许使用的方法。

2. 会计政策变更能够提供更可靠、更相关的会计信息

会计政策变更能够提供更可靠、更相关的会计信息，是指企业考虑经营环境、自身管理的要求等，认为变更会计政策能够为财务报告使用者提供更可靠、更相关的会计信息，而主动进行会计政策变更。例如，企业的投资性房地产原采用成本模式进行后续计量，由于当期企业所在地区的房地产市场比较活

① 按照会计制度规定，固定资产折旧方法的变更视为会计估计变更。但是，从理论上讲，固定资产折旧方法属于会计政策、方法的变更，理当视为会计政策变更。因此，本教材将固定资产折旧方法的变更纳入会计政策变更，但不进行追溯调整，采用未来适用法进行会计处理。

跃，企业认为采用公允价值模式对投资性房地产进行后续计量能够提供更可靠、更相关的会计信息，可以将投资性房地产的后续计量由成本模式变更为公允价值模式。

3. 不属于会计政策变更的事项

（1）本期发生的与以前相比具有本质差别的事项以及初次发生的事项。本期发生的与以前相比具有本质差别的事项以及初次发生的事项，均属于企业新发生的事项，与以前的事项不具有可比性，因此，企业对上述事项采用新的会计政策，不属于会计政策变更。

（2）不重要的事项。企业发生的事项虽然不属于新发生的事项，但由于其属于不重要的事项，企业采用新的会计政策不会对财务报告使用者产生重大影响，因此，可以不视为会计政策变更。

15.1.3 会计政策变更的核算

1. 会计政策变更核算方法

会计政策变更可以根据具体情况采用追溯调整法和未来适用法。

（1）追溯调整法。追溯调整法是指对某项交易或事项变更会计政策，视同该项交易或事项初次发生时即采用变更后的会计政策，并根据会计政策变更累积影响数，对财务报表相关项目进行调整的方法。

确定会计政策变更对列报前期影响数不切实可行的，应当从可追溯调整的最早期间的期初开始应用变更后的会计政策。

如果企业提供比较财务报表，对于比较财务报表期间的会计政策变更，应当调整比较期间各期的净损益和其他有关项目，视同该政策在比较财务报表期间一直采用；会计政策变更的累积影响数中属于比较财务报表期间以前期间的部分，应当调整比较财务报表最早期间的期初留存收益，财务报表其他相关项目的金额也做相应调整。一般来说，年度资产负债表是年末数与年初数比较，利润表是本年数与上年数进行比较，也就是说，比较期为上年，则累积影响数中属于影响上年利润的金额，应调整上年利润表相关项目；属于影响上年以前利润的金额，调整上年所有者权益变动表的年初留存收益。

（2）未来适用法。未来适用法是指将变更后的会计政策应用于变更日及以后发生的交易或者事项，或者在会计估计变更当期和未来期间确认会计估计变更影响数的方法。

2. 会计政策变更核算方法的选择

（1）企业根据法律、行政法规或者国家统一的会计制度等要求变更会计政策的，应当按照相关规定执行，分别采用追溯调整法或未来适用法。法律、行政法规或者国家统一的会计制度等未做出规定的，一般应采用追溯调整法。例如，我国企业会计准则规定，发出存货的计价方法变更、固定资产折旧方法的变更，应采用未来适用法。

（2）会计政策变更能够提供更可靠、更相关的会计信息的，应当采用追溯调整法处理。

（3）无法确定会计政策变更对以前各期累积影响数的，应当采用未来适用法处理。

3. 追溯调整法的核算程序

（1）计算会计政策变更的累积影响数。会计政策变更的累积影响数，是指按照变更后的会计政策对以前各期追溯调整后的期初留存收益（盈余公积与未分配利润之和）应有金额与期初留存收益现有金额之间的差额。

（2）编制相关项目的调整会计分录。会计政策变更调整会计分录的编制方法与资产负债表日后事项调整会计分录的编制方法基本相同，不同之处主要是资产负债表日后事项大多仅涉及上年度，而会计政策变更可能涉及若干会计年度。一般来说，为了便于调整上年度财务报表，累积影响数中属于影响上年损益的金额，应通过“以前年度损益调整”科目进行核算；属于影响上年以前年度损益的金额，则直接通过“利润分配——未分配利润”科目进行核算。

（3）调整上年财务报表。如果企业会计政策变更发生在资产负债表日至财务报告批准报出日之间，上年度财务报表的调整方法与资产负债表日后事项上年度财务报表的调整方法基本相同，不同之处是可能涉及上年度财务报表的年初留存收益；如果企业会计政策变更发生在上年度财务报表批准报出日之后，则由于上年度财务报告已经报出，无法进行调整，只能调整本年度财务报表的有关年初数和上年数，其调整方法与上年度财务报表的调整方法完全相同。

例 15－1

甲公司于 2020 年 12 月 31 日以 80 000 000 元的不含增值税价格购入一栋写字楼用于出租，确认为投资性房地产，采用成本模式进行后续计量。该写字楼采用年限平均法计提折旧，预计使用年限为 50 年，预计净残值为 0，年折旧额为 1 600 000 元。甲公司从 2024 年 12 月 31 日起将该投资性房地产的后续计量由成本模式改为公允价值模式。根据当地房地产市场的交易记录，甲公司估计该写字楼各年年末的公允价值为：2021 年 12 月 31 日 81 600 000 元，2022 年 12 月 31 日 82 400 000 元，2023 年 12 月 31 日 82 800 000 元，2024 年 12 月 31 日 83 000 000 元。甲公司适用的所得税税率为 25%，按净利润的 10%提取法定盈余公积。甲公司 2024 年 12 月 31 日采用追溯调整法编制的会计分录如下：

（1）计算会计政策变更的累积影响数。甲公司 2024 年 12 月 31 日进行会计政策变更，累积影响数是指对 2023 年 12 月 31 日留存收益的影响数。2021—2023 年计提的投资性房地产折旧、资产负债表日账面价值和公允价值以及价值变动、递延所得税负债和对净利润的影响见表 15－1。

表 15－1 相关数据

单位：元

年度	年折旧额	年末账面价值	年末公允价值	税前差异	所得税影响	税后差异
2020		80 000 000	80 000 000	0	0	

续表

年度	年折旧额	年末账面价值	年末公允价值	税前差异	所得税影响	税后差异
2021	1 600 000	78 400 000	81 600 000	3 200 000	800 000	2 400 000
2022	1 600 000	76 800 000	82 400 000	5 600 000	1 400 000	4 200 000
2023	1 600 000	75 200 000	82 800 000	7 600 000	1 900 000	5 700 000

甲公司于 2024 年 12 月 31 日进行会计政策变更的累积影响数为 2023 年年末的累计税后差异 5 700 000 元，其中，属于比较期 2023 年的影响数为1 500 000 元（5 700 000－4 200 000），属于 2023 年之前的影响数为 4 200 000 元。甲公司分别对上述影响数进行会计处理。

（2）编制相关项目的调整会计分录。

1）调整属于比较期之前的累积影响数。甲公司 2021 年和 2022 年计提的折旧共计 3 200 000 元（1 600 000＋1 600 000），应予以冲销；确认公允价值变动 2 400 000 元（82 400 000－80 000 000）；确认递延所得税负债 1 400 000 元（年末账面价值为计税基础）；调整 2023 年年初未分配利润 4 200 000 元。根据年初未分配利润的变动，补提法定盈余公积 420 000 元（4 200 000×10%）。

借：投资性房地产累计折旧（摊销）　3 200 000
　　投资性房地产——公允价值变动　2 400 000
　贷：递延所得税负债　1 400 000
　　　利润分配——未分配利润　4 200 000

借：利润分配——未分配利润　420 000
　贷：盈余公积——法定盈余公积　420 000

2）调整属于比较期的累积影响数。甲公司 2023 年计提的折旧 1 600 000 元，应予以冲销；确认公允价值变动 400 000 元（82 800 000－82 400 000）；调增递延所得税负债 500 000 元（1 900 000－1 400 000）；调增 2023 年年末未分配利润 1 500 000 元（5 700 000－4 200 000）。根据年末未分配利润的变动，补提法定盈余公积 150 000 元（1 500 000×10%）。

借：投资性房地产累计折旧（摊销）　1 600 000
　　投资性房地产——公允价值变动　400 000
　贷：以前年度损益调整——营业成本　1 600 000
　　　　　　　　　　　——公允价值变动损益　400 000

借：以前年度损益调整——所得税费用　500 000
　贷：递延所得税负债　500 000

借：以前年度损益调整——营业成本　1 600 000
　　　　　　　　　　——公允价值变动损益　400 000
　贷：以前年度损益调整——所得税费用　500 000
　　　利润分配——未分配利润　1 500 000

借：利润分配——未分配利润　150 000
　贷：盈余公积——法定盈余公积　150 000

3）调整会计政策变更对2024年的影响。会计政策变更对2024年的影响，属于2024年的正常经济业务的调整。甲公司2024年计提的折旧1 600 000元，予以冲销；确认公允价值变动损益200 000元（83 000 000—82 800 000）。

借：投资性房地产累计折旧（摊销） 1 600 000

　贷：其他业务成本 1 600 000

借：投资性房地产——公允价值变动 200 000

　贷：公允价值变动损益 200 000

（3）调整2024年度财务报表的年初数和上年数。甲公司于2024年12月31日进行会计政策变更，由于2023年度财务报表早已报出，无法调整，因此，只能调整2024年度财务报表的年初数和上年数（见表15－2、表15－3和表15－4）。为了简化举例，本例仅列示调整的金额，不再列示调整前和调整后的金额。调整后的金额可以根据调整前的金额加减调整的金额计算。

表15－2 资产负债表调整金额（年初数）

编制单位：甲公司　　2024年12月31日　　单位：元

资产	调整金额	负债和所有者权益	调整金额
投资性房地产	7 600 000	递延所得税负债	1 900 000
		盈余公积	570 000
		未分配利润	5 130 000
资产总计	7 600 000	负债和所有者权益总计	7 600 000

说明：（1）冲减2023年之前计提的折旧3 200 000元，确认2023年之前的公允价值变动收益2 400 000元；冲减2023年计提的折旧1 600 000元，确认2023年的公允价值变动收益400 000元；调增“投资性房地产”项目7 600 000元。

（2）确认2023年年初递延所得税负债1 400 000元，确认2023年年末递延所得税负债500 000元，调增“递延所得税负债”项目1 900 000元。

（3）确认2023年之前法定盈余公积420 000元，确认2023年法定盈余公积150 000元，调增“盈余公积”项目570 000元。

（4）增加2023年之前未分配利润3 780 000元，增加2023年未分配利润1 350 000元，调增“未分配利润”项目5 130 000元。

表15－3 利润表调整金额（上年数）

编制单位：甲公司　　2024年度　　单位：元

项目	调整金额
营业成本	—1 600 000
公允价值变动收益	400 000
利润总额	2 000 000
所得税费用	500 000
净利润	1 500 000

表 15-4　所有者权益变动表调整金额（上年数）

编制单位：甲公司　　2024 年度　　单位：元

项目	上年金额调整		
	盈余公积	未分配利润	所有者权益合计
一、上年年末余额			
加：会计政策变更	420 000	3 780 000	4 200 000
二、本年年初余额	420 000	3 780 000	4 200 000
三、本年增减变动金额	150 000	1 350 000	1 500 000
（一）综合收益总额		1 500 000	1 500 000
（三）利润分配	150 000	−150 000	0
1. 提取盈余公积	150 000	−150 000	0
四、本年年末余额	570 000	5 130 000	5 700 000

说明：(1) 所有者权益变动表“盈余公积（本年年末余额）”项目的变动金额 570 000 元与资产负债表“盈余公积”项目的变动金额 570 000 元相等。

(2) 所有者权益变动表“未分配利润（本年年末余额）”项目的变动金额 5 130 000 元与资产负债表“未分配利润”项目的变动金额 5 130 000 元相等。

4. 未来适用法的核算程序

未来适用法是指对某项交易或事项变更会计政策时，不进行追溯调整，只需将新的会计政策适用于变更当期及未来期间发生的交易或事项的方法。也就是不计算与确认会计政策变更有关的累积影响数。但根据披露要求，企业应计算确定会计政策变更对当期净利润的影响数。

例 15-2

乙公司于 2020 年 12 月 31 日购入一台大型设备，原始价值为 1 000 000 元，预计使用年限为 7 年，预计净残值为 20 000 元，采用年限平均法计提折旧；2024 年1 月 1 日，乙公司决定将该大型设备的折旧方法改为年数总和法，预计净残值和剩余使用年限不变。采用未来适用法进行调整。

(1) 计算该项大型设备 2021—2023 年的累计折旧。

年折旧额＝(1 000 000−20 000)÷7＝140 000(元)

累计折旧＝140 000×3＝420 000(元)

(2) 计算该项大型设备 2023 年 12 月 31 日的账面价值。

账面价值＝1 000 000−420 000＝580 000(元)

(3) 采用未来适用法进行调整。采用未来适用法，乙公司不需要调整以前年度计提的折旧，只需要从 2024 年 1 月开始，改按年数总和法计提折旧。乙公司 2024—2027 年各年折旧额的计算见表 15-5。

表15-5 折旧计算表 单位：元

年度	应计提折旧总额	年折旧率	年折旧额	年末净值
2023				580 000
2024	560 000	4/10	224 000	356 000
2025	560 000	3/10	168 000	188 000
2026	560 000	2/10	112 000	76 000
2027	560 000	1/10	56 000	20 000

15.1.4 会计政策变更的披露

会计政策变更属于财务报表使用者非常关注的信息，可能会对其决策产生影响。企业会计准则规定，企业应当在附注中披露与会计政策变更有关的下列信息：

（1）会计政策变更的性质、内容和原因。

（2）当期和各个列报前期财务报表中受影响的项目名称和调整金额。

（3）无法进行追溯调整的，说明该事实和原因以及开始应用变更后的会计政策的时点、具体应用情况。

15.2 会计估计及其变更

15.2.1 会计估计

会计估计是指企业对其结果不确定的交易或事项以最近可利用的信息为基础所做的判断。例如，固定资产的使用年限以及预计净残值，需要根据固定资产的性质和用途进行估计；又如，无形资产的使用年限，需要根据无形资产的性质进行估计；再如，计提资产减值准备的金额，也需要根据具体情况进行估计。

会计估计的准确性，取决于会计人员掌握信息的全面性和可靠性，也取决于会计人员的职业判断能力。

15.2.2 会计估计变更

会计估计变更是指由于资产和负债的当前状况及预期经济利益和义务发生了变化，而对资产或负债的账面价值或者资产的定期消耗金额进行调整。

当企业据以进行估计的基础发生了变化，或者由于取得新信息、积累更多经验以及后来的发展变化，可能需要对会计估计进行修订。会计估计变更的依据应当真实、可靠。

15.2.3　会计估计变更的核算

会计估计变更应当采用未来适用法。会计估计变更仅影响变更当期的，其影响数应当在变更当期予以确认；既影响变更当期又影响未来期间的，其影响数应当在变更当期和未来期间予以确认。

会计估计变更的未来适用法与会计政策变更的未来适用法相同，这里不再赘述。

企业如果难以区分某项变更属于会计政策变更还是会计估计变更，应当将其视为会计估计变更，采用未来适用法进行处理。

15.2.4　会计估计变更的披露

企业会计准则规定，企业应当在附注中披露与会计估计变更有关的下列信息：

（1）会计估计变更的内容和原因。

（2）会计估计变更对当期和未来期间的影响数。

（3）会计估计变更的影响数不能确定的，披露这一事实和原因。

15.3　前期差错及其更正

15.3.1　前期差错

前期差错是指企业没有运用或错误运用在编报前期财务报表时预期能够取得并加以考虑的可靠信息以及前期财务报告批准报出时能够取得的可靠信息，而导致前期财务报表中存在省略或错报。

前期差错通常包括计算错误、应用会计政策错误、疏忽或曲解事实以及舞弊产生的影响等。例如，企业采用移动加权平均法计算发出存货的单位成本，前期将计算的单位成本 4 500 元误记为 5 400 元，导致多计了前期发出存货的成本；又如，企业前期将无形资产研究阶段发生的支出予以资本化，违反了企业会计准则的相关规定，导致少计了前期的费用；再如，企业前期未能深入了解被担保单位的财务状况，对被担保单位很可能无法偿还的银行借款的事项，未确认预计负债，导致少计了前期的损失。

前期差错按照对财务报告使用者据以进行决策的影响程度，可以分为重要的前期差错和不重要的前期差错。重要的前期差错，是指足以影响财务报表使用者对企业财务状况、经营成果和现金流量进行正确判断的前期差错，一般来说，重要前期差错的金额较大且性质较为严重；不重要的前期差错，是指不足以影响财务报表使用者对企业财务状况、经营成果和现金流量进行正确判断的前期差错。

重要和不重要是相对而言的，金额的大小以及性质是否严重，需要根据企业的具体情况进行分析判断。

需要说明的是，企业前期进行会计估计确认的金额与本期实际发生的金额不一致产生的误差，不属于前期差错。

15.3.2 前期差错更正

前期差错更正是指企业将发现的前期会计差错根据差错的性质进行的纠正。对于重要的前期差错，应采用追溯重述法进行调整，但确定前期差错累积影响数不切实可行的除外；对于不重要的前期差错，不需要调整前期的财务报表，只需要调整发现差错年度相同项目的金额。

一般来说，企业发生的重要会计差错大多在当年可以发现。当年发现的当年会计差错，可以直接进行更正，不需要追溯重述。如果企业发生的重要会计差错，当年没有发现，而在下年年初会计师事务所进行审计时发现，应当采用追溯重述法进行更正。企业发生的重要会计差错较少在若干年以后才被发现，因此，追溯重述法一般是对上年度发生的重要差错进行更正。

如果企业在资产负债表日至财务报告批准报出日之间发现重要的前期差错，应对上年度财务报表的相关金额进行更正；如果企业在财务报告批准报出日之后发现重要的前期差错，无法对上年度财务报表的相关金额进行更正，应更正本年度财务报表年初数和上年数的相关金额。

15.3.3 追溯重述法的核算程序

追溯重述法是指在发现前期差错时，视同该项前期差错从未发生过，从而对财务报表相关项目进行更正的方法。

前期差错更正的追溯重述法与会计政策变更的追溯调整法的会计处理完全相同，这里不再赘述。从前期差错更正的角度看，追溯重述法首先将前期的差错完全冲销，相当于差错没有发生，再按照正确的方法进行重新处理；从会计政策变更的角度看，只需要对前期确认的金额进行调整，而不需要重新表述。

在实际工作中，采用追溯重述法进行重要的前期差错更正时，为了简化会计处理，对于项目相同仅是金额错误的前期差错，也可以只调整差额。

例 15-3

丙公司于2022年1月3日聘请C会计师事务所进行上年度财务报表审计。C会计师事务所在审计中发现，丙公司在2021年将无形资产研究阶段发生的4 000 000元予以资本化，但尚未确认无形资产，属于重要的前期差错。丙公司适用的所得税税率为25%，按照税法规定，费用化的研发支出可以按照50%在税前加计扣除；按净利润的10%提取法定盈余公积。甲公司2022年3月11日采用追溯重述法进行前期差错更正，当日，丙公司尚未进行所得税汇算清缴，财务报告也未经董事会批准报出。丙公司编制的会计分录如下：

（1）更正资本化的研发支出。

借：以前年度损益调整——管理费用 4 000 000

贷：研发支出——资本化支出 4 000 000

（2）调整应交所得税。丙公司的研发支出 4 000 000 元可以税前扣除，且按照税法规定可以加计扣除 2 000 000 元，调减应纳税所得额 6 000 000 元，调减应交所得税 1 500 000 元（6 000 000×25%）。

借：应交税费——应交所得税 1 500 000

贷：以前年度损益调整——所得税费用 1 500 000

（3）结转以前年度损益调整。

借：利润分配——未分配利润 2 500 000

以前年度损益调整——所得税费用 1 500 000

贷：以前年度损益调整——管理费用 4 000 000

（4）调整法定盈余公积 250 000 元（2 500 000×10%）。

借：盈余公积——法定盈余公积 250 000

贷：利润分配——未分配利润 250 000

（5）调整 2021 年度财务报表（见表 15－6、表 15－7 和表 15－8）。为了简化，本例仅列示调整的金额，不再列示调整前和调整后的金额。调整后的金额可以根据调整前的金额加减调整的金额计算。

表 15－6 资产负债表调整金额

编制单位：丙公司 2021 年 12 月 31 日 单位：元

资产	调整金额	负债和所有者权益	调整金额
开发支出	－4 000 000	应交税费	－1 500 000
		盈余公积	－250 000
		未分配利润	－2 250 000
资产总计	－4 000 000	负债和所有者权益总计	－4 000 000

表 15－7 利润表调整金额

编制单位：丙公司 2021 年度 单位：元

项目	调整金额
研发费用	－4 000 000
利润总额	－4 000 000
所得税费用	－1 500 000
净利润	－2 500 000

表15-8 所有者权益变动表调整金额

编制单位：丙公司　　2021年度　　单位：元

项目	本年金额调整		
	盈余公积	未分配利润	所有者权益合计
三、本年增减变动金额	−250 000	−2 250 000	−2 500 000
（一）综合收益总额		−2 500 000	−2 500 000
（三）利润分配	−250 000	250 000	0
1. 提取盈余公积	−250 000	250 000	0
四、本年年末余额	−250 000	−2 250 000	−2 500 000

说明：(1) 所有者权益变动表"盈余公积（本年年末余额）"项目的变动金额（−250 000元）与资产负债表"盈余公积"项目的变动金额（−250 000元）相等。

(2) 所有者权益变动表"未分配利润（本年年末余额）"项目的变动金额（−2 250 000元）与资产负债表"未分配利润"项目的变动金额（−2 250 000元）相等。

15.3.4 前期差错更正的披露

企业应当在附注中披露与前期差错更正有关的下列信息：

（1）前期差错的性质。

（2）各个列报前期财务报表中受影响的项目名称和更正金额。

（3）无法进行追溯重述的，说明该事实和原因以及对前期差错开始进行更正的时点、具体更正情况。

思考题

1. 什么是会计政策变更？什么是会计估计变更？二者的主要区别是什么？
2. 如何选择会计政策变更的核算方法？
3. 什么是前期差错？如何更正前期差错？

练习题

1.（2014年会计资格考试《中级会计实务》试题）2010年12月16日，甲公司与乙公司签订了一项租赁协议，将一栋经营管理用写字楼出租给乙公司，租赁期为3年，租赁期开始日为2011年1月1日，年租金为240万元，于每年年初收取。相关资料如下：

(1) 2010年12月31日，甲公司将该写字楼停止自用，准备出租给乙公司，拟采用成本模式进行后续计量，预计尚可使用46年，预计净残值为20万元，采用年限平均法计提折旧，不存在减值迹象。该写字楼于2006年12月31日达到预定可使用状态时的账面原价为1 970万元，预计使用年限为50年，预计净残值为 20 万元，采用年限平均法计提折旧。

(2) 2011 年 1 月 1 日，预收当年租金 240 万元，款项已收存银行。甲公司按月将租金收入确认为其他业务收入，并结转相关成本。

(3) 2012 年 12 月 31 日，甲公司考虑到所在城市存在活跃的房地产市场，并且能够合理估计该写字楼的公允价值，为提供更相关的会计信息，将投资性房地产的后续计量从成本模式转换为公允价值模式，当日，该写字楼的公允价值为 2 000 万元。

(4) 2013 年 12 月 31 日，该写字楼的公允价值为 2 150 万元。

(5) 2014 年 1 月 1 日，租赁合同到期，甲公司为解决资金周转困难，将该写字楼出售给丙企业，价款为 2 100 万元，款项已收存银行。

甲公司按净利润的 10%提取法定盈余公积，不考虑增值税等其他因素。

要求：

(1) 编制甲公司 2010 年 12 月 31 日将该写字楼转换为投资性房地产的会计分录。

(2) 编制甲公司 2011 年 1 月 1 日收取租金、1 月 31 日确认租金收入和结转相关成本的会计分录。

(3) 编制甲公司 2012 年 12 月 31 日将该投资性房地产的后续计量由成本模式转换为公允价值模式的相关会计分录。

(4) 编制甲公司 2013 年 12 月 31 日确认公允价值变动损益的相关会计分录。

(5) 编制甲公司 2014 年 1 月 1 日处置该投资性房地产时的相关会计分录。

(采用公允价值模式进行后续计量的投资性房地产应写出必要的明细科目；答案中的金额单位用万元表示。)

2. (2013 年会计资格考试《中级会计实务》试题) 甲公司为增值税一般纳税人，适用的增值税税率为 17%，适用的所得税税率为 25%，按净利润的 10%计提盈余公积。甲公司与收入有关的资料如下：

(1) 2012 年 3 月 25 日，甲公司向丙公司销售一批商品，不含增值税的销售价格为 3 000 万元，增值税税额为 510 万元，该批商品成本为 2 400 万元，未计提存货跌价准备，该批商品已发出，满足收入确认条件。

4 月 5 日，丙公司在验收该批商品时发现其外观有瑕疵，甲公司同意按不含增值税的销售价格给予 10%的折让，红字增值税专用发票上注明的价款为 300 万元，增值税税额为 51 万元。

5 月 10 日，甲公司收到丙公司支付的款项 3 159 万元。

(2) 2012 年 9 月 1 日至 30 日，甲公司开展 A 产品以旧换新业务，共销售 A 产品 100 台，每台不含增值税的销售价格为 10 万元，增值税税额为 1.7 万元，每台销售成本为 7 万元，同时，回收 100 台旧产品作为原材料验收入库，每台不含增值税的回收价格为 1 万元，增值税税额为 0.17 万元，款项均已支付。

(3) 2012 年 11 月 20 日，甲公司与戊公司签订一项为期 3 个月的劳务合同，合同总收入为 90 万元，当日，收到戊公司预付的合同款 45 万元。

12 月 31 日，经专业测量师测量后，确定该项劳务的完工程度为 40%。至 12

月31日，累计发生的劳务成本为30万元，估计完成该合同还将发生劳务成本40万元，该项合同的结果能够可靠计量，假定发生的劳务成本均为职工薪酬，不考虑税费等相关因素。

（4）2013年1月18日，因产品质量问题，甲公司收到乙公司退回的一批商品，红字增值税专用发票上注明的价款为400万元，增值税税额为68万元，该批商品系2012年12月19日售出，销售成本为320万元，已于当日全部确认为收入，款项仍未收到，未计提坏账准备，甲公司2012年度财务报告批准报出日为2013年3月10日，2012年度所得税汇算清缴于2013年4月30日完成。

除上述资料外，不考虑其他因素。

要求：

（1）根据资料（1）至资料（3），逐笔编制甲公司相关业务的会计分录（销售成本和劳务成本应逐笔结转）。

（2）根据资料（4），判断该事项是否属于资产负债表日后调整事项，如为调整事项，编制相应的会计分录。

（“应交税费”科目要求写出明细科目及专栏名称；答案中的金额单位用万元表示。）

第15章判断题
即测即评

第15章单选题
即测即评

第15章多选题
即测即评

图书在版编目（CIP）数据

中级财务会计：立体化数字教材版/林钢编著. --5 版. --北京：中国人民大学出版社，2024.4
中国人民大学会计系列教材：简明版
ISBN 978-7-300-31218-7

Ⅰ.①中… Ⅱ.①林… Ⅲ.①财务会计-高等学校-教材 Ⅳ.①F234.4

中国版本图书馆 CIP 数据核字（2022）第 203413 号

国家级教学成果奖
中国人民大学会计系列教材·简明版
中级财务会计（第 5 版·立体化数字教材版）
林　钢　编著
Zhongji Caiwu Kuaiji

出版发行	中国人民大学出版社		
社　　址	北京中关村大街 31 号	**邮政编码**	100080
电　　话	010－62511242（总编室）		010－62511770（质管部）
	010－82501766（邮购部）		010－62514148（门市部）
	010－62515195（发行公司）		010－62515275（盗版举报）
网　　址	http://www.crup.com.cn		
经　　销	新华书店		
印　　刷	北京七色印务有限公司	**版　　次**	2015 年 9 月第 1 版
开　　本	787 mm×1092 mm　1/16		2024 年 4 月第 5 版
印　　张	23.75 插页 1	**印　　次**	2025 年 2 月第 3 次印刷
字　　数	513 000	**定　　价**	56.00 元

中国人民大学出版社　管理分社

教师教学服务说明

中国人民大学出版社管理分社以出版工商管理和公共管理类精品图书为宗旨。为更好地服务一线教师，我们着力建设了一批数字化、立体化的网络教学资源。教师可以通过以下方式获得免费下载教学资源的权限：

★ 在中国人民大学出版社网站 www.crup.com.cn 进行注册，注册后进入"会员中心"，在左侧点击"我的教师认证"，填写相关信息，提交后等待审核。我们将在一个工作日内为您开通相关资源的下载权限。

★ 如您急需教学资源或需要其他帮助，请加入教师 QQ 群或在工作时间与我们联络。

中国人民大学出版社　管理分社

教师 QQ 群：648333426（工商管理）　114970332（财会）　648117133（公共管理）
教师群仅限教师加入，入群请备注（学校＋姓名）

联系电话：010-62515735，62515987，62515782，82501048，62514760

电子邮箱：glcbfs@crup.com.cn

通讯地址：北京市海淀区中关村大街甲 59 号文化大厦 1501 室（100872）

管理书社　　人大社财会　　公共管理与政治学悦读坊